# 《唯物主义和经验批判主义》傅子东译本考

吴宏政 著

国家出版基金项目
NATIONAL PUBLICATION FOUNDATION

General Textual Research
on Dissemination of Editions of
Marxist Classical Works

马克思主义经典文献传播通考

杨金海　李惠斌　艾四林　主编

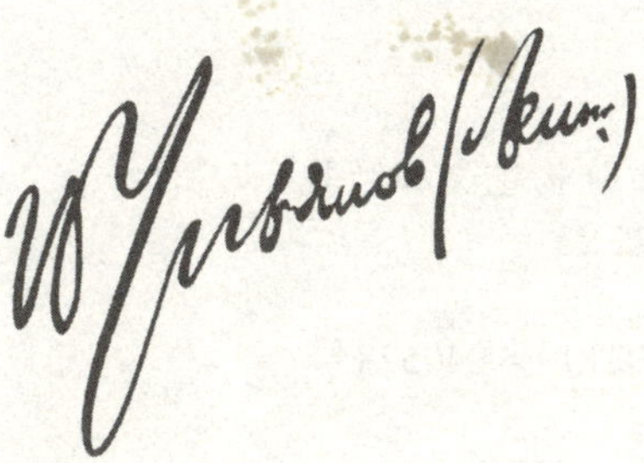

辽宁人民出版社

图书在版编目（CIP）数据

《唯物主义和经验批判主义》傅子东译本考 / 吴宏政著. —沈阳：辽宁人民出版社，2021.4
（马克思主义经典文献传播通考 / 杨金海，李惠斌，艾四林主编）
ISBN 978-7-205-10167-1

Ⅰ. ①唯… Ⅱ. ①吴… Ⅲ. ①《唯物主义和经验批判主义》—列宁著作研究 Ⅳ. ①A821.23

中国版本图书馆CIP数据核字（2021）第040528号

出版发行：辽宁人民出版社
地址：沈阳市和平区十一纬路25号 邮编：110003
电话：024-23284321（邮 购） 024-23284324（发行部）
传真：024-23284191（发行部） 024-23284304（办公室）
http://www.lnpph.com.cn
印 刷：辽宁新华印务有限公司
幅面尺寸：160mm×230mm
印 张：42
字 数：500千字
出版时间：2021年4月第1版
印刷时间：2021年4月第1次印刷
责任编辑：董 喃
装帧设计：晓笛设计工作室 舒刚卫
责任校对：冯 莹 刘 洋
书 号：ISBN 978-7-205-10167-1
定 价：198.00元

# 马克思主义经典文献传播通考

## 编辑委员会

本丛书研究得到"教育部哲学社会科学研究'庆祝中国共产党成立百年'重大专项"资助

# 总序

呈献给读者的这套“马克思主义经典文献传播通考”，旨在立足于21世纪中国和世界发展的历史高度，对我国1949年以前马克思、恩格斯、列宁等重要著作的中文版本进行收集整理，并作适当的版本、文本考证研究，供广大读者特别是致力于深入研究马克思主义经典作家原著的读者阅读使用。计划出版100种，4年内陆续完成编写和出版工作。

## 一、“马克思主义经典文献传播通考”概念界定

“马克思主义经典文献传播通考”在我国学术界是一个全新的概念。之所以这样说，是因为过去从未有人用过这一术语，甚至未曾有过这一理念。在我国学术界，对中国传统经典文献的考据乃至通考性的整理研究并不鲜见，包括对儒、释、道等经典的通考性整理研究成果十分丰富，但对近百年来中文版马克思主义经典文献的考据以及整理性研究只是近年来才逐渐为人们所认识，至于在此基础上的通考性整理研究还几乎没有进入人们的视野。所以，首先有必要对这里所说的“马克思主义经典文献传播通考”这一概念

的含义进行说明。

第一，这里所说的“马克思主义经典文献”，主要是指中文版的马克思、恩格斯、列宁的著作，斯大林的重要著作也适当列入。这些经典文献在中国的翻译传播，如果从1899年初马克思、恩格斯的名字和《共产党宣言》的片段文字传入中国算起，迄今已有120年时间，而且经典著作的翻译传播今天仍然在进行中。但为了工作方便，我们这里主要收集整理1949年以前的经典文献。原因是中华人民共和国成立后的经典著作翻译成果比较系统、完整，又使用比较标准的现代汉语，翻译术语也比较一致，在可见的时间内不需要进行深入的考证说明，同时我们人力有限，也无力做如此浩大的经典文献整理研究工作，只好留待后人去做。再则，这里所列入的主要是比较完整的经典著作文本，不包括片段译文文本，因为这些片段译文太过繁多复杂，我们也无力进行全面的整理研究。当然，个别十分重要的片段译文，也会在考据说明中论及，有的还会附上原文或部分原文。但总体说来，片段译文整理研究工作，也只能留待后人去作分门别类的整理研究了。

第二，这里所说的马克思主义经典文献“传播”，主要是指上述经典文本的翻译、出版，有时也会涉及学习、运用这些著作及其社会影响的情况。这些经典文献在我国的片段翻译传播从清末就开始了。其中，中国资产阶级改良派、革命派等都做过一些工作，但那时人们只是把马克思主义作为西方学术思潮之一来介绍，并没有自觉地把它当作指导中国社会发展的思想来研究运用。真正自觉把马克思主义作为指导中国革命的思想是十月革命之后的事。毛泽东曾经说过：“十月革命一声炮响，给我们送来了马克思列宁主义。”[①]正是从这个意义上说的，是完全正确的。也正是在这个意义上说，李大钊是马克思主义中国化的第一人。在李大钊的引领下，五四新文化运动期间，马克思主义经典文献在中国的翻译传播形成了高潮。在这一时代大潮的推动下，1920年8月，陈望道翻译的《共产党宣言》完整中文译本在上海出版，这是我国历史上第一本完整的中文版马克思主义经典著作，从此开始了大量翻译马克思主义经典著作的历程。特别是1921年中国共产党成立后，我们党更加自觉地有组织、有计划地翻译经典著作。在土地革命战争、抗日战争、解放战争期间，在十分困难的条件下，这一工作始终没有停止。特别是在延安时期，于1938年5月5日马克思诞辰纪念日，中共中央成立了“马列学院”，其主要任务之一就是翻译马列经典著作。以此为阵地，我们党所领导建立的马克思主义翻译和理论研究队伍做了大量工作，到1949年中华人民共和国成立前，主要的马克思主义经典著作中文文本基本上都出版了。同时，在国民党统治区和日伪军占领区，很多进步人士和出版机构特别是三联书店，为马克思主义经典著作的翻译出版作出了重要贡献。设在苏联的莫斯科外国文书籍出版局的中文部为翻译出版中文版马克思主义经典著作作出了特殊重要的贡献。我们这套丛书就是要系统地反映经典著作翻译传播的这一历史过程。同时，也适当反映学习、运用马克思主义理论的历史面貌。

第三，这里所说的马克思主义经典文献传播“通考”，主要是指对上述经典文本的考据性整理和研究。文献考据或考证研究是中国学者作

① 毛泽东：《论人民民主专政》，载《毛泽东选集》第四卷，人民出版社1991年版，第1471页。

学问的优秀传统，也是中国学术的一个显著特点。比如古代的经学研究，一定要作相关的文字学、训诂学、版本学、辨伪学、音韵学等的考证研究。没有这些考证工作，得出的结论就靠不住。我们力求继承这个传统，同时，借鉴现代文献学研究方法，来从事马克思主义经典文献传播研究。按照古今文献考据方法，我们将深入考证研究马克思主义经典著作等文献传入中国的各个方面、各个环节，包括文本考据、版本考据、术语考据、语义考据、语用考据、辨伪考据、人物事件考证等。(1) 文本考据是对经典著作文本的翻译以及文本内容进行考证研究。如对《共产党宣言》1949年前多个中文版本的翻译情况进行考证并进行各个文本内容的比较研究，考证前人对有关重要思想理解的变化。(2) 版本考据是对经典著作等文献的出版性质和版次的考证研究。如《共产党宣言》的某个中文译本是否一个独立译本、是第几次印刷等，都要考证清楚。(3) 术语考据主要是对经典著作中的重要概念、术语以及人名、地名的考证研究。如“社会主义”这个概念在历史上曾经有多种译法，这就需要考证清楚。(4) 语义考据是对概念含义变化的考证研究。如对“社会主义”的理解在历史上曾经多种多样，需要考证清楚。(5) 语用考据是对概念的运用和发展的考证研究。(6) 辨伪考据是对有关文献的真假进行考证研究。如有的文章不是马克思写的，而被误认为是马克思写的，后来收入了《马克思恩格斯全集》中文第一版中，这就需要澄清。(7) 人物事件考证是对翻译者、传播者以及相关事件等进行考证，以期弄清经典文献翻译出版的来龙去脉。进一步讲，每一类考据又有很多种具体研究工作。如文本考据，包括中外文的文本载体形式研究、文本内容类别研究、文本收集典藏研究、文本整理利用研究、经典作家手稿研究、翻译手稿比较研究、文本研究的历史发展概况研究等。一句话，要做到“辨章学术，考镜源流”。这样，我们的文献考证工作才能做扎实。

同时，还力求借鉴西方解释学的方法，对有关重要概念作更深入的考证研究。既要对某一概念作小语境的考证，即上下文考证，又要作大语境考证，即对当时人们普遍使用此类术语的情况以及当时的历史文化背景作考证研究。进行这些考据工作很有意义，但绝非易事，这就要求我们掌握马克思主义经典著作的翻译史、传播史以及当时整个社会的语言文字环境，还要掌握外文，能够进行外文和中文的比较研究、各个中文版本的比较研究以及相关版本的比较研究。只有这样，才能准确把握经典作家思想的含义，对有关文本、译者的工作等作出公正合理的评价。

在这里，“通考”工作的两个方面即文献整理与考证研究是不可分割的。一方面要把这些文本整理出来，另一方面要把这些文本以及相关的问题考证研究清楚。文献整理是前提和基础，没有前期的文献收集整理就不可能进行深入研究；但考证研究又能够反过来促进文献整理，帮助我们进一步弄清文献之间的关系以及发现新文献，比较完整地再现经典文献的历史风貌。

第四，“马克思主义经典文献传播通考”是一个跨学科、跨专业、综合性、基础性的概念。总体上说，它是马克思主义学科的范畴，但也是文献学、传播学、翻译学、语言学、历史学、文化学、思想史等学科的概念。所以，要深化考证研究工作，需要各个学科的学者共同努力。我们这里只能为各个学科的研究做一些基础性工作。

还需要说明的是，正如大家所知道的，对任何概念的界定都有其局限性，它只能大致说明事物的本质、内涵，而不可能囊括一切。“马克思主义经典文献传播通考”这个概念也是如此，因为它涉及问题、学科太多，不可能十分精确，故而只能作上述大致说明。对这项工作内涵的理解，大家还可以进一步探讨。我们的想法是，“行胜于言”，无论如何，先把这一工作开展起来，在以后的工作中再逐步完善。

## 二、马克思主义经典文献传播通考何以必要

开展马克思主义经典文献传播通考这项工作之所以必要，是因为事出有因，且势在必然。总体而言，这是中国改革开放40多年实践发展的必然，也是马克思主义理论界乃至整个社会思想文化界深入研究探讨一系列重大理论问题的逻辑必然。

“问题是时代的呼声。”20世纪80年代和90年代初，伴随着改革开放的推进，人们对以往所理解的马克思主义基本理论、基本观点等提出了不少质疑。特别是在“什么是马克思主义”“什么是社会主义”这些重大问题上，人们普遍感觉到过去没有弄清楚，需要重新加以理解。邓小平曾经说过：“不解放思想不行，甚至于包括什么叫社会主义这个问题也要解放思想。”①他后来又强调说：“什么叫社会主义，什么叫马克思主义？我们过去对这个问题的认识不是完全清醒的。”②于是，如何真正全面而准确地理解马克思主义、社会主义成为改革开放时代的大问题。围绕着这个重大时代课题展开了多方面讨论，形成了很多不同

① 《邓小平文选》第二卷，人民出版社1994年版，第312页。
② 《邓小平文选》第三卷，人民出版社1993年版，第63页。

观点。

为回答时代面临的课题，人们重新回到“经典文本”，力图把握马克思主义、科学社会主义最原初最本真的含义。这种情况反映到理论界，就提出了“回到马克思”的口号。由此很多学者发表了一系列文章、著作，讨论了各种解读马克思主义经典文本的方式，如“以马解马”即用马克思的话解读，“以恩解马”即以恩格斯的话解读，“以苏解马”即以苏联式马克思主义解读，“以中解马”即以中国化马克思主义解读，等等。这些讨论对人们从不同角度深化对马克思主义的认识发挥了积极作用，但是，问题依然没有被很好解决，因为对文本的理解各有不同，争论仍然不可避免。

随着探讨的深入，人们进一步追问起“文本翻译”问题。有人力图回到经典著作的外文文本即欧洲语言文本，认为中文版的“文本翻译”存在问题。例如，有人认为《共产党宣言》中的“消灭私有制”翻译错了，影响了对所有制改造的理解，这是我们在很长时期内追求“一大二公”社会主义所有制的根源所在，应当翻译为“扬弃私有制”，即对私有制既克服又保留。此种理解似乎可以为改革开放政策提供理论支撑，但也有对马克思主义经典著作的实用主义解读嫌疑，由此同样遭到了批评。

随着对经典文本翻译问题探讨的深入，“版本研究”被提上日程。人们发现在不同历史时期，翻译者对经典著作中重要术语的翻译是不同的，这表明中国人对马克思主义重要观点的理解是在不断变化、不断深入的。比如，在中华人民共和国成立之前，《共产党宣言》有6个完整而独立的中文译本，其中对“消灭私有制”的翻译均不完全相同。1920年陈望道译本是："所以共产党的理论，一言以蔽之，就是：废止私有财产。"1930年华岗译本是："所以共产党的理论可以用一句话来综结，就是：废止私有财产。"1938年成仿吾、徐冰译本是："在这个意义上，共产党人可以把自己的理论归纳在这一句话内：废除私有财产。"1943年8月博古译本是："在这个意义上，共产党人可以用一句话表示自己的理论：消灭私有财产。"1943年9月陈瘦石译本是："从这一意义上说，共产党的理论可用一句话概括：废除私产。"1949年莫斯科译本是："从这个意义上说，共产党人可以把自己的理论概括为一句话：消灭私有制。"可见，关于"消灭私有制"这一重要语句的译法有一个越来越准确的过程。原来译为"废止私有财产"等，只看到了这一观点的表象，只有译为"消灭私有制"才能抓住实质，即从经济制度上解决资本主义国家的社会问题。陈瘦石（当时生活在国民党统治下的知识分子）译为"废除私产"，很不准确，甚至有曲解，因为共产党人要废除的是私有财产制度，而不是简单废除包括私人生活资料在内的私产。由于人们在不同时期、不同社会条件下对《共产党宣言》理解不同，这就需要深入研究这部书的各个版本，并在此基础上进行历史性的文本比较研究。

经典著作"版本研究"深化的一个重要标志应当说是对《共产党宣言》版本的全面考证研究。1998年是《共产党宣言》发表150周年。为纪念这部不朽经典，也为更好理解马克思主义的本质要义，中央编译局和中央电视台联合制作了大型电视文献纪录片《共产党宣言》，笔者作为本片的主要撰稿人，和老专家胡永钦研究员一起对《共产党宣言》的中文版本第一次作了比较全面的梳理，发现这部书总共有12个独立而完整的中文译本，中华人民共和国成立前后分别有6个译本。[①]后来中国人民大学的高放教授又作了进一步研究，认为连同中国香港、台湾等地中文译本，《共产党宣言》共有23个中译本。[②]此后，学术界研究《德意志意识形态》《资本论》等经典著作版本的成果也越来越多。通过版本比较研究，人们对经典作家思想的理解越来越深。

对经典文本、翻译、版本研究的深入，又促使马克思主义“传播史”研究兴盛起来。人们发现，只孤立研究某一经典著作的文本、翻译、版本还不够，要深入把握中国人对马克思主义基本观点理解的变化，还需要研究马克思主义在中国传播的完整历史，包括马克思恩格斯列宁名字的翻译、经典著作的片段翻译、经典文本的完整翻译以及出版传播等。比如，关于马克思的名字翻译在历史上就有十几种，包括“马克司”“马尔克斯”“马陆科斯”“马尔格士”“麦喀氏”“马儿克”“马尔克”“马克斯”等。通过研究传播史，才能把各个历史阶段的各种经典著作文本的关系弄清楚，通过对其中话语体系主要是概念体系的研究，从整体上弄清中国人100多年来对马克思主义、社会主义的重要概念、主要思想观点的理解。比如“社会主义”一词，在1899年2月发表的《大同学》一文中被译为“安民新学”，这是按照中国传统儒家思想对社会主义的理解；后来借用日文翻译术语，学术界广泛认同并接受了“社会主义”一词的译法，但对它的理解仍然很不相同。比如，孙中山理解

① 杨金海、胡永钦：《〈共产党宣言〉在中国的翻译、出版和传播》，载《科学社会主义》1998年“纪念《共产党宣言》发表一百五十周年”特刊；又见杨金海：《〈共产党宣言〉与中华民族的百年命运》，载《光明日报》2008年7月3日。

② 高放：《〈共产党宣言〉有23种中译本》，载《光明日报》2008年10月16日。

的社会主义和后来共产党人理解的社会主义就很不相同。实际上，直到今天我们学术界乃至整个思想界对社会主义的理解还在深化。传播史研究就是要研究这种变化发展的历史，从中发现规律性的东西，澄清人们在一些重大理论问题上的模糊认识，特别是要避免重复劳动。因为有很多现在争论的问题在历史上曾经出现过，有的早已解决，但由于人们不了解历史，常常旧话重提，造成重复劳动甚至新的思想混乱。传播史研究可以有效弥补这方面的不足。

中央编译局的学者们在马克思主义传播史研究方面做了大量工作。从20世纪50年代开始，由于翻译马克思主义经典著作的需要，编译局前辈学者就在不断研究梳理前人的翻译成果，并开展了马克思主义传播史方面的初步研究和宣传普及工作。1954年，中央编译局举办了“马列主义在中国的传播”展览，之后编辑了《马克思列宁主义著作在中国的传播》一书；1957年，为纪念十月革命胜利40周年，又与北京图书馆（即现在国家图书馆前身）合作主办展览；1963年，中央编译局专家丁守和、殷叙彝出版了《从五四启蒙运动到马克思主义的传播》一书；1983年，为纪念马克思逝世100周年，举办了“马克思恩格斯著作在中国”展览，之后编辑整理并由人民出版社出版了《马克思恩格斯著作在中国的传播》一书；1998年，举办了“《共产党宣言》发表一百五十周年”展览，并与中央电视台合作创作了两集文献纪录片《共产党宣言》，笔者为主笔；2011年，为庆祝中国共产党成立90周年，建立了我国第一个“马克思主义传播史展览馆”，创作了8集文献纪录片《思想的历程》，并由中央编译出版社出版《思想的历程——马克思主义在中国的百年传播》一书，笔者为总撰稿；2018年，为纪念马克思诞辰200周年，在国家博物馆举办“真理的力量——纪念马克思诞辰200周年”主题展览。2018年，根据中央机构改革方案，中共中央编译局与中共中央党史研究室、中共中央文献研究室合并成立了中共中央党史和文献研究院，但中央编译局的牌子仍然保留，以便继续用该名出版马列著作，有关专家学者仍然奋斗在马克思主义传播史研究的前沿阵地。由笔者牵头、一批中青年学者参加承担的国家社科基金重点项目“马克思主义传播史研究”正在进行，其出版成果《马克思主义传播史（中国卷）》两卷本也即将推出。

我国各高校、科研机构以及有关学者在马克思主义传播史研究方面作出了重要贡献。1955年，苏联学者柯托夫的《马克思主义在俄国的传播》一书由于深翻译，在时代出版社出版；次年，苏联学者巴特里凯也夫的《俄国现代无产阶级的出现——马克思主义在俄国的传播》由孟世昌翻译，在上海人民出版社出版。受苏联专家的影响，中国学者也开始研究马克思主义传播问题。比如，北京大学的黄楠森教授等于20世纪50—60年代，就开始研究马克思主义哲学史，其中包括马克思主义传播史内容，70年代初编成油印本。改革开放后，他与施德福、宋一秀教授一起正式出版了三卷本的《马克思主义哲学史》；后来黄楠森又与庄福龄、林利一起主编了八卷本《马克思主义哲学史》，其中第四卷讲马克思主义哲学在俄国的传播与发展，第七卷讲马克思主义哲学在中国的传播和发展。北京大学的林代昭、潘国华于1983年编辑了《马克思主义在中国——从影响传入到传播》，作为“中国近代思想和文化史料集刊”出版。中国人民大学的林茂生于1984年出版了《马克思主义在中国的传播》一书。中国社会科学院近代史研究所的唐宝林于1997年出版了《马克思主义在中国100年》，后来又再版，影响很大。此外，还有其他学者发表了若干关于马克思主义传播史的著作和文章。如姜义华在1983年《近代史研究》第1期发表《马克思主义在中国的初期传播与近代中国的启蒙运动》一文；高军在1986年完成《五四运动前马克思主义在中国的介绍与传播》一书，由湖南人民出版社出版；王炯华于1988年出版《李达与马克思主义哲学在中国》；桂遵义于1992年出版《马克思主义史学在中国》等。

进入21世纪后，我国学者在马克思主义传播史方面的研究成果更多，视野更广阔，特别是深化了分门别类的研究。一是加强早期传播的研究。如王东等于2009年出版《马列著作在中国出版简史》；田子渝等于2012年出版《马克思主义在中国初期传播史（1918—1922）》；方红于2016年出版《马克思主义在中国的早期翻译与传播》等。二是加强分支学科传播史的研究，包括马克思主义哲学、经济学、法学、新闻学、文艺理论、党建理论、宗教理论等传播史研究。如谈敏于2008年出版《回溯历史——马克思主义经济学在中国的传播前史》；庄福龄于2015年出版《中国马克思主义哲学传播史论》；胡为雄于2015年出版《马克思主义哲学在中国传播与发展的百年历史》；文正邦于2014年出版《马克思主义法哲学在中国》；张小军于2016年出版《马克思主义法学理论在中国的传播与发展（1919—1966）》；丁国旗于2017年出版《马克思主义文艺理论在中国》等。三是加强地方传播史研究。如淮北市委党史研究室于2004年出版《中国共产党淮北地方史》第一卷，专门用一节讲述了“马克思主义在淮北的传播”；闫化川于2017年出版《马克思主义是怎样生根中国的——马克思主义在山东早期传播研究》；2017年，黄进华出版《马克思主义在哈尔滨传播的历史经验和现实启示》。四是加强对马克思主义翻译家和理论家的研究。如叶庆科于2006年出版《杨匏安：我国传播马克思主义的先驱》；郭刚于2010年出版《中国早期马克思主义的传播——梁启超与西学东渐》；笔者主编的《姜椿芳文集》《张仲实文集》分别于2011年、2015年问世，其中包括对姜椿芳、张仲实两位马克思主义翻译大家所作贡献的研究介绍；西南财经大学经济学院和马克思主义经济学研究院编《陈豹隐全集》于2013年之后陆续出版；湖南常德市赵必振研究会对我国马克思主义传播的早期学者赵必振的文献进行整理编纂，于2018年出版《赵必振文集》。五是加强对经典文本解读史、概念史的研究。如王刚于2011年出版《马克思主义中国化的起源语境研究——20世纪30年代前马克思主义在中国的传播及中国化》；尹德树于2013年出版《文化视域下马克思主义在中国的早期传播与发展》。近几年来，一些学者还发表了一系列关于马克思主义概念史的文章，深化了传播史研究。

随着马克思主义传播史研究的深化，系统性的马克思主义“文献编纂”乃至“马藏编纂”工作被提上日程。人们越来越发现，要完整把握马克思主义精髓，特别是要完整把握100多年来中国人对马克思主义理解的情况，需要系统整理马克思主义经典文献。在经典文献典藏方面，中央编译局做了较多工作。由于工作需要，这里的专家学者收集整理了国内最丰富、最齐全的马克思主义经典文献，其中包括中华人民共和国成立后所有中文版的马克思主义经典文献，以及各种外文版的马克思主义经典文献，也包括中华人民共和国成立前的不少经典著作文本文献。国家图书馆、上海图书馆等也拥有丰富的马克思主义经典文献典藏。但即使如此，也不能够满足马克思主义经典文本、版本以及传播史研究的需要，因为这些文献典藏总的来说具有零散性，特别是早期文献，分散珍藏在不同图书馆和有关机构的资料室，人们使用起来很不方便。为此，近些年来不少学者把文献考据研究与文献编纂工作紧密结合起来，推出不少成果。如吕延勤主编《马克思主义在中国早期传播史料长编（1917—1927）》（上、中、下卷），2016年由长江出版社出版；田子渝主编《马克思主义在中国早期传播著作选集（1920—1927）》三卷本，于2018年由湖北人民出版社出版。这些经典文献整理出版大大方便了马克思主义传播的考据研究。但目前的文献整理出版工作仍然有局限性，十月革命之前和大革命之后的经典文献整理出版较少。

于是，学者们提出应当编纂“马藏”。大家知道，中国历史上各个主要学派都有自己的典藏体系，儒家有“儒藏”，佛家有“佛藏”，道家有“道藏”。马克思主义作为在近现代中国影响最大的思想体系，也应当而且能够建立自己的典藏体系。顾海良教授是这方面的领军人物，他领导的北京大学《马藏》编纂工程于2015年3月启动，已经取得初步成果，于2017年5月4日发布出版第一批书共5卷，370万字。他认为，《马藏》编纂工作的任务是“把与马克思主义发展有关的文献集大成地编纂荟萃为一体”，这是很正确的。但这项工作太复杂庞大，需要众多学者一起来做才有可能最终完成。

最近几年，笔者根据中央编译局马克思主义文献典藏情况，围绕“马藏”体系建立也提出了一些想法。笔者认为，“马藏”体系应当包括三个层次：一是核心层，即马克思、恩格斯、列宁等经典作家的手稿以及最初发表的文献；二是基本层，即《马克思恩格斯全集》历史考证版即原文版（亦称MEGA版）、《列宁全集》俄文版等经典著作的外文版本，《马克思恩格斯全集》中文第一、二版，《列宁全集》中文第一、二版，中国化马克思主义经典著作；三是外围层，包括经典著作各种版本的选集、文集、专题读本、单行本，以及研究马克思主义经典的代表性著作。这些经典文献有上千卷，可以与中国历史上任何典藏系列（如儒藏、道藏、佛藏）相媲美。[①]顺便说一句，“马藏”体系的建立将意味着中国现代文化典藏基础的确立，它和中国传统文化典藏一起构成中华文化的典藏体系，其意义远远超出了马克思主义经典著作文本和传播史研究本身。根据这个想法，我们不同单位或部门的学者应当根据自己的工作实际开展工作。“马藏”体系的核心层、基本层实际上一直是由中央编译局在做的，也比较完善了。我们今天最需要做的就是“补短板”，即把外围层中的各种零散的历史性的经典文本文献收集整理起来，供大家作历史性研究之用。这些历史性的经典文献也很多，所以应当首先把中华人民共和国成立前比较完整的经典著作文本整理出来，以供马克思主义经典文本、版本、传播史考据等研究之用。

于是，我们的“马克思主义经典文献传播通考”丛书也就应运而生了。可见，开展这项工作，不是我们一时激动的产物，而是我国学术界马克思主义理论研究逐步深化的逻辑必然，做好这项工作也是当务之急。这项工作做好了，不仅有助于马克思主义经典著作翻译和文本、版本、传播史的研究，也能够为建立完整的“马藏”体系提供历史上的各种基础文本，还有助于整个中国现代思想文化的研究和建设。

---

① 杨金海：《马克思主义发展史学科群建设之思——马克思主义传播史研究视角》，载《北京行政学院学报》2018年第1期。

## 三、马克思主义经典文献传播通考何以可能

今天进行马克思主义经典文献传播通考是否可行？回答是肯定的。如果放在20年前，做这项工作几乎是不可能的。因为那时大家还没有对马克思主义理论进行深入的文本、版本、传播史、概念史、解读史等考据研究的概念，更没有建立“马藏”的想法，所以，也就不可能有此思想动力。这是从主观上讲的。从客观上看也是如此。当时的研究还很不够，也还没有今天这样发达的信息技术，所以要弄清中华人民共和国成立前究竟有多少经典著作文本已经翻译出来、藏在何处，是很困难的，就更不用说把各种经典著作的不同文本收集起来并整理出版了。

经过长期的积累，特别是近几十年的经典著作研究，今天我们已经具备了进行马克思主义经典文献传播通考的基本条件。

一是越来越多的人意识到经典文献考据研究的重要性，不仅把马克思主义作为意识形态来研究，而且进一步把马克思主义作为科学的学术体系乃至“新国学”之重要内容来研究。长期以来，在我国有一种不正确的认识，就是认为马克思主义是一种意识形态，没有学术性，甚至不是学问。实际上，意识形态也有科学与非科学之分。马克思主义是一种科学的意识形态，由此决定了它具有科学性，完全可以作为学术来研究。之所以有人认为它不具有学术性，一方面，是因为这些人不懂马克思主义；另一方面，是因为我们马克思主义学界在学术、文化层面研究马克思主义不够，有分量的学术成果不多。要克服这一缺陷，就要努力借鉴其他学科的研究方法，包括借鉴我国传统的学术文化研究方法，拿

出可以与其他学科相媲美的学术成果来。例如建立“马藏”体系就是很好的学术性工作。2014年在成中英先生八十大寿庆祝会上，笔者尝试性地提出“新国学”概念。所谓“新国学”，就是包括马克思主义学说在内的中华学术体系，是当代整个中华文化的基础。我们以往所说的“国学”实际上是“老国学”，即以儒、释、道为主的中国传统学术体系，今天这样讲还说得过去，但实际上已经不准确了，再过若干年就更不科学了，因为我们今天还有马克思主义学说。毫无疑问，自五四新文化运动以来，马克思主义在我国已经逐步成为中华学术体系的重要组成部分，可以与传统的儒、释、道等相媲美，因此不能把它排斥在国学之外。类似情况，在历史上是有过先例的。大家知道，佛学是西汉时传入中国的，是外来文化，但2000年后的今天，谁还能说它不是中国文化之一部分呢？马克思主义也是这样，况且它比佛学的作用要大得多，它传入中国才100多年，就深刻改变了中华民族的命运，也深刻改变了中国传统文化，已经成为当今中华文化的重要组成部分乃至核心部分。随着时间的推移，将来我们的国学体系一定会把“马学”加进来，形成“儒、释、道、马”并驾齐驱、以“马”为魂的繁荣发展局面。当然，“马学”作为“新国学”的重要组成部分并为人们所接受，还需要努力构建自己的学术体系。比如要借鉴中国传统学术文化研究的方法，像整理编纂《四库全书》那样，把马克思主义“经”“史”“子”“集”等都整理出来，形成蔚为壮观的经典体系、学术体系，供后人研究之用。此外，我们对马克思主义的各种研究也要具有深厚的学理性。这样，“马学”作为科学的学术体系才能够完善起来。“知难行易”，应当说经过这些年学界同仁的共同努力，已经有越来越多的人意识到马克思主义经典文本整理和考据工作的重要性。这就为顺利推进这项工作奠定了思想基础。

二是这些年有关马克思主义经典文本整理研究的成果越来越多，使得我们基本知道了有哪些经典文本、版本及其传播、珍藏等情况。特别是近几年来，这些研究成果每年都在成倍地增长。很多深藏密室的历史文献被挖掘出来，包括一些经典文本、马克思主义经典著作翻译家、出版家、教育家以及取经潮、取经路线、传播方式等，成为学界研究的热点。与之相伴随，马克思主义经典著作原文版、手稿的收集整理和深度研究成果也越来越多。中央编译局的学者在这方面的成果较多。笔者在经典文献研究方面也做了一些工作，如与冯雷共同主编了37卷“马克思主义研究资料”丛书；与李惠斌主编了40卷“马克思主义经典著作研究读本”丛书。王学东主编了64卷“国际共产主义运动历史文献”丛书。这三套丛书均由中央编译出版社出版。清华大学艾四林主编了20卷“马克思主义经典著作导读”丛书。北京大学聂锦芳主编了12卷“重读马克思——文本及其思想”丛书。其他单位学者在这方面的成果也越来越多。这些经典文献的收集整理和相关大型丛书的编辑出版，以及学术界同仁的大量相关研究成果的发表，为我们推进马克思主义经典文献考据工作提供了丰富资料。

三是马克思主义经典文本考据研究队伍日益壮大，经验日益丰富，方法不断更新。不仅马克思主义理论界很多学者在从事这方面工作，而且其他各界学者也参与进来，包括翻译界、历史学界、民族学界、宗教学界、文学艺术界等方面的学者近些年来都在积极挖掘整理、考据马克思主义的有关历史文献，使得马克思主义经典文本考据研究逐渐成为

“显学”。自2004年中央马克思主义理论研究和建设工程实施以来，培养了一支老、中、青结合的马克思主义学术队伍。各个大学马克思主义学院相继建立，各级社会科学院的马克思主义研究机构日益建立和完善，党和政府、军队研究机构里马克思主义理论研究队伍不断扩大，社会思想文化界对马克思主义理论的研究、宣传和普及工作在加强，这些都大大加速了马克思主义学术队伍培养和学科建设的步伐。特别是近年来，一批优秀的中青年马克思主义学者茁壮成长。他们思维敏捷，年富力强，外语水平很高，知识结构新颖，研究方法现代，不仅能够借鉴中国传统的考据方法，也能够借鉴西方解释学方法等进行研究，越来越具备了中外比较研究、历史比较研究的能力，由此，成为经典文本考据研究的中坚力量。

四是当今发达的信息技术为我们查找、收集、研究经典文本文献提供了快捷便利的条件。进行深入的经典文献考证，需要掌握大量国内外文献资料。比如要用到马克思手稿，而原始手稿的大约三分之二珍藏在荷兰皇家科学院国际社会历史研究所档案馆，三分之一珍藏在俄罗斯国家社会政治史档案馆；要考证经典文本的翻译，还会用到日文版经典著作文本，而这些大多珍藏在日本，个别文本分散珍藏在我国各地的图书馆。要大量使用这些资料在过去几乎是不可能的，但是在今天，通过网络信息技术，就可以比较好地解决这些问题。再者，随着我国现代化事业的推进，我们的经济实力越来越强，在马克思主义经典文本研究方面的投入越来越多。这些物质力量的增强为我们开展这样大规模的整理编纂工作提供了保障。

总体而言，经过马克思主义学界同仁的长期努力，中国已经成为当今世界最大的马克思主义经典著作翻译和研究国家。特别是近些年来，我国学者关于经典文本考据研究的理念越来越新、成果越来越多、队伍越来越强、保障条件越来越好。随着马克思主义学院的建立，马克思主义理论教学和科研工作越来越受到重视，学科体系建设越来越完善，我们的研究成果也越来越有用武之地。这些都为我们深入开展大规模的经典文献整理和研究提供了现实可能性。

## 四、“马克思主义经典文献传播通考”丛书编写的思路和原则

马克思主义经典著作是学习和研究马克思主义理论的基础文本，历来为人们所重视。在我国马克思主义传播史上，曾经翻译出版过很多种经典著作的中文本。比如，《共产党宣言》总共有至少12个完整的中文译本；《资本论》在1949年以前也有好几个中文译本。这样说来，光是1949年以前翻译出版的经典著作文本或专题文献文本就有上百种。这些不同的中文译本反映了中国人在不同历史时期对马克思主义经典著作理解的不同水平。

编辑这套丛书的直接目的，是要把1949年以前的主要经典著作文本原汁原味地编辑整理出来，并作适当的考证说明，供大家作深入的历史比较研究、国际比较研究之用；从更长远的目的看，是要为建构完整的中国马克思主义典藏体系、学术体系、话语体系乃至为建构现代中华文化体系做一些基础性工作；最终目的，则是要通过历史比较，总结经验，澄清是非，廓清思想，统一认识，破除对马克思主义错误的或教条

式的理解，全面而准确地把握马克思主义理论精髓，弘扬马克思主义精神，继承马克思主义理论，在此基础上深化对中国化马克思主义的理解和研究，为推进当代中国马克思主义、21世纪马克思主义，确保科学社会主义伟大事业长久发展提供科学的理论支撑。

本丛书体现如下特点，这也是丛书编写工作所力求遵循的原则：第一，体现历史性和系统性。本丛书主要收集1949年以前的经典著作中文译本，对1949年以后个别学者的译本也适当收入。中华人民共和国成立后由中央编译局翻译出版的经典著作，由于各大图书馆都可以查到，且各种译本变化不大，故不在收录范围。对所收集的历史文献力求系统、完整，尽可能收集齐全1949年以前经典著作的各种译本，按照历史顺序进行编排。对同一译本的不同版本，尽可能收集比较早且完整的版本。对特别重要的片段译文作为附录收入。第二，突出文献性和考证性。力求原汁原味地反映各种经典著作的历史风貌。为此，采取影印形式，将经典著作的文本完整地呈现给读者。同时，要对文本的情况进行适当的考证研究，包括对原著者、译者、该译本依据的原文本、译本翻译出版和传播的情况及其影响等作出科学说明。这些考证研究要有充分的史料根据，经得起历史检验。要力求充分反映国内外有关研究成果，特别是要充分反映我国改革开放以来在经典著作文本、版本研究方面所发现的新文献、取得的新成果。第三，力求权威性和准确性。一方面，所收集的经典著作文本力求具有权威性和准确性。力求收集在当时具有权威性的机构出版的、质量最高的经典译本，避免采用后人翻印的、文字错误较多的文本。另一方面，考证分析所依据的其他文献资料，也力求具有权威性和准确性。要选择国内外在该研究领域最具权威性的专家学者的最具代表性的观点和最有影响力的文章。再者，对文本有关问题的阐述，比如，对人名、地名、术语变化的说明，或对错字、漏字等印刷错误的说明等，要具有权威性和准确性。第四，力求做到史论结合、论从史出。本丛书的主要任务是对经典文本以及相关问题进行历史性的考证梳理，但考证不是目的，而是手段，根本目的还是要深化对马克思主义基本理论和基本观点的全面的、准确的理解，并最终用以指导实践。所以，在考证研究的同时，要始终牢记最终目标，以便从历史文献的分析研究中得出令人信服的科学结论。所以，在每一经典文本的考证说明中，都既要说明经典文本文献的来龙去脉以及考证梳理的情况，又要从中得出若干具有启发性的结论，以帮助读者正确认识经典著作中的有关重要思想，特别是要在统一认识、消除无谓争论上下功夫。这样，该丛书就不仅能够为读者提供原始的经典著作文本文献，还能够为读者进一步研究这些文本提供尽可能丰富的、具有权威性和准确性的相关文献资料，并提供尽可能中肯的观点和方法，从而能够使丛书成为马克思主义典藏的重要组成部分而流芳后世。

基于上述考虑，本丛书采取大致统一的编写框架。除导言外，各个读本均由四个部分组成。一是原著考证部分，其中包括对原著的作者、写作、文本主要内容、文本的出版与传播情况的考证性介绍；二是译本考证部分，包括对译本的译者、翻译过程、译本主要特点、译本的出版和传播情况的考证梳理；三是译文考订部分，包括对译文的质量进行总体评价，对有关重要术语进行比较说明，对错误译文、错误术语或错误印刷进行查考、辨析和校正性说明；四是原译文影印部分，主要收入完整的原著译本，同时作为附录适当收入前人关于该书的片段译文。

通过这样的考证研究，力求凸显这套丛书的编辑思路，即对经典著作的文本、版本有一个建立在考据研究基础上的总体性认识。每一本书都要能够回答这样一些问题：如这本书是什么，它在马克思主义发展史上的地位如何，它在世界上的传播情况怎样，它是什么时候传播到中国的；该中文本的译者是谁，译本的版本、传播、影响、收藏情况怎样；该译本中的重要概念是如何演化的，中国人对这些概念的理解过程怎样，对我们今天的理论研究和实践探索特别是对解决今天有关重大理论问题的争论有何启示，等等。这些问题回答好了，就能够帮助读者更深入地理解经典著作中的思想观点，并能够从文本的历史比较、国际比较中把握中国化马克思主义发展的思想历程，从而为进一步深化马克思主义理论研究提供深厚的思想资源和学理支撑。

“日月光华，旦复旦兮。”我们是怀着一种迎接中华民族伟大复兴的历史使命感、对马克思主义学术文化的深深敬畏之情来做这项工作的。一是敬畏经典。近百年来，为振兴中华民族，为推进中国思想文化的现代化，无数志士仁人历经千辛万苦把马克思主义真经取回来，并通过翻译研究形成了汗牛充栋的马克思主义经典文献，由此奠定了中国现代文化的典藏基础，为实现中华文化从传统形态向现代形态转化作出了巨大贡献。我们面前的这些文献，正是在马克思主义传播过程中形成的“马藏”中的重要经典文本。拂去历史尘埃，整理、考证和再现这些经典文献的历史原貌，发掘其中的深厚文化意蕴，敬畏之心油然而生。能够通过我们的工作使这些闪耀着历史光芒的典籍和伟大思想更好地传承下去，为中国现代文化体系的建设打下坚实的典藏基础，正是本丛书作者和编者的共同期愿所在。二是敬畏先驱。近百年来，一代又一代翻译家和理论家薪火相传，把马克思主义经典引进中国，特别是在民主革命时期，很多翻译工作是在十分困难和危险的条件下进行的，有不少先辈为此贡献了一生乃至宝贵生命。他们的事迹可歌可泣，他们的艰辛堪比大唐圣僧玄奘西天取经，他们的历史功绩和伟大精神将在历史的天空熠熠生辉！能够通过我们的这项工作，让一代代后人记住这些历史人物和历史故事并将先辈们的宝贵精神传承下去，我们将备感荣幸。三是敬畏责任。面对百年来形成的浩如烟海的马克思主义经典文献需要研究整理，面对百年来一批批可敬可爱的译介者需要研究介绍，面对百年来马克思主义中国化的伟大历程需要梳理继承，我们需要做的工作太多太多。由此，不论是作者还是编者，都不能不对自己所从事的这项工作产生出由衷的敬畏之情。唯有通过努力，精心整理好这些文献，为最终形成完整的中国特色马克思主义典藏体系作一点贡献，为马克思主义学说在中国乃至世界千秋万代薪火相传做一点铺路工作，才能告慰马克思主义经典作家，告慰这些理论先驱和翻译巨匠们！

2018年是马克思诞辰200周年，《共产党宣言》发表170周年；2019年是中国先进分子自觉选择马克思主义作为观察中国和世界命运之思想武器100周年；2020年是《共产党宣言》第一个完整的中文译本问世100周年；2021年是中国共产党成立100周年，这一个个光辉的历史节点展现出马克思主义在中国发展的强大生命力。在这个新时代的新时期，陆续出版大型丛书“马克思主义经典文献传播通考”，对推进马克思主义理论研究和建设工作，有着特殊重要的意义。

需要说明的是，对于经典文本的研究，往往会有仁者见仁、智者见智的情况。所以，尽管我们在组织编写工作中努力体现上述编写思路、原则和精神，书中的观点也不一定都很成熟，不可能与每一位读者的观点完全一致。加之每位作者研究角度不同，水平各异，每一本书的结构、篇章、内容、观点都不尽相同，其权威性也不尽一致，其中很可能有疏漏和错误之处，谨请读者批评指正。

该丛书在设计、编写和出版过程中，得到了各方面的大力支持。清华大学马克思主义学院将这项工作列入重要议事日程，作为该院马克思主义传播史研究中心重大项目，艾四林院长以及各位同事对此项工作给予大力支持。中共中央党史和文献研究院（中央编译局）十分重视对马克思主义传播史的研究，对此项研究给予各个方面的支持。国家出版基金将该丛书列入资助项目，辽宁省委宣传部将此项目列入文化精品扶持项目。辽宁出版集团和辽宁人民出版社在丛书的选题策划和编辑出版中做了大量工作。在编写过程中，中共中央党史和文献研究院（中央编译局）信息资料馆、国家图书馆、上海图书馆、清华大学图书馆、北京大学图书馆、国家博物馆等单位给予鼎力支持。本丛书中汲取了我国学者大量的研究成果。该项目顾问、我国马克思主义理论界德高望重的陈先达教授、赵家祥教授等专家对丛书的编写工作给予热情指导，编委会成员和各位作者为丛书的编写付出了辛勤劳动。

谨在此一并致以衷心的谢意！

**杨金海**

2019年5月5日于清华大学善斋

# 目录

CONTENTS

# 导言

列宁的《唯物主义和经验批判主义》（以下简称《唯批》）通常被理论界视为一部经典的“认识论著作”。该著作在马克思主义发展史中具有重要的理论地位。虽说以“认识论”著称，但这部著作讨论的更深层次的问题恰恰是马克思主义的“世界观”问题。按照恩格斯对哲学基本问题的概括，“全部哲学，特别是近代哲学的重大的基本问题，是思维和存在的关系问题”[①]。而在这个哲学基本问题中包括两个方面：一是思维和存在、精神和物质何者为第一性的问题；二是思维和存在是否具有统一性，即思维能否认识存在的问题。因此，《唯批》表面看起来讨论的是第二个方面的问题，但实质上却是为第一个方面服务的。在这个意义上，《唯批》是马克思主义在俄国革命背景下诞生的一部哲学著作。

第二国际时期，俄国出现了布尔什维克的A. A. 波格丹诺夫、A. B. 卢那察尔斯基、巴扎罗夫和孟什维克的Л. C. 尤什凯维奇、B. H. 瓦连廷诺夫等一批哲学家，他们借助于以马赫为代表的经验批判主义这一主观唯心主义哲学思潮，试图颠覆马克思主义的世界观。而颠覆马克思主义的世界观的本质在于，否定马克思主义哲学的阶级性和革命性，否定马克思主义哲学的实践论本性。这对当时的国际共产主义运动产生了极大的消极影响，对俄国社会民主党产生了强烈的冲击，破坏

① 中共中央马克思恩格斯列宁斯大林著作编译局《马列主义研究资料》编辑部：《马列主义研究资料》1986年第1—2辑合刊，人民出版社1986年版，第343页。

了哲学的党性。因此，为了捍卫俄国社会民主党内马克思唯物主义的正统地位，列宁写下了《唯批》这部战斗性的光辉著作。

经验批判主义的理论因为具有打着马克思主义旗号而反对马克思主义的本质而成为“修正主义”的理论。第二国际修正主义者利用这一思潮来反对马克思主义。列宁在《唯批》中认为，它只不过是贝克莱的唯心主义与休谟的不可知论的翻版。所以，列宁就以批判马赫主义为重点，进而对经验批判主义的一系列观点展开了详细批判，捍卫了马克思的唯物主义世界观和辩证唯物主义认识论。列宁的这一著作，及时纠正了俄国当时出现的反对马克思主义的错误思潮，为国际共产主义运动提供了马克思主义的世界观和方法论，为无产阶级革命提供了强大的精神武器，为俄国十月革命奠定了重要的思想基础。

由于国共合作的破裂，国民党对共产党的新闻出版工作加以严格限制。尤其是国民党反动政府对马列经典著作的翻译和出版更是严加管制，加上大量的出版机构都在国统区，给马列经典著作的翻译和出版带来了巨大困难。正是在这种十分艰难的条件下，傅子东翻译和出版了列宁的《唯批》这部哲学著作。

当时中国社会正处在第二次国内革命战争时期。俄国十月革命把马克思主义传入中国，使中国在马克思主义指导下开展新民主主义革命。在这一时期，革命急需对马克思主义理论的深入学习和理解，而马克思主义哲学是马克思主义理论体系三大组成部分中最为基础的部分，因而对马克思主义哲学的翻译需求显得更加重要。加之当时中国共产党刚刚成立，在马克思主义理论武装方面还显得薄弱，急需把大量的马克思主义著作翻译过来，以此指导中国革命。一时间，出现了翻译和传播马克思主义的热潮，涌现出陈望道、郭沫若、成仿吾、郭大力、许德珩、成嵩、陈启修、侯外庐、王思华、吴半农、杜畏之、潘冬舟、杜竹君等一大批马克思主义学者、理论家和翻译家，傅子东就是其中之一。这些翻译家纷纷投身马克思主义著作的翻译工作当中。由于傅子东在留美期间对西方哲学比较熟悉，而恰好《唯批》中涉及了大量的西方近代哲学，尤其是英国经验论哲学如贝克莱、休谟等的哲学思想。正是因为傅子东对西方哲学有较扎实的基础，所以就成为他翻译《唯批》的优势，这也是他翻译的《唯批》能够具有重要影响力的原因所在。

根据对傅子东译本的考释发现，从总体上来看，傅子东译本在民国半文半白的语境下精准地翻译了《唯批》，对当时马克思主义哲学在中国的传播发挥了重要的作用，同时也为后来中央编译局的翻译提供了重要参考。较之于《共产党宣言》等其他马克思主义著作，《唯批》更加具有“哲学化”的味道，因此傅子东翻译的《唯批》对于在当时的中国传播马克思主义哲学具有重要的奠基意义。

鉴于上述《唯批》在马克思主义理论发展史上所具有的哲学基础理论地位，以及傅子东译本在中国革命时期为传播马克思主义哲学作出的重大贡献，本书集中对傅子东译本进行了考释，旨在从翻译史和传播史的角度上，不断提升对马克思主义哲学的理解，尤其是对马克思主义认识论哲学的理解。同时，也有利于后学继承老一辈翻译家严谨的治学精神。通过对傅子东译本与中央编译局现行译本的对照考证，结合英文版本加以对比，可以大致呈现出《唯批》哲学思想的翻译理路和学术思想的传承进路。

《唯物主义和经验批判主义》原版考释

列宁为什么要写《唯物主义和经验批判主义》这部著作？该著作的写作背景是什么？这部著作的主要内容是什么？该著作诞生的历史过程是怎样？该著作的出版情况是怎样的？这些内容是理解《唯批》这部著作的非常重要的前提。因此，对这部著作从撰写到出版的一系列过程加以考证，对于呈现该著作的历史原貌和理论元典具有重要的学术价值。

## 一、写作及出版背景

### 1. 政治历史背景

列宁对于写作这部著作的目的有过很明确的表述，这就是他自己在1908年的第一版序言中所说的："至于我自己，也是哲学上的一个'探索者'。这就是说，我在本书中给自己提出的任务是：探索那些在马克思主义的幌子下发表一种非常混乱、含糊而又反动的言论的人是在什么地方失足的。"①

1895年恩格斯去世，1896年开始到1899年，第二国际形成了以伯恩施坦为代表的修正主义思潮。该思潮认为马克思主义已经"过时"，主张对马克思主义加以"修正"。这实际上是向资产阶级的妥协，破坏

① 《列宁选集》第二卷，人民出版社2012年版，第13—14页。

无产阶级革命。“1896年至1898年，伯恩施坦打着修正马克思主义的旗号，著文立说，企图用改良主义和机会主义歪曲马克思主义，叫嚣马克思主义原理已‘过时’，需要系统地‘修正’，鼓吹放弃政治斗争和无产阶级专政……否认资本主义必然灭亡、社会主义必然胜利的客观历史规律。”[①]1905年俄国资产阶级民主革命失败以后进入斯托雷平时期。此时，俄国社会民主工党自“二大”之后，开始发生内部分歧，形成了以列宁、普列汉诺夫等为代表的多数派和以马尔托夫等为代表的少数派。左派是多数派，也称为布尔什维克；右派为少数派，也称为孟什维克。12月革命后，在俄国社会民主工党的“三大”上，布尔什维克和孟什维克彻底分开，孟什维克和第二国际的修正主义走向合流。正是在这种情况下，经验批判主义便成为修正主义的理论基础。俄国社会民主工党内的一部分人，包括布尔什维克的A. A. 波格丹诺夫、A. B. 卢那察尔斯基、巴扎罗夫和孟什维克的Л. C. 尤什凯维奇、B. H. 瓦连廷诺夫等人，都成为经验批判主义思想的拥护者。他们歪曲自然科学新发现的哲学意义，吹嘘马赫主义是现代科学的哲学，妄图用马赫主义“修正”和“发展”马克思主义，实则是企图颠覆马克思主义。

革命失败给俄国社会民主工党带来很大的冲击。1908年沙皇追捕列宁，列宁流亡日内瓦。这是列宁自10年前西伯利亚流放后的第二次流亡。此时，列宁继续与孟什维克中出现的“取消派”和布尔什维克中出现的“召回派”开展斗争。“取消派”主张彻底放弃无产阶级革命。“召回派”主张继续开展革命，否认革命进入低潮，因此走上了“左”倾盲

① 季正矩：《列宁传》，天地出版社2018年版，第80页。

的生物的社会”[①]。因为，对于只承认感觉的经验批判主义来说，社会存在也就是感觉。而社会被看作是一个生物学基础上的社会。按照马克思的观点，人类社会首先是包含人的自然属性的，但人类社会绝不同于生物学的类。可见，波格丹诺夫是把人类社会和人的类本质理解为生物学意义上的类本质了。而这与马克思是完全不同的。因此，列宁特意强调，历史唯物主义所说的社会存在的“客观逻辑”，“并不是指有意识的生物的社会（即人的社会）能够不依赖于有意识的生物的存在而存在和发展……而是指社会存在不依赖于人们的社会意识”[②]。

### 3. 写作过程

1908年2月，列宁在日内瓦开始撰写《唯批》。1908年5月，列宁因为在日内瓦找不到写作所需要的哲学资料，于是从日内瓦来到伦敦，在英国博物馆阅览室里专门研究一些日内瓦所没有的文献。这些文献大概应该包括对英国经验论哲学思想的研究，比如，贝克莱和休谟以及康德的哲学著作。1908年9月，列宁为该书写了第一版序言。1908年10月，列宁完成了该著作的写作，历时8个月。

该书完成后，手稿被秘密地寄到了莫斯科，在莫斯科环节出版社第一次出版。当时，列宁的姐姐叶利札罗娃在莫斯科，她帮助列宁完成了对书稿的打印和校对工作。叶利札罗娃把校对后的样稿又寄回到伦敦。列宁详细地审阅了校对稿中的印刷错误并进行了更正。其中，一部分更正是在校对稿的正文中列出的，一部分列入附件的“勘误表”中。然

① 《列宁选集》第二卷，人民出版社2012年版，第220页。

② 《列宁选集》第二卷，人民出版社2012年版，第220页。

动主义道路。这部分人以波格丹诺夫、卢那察尔斯基和巴扎罗夫为代表（这几位正是后来列宁在《唯批》中重点批判的经验批判主义者），他们主张把议会中的代表召回来，反对利用杜马进行合法的阶级斗争。

此时在思想上也出现了混乱。列宁称其为“跪着造反”[①]，即打着马克思主义的旗号来反对马克思主义。“在这一时期，正像列宁所说，‘追求哲学唯心主义的倾向加强了；神秘主义成了掩盖反革命情绪的外衣’。形形色色的唯心主义泛滥，对马克思主义的‘批评’成为时髦。资产阶级思想家鼓吹‘寻神说’，他们把革命的失败归于‘上帝的惩罚’，宣称俄国人民‘失去了上帝’，现在的任务是要把上帝‘找回来’。而俄国社会民主党内以阿·瓦·卢那察尔斯基、弗·亚·巴扎罗夫为代表的一些人宣扬‘造神说’，主张创立一种新的‘社会主义的宗教’。俄国知识界出现了一批经验批判主义即马赫主义的狂热鼓吹者。”[②]在这一经验批判主义思潮的影响下，俄国社会民主工党出现了严重的思想分歧，在理论上破坏了马克思主义，在实践上必然导致否定无产阶级专政。通过宣传改良主义，弱化哲学的党性和阶级性，经验批判主义破坏了无产阶级革命。而这实际等于是资产阶级势力在俄国社会民主党内的抬头。正是在这一革命思想遭受严重破坏的情况下，为了捍卫马克思的辩证唯物主义和历史唯物主义这一无产阶级政党的执政理论，列宁写下了《唯批》这部著作。“哲学的党派性”是贯穿这部著作的灵魂。列宁这部著作是以学术的内容完成的政治论战。在今天看来，该著作可以说是“政治性和学术性相统一”的典范。

---

① 《列宁选集》第二卷，人民出版社2012年版，第13页。

② 季正矩：《列宁传》，天地出版社2018年版，第178页。

在《唯批》出版的当年，就有人对列宁表达了强烈的不满。弗里德里希·阿德勒就写信告诉马赫说，列宁过去并不关心哲学，而现在花了一年时间研究哲学……当然他没有时间详细思考解决的方法。他实际上认为要素是骗人的把戏。……人们不可能在他的书中找到任何必须认真对待的论据。这一对列宁的指责是不客观的。实际上，列宁早在1895年已经开始研究哲学。收录在《哲学笔记》中的《马克思和恩格斯〈神圣家族〉一书摘要》就写于1895年。此后，在西伯利亚流放期间他阅读了大量的西方哲学著作。“流放期间，列宁曾把一部分精力用来学习和研究哲学。……列宁集中研究了18世纪的法国唯物主义和19世纪的德国古典哲学，研读了黑格尔、康德、费尔巴哈、爱尔维修等人的著作。”[①] 因此，指责列宁“不关心哲学”是不客观的。尽管列宁很谦虚地说自己是“探索者”，但他在该著作中对英国经验论以及马赫、阿芬那留斯等的哲学著作都做了十分充分的研究。他在伦敦博物馆至少阅读了200种以上的哲学著作。

### 2. 经验批判主义及其代表人物

《唯批》是论战性著作，既然是“论战”，就要有论战的“对手”和“对象”。该著作主要批判了经验批判主义的主观唯心主义哲学。因此，在逻辑上首先要了解这部著作所批判的主要思想及其代表人物。

（1）何谓经验批判主义

经验批判主义是19世纪七八十年代由奥地利物理学家、哲学家马赫

① 季正矩：《列宁传》，天地出版社2018年版，第84页。

与德国哲学家阿芬那留斯创立的现代西方哲学流派。因创始人为马赫，故也称“马赫主义”（Machism）。经验批判主义的字面含义就是对经验进行审查，去除经验以外的东西，为认识真理建立“纯粹经验”的基础，如同康德为认识真理奠定“纯粹理性”基础一样。在经验批判主义者看来，只有“纯粹经验”才是真实存在的世界，它既不是心理的也不是物理的，而是“中立”的东西，因而是对唯物主义和唯心主义的超越。实际上，经验批判主义是把起源于英国的经验主义当作哲学的出发点，并利用和曲解19世纪末20世纪初的物理学革命的成果，利用对传统形而上学机械唯物主义的批判，捍卫哲学的“素朴实在论”名义和“修正”马克思主义而“偷运”唯心主义。

19世纪末20世纪初，俄国思想界深受马赫哲学的影响。马赫和阿芬那留斯的思想是俄国经验批判主义思想的根源。如果再向前追溯，马赫和阿芬那留斯的种种思想有两个源头：一个是来自英国经验论传统的贝克莱和休谟；另一个是德国古典哲学传统的康德。受马赫和阿芬那留斯的影响，俄国出现了一批经验批判主义者，包括巴扎罗夫、波格丹诺夫、切尔诺夫、卢那察尔斯基、尤什凯维奇等。在这些经验批判主义者中，又分为两部分：一部分是列宁所说的“反对马克思主义”的经验批判主义者；另一部分是想成为马克思主义者的经验批判主义者。前者以切尔诺夫、卢那察尔斯基为代表，后者以波格丹诺夫为代表。

经验批判主义包含两种倾向：一种是直接反对马克思的唯物主义；另一种是以“修正”马克思主义为旗号而“偷运”唯心主义。波格丹诺夫为后者。从马赫开始，经验批判主义就试图回避问题，以各种创新的学说来“修正”马克思主义，先后提出了“要素说”“原则同格说”“思维经济原则”“经验符号论”“嵌入说”“素朴实在论”等各种学说。如，马赫提出的“要素说”认为，构成世界的是要素，而要素即是感觉，客观事物是“感觉的复合”。阿芬那留斯提出的“原则同格说”认为，客体不能离开主体而存在，即“自我”和“非我”是不可分割的关联项。其中“自我”是中心项，“非我”是对立项。他们还提出“思维经济原则”作为基本的“认识论原则”，等等。这些学说概括起来大同小异，都是以各种不同的角度主张“物是感觉的复合”这一经验批判主义的核心观点，并试图以此“修正”马克思主义和“调和”唯物主义与唯心主义的对立。此外，经验批判主义还借助于20世纪的“现代物理学危机”来攻击唯物主义，认为随着新的物理学发现对近代经典物理学命题的超越，证明了不存在一个所谓的客观自然世界。

（2）经验批判主义的主要代表人物

经验批判主义是以马赫和阿芬那留斯为代表，对俄国20世纪初产生广泛影响的哲学思潮。经验批判主义继承了英国经验论传统，从贝克莱、休谟、康德的主观唯心主义中吸收了很多思想，经过19世纪末和20世纪初奥地利物理学家马赫、德国哲学家阿芬那留斯的发展而形成的主观唯心主义的哲学派别。其俄国代表人物主要有巴扎罗夫、别尔曼、格尔方德、尤什凯维奇、苏沃洛夫、瓦连廷诺夫、切尔诺夫、波格丹诺夫等。根据列宁在《唯批》中的批判重点，在此仅介绍马赫、阿芬那留斯和波格丹诺夫三位。

恩斯特·马赫（Ernst Mach，1838—1916），奥地利物理学家和哲学家，马赫数、马赫带效应和马赫主义因其得名。他1855年就读于维也纳大学，专修数学和物理学；1860年获得物理学博士学位；1864年在格拉茨成为一名数学教授；1866年又被提名为物理学教授。马赫的主要著作有《力学及其发展的批判历史概论》《认识与谬误》《感觉的分析》。在《力学及其发展的批判历史概论》中，他对古典力学中通行的概念进行了带有哲学性质的考察，认为这些力学概念的存在及其使用都是有条件的，而这些条件就是“经验”。在《感觉的分析》中，他把感觉看作是“要素的符合”，指出：“如果在最广泛的、包括了物理的东西和心理的东西的研究范围里，人们坚持这种观点，就会将‘感觉’看作是一切可能的物理经验和心理经验的共同‘要素’，并把这种看法作为我们的最基本的和最明白的步骤，而这两种经验不过是这些要素的不同形式的结合，是这些要素之间的相互依存关系。这样一来，一系列妨碍科学研究前进的假问题便会立即销声匿迹了。”[①]总而言之，马赫的哲学观点如列宁所说的，是从感觉出发来建构其世界观和认识论的，这集中表现在他下面一段论述：“由于常有同类的事情，我们最后就习惯于认为物体的一切特性都是由常久核心出发，通过身体的中介而传到自我的‘作用’；我们把这些作用叫做感觉。可是，这样一来，这些核心便失去了它们的全部感觉内容，变成赤裸裸的思想符号了。因而，说世界仅仅由我们的感觉构成，这是正确的。这样一来，我们的知识也就仅仅是关于感觉的知识。”[②]

理查德·海因里希·阿芬那留斯（Avenarius，Richard Heinrich，

---

① ［奥］马赫：《感觉的分析》，洪谦、唐钺、梁志学译，商务印书馆2016年版，“第四版序言”第6页。

② ［奥］马赫：《感觉的分析》，洪谦、唐钺、梁志学译，商务印书馆2016年版，第10页。

1843—1896），19世纪德国哲学家、经验批判主义创始人之一。1875年获哲学博士学位，并被聘为哲学讲师；1877年任苏黎世大学哲学教授直至逝世。他是苏黎世大学哲学学会的创始人之一，并任该会会刊的首任主编。主要著作有：《哲学——按费力最小原则对世界的思维》《纯粹经验批判》《人的世界概念》等。阿芬那留斯作为经验批判主义的创始人之一，其很多观点和马赫相似。根据马赫的说法，两位哲学家第一个相似观点就是“思维经济原则”。“现在我想特别指出我和阿芬那留斯的主要一致之点。最初我在1871年、1872年简明地将思维经济，即事实的经济陈述当作科学的主要任务……现在我见到阿芬那留斯已经将这种观点又作了巨大的发展。”①这指的就是阿芬那留斯的著作《哲学——按费力最小原则对世界的思维》中的核心观点。两位哲学家的第二个相似观点是关于心理的东西和物理的东西相一致。如马赫说：“我认为我和阿芬那留斯的一致之处，最重要的是在于对物理的东西和心理的东西的关系的看法方面。”②两位哲学家第三个一致性观点是关于“嵌入说”的看法。“嵌入说”是阿芬那留斯对那种把复写、模写、反映等形成的映象视为与事物本身分离之后，“嵌入”到人的头脑的观点的称谓。这里实际上也包含着对唯物主义的批判，因为唯物主义反映论就认为，认识是人脑对客观世界的反映、模写、映象。虽然列宁后来认为唯物主义认识论不是把映象从物质世界那里嵌入到头脑的，而是“人脑的机能”，但至少出现了与事物相区别的“映象、模写、反映”等。以上三个方面是马赫和阿芬那留斯的经验批判主义的核心观点，正是这些观点深刻影响

① ［奥］马赫：《感觉的分析》，洪谦、唐钺、梁志学译，商务印书馆2016年版，第41页。
② ［奥］马赫：《感觉的分析》，洪谦、唐钺、梁志学译，商务印书馆2016年版，第42页。

着俄国的思想界，使俄国形成了一批经验批判主义者。对上述一系列观点的批判，构成了列宁《唯批》这部著作的核心内容。

波格丹诺夫（Алексά Алексáндрович Богданов，1873—1928），俄国经验批判主义最有影响的代表之一，也是列宁在《唯批》中重点批判的对象。他是内科医生、哲学家、社会学家、科幻小说作家、白俄罗斯族革命家。19世纪90年代参加社会民主主义小组，1903年起成为布尔什维克，1905年当选为党中央委员，曾在布尔什维克机关报《前进报》《无产者报》《新生活报》编辑部工作。1905年革命失败后，成为“前进集团”的首领并领导“召回派”，在哲学上转向马赫主义，并试图建立唯心主义的经验一元论。1909年曾被开除出布尔什维克。十月革命后从事过高等教育工作，担任过“无产阶级文化协会”的领导职务和输血研究所所长。著有《生动经验的哲学》《自然史观的基本要素》《经验一元论》《普遍地组织起来的科学》等。

波格丹诺夫的核心观点是“经验一元论”。“经验一元论”认为，第一，全部认识都是在经验范围内完成的，不存在经验以外的东西（如客观世界、自在之物）；第二，一元就是仅仅承认我们的经验，包括感觉和思想都是经验基础之上的活动（列宁曾经批判过“经验”概念的模糊性在于，“经验”概念本身没有标明经验的来源是客观世界还是主观感觉，因此，“经验”一词是模糊的）；第三，一元论是指感觉能够认识到感觉自己，是可知论。波格丹诺夫的“经验一元论”颠倒了“反映”关系。波格丹诺夫想要把经验批判主义和唯物主义调和起来，因此用经验批判主义的观点“修正”马克思主义理论。波格丹诺夫回避马克思的历史唯物主义，把人看作是“有意识的生物”，而把社会看作是“有意识而，在接下来的出版环节遇到了艰巨的困难。列宁是沙皇追捕的“罪犯”，可想而知列宁这部著作在俄国出版是十分困难的。当年的出版社要么被封杀，要么被关停。在这种情况下，幸亏环节出版社的出版者克鲁姆比尤格尔给予列宁大力支持，在列宁的众多化名中选择了“弗拉·伊林”作为该书作者署名，书稿才最终得以出版。

该著作于1909年5月出版，印数为2000册。在出版过程中，列宁又做了一些修改，主要目的是为了避免当时沙皇书报检查机关审查不过关而耽误出版。由于列宁当时非常急于出版该著作，正如他自己所说的，这部著作“负有重大的政治责任”[①]，为此，列宁对书稿中比较激进的观点做了处理，有些表述修改得更加委婉和带有缓和性的语气。

《唯批》的第二版于1920年出版。在该版本中列宁没有做大的修改，只是修改了个别的文字。虽然列宁当时仍然十分关注波格丹诺夫出版的一些新的著作，但他没有来得及去阅读，因此也无法把对波格丹诺夫新作中的观点的考察纳入到该著作当中。为此，列宁把涅夫斯基的一篇文章作为附录加入到了第二版当中。因为，列宁相信，在涅夫斯基的这篇文章中应该对波格丹诺夫的新作有比较客观的评价。列宁带着这种信任说道：“他有充分的可能确信，亚·亚·波格丹诺夫在‘无产阶级文化’的幌子下贩运资产阶级的反动的观点。”[②]

---

①《列宁选集》第二卷，人民出版社1960年版，第923页。

②《列宁选集》第二卷，人民出版社2012年版，“第二版序言”第15页。

## 二、各版本说明

《唯批》是列宁于1908年2—10月在日内瓦和伦敦完成的一部哲学著作。这部著作在国际上得到了广泛的传播，先后被译为20多种文字。

除了中国对《唯批》的多次翻译和出版，该部著作自20世纪以来分别被翻译为英文、日文、法文、韩文、德文、越南文等多种版本，这表明该著作在西方和东方均产生了很大影响。俄文版本在1985年再版。英文第五版于1967年再次印刷。相较而言，日本的《唯批》翻译版本较多，从20世纪30年代一直到20世纪末，先后有6个翻译版本。这也反映出日本对马克思主义研究的高度重视。20世纪末，韩文和德文都出版了第十一版，尽管翻译版本不多，但版次较多，这也充分说明韩语世界和德语世界对《唯批》的高度关注。进入21世纪，越南出版了《唯批》的越南文译本，法国则于2009年再一次出版了《唯批》。可见，该部著作在世界范围内仍然具有重要的影响力。这一方面因为马克思主义在当代世界仍然充满了强大的生命力；另一方面也表明《唯批》作为马克思主义哲学著作在世界哲学史上所占有的重要地位。下面以图表形式列举各个国家的译本情况和出版情况。由于笔者语言水平和资料掌握程度有限，有些版本信息掌握得尚不够全面，仅供参考。

| 语言 | 书名 | 作者 | 译者 | 版本 | 出版社 | 出版年份 |
|---|---|---|---|---|---|---|
| 俄文 | Материализм и эмпириокритицизм. Критические заметки об одной реакционной философии | Ленин | | | Москва: Политиздат | 1985 |
| 英文 | Materialism and empirio-criticism: Critical comments on a reactionary philosophy | Lenin. | | 5版 | Moscow: Progress | 1967 |
| 日文 | 唯物論と経験批判論 | レーニン | 山川均，大森義太郎 | | 改造社 | 1931 |
| | | | 永田広志 | | 社会主義著作研究会 | 1950 |
| | | | 佐野文夫 | | 岩波書店 | 1952—1953 |
| | | | 寺沢恒信 | | 大月書店 | 1975 |
| | | | 森宏一 | | 新日本出版社 | 1999 |
| 法文 | Matérialisme et empiriocriticisme: notes critiques sur une philosophie réactionnaire | Lenin | | | Montreuil-sous-Bois: Éd. Science marxiste, impr | 2009 |
| 韩文 | 유물론과 경험비판론 | 레닌 | 정광희 | 11版 | | 1991 |
| 德文 | Materialismus und Empiriokritizismus | Lenin | | 11版 | Berlin: Dietz | 1989 |
| 越南文 | Chủ nghĩa duy vật và chủ nghĩa kinh nghiệm phê phán | Lênin | | | Hà nội: Chính trị Quốc gia | 2005 |

## 三、内容简介

《唯批》共六章。首先根据该著作的章节内容，做一个总体上的梳理。然后，针对该著作中的几个核心的重要哲学问题加以阐释。

前三章的题目都是“经验批判主义的认识论和辩证唯物主义的认识论”，分别标注了（一）、（二）、（三）。第一章主要批判了经验批判主义的主要代表人物马赫和阿芬那留斯的主观唯心主义的来源。列宁把他们的主观唯心主义的“物是感觉的复合”这一核心命题，追溯到了英国经验论者贝克莱、休谟和德国古典哲学家康德，主要批判了马赫的“要素说”、阿芬那留斯的“原则同格说”。

第二章批判了切尔诺夫和波格丹诺夫对恩格斯批判康德的“自在之物”思想的误解。这部分的核心内容指出，经验批判主义者的主观唯心主义不承认有“自在之物”的存在。在他们看来，凡是承认有“自在之物”的，都是“超越感觉的”，因而是“超越论”，也是“形而上学”。列宁通过对恩格斯《路德维希·费尔巴哈和德国古典哲学的终结》（以下简称《费尔巴哈论》）中批判康德“自在之物”的论述，澄清了以“自在之物”为基础的唯物主义和唯心主义两条路线，并以此解释了“绝对真理”与“相对真理”的辩证关系。

第三章主要批判了经验批判主义对“物质”“经验”概念的否定，并对“世界的统一性”“空间和时间”“自由和必然”等辩证唯物主义世界观的一系列基本问题进行了阐述。重点对阿芬那留斯的“思维经济原则”进行了批判，指出这种思维方式的主观唯心主义的本质。

第四章题目为“作为经验批判主义的战友和继承者的哲学唯心主义者”。这里主要批判了尤什凯维奇的“经验符号论”以及波格丹诺夫的“经验一元论”思想，所谓的“内在论者”实际上是马赫和阿芬那留斯的战友，因而本质上也是经验批判主义者。

第五章题目为“最近的自然科学革命和哲学唯心主义”。主要针对马赫提出的现代物理学危机问题进行了批判。列宁认为，现代物理学的发展不是像马赫所说的否定了世界的物质客观实在性，相反，恰恰证明了恩格斯所说的“自在之物”向“为我之物”的转变，也证明了“绝对真理”和“相对真理”的辩证关系。因此，现代物理学不存在所谓的“物质消失了”。列宁还追溯了现代物理学在法国和德国的唯心主义根源，并分析了物理学中唯心主义的本质，从而从现代自然科学的角度再一次论证了辩证唯物主义世界观和认识论。

第六章题目为“经验批判主义和历史唯物主义”。该部分集中批判了波格丹诺夫对马克思主义“修正”的问题。揭露了波格丹诺夫以捍卫马克思主义的名义和“修正”马克思主义的名义，实际上是陷入了唯心主义。列宁由此提出了该著作的一个深层次的哲学问题，即哲学的党性问题。列宁认为，哲学是有党性的，这是马克思主义哲学的根本性质所决定的。

以上是全书的主体框架。而在这部著作中，有几个核心问题的讨论，对于理解整个著作是非常重要的。

### 1. 列宁对马赫的“要素说”的批判

马赫在《力学》中提出了“要素”，认为世界就是感觉，感觉就是要素的复合。“世界就是我们的感觉。”[①]要素分为物理要素和心理要素。热和火的联系，就是物理要素的联系，产生感觉。热和神经的联系就是心理要素，也产生感觉。阿芬那留斯也提出了“要素”。为什么提出“要素”？列宁认为，这是对此前的“世界是感觉的复合”的唯心主义的修正。

波格丹诺夫不承认自己是马赫主义，他只承认自己在“要素”问题上继承了马赫的一个观点，即认为要素对于物理的东西和心理的东西来说是“中立的”。但列宁认为他是马赫主义。虽然波格丹诺夫自己承认仅仅继承了马赫的“这一点”，但列宁认为“这一点”是经验批判主义的决定性的观点。因为，“当他们承认‘物理经验的要素’（即物理的东西、外部世界、物质）和感觉是同一的时候，我们可以而且应该说这是唯心主义，因为这无非是贝克莱主义”[②]。要素分为物理要素和心理要素，而两者作为要素，不是独立于感觉、在感觉之外存在的。因此，经验批判主义仍然没有超出“感觉”的界限，“要素”也不是在感觉之外存在的客观事物。所以，实质是，经验主义还在感觉之内来修正主观唯心主义。正是在这个意义上，列宁认为马赫、阿芬那留斯的这一“修正”是毫无意义的。

但是，这一“修正”还是有其价值的。主要表现为列宁所说的马赫和阿芬那留斯是在“偷运”唯物主义。也就是说，似乎他们心里是承认唯物主义的，但是嘴上却不承认唯物主义，因此，他们的“调和”唯物主义和唯心主义的做法，已经为唯物主义做了论证。因此列宁认为，他

① 《列宁选集》第二卷，人民出版社2012年版，第49页。
② 《列宁选集》第二卷，人民出版社2012年版，第54—55页。

们的关于要素的理论，已经自己破坏了自己的经验批判主义了。对“物理要素”的承认，实际上承认了不以感觉为转移的客观实际，因而这等于是唯物主义的观点了。所以，列宁认为，马赫在他的物理学研究中，有时忘记了他的唯心主义，而是直接使用唯物主义的观点。

### 2. 列宁对“原则同格说”的批判

“原则同格”是阿芬那留斯的学说。“原则同格”是指自我和环境是不可分割的“同格”原理。“同格”即相互关联。“你所能理解的就是意识和物，物和意识；或者说得更确切些，不是二者中的哪一个，而是那种后来才分解为这二者的东西，那种绝对的主体—客体和客体—主体。”[①]也可以表述为自我和非我的同一性。这和费希特的自我学说有相似之处。列宁认为，“原则同格”的本质仍然是主观唯心主义。

列宁和恩格斯都是在当时自然科学成果的基础上来批判经验批判主义的。因为经验批判主义的观点是和自然科学家们所持有的唯物主义观点相矛盾的。所以，列宁提出来这一问题：在人出现、感觉出现之前，自然是否存在呢？阿芬那留斯为了摆脱这一矛盾，提出了“潜在中心项”的说法。[②]而列宁认为，“潜在中心项”正是通向神秘主义的东西，走向信仰主义。对于在人类出现之前，自然是否存在的问题，经验批判主义有两个回答：第一，自然是存在的，但是是以一个“潜在中心项”为基础的。虽然没有人类存在，没有一个现实的中心项，但是却有一个“潜在中心项”。第二，没有人类的感觉，可以有其他动物的感觉作为中心项，来说明自然

---

① 《列宁选集》第二卷，人民出版社1960年版，第64页。

② 《列宁选集》第二卷，人民出版社1960年版，第71页。

物的存在。第三，当我们提出这个问题的时候，我们已经“设想一个观察者”，自然物对于它来说是存在的。这就是经验批判主义对这一问题的回答。这些回答，都没有得出一个唯物主义的结论，即在人类出现之前，在人类的感觉出现之前，自然界已经客观地存在着了。

### 3. 列宁对阿芬那留斯的“嵌入说”的批判

阿芬那留斯把“感觉和思想是头脑的产物”这种观点称为“嵌入说”。所以，实质是阿芬那留斯对唯物主义反映论的一种带有贬义的、不认同的称谓。他把唯物主义反映论错误地贬责为“嵌入说”。“嵌入说”的逻辑是这样的：感觉和思想如果来自客观世界，就是把客观世界转变为了感觉和思想，然后又“嵌入”到头脑里面。因此，是不能这样理解感觉和思想的。这仿佛把感觉和思想理解为是在头脑之外的，而后又放回头脑当中去。因此，感觉和思想与头脑的关系，不是这种外在的“嵌入”关系。“嵌入”即“把思想放进头脑，或把感觉放到我们里面”。“把看得见的东西等等放到人里面，我们就称之为嵌入。”[①]进一步，阿芬那留斯也认为，“嵌入说”也是唯心主义的。“人们通常从嵌入说得出哲学唯心主义，把外部世界变成感觉、表象等等，而我却保护‘素朴实在论’，认为见到的一切，不论‘自我’或环境，都具有同样的实在性，我不把外部世界放到人脑里去。”[②]把外部世界变成感觉和思想，再放到脑袋里，这就不是“素朴实在论”。而阿芬那留斯还自认为自己是坚持“素朴实在论”的。

---

①《列宁选集》第二卷，人民出版社1960年版，第84页。

②《列宁选集》第二卷，人民出版社1960年版，第85页。

针对上述“嵌入说”，列宁是怎样批判的？列宁认为，第一，不论阿芬那留斯怎么批评“嵌入说”，但其结论就是，感觉和思想不是头脑的产物。因此，在感觉和思想与头脑的关系这一问题上，列宁认为阿芬那留斯仍然是主观唯心主义。第二，阿芬那留斯试图调和唯物主义和唯心主义，这也是不成功的。列宁引用了艾瓦德的话来揭露阿芬那留斯的矛盾：“一方面，排除嵌入，恢复自然的世界概念，就会使世界重新有活生生的实在这种性质；另一方面，经验批判主义通过原则同格走向主张对立项和中心项绝对相互关连的那种纯粹唯心主义的理论。这样，阿芬那留斯就在一个圈子里打转。”①

### 4. 列宁对经验批判主义者“修正”马克思主义的批判

马赫和阿芬那留斯都试图对纯粹的主观唯心主义进行“修正”，因为他们也不断得到来自唯物主义者的批判，所以，就试图调整自己的学说，以便从贝克莱式的纯粹主观主义走出来，建立能够容纳唯物主义观点的认识论学说。这些尝试包括“要素说”“同格说”等等，都试图从“感觉”走出来，使用“要素”“同格”等说法，试图调和唯心主义和唯物主义的矛盾，将两者统一起来。但是，这些努力在列宁看来都是无济于事的。列宁从根本上认为，这是一个原则问题，是哲学的党性问题。唯心主义和唯物主义作为两种根本原则不同的哲学立场，是无法调和起来的。所以，在经验批判主义者当中，也存在着试图调和唯物主义和唯心主义的倾向。列宁认为，在经验批判主义者中分为两部分：有一些是

---

①《列宁选集》第二卷，人民出版社1960年版，第88页。

比较激进的，就是“不想成为马克思主义者”的一部分；还有一部分是“想要成为马克思主义者”的这部分。这一部分的人，当然是要试图调和他们的主观唯心主义的观点和唯物主义观点之间的差别，也想要承认马克思主义的观点。列宁的一个重要目的就是针对这后一部分人来写的《唯批》，目的就是要指出：对待马克思主义哲学的问题是有原则和立场的，是有党性的，而不能让经验批判主义者蒙混过关。所以，列宁就是在批判这些“想成为马克思主义者”的经验批判主义者，揭露他们表面承认马克思的唯物主义，而实质却坚持反对唯物主义的唯心主义的做法，指责他们“偷运”马克思主义的做法。

### 5. 列宁对波格丹诺夫“经验一元论”的批判

波格丹诺夫“经验一元论”的认识论结构包括四个层面：1.“要素”的混沌世界；2. 人们的心理经验；3. 人们的物理经验；4.“从这种经验中产生出来的认识”。[①]这四个方面有“阶梯性”的递进关系。认识开始于“要素”，要素是一个“混沌的世界”，但是却构成了认识的基础。第二阶梯是心理经验。是指物理要素和心理要素之间的联系，产生感觉或知觉。第三阶段是物理经验。是指在心理要素基础上所感觉到的物理要素之间的关系。第四个阶段就是，在心理要素、物理要素基础上形成的“思想的社会的组织形式”，这就是认识。从这四个构成阶梯之间的关系可以看出一个核心观点：物理世界是从感觉构成的要素（心理要素和物理要素）所形成的经验（心理经验和物理经验）所派生出来的。因而，物理世界不是客

---

① 《列宁选集》第二卷，人民出版社2012年版，第170页。

观存在的。概言之，是用经验“代换了”物理世界。因此列宁认为是“代换说”。[①]这构成了波格丹诺夫“经验一元论”的核心思想。

波格丹诺夫认为，真理是思想的组织形式，那么怎样来证明思想的客观性呢？他用的是“集体经验”。“客观性的基础应该是在集体经验的范围内。我们称之为客观的，是这样一些经验材料，它们对于我们和别人都具有同样的切身意义，不仅我们可以根据它们来毫无矛盾地组织自己的活动，而且我们深信，别人为了不陷于矛盾也应该以它们为根据。物理世界的客观性就在于：它不是对我一个人，而是对所有的人来说都是存在的〈不对！它是不依赖于‘所有的人’而存在的〉并且我深信，它对于所有的人，就像对于我一样，具有同样确定的意义。物理系列的客观性就是它的普遍意义。”[②]这种证明方式和黑格尔是不同的。黑格尔是用逻辑自己来证明自己的客观性，所以波格丹诺夫没有上升到客观唯心主义，还是停留在主观唯心主义的层面。而如果在主观唯心主义的路径上寻找真理的客观性，列宁就提出了反例。比如，宗教也是大家普遍认同的，那么，宗教是客观真理吗？显然不是。于是，波格丹诺夫又辩解：客观真理只是客观经验，而不是“社会经验”，宗教等属于社会经验，因而和客观经验不同。但列宁仍然认为，波格丹诺夫对客观真理的理解，是和信仰主义一样的。“波格丹诺夫对客观真理的否定是和信仰主义完全‘协调’的。”[③]这样，列宁就用宗教的主观性反驳了波格丹诺夫的客观真理思想。

---

① 《列宁选集》第二卷，人民出版社2012年版，第169页。
② 《列宁选集》第二卷，人民出版社2012年版，第83页。
③ 《列宁选集》第二卷，人民出版社2012年版，第85页。

# 《唯物主义和经验批判主义》傅子东译本考释

十月革命一声炮响，给中国送来了马克思列宁主义。《唯批》自20世纪初开始被翻译到中国。这部著作一般被称为马克思主义的认识论著作，因而在马克思主义哲学体系中具有重要的学术价值和理论贡献。因为马克思没有专门写过认识论方面的著作，只是在《关于费尔巴哈的提纲》、《德意志意识形态》、《资本论》第二版跋等作品中涉及了一些认识论问题，所以，马克思主义哲学的认识论问题在马克思那里并没有做过系统的阐述。正是因为这样，恩格斯的《反杜林论》、列宁的《唯批》就成为理解和发展马克思主义哲学认识论的光辉著作，甚至具有“补充”马克思哲学认识论的重要地位。傅子东是民国时期较早的《唯批》翻译者，对这部译著进行考释，对于今天理解列宁的《唯批》乃至马克思主义哲学认识论问题，都具有重要的学术价值。

## 一、译介背景

1927年大革命失败，第一次国共合作结束。国民党展开对共产党的“清剿”，共产党的革命面临白色恐怖。为了限制共产党的革命活动和翻译马列经典著作，国民党出台了一系列法律政策。“1930年12月国民党反动政府颁布了《出版法》，1931年10月颁布了《出版法施行细则二十五条》，又对《出版法》中的办法和原则，作了具体规定。11月，国民党中央宣传部公布了《宣传品审查标准》，1934年又公布了《图书杂志审查办法》。”[①]所有这些法律法规和政策，其目的就是要限制共产党对马列经典著作的翻译和出版。据统计，仅1931年被查禁的进步书刊有200多种，其中包括30多种马列经典著作。即便在这些反动政策的检查之下，仍然有一批马列主义经典著作出版了，如郭沫若翻译的《政治经济学批判》就是在这种条件下出版的。

由于马列著作在当时是被国民党严格禁止出版的，很多出版机构尤其是上海的出版机构，都被国民党严格检查和查封。在这种情况下，翻译者和出版人都不得不采取隐蔽的地下工作的方式开展工作。比如，隐去或者更换作者和译者的姓名，甚至更改著作名称，如《共产党宣言》就曾改名为《宣言》出版。也有一些翻译者使用化名，一些出版机构临时更名，如华兴书局曾先后更名为“启阳书店”“春阳书店”。还有在印刷时故意把出版社的位置更换，等等。总之，从翻译到出版的各个环节都是在国民党严格的监控下进行的。

很多出版机构由于出版进步书籍而被国民党查封，于是一些地下出版机构纷纷涌现。如，1928年上海成立了地下出版社——无产阶级书店，曾出版过《列宁论组织工作》等马克思主义著作和共产国际的重要文件。1929年该书店被查封后，又成立了华兴书局，出版了一大批马克思主义经典著作和俄国革命的文献。这一时期也涌现出一大批新的出版社，如社会科学研究社、江南书店、乐群书店、南强书店、联合书店、春秋书店、亚东图书馆、山城书店、平凡书店、昆仑书店、太平洋书店、言行出版社、神州国光社等，在翻译出版马列经典著作方面作出了

① 中共中央马克思恩格斯列宁斯大林著作编译局马恩室：《马克思恩格斯著作在中国的传播》，人民出版社1983年版，第288页。

重大贡献。

就是在这样艰难的条件下，马克思主义的传播不但没有停止，反而出现了传播高潮。尤其在翻译方面，涌现出一大批学贯中西的学者翻译了大量的马列经典文献。据资料显示，从1928年到1930年期间，就有包括马克思的《资本论》《政治经济学批判》、恩格斯的《反杜林论》《家庭、私有制和国家的起源》《路德维希·费尔巴哈和德国古典哲学的终结》等在内的近40种马列经典著作出版。这些著作的出版极大地推动了马克思主义在中国的传播，为无产阶级革命提供了有力的思想武器。不仅马列著作，其他的社会科学著作也都纷纷译介过来。“仅据1930年进步刊物《新思潮》发表的《一九二九年中国关于社会科学的翻译界》一文所列举的书目就达一百五十种以上。这些书籍主要是经济学和经济史、唯物辩证法、社会主义和社会思想史、革命史以及关于帝国主义和苏联革命等方面的，其中马克思、恩格斯著作有六种（后来资料显示是八种——引者注），列宁著作有五种。”①

由于国家救亡图存的需要，中国新民主主义革命的需要，翻译马克思列宁主义的经典著作就成为当时最为重要的一项文化事业和革命事业。1922年，傅子东美国留学回国，这时中国共产党刚刚成立。他曾经和李大钊、朱德、陈毅等一批共产党人有过交往，对共产党有了一定的认识。他积极投身于译介工作，翻译《唯批》就是其中的一项重要工作。列宁的著作不仅反映了俄国革命的情况，有些著作还是对马克思恩格斯著作和思想的创新和发展，构成了马克思主义经典著作的重要组成

---

① 中共中央马克思恩格斯列宁斯大林著作编译局马恩室：《马克思恩格斯著作在中国的传播》，人民出版社1983年版，第274页。

部分。傅子东在20世纪20年代末30年代初开始了对《唯批》的翻译工作。这部著作的核心思想是批判俄国的经验批判主义，捍卫马克思的辩证唯物主义和历史唯物主义。尤其是，列宁这部著作充满了无产阶级的战斗热情，明确了哲学的党性原则，集中批判了唯心主义的资产阶级思想。列宁对破坏无产阶级革命的反动思想的批判，对于推动无产阶级革命，具有重要的指导意义。这也是中国新民主主义革命非常需要的宝贵的马克思主义思想武器。傅子东早年加入孙中山领导的同盟会，回国后在国民政府任职，但这些并没有影响他对马列主义的研究和学习，他毅然以翻译出版列宁著作的方式，参与到中国的革命事业当中。

对国家命运的探究，吸收国外先进思想来拯救中华民族是那一个时代中国仁人志士和学者的使命。这种使命感是傅子东翻译列宁该著作的一个隐性的原因。这从他在“译者序言”中对当时中国时政的关注以及中国传统文化治国思想的关注能够窥见一斑。傅子东在青年时代敬仰韩非子，他在“译者序言”第一部分中指出：“译者在青年时代诵读《韩非子》，非常佩服他的理论的透辟，他实在是中国历史上仅有的最伟大的唯物论的政治哲学家。”[①]傅子东对韩非子的治国思想十分敬佩，因而在他所翻译的著作中产生了强烈的感慨。反过来，正是因为傅子东在青年时代敬佩韩非子的治国思想，才引领其专注于对国家政治生活的研究和思考。而《唯批》显然是无产阶级革命家的伟大著作，这恰好迎合了傅子东对韩非子政治思想和政治情怀的敬佩之情。

傅子东翻译《唯批》有对马列主义的认同情怀，实际上也隐含着宣

① ［苏联］列宁：《唯物论与经验批判论》，傅子东译，言行出版社1938年版，“译者序言”第2—3页。以下凡引此书，仅在文中标注页码。

传列宁主义、批判资产阶级思想的目的。“资本主义下的民主政治或资本主义下的议会政治，依据俄国共产党的见解，完全是资本家阶级支配着的；但是人们如果相信英国和美国，甚至法国和德国，可以由运用议会政治将资本主义的经济组织渐渐变革为（国家）社会主义的经济组织，那么，这个见解，在他们看来，不必然完全是正确的。”（“译者序言”第6—7页）这段话里包含了傅子东的三层意思：第一，傅子东在序言里借助俄国共产党的见解，实际上是表明了他本人对欧美议会政治的批判。也就是说，傅子东不认同西方的政治形式。第二，表达了对社会主义的经济组织形式的认可。第三，他反对欧美以“渐渐变革”的方式实现社会主义制度。言外之意，他是赞成“革命”的。因此，从这些论述可以了解傅子东翻译此著作的真实想法。

## 二、译者介绍

傅子东（1893—1972），又名振烈，四川江油县人，革命活动者、学者、语言学家、大学教授。

1893年11月3日，傅子东出生于中坝镇一个中药材商人之家，幼年就读于江西会馆私塾。15岁随受业导师吴味舟赴北京考入财政学堂中学班，第二年加入孙中山领导的同盟会。1912年财政学堂合并到北京大学，傅子东考入了经济系就读。1918年毕业后，他赴美国加利福尼亚大学研究院，在经济学专业学习并获博士学位。1922年傅子东回到中国。

1924年，杨森出任四川督理（1924年第二次直奉战争后，段祺瑞任用的各省军事长官一般称为军务督办或督办。后直系吴佩孚再起，发表任命均用“督理”名，北京用“督办”名，各行其是，直至北洋军阀失败），傅子东就任督理公署秘书并被聘为成都高等师范学校教授，后被任命为成都高等师范学校校长。傅子东就职后，鉴于当时南京、沈阳、武昌、广州等地的高师都已改为大学，所以他向教育部呈报了改办大学的建议，极力推动把“师范学校”改为“大学”。在他的推动下，成都高等师范学校改为大学，这就是今天四川大学的前身。改为大学后，招了第一批预科生，分别编入教育、中文、政治、经济、英文、历史、数学、物理、化学、生物等十个系，并于1925年6月正式挂校牌为“国立成都大学”。

傅子东于1925年以杨森的军事代表的身份跟随杨森部驻扎万县。1927年出任国立武汉大学教授，同时任国民革命军总政治部编审委员会委员兼秘书职务。1928年出任国立中山大学教授。后因政局迭变，他居住在上海专门从事翻译著述工作。正是在这一时期，傅子东翻译了列宁的《唯物主义和经验批判主义》、英国霍布孙的《近代资本主义进化论》、美国马尔文的《欧洲哲学史》等著作。同时，出版专著有《傅氏文典》《傅氏白话文法》。日军攻陷上海以后，傅子东把他在证券交易所从事经济活动的收入，用来支援抗战。汪伪南京政府成立时，他拒绝了出任伪职的邀请。1947年他回到故乡四川江油，其间协助中国共产党地下组织做统战工作。此外，在傅子东的努力下，通过和当地首脑人物蹇幼樵的斗争，控制了当地六县山区联防总队地方武装，从而为川西北的和平解放作出了贡献。

江油解放后，傅子东出任川北行署教育厅副厅长，1952年调北京任中国文字改革委员会研究员。1953年调陕西师范大学任教授，继续从事语言学研究。1960年至1966年8月任陕西省文史馆馆员。这一时期傅子东主要有《语法理论》《古代汉语语法大纲》《现代汉语语法大纲》等专著及多篇论文问世。傅子东的语法研究自成一家，其语法著作在国内外曾引起强烈反响。朱星亦称赞他的语法理论“有自己的特色”。苏联汉学家宋采娃评论说：“这位中国作者所得出的结论，他对于汉语各种句子的观察结果，具有重要的原则性意义。”鄂山荫和穆德洛夫在《四十年来苏联的汉学研究》一文中把他的著作列为苏联第三代汉学家的读物。傅子东在“文化大革命”中遭遇迫害，于1972年死于狱中。

## 三、编译过程及出版情况

### 1. 编译过程

《唯批》被翻译为多国语言，傅子东译本是在英译本基础上翻译过来的。英译本的翻译者为德博林（A. Deborin），于1927年出版。根据傅子东的“译者序言”可知，其译本于1930年译完，因此翻译工作应该是在20世纪20年代末开始的。该著作1932年在上海北河南路二四六弄七号的神州国光社出版。神州国光社于1901年在上海由黄宾虹、邓秋枚创办。1933年，因社主陈铭枢在福建参加抗日反蒋，该社各地分店全部被查封，许多书刊被查禁。上海总店因地处租界而幸免于难，但已难以立足，于是另外申请成立言行出版社。因此，傅子东译本上印为民国“言行出版社”。在傅子东译本之前已经有两个中文译本，一本是笛秋和朱铁笙翻译的，1930年在上海明日书店出版发行；另一本是在辛垦书店出版的（译者不详）。但是，据傅子东在他的“译者序言”里的说法推测，这两个译本大概要么是采用了文言文句法，要么是西文句法过多，因此影响读者的阅读。这或许是傅子东再一次翻译该著作的一个原因。

在翻译《唯批》时，傅子东对自己的翻译有明确的方法论自觉。他指出："想要从信实和通俗两方面大胆地努力于造成一种精当的译文体裁，即，用通俗的和严密地适合文法上规则的词句逐字照原文译下来，同时，力避文言和西文句法的掺入。"（“译者序言”第1—2页）可见，一方面追求通俗，另一方面还要严格地追求精准。就通俗来说，要避免文言文句式；就语法来说，要避免西方语法的冗长。

翻译完成后，傅子东原计划再用法文译本校对一遍，但是，因为忙于其他事务而没有来得及核对，于是邀请了李达根据德文译本和日文译本进行了核对。同时，也详细核对了英文译本的前言到第二章。李达对此译本中出现的错误也做过几处修改。比如，着重把带有文言文风格的句子修改为白话文，还对一些专有名词的译法提出了修改。由于李达身体状况的原因，没能对该译本的全文进行校对，因此第三章以后由傅子东本人校对。在校对过程中他发现了一些错误，但由于纸质版已经排好版并打印完毕，所以，只好以“勘误表”的形式附在著作中。

傅子东认为，《唯批》在我国翻译的欧洲著作当中，“即使不是我国翻译的欧美著作当中一部最难翻译的著作，也断然是最难翻译的著作当中之一”（“译者序言”第1页）。可见，《唯批》的翻译是一项十分艰难的工作。实际上，还有一个困难在于著作本身所讨论的内容，因为其涉及近代认识论哲学。众所周知，认识论哲学是西方近代哲学中最为晦涩的哲学，它相关的术语极其繁多且关联密切。这些概念、范畴和术语都是思维和感觉内部的逻辑规定，涉及认识活动的意识原理，因此这部著作的研究对象——哲学的意识性，决定了它的晦涩性和思辨性，由此给翻译带来的难度是相当大的。但是，即便是这样，傅子东对自己的译本还是十分满意的，他甚至十分自信地说："此后是否尚须第五种译本出现（他本人是第四种译本——引者注），译者敢夸大地说，决然是不必要了。"（"译者序言"第1页）这足以看出傅子东对自己的译本是胸有成竹的。当然，客观地说，傅子东译本虽然尽力避免文言文的语法表述，但仍然能够在字里行间感觉到所包含的文言文的印记。不过，虽然这种表述在现代文看来有些蹩脚，但仔细体会，其所蕴含的学术厚重感未尝不是对学术思想表述的严肃方式。

傅子东翻译过美国学者马尔文的《欧洲哲学史》，该书由神州国光社出版。傅子东在《唯批》序言里提醒读者，列宁这部著作十分不好理解，如果能够参考一下他翻译的《欧洲哲学史》可能更容易读懂。《唯批》中涉及很多英国经验主义的哲学家和哲学思想，如贝克莱、休谟等。因此，他主张事先了解英国经验主义哲学，对于理解列宁的这部著作具有重要的基础性作用。

### 2. 出版情况

《唯批》这部列宁的经典哲学著作，先后被译为20多种文字。该部著作在20世纪二三十年代传入中国，是马克思主义在中国早期传播中的一部重要著作，影响了中国一大批马克思主义者和中国共产党人。1930年，该著作由笛秋和朱铁笙首次翻译成中文，由上海明日书店出版发行。两年之后，傅子东从英文版本翻译为中文，在上海神州国光社出版。此后，1947年华北新华书店又出版了曹葆华译本，1949年上海三联书店出版了陈晓时译本。可见，该著作在中国的影响力是巨大的。列宁在该著作中介绍了大量的近代西方哲学家的观点，在批判西方近代唯心主义认识论的基础上，系统阐述了马克思的历史唯物主义认识论。可以说，该著作不仅对于了解马克思主义认识论哲学是一部重要经典文献，同时也是了解西方近代哲学家和俄国思想界动态的一部经典之作。

新中国成立后，中央编译局出版了《列宁选集》，其中《唯批》收录在1960年第一版的第二卷中。2012年中央编译局修订和出版了《列宁选集》，该著作仍然收录在第二卷中。此外，《唯批》也出版了若干单行本。

# 《唯物主义和经验批判主义》傅子东译本译文解析

本书对译文的考证和解析，主要参照了现行译本《列宁选集》人民出版社2012年版。但因为2012年版部分小节和1960年版相比有些删减，如第一章的第四、五、六节，第二章的第二、三节，第四章的第八节，第六章的第一节在2012年版均被删除，因此，凡是在2012年版中被删除的部分，都考证参考了1960年版。在“译文校释”部分，主要参考了外文出版社1972年出版的英文译本对“异文”加以“第三方”校释。总体来说，《唯批》傅子东译本（以下简称“傅译本”）和现行译本在很多术语、语句、观点等方面都存在着明显的差别。该著作在考证方面的难点在于，很多术语并非来自马克思和恩格斯，而是来自西方哲学。因此，在考证方面不仅需要了解马克思和恩格斯的思想观点，同时还要对西方哲学，尤其是近代认识论哲学有一定的基础理论准备。

## 一、术语考证

综观《唯批》傅译本和现行译本中的术语翻译，大概可以概括为四类情况。第一类是翻译上完全相同的术语。主要指傅译本与现行译本的相同术语的相同翻译。因为这类术语在翻译中，既达成了共识，又都遵循了传统的翻译习惯。所以可以把这类术语概括为“传承性翻译”。第二类是翻译上有差异的术语，但并不因此造成理解上的太多歧义，只是对术语语意所强调的侧重点不同。这类术语翻译上存在差异，但译法没有问题，因而可以概括为“差异性翻译”。第三类是翻译上容易产生歧义或令人费解的术语。第四类是受文言文影响，个别术语傅译本采用了“通假字”的翻译。

### 1. 第一类术语：传承性翻译

在这部著作中，两个译本翻译相同的术语有很多，比如“唯我论”“不可知论”“物质”“精神”“形而上学”“要素”“内在论”“实体”“经验”“实证论”“自我”和“非我”等。傅译本的这些术语翻译与现行译本是相同的。翻译相同主要原因有两点。第一，后来的译本认同了以往译本的翻译，并遵循了以往的译本。这样就形成了一些译法比较固定的专业术语。第二，这部著作中的很多术语不是来自马克思和恩格斯，而是来自西方哲学。因此，在翻译的时候，无论是傅译本还是现行译本，都遵循了西方哲学中的翻译传统和翻译习惯。该著作中涉及的西方哲学家很多，包括贝克莱、休谟、康德、费希特、黑格尔、费尔巴哈，一直到马赫、阿芬那留斯。傅子东在翻译《唯批》之前，曾经翻译过《欧洲哲学史》。因此，对西方哲学史中哲学专业术语的研究和考察，吸收了国内其他西方哲学专业翻译者的翻译成果，因而使一些术语保持一致。这里以“形而上学”这一术语为例加以说明。

“形而上学”这一术语是从亚里士多德开始就使用的重要哲学概念，在英文中翻译为“metaphysics”。该词在翻译的时候吸收了中国传统哲学经典《周易·系辞上》“形而上者为之道，形而下者为之器”的含义。一直沿用到今天，大多数对西方哲学中该词的翻译都采用了这一翻译成果。该术语在亚里士多德那里，如果从字面的意思翻译，应该翻译为“物理学之后”，主要讨论“存在之为存在”的问题。该术语的实际含义用亚里士多德的概括应该是“第一哲学”。在今天来看，大概可以概括为“纯哲学”，是指关于至高无上的真理本身的知识。这一观念，一直延续到近代。康德对形而上学的内涵做了概括，他在《纯粹理性批判》中，把“灵魂”（或“自我”）、“宇宙全体”、“上帝”称为是形而上学的三个对象。至此，“形而上学”这一术语的内涵有了明确的规定。所以，康德也把他的认识论哲学基本问题称为“形而上学何以可能”。恩格斯在《费尔巴哈论》中赋予了形而上学以新的内涵，形而上学被作为与辩证法相对应的一个哲学范畴。它指的是一种“知性逻辑”或“形式逻辑”的思维方式。该思维方式的特点就是遵循矛盾律、排中律，是一种“非此即彼”“只见树木不见森林”的思维方式。后来，在苏联教科书和中国通行教科书中被概括为“片面、孤立、静止的思维方式”，以区别于辩证法的普遍联系、对立统一的思维方式。

### 2. 第二类术语：差异性翻译

这类术语也比较多，最容易引起争议。概括起来，导致差异性翻译的主要原因有三点。一是傅译本中因为受文言文及其句法的影响，有些术语和当前通行的翻译不一致。二是有一些是由于译本的底本不同而导致的翻译不一致。比如，傅译本是从英文翻译过来的，而不是从俄文翻译过来的。这就存在同一个术语在俄文和英文之间的翻译差异。三是语词本身的多义性导致翻译的差异性。比如，在英文当中“principle”本身就包含“原则”和“原理”两种意义。“modern”本身就有“近代”和“现代”的含义。总之，这类术语翻译上有差异，也容易引起争议，但不能算作是翻译上的错误。

(1)“物之本体”与“自在之物”

现行译本中，把康德的一个认识论术语译为“自在之物”，而傅译本则译为“物之本体”。

【傅译本】

物之本体变化为我们所取用物……（第212页）

【现行译本】

恩格斯关于物的客观本性的可知性和关于“自在之物”转化为“为我之物”的论点，同他关于盲目的、尚未被认识的必然性的论点是完全一致的。[①]

两种译法存在差异，但不影响对其内涵的理解。第一，现行译本遵循了《费尔巴哈论》的译法。《费尔巴哈论》中把康德所指称的和“现象”相对的或现象背后的那个支撑物的各种属性得以存在的“实体”翻译为“自在之物”。所谓“自在之物”恩格斯的理解是那些没有被人的意识所认识到，因而还没有被人所形成“知识”的那些客观存在的对象。因此，这些对象是“存在的”，却还没有被人类的认识所把握，或者说还没有进入人的认识领域。恩格斯在这里侧重强调的是唯物主义的世界观，即客观世界是存在的，但在它没有被人类所认识的时候，这些

① 《列宁选集》第二卷，人民出版社2012年版，第152页。

对象处在“自在”的状态。因此，恩格斯将其称为“自在之物”。而傅译本译为“物之本体”，是遵循了西方哲学中的翻译习惯。西方哲学中自古希腊开始，一个基本的哲学问题就是追问“世界的本源”，如泰勒斯认为世界的本源是“水”，赫拉克利特认为是“火”，毕达哥拉斯认为是“数”。这样，西方哲学一般就把寻求事物的终极原因的哲学思考概括为“本体论”。而“物之本体”的翻译采用了“本体”这一术语，因而强调了列宁的“物质本体论”的方面。实际上，该术语在西方哲学的翻译习惯中，更多时候被翻译为“物自体”。第二，恩格斯的意思是，“自在之物”一旦被我们所认识，就转变为被我们所认识了的物，即从未知到可知的转变，因而翻译为“为我之物”。而傅译本译为“我们所取用物”。傅译本这一翻译没有突出认识论的可知性。

（2）“原则”与“原理”

英文“principle”一词，本身包含“原则”和“原理”两个含义。对马赫和阿芬那留斯提出的“用最简单的思维能够认识真理，就不必用复杂的思维去认识”这一观点，现行译本译为“思维经济原则”，而在傅译本中译为“思维经济原理”。这里涉及“原则”和“原理”的差别问题。在中国的习惯中，“原则”一般是指抽象的宏观的规则，而“原理”则是具体的内在的规律。思维经济作为一种认识论的内在规律，翻译为“思维经济原理”更为确切；而如果强调思维经济是一切思维的基本原则，则翻译为“思维经济原则”也合适。

另一处是关于阿芬那留斯提出的一个学说，即自我与外部环境的相关性问题，现行译本译为“原则同格”，而傅译本译为“原理同位”。这一差异的原因也是该词本身所具有的多义性。

（3）“第一性”与“本原”

【傅译本】

在唯物论者看来自然是本原的，精神是从属的；在唯心论者看来精神是本原的，自然是从属的。（第14页）

【现行译本】

认为两个派别之间的基本差别就在于：在唯物主义者看来，自然界是第一性的，精神是第二性的；在唯心主义者看来则相反。①

现行译本把哲学基本问题，即物质和精神的关系问题直接译为“第一性”和“第二性”，而在傅译本中则译为“本原”与“从属”的关系。这种翻译凸显了物质和精神之间的关系，而前者则凸显了谁更为具有决定性，尚未体现两者之间的关系。

第一性的东西，傅译本译为“本原的资料”。现行译本译为“唯物主义和自然科学完全一致，认为物质是第一性的东西，意识、思维、感觉是第二性的东西”②。傅译本译为“唯物论完全与自然科学一致，认物质为本原的资料，视意识，思惟和感觉为派生的”（第30页）。第一性和第二性，傅译本均译为“本原的”和“派生的”，或者是“本原的”和“从属的”。

① 《列宁选集》第二卷，人民出版社2012年版，第27页。

② 《列宁选集》第二卷，人民出版社2012年版，第41页。

（4）“心”与“意识”

【傅译本】

物不能独立于我们的心之外而存在着。（第69页）

【现行译本】

物不能离开我们的意识而存在。[①]

傅译本中多处把“意识”译为“心”，或者在“心”后面要加上注释“意识——译者”。在中国哲学中没有“意识”这一概念，只有“心”。傅子东在正文中遵循了中国哲学的概念习惯，把“意识”译为“心”，但后面总是要附上注释“意识——译者”。类似的把“意识”翻译为“心”的在傅译本中随处可见，如“物不能独立于我们的心之外而存在着”，现行译本译为“物不能离开我们的意识而存在”。严格说，中国哲学中讲的“心”与西方哲学中讲的“意识”是有区别的。“意识”更侧重的是思维活动，而“心”则不仅包括思维活动，也包括情感活动和内在体验活动。

（5）“存在”与“实体”

【傅译本】

唯心论的哲学不认感觉为心与外部世界的结合，只视为把

① 《列宁选集》第二卷，人民出版社1960年版，第73页。

心与外部世界隔离开的一张帷幕，一堵墙壁；它不认感觉为与外部现象相对应的写真，只视为惟一的“实体”（存在——译者）。（第37页）

【现行译本】

唯心主义哲学的诡辩就在于：它把感觉不是看做意识和外部世界的联系，而是看做隔离意识和外部世界的屏障、墙壁；不是看做同感觉相符合的外部现象的映像，而是看做“唯一存在的东西”。[①]

“存在”和“实体”是西方哲学中的两个概念。“存在”在黑格尔那里是指逻辑学的开端范畴，即最为抽象的“无规定性的直接性”，而“实体”则是指绝对真理，是和属性相对应的范畴。所以，两者具有只是在侧重点上的不同。但是，在列宁这里，“存在”包括“感觉”和“实体”两个对象。“感觉”是存在的，“实体”也是存在的。区别是，“感觉”是主观的存在，而“实体”则是客观的存在，并且，“感觉”是对客观存在的反映。所以，“实体”指的是“客观的存在”，列宁不认为“感觉”是客观存在的实体。但是，在经验批判主义者看来，“唯一的存在”也就是“实体”。所以，经验批判主义混淆了“存在”和“实体”。因此，从这一点看来，傅译本翻译为“惟一的‘实体’”要比“唯一存在的东西”更清楚，不容易引起歧义。因为，“存在”可以是感觉，也

① 《列宁选集》第二卷，人民出版社2012年版，第47页。

可以是实体。而这里主要是指客观存在，因而翻译为“实体”更符合本意。但是，傅子东还是加入了自己的注释，在“实体”后面加上了注释“存在”。

（6）“实在论”与“唯实论”

现行译本中，译为“实在论”，是指唯物主义把客观世界看作是实在的，承认物质是客观实在的。这是沿袭了西方哲学史的说法，把承认意识以外的客观实在的观点称为“实在论”，而把唯心主义则相对应称为“观念论”。列宁在这部著作中使用的“实在论”是和“唯物主义”相同的概念。傅译本将其译为“唯实论”。

现行译本中，包括“实在论”“实证论”。而傅译本则坚持使用“实证论”，没有变化，指的是经验批判主义。而现行译本中的“实在论”[①]是指唯物主义，傅译本译为“唯实论”。傅译本一以贯之地把“实在论”翻译为“唯实论”。所以将“素朴实在论”这一术语也翻译为“素朴唯实论”。“素朴实在论”是指一种自发形成的唯物主义观点，即承认外部世界不依赖于我们意识而存在的观点。但是，列宁认为，“实在论”这个词也被经验批判主义者使用，指称“感觉”是“实在的”，因此，容易引起的歧义是：“实在论”似乎既指唯物主义的实在论（物质），也指唯心主义的实在论（感觉）。所以，列宁回避使用“实在论”来指称唯物主义，而是直接使用“唯物主义”。

① 《列宁选集》第二卷，人民出版社2012年版，第56页。

（7）“符号论”与“象征论”

【傅译本】

尤谢维齐，从僧正柏克勒借来的另一个新发见。这个发见叫做“经验批判论”。（第11页）

【现行译本】

现在我们要指出最新实证论者和批判实在论者帕·尤什凯维奇在20世纪从贝克莱主教那里剽窃来的另一个最新发现。这个发现就是“经验符号论”。[①]

通过对比可以发现，傅译本没有把“符号论”这一概念翻译过来。而在接下来的正文里，列宁继续使用了“符号”和“符号论”两个概念。现行译本译为“观念的联系〈不要忘记，在贝克莱看来，观念和物是同一个东西〉不是表示因果关系，它只是表示记号或符号同所标志的物的关系”[②]。而傅译本为：“观念的结合（不要忘记观念和物在柏克勒看来是同一的）非谓原因与结果的关系，但是指标记或符号对有表征的物之关系。”（第11—12页）傅译本在这段正文中使用了“符号”和“象征”这两个概念，并且把“经验符号”翻译为“经验象征”（第12页），这样，在傅译本中，同一个概念前后翻译出现了疏漏，因而导致一个关键术语——“象征主义”，在首次出现的时候被误译为“经验批判论”。

①《列宁选集》第二卷，人民出版社2012年版，第25页。

②《列宁选集》第二卷，人民出版社2012年版，第25页。

实际正确的翻译应该为“经验象征主义”。

（8）“综合”与“复合”

【傅译本】

如果照马赫的意见，物体分解为“感觉的综合”，或照柏克勒的意见为感觉的结合；那么……（第26页）

【现行译本】

如果物体像马赫所说的是“感觉的复合”，或者像贝克莱所说的是“感觉的组合”，那么由此必然会得出一个结论……[①]

傅译本译为“感觉的综合”，现行译本则译为“感觉的复合”。在近代西方哲学史的认识论中，一般翻译为“综合”，比如康德在《纯粹理性批判》中使用“先天综合判断”，也使用范畴对表象的“综合”，指的是表象和表象之间的“联结”活动。因此，“复合”的译法在西方哲学史中相对不是普遍性翻译。“感觉的复合”翻译为“感觉的综合”，“感觉的组合”翻译为“感觉的结合”。“组合”和“结合”的差别不大，但是，“复合”和“综合”是有差别的。

① 《列宁选集》第二卷，人民出版社2012年版，第37页。

(9)“超越”与“超绝”

【傅译本】

康德说，超过现象进到存在知觉之外的物，或（如果你欲这样）超越我们感觉等等的限界，就是“超绝”的一实例……以为他们不合理地超越“经验”的一定领域的限界来达到绝对与这个领域相异的领域。（第117页）

【现行译本】

康德说：从现象，或者从我们的感觉、知觉（如果你愿意这样说的话）等等过渡到存在于知觉之外的物，这就是超越……认为他们从一个领域非法地过渡（拉丁文是transcensus）到另一个根本不同的领域。①

首先，两个译本在几个词语的翻译中有所不同。对于从“现象”到“自在之物”，中间用哪个词语来表述，现行译本用“过渡”，傅译本译为“超过”。而对于该部分的关键词，现行译本是“超越”，傅译本译为“超绝”。现行译本把拉丁语transcensus翻译为“过渡”，而傅译本翻译为“超越”。这几处词意相近但翻译不同，容易引起混乱。其次，这段译文傅译本翻译较清晰的是，把“现象”和“自在之物”这两个领域之间的差别翻译出来了。即“超越‘经验’的一定领域的限界来达到绝对

① 《列宁选集》第二卷，人民出版社1960年版，第114页。

与这个领域相异的领域”。而现行译本中仅仅译为“从一个领域非法地过渡到另一个根本不同的领域”。这一句没有把两个领域的异质性翻译过来，而傅译本是清晰的。

(10)“属”与“类”

现行译本译为“类”，傅译本译为“属”。关于“属”的逻辑学范畴，亚里士多德提出了“种”和“属”的关系问题。亚里士多德在使用这两个概念的时候也不统一。因此，对于逻辑学中的“下定义”这一逻辑活动的本质来说，可以说是“种加属差”，也可以说是“属加种差”。而根据马克思在《1844年经济学哲学手稿》中对该词的译法，译为“人是类存在物”“类本质”等，这里均翻译为“类”，因此，译为“类”在马克思哲学中更为通行一些。

### 3. 第三类术语：歧义性翻译

这类翻译上的差异是容易引起歧义的。主要是因为对已经形成共识的、比较固定的专业术语，采用了另外的翻译方法，从而导致理解上的歧义。这类术语主要有以下几个典型代表。

(1)“史的唯物论”和“历史唯物主义”

【傅译本】

马克思说明史的唯物论的根本。(第385页)

【现行译本】

马克思在《批判》一书的序言里阐明历史唯物主义基本原理的那段著名的话。①

“历史唯物主义”是苏联教科书中马克思主义哲学体系两大组成部分“辩证唯物主义和历史唯物主义”中的专有称谓。而傅译本译为“史的唯物论”，似乎不了解这一专有名词，属于误译。

（2）“劳动家”和“工人”

【傅译本】

人类也被他们变化为“资本家”、“劳动家”、等等、的柏拉图流的概念。（第377页）

【现行译本】

经济学家把人变成了“资本家”、“工人”等柏拉图式的概念。②

“工人”是马克思主义政治经济学的一个专有名词。傅译本把“工人”译为“劳动家”，没有考虑到马克思的政治经济学话语体系，实属误译。此外，“柏拉图式”译为“柏拉图流”，一般来说，“……之流”的表述为贬义。列宁是否对柏拉图持有贬义批判态度不得而知，但傅译

① 《列宁选集》第二卷，人民出版社2012年版，第217—218页。

② 《列宁选集》第二卷，人民出版社1960年版，第322页。

本持有这一倾向。

（3）“创始的价值”和“起首价值”

在整个第六章第一节中，现行译本把世界观的本质译为“起首价值”[①]，傅译本译为“创始的价值”（第378页）。根据这段文献，列宁是在分析布莱对马克思政治经济学的误读。布莱认为，马克思事先已经形成了社会主义的“世界观”，而后，通过对政治经济学的研究，在“经济事实”中去证明这一“世界观”，因而世界观是先行的，而政治经济学是为了证明这一“世界观”。这实际上是把马克思主义世界观理解为一种唯心主义的观点。因为，世界观作为“观念”是先于经济事实而存在的。所以，列宁批判了布莱这种观点。但是，按照布莱的思路，“世界观”是马克思研究政治经济学的价值前提，所以，现行译本译为“起首价值”较为贴切，是相对于“经济事实”来说，世界观是先行的，因而是“起首价值”。而傅译本译为“创始的价值”只表达了马克思主义世界观的原创性，而不能表达该世界观与政治经济学的逻辑关系。因此，傅译本的这一译法不够准确。

（4）“哲学方向”和“哲学派别”

【傅译本】

说明基本的的哲学方向是唯物论与唯心论。（第96页）

① 《列宁选集》第二卷，人民出版社1960年版，第322页。

【现行译本】

唯物主义和唯心主义是哲学上的基本派别。①

傅译本没有把唯物主义和唯心主义翻译为“哲学派别”，而翻译为“哲学方向”。这与恩格斯和列宁的心理倾向是不相符的，因为，译为“哲学派别”是和“两大阵营”（傅译本译为“两大壁垒”）这一语境直接相关的。而且，马克思、恩格斯和列宁这些著作皆为论战性著作，是和无产阶级革命相关的。因此，正如列宁所说，该著作的一个写作目的是，要告诫人们“哲学是有党性的”。在这个意义上，翻译为“哲学派别”要比翻译为“哲学方向”更为符合经典作家的心理倾向。因为，“方向”突出的是学术路线和观点，而“派别”更有明确的“阵营”感。

（5）“变形”与“转化”

【傅译本】

在每个唯物论者看来，在未被御用哲学引入迷途的每个科学家看来，感觉不是别的东西，只是心（意识——译者）与外部世界的直接结合；它是外部刺激的势力变形为心理的（意识的——译者）事实。（第37页）

【现行译本】

任何一个没有被教授哲学弄糊涂的自然科学家，也和任何

① 《列宁选集》第二卷，人民出版社2012年版，第73页。

一个唯物主义者一样，都认为感觉的确是意识和外部世界的直接联系，是外部刺激力向意识事实的转化。[①]

现行译本译为“转化”，而傅译本译为“变形”。转化当然是以承认前后两者之间的差别为前提的，即外部世界的客体，作用于主观感觉，因而这里起初是唯物主义的一个特点，必须区分主观和客观。而后，转化是从客观的刺激引起了主观的变化。因此，“转化”概念突出了这一客体和主体之间的关系。但是，“变形”这一概念没有凸显客体和主体之间的关系问题。所以，傅译本这一“变形”概念是存在模糊主客体关系的隐患的。

（6）“集合的经验”与“集体经验”

【傅译本】

客观性的基础应存在集合的经验之领域内。（第128页）

【现行译本】

客观性的基础应该是在集体经验的范围内。[②]

根据贝克莱经验论的观点，当人们追问超出某个人的感知之外，一物是否还存在的时候，他的回答是还有其他人的感知作为该物存在的基础。因此，这里是指每个人对同一个物的相同经验，应该译为“集体经

---

① 《列宁选集》第二卷，人民出版社2012年版，第47页。

② 《列宁选集》第二卷，人民出版社2012年版，第83页。

验”，突出的是认识主体的人。而“集合的经验”未能表达出认识主体的集合，故傅译本译为“集合的经验”不够准确。

（7）“质素”和“物质”

【傅译本】

我们所隶属的质素的可感觉的世界是唯一的现实；我们的意识和思惟，纵然可像似超自然的，却只是质素的物体之器官即脑髓的产物。物质不是心的产物……（第82—83页）

【现行译本】

我们自己所属的、物质的（stofflich）、可以感知的世界，是唯一现实的……我们的意识和思维，不论它看起来是多么超感觉的，总是物质的、肉体的器官即人脑的产物（Erzeugnis）。物质不是精神的产物。[①]

这段话现行译本是从德文译过来的，傅译本是从英文译过来的。但是，有两个词翻译不同。现行译本把德文的stoff-lich翻译为“物质的”，而傅译本翻译为“质素的”。傅译本翻译为“质素的”，这一词没有直接翻译为“物质的”，而后文中接着使用了“物质”这一概念。也就是说，傅译本严格区分了“质素的”和“物质的”这两个词。“质素的”大致相当于亚里士多德意义上的“质料”，它强调的是可被感知的构成事物的材

① 《列宁选集》第二卷，人民出版社1960年版，第84页。

料性，和“形式”是相对应的逻辑范畴。而“物质”则由“质素”所构成，因此，“质素”是构成“物质”的更为基础的单位。但是在其他文献中未见过有此译法，因此“质素”这一翻译容易引起歧义。

（8）“烦琐主义”和“经院哲学”

【傅译本】

输入信仰主义的虚空的烦琐主义。（第32页）

【现行译本】

唯心主义……是偷运信仰主义的空洞的经院哲学。①

这里漏译了“经院哲学”这一术语，而是用“烦琐主义”代替。因为信仰主义在欧洲集中表现在中世纪的经院哲学体系之中，而且“经院哲学”是西方哲学史上对西方中世纪哲学的专有称谓，所以此处的“经院哲学”是修饰信仰主义的一个关键术语。傅译本在此属于误译。同一译法还体现在第二章第一节“关于费尔巴哈的提纲”的第二条翻译中，把“经院哲学”翻译为“烦琐哲学”（第102页）。这是令人不解的。

4. 第四类术语：通假性翻译

这类术语不多，主要是因为受文言文的影响，翻译的时候使用了“通假字”而导致翻译上的差异。这里仅列举两处。傅译本有时翻译为

① 《列宁选集》第二卷，人民出版社2012年版，第42—43页。

“摸写”，有时翻译为“模写”。如，在第五章“近代物理学的危机”部分，译为“模写”（第297页）。但因为“摸写”在古汉语中通“模写”，所以，不确定傅译本把“模写”译为“摸写”系排版错误，还是有意为之。第二处是“思维”与“思惟”。在傅译本中，有多处地方把“思维”都翻译为“思惟”，也属于通假性差异。

**人名翻译对照表**

| 傅译本 | 现行译本① |
|---|---|
| 奔恩斯坦 | 伯恩施坦 |
| 蒲列哈诺夫 | 普列汉诺夫 |
| 波格达诺夫 | 波格丹诺夫 |
| 鲁纳察斯基 | 卢那察尔斯基 |
| 巴沙诺夫 | 巴扎罗夫 |
| 白尔曼 | 别尔曼 |
| 尤谢维齐 | 尤什凯维奇 |
| 伐伦体诺夫 | 瓦连廷诺夫 |
| 齐尔诺夫 | 切尔诺夫 |
| 费尔巴赫 | 费尔巴哈 |
| 墨林格 | 梅林 |
| 苏佛洛夫 | 苏沃洛夫 |
| 培苏德 | 彼得楚尔特 |
| 柏克勒 | 贝克莱 |

① 《列宁选集》第二卷，人民出版社2012年版。

续表

| 傅译本 | 现行译本 |
| --- | --- |
| 潘加尔 | 彭加勒 |
| 斐希特 | 费希特 |
| 狄戴罗 | 狄德罗 |
| 笛灵格 | 杜林 |
| 苏格拉第 | 苏格拉底 |
| 黑姆尔日 | 赫尔姆霍茨 |
| 苦哲尔曼 | 库格曼 |
| 黑尔风 | 格尔方德 |

**术语对照表**

| 傅译本 | | 现行译本[①] | |
| --- | --- | --- | --- |
| 《唯物论与经验批判论》 | 版权页 | 《唯物主义和经验批判主义》 | 第12页 |
| 辩证法唯物论 | “第一版序言”第1页 | 辩证唯物主义 | 第12页 |
| 《人类认识原理》 | 第3页 | 《人类知识原理》 | 第18页 |
| 存在谓被知觉 | 第4页 | 存在就是被感知 | 第19页 |
| 客体本身 | 第6页 | 自在客体 | 第20页 |
| 思惟经济的原理 | 第8页 | 思维经济原则 | 第22页 |
| 性质或偶然性之支持物 | 第10页 | 偶性或质的基础 | 第23页 |

① 《列宁选集》第二卷，人民出版社1960年版。

续表

| 傅译本 | | 现行译本 | |
| --- | --- | --- | --- |
| 经验批判论 | 第11页 | 经验符号论 | 第25页 |
| 普遍的自然象征主义 | 第11页 | 普遍自然符号论 | 第25页 |
| 经验象征 | 第12页 | 经验符号 | 第25页 |
| 象征主义 | 第12页 | 符号论 | 第25页 |
| 僧正 | 第12页 | 主教 | 第18页 |
| 教示 | 第12页 | （神）用来“使我们通晓事物” | 第25页 |
| 自然的法则 | 第13页 | 自然规律 | 第26页 |
| 现实性 | 第13页 | 实在性 | 第26页 |
| 两大壁垒 | 第14页 | 两大阵营 | 第27页 |
| 本原 | 第14页 | 第一性 | 第27页 |
| 表现 | 第17页 | 模写 | 第30页 |
| 感觉的综合 | 第23页 | 感觉的复合 | 第34页 |
| 《知识与错误》 | 第31页 | 《认识和谬误》 | 第41页 |
| 烦琐主义 | 第32页 | 经院哲学 | 第41页 |
| 唯实论 | 第33页 | 实在论 | 第42页 |
| 素朴唯实论 | 第49页 | 素朴实在论 | 第56页 |
| 原理的同位 | 第57页 | 原则同格 | 第62页 |
| 心 | 第69页 | 意识 | 第73页 |
| 超绝 | 第117页 | 超越 | 第114页 |
| 集合的经验 | 第128页 | 集体经验 | 第122页 |

续表

| 傅译本 | | 现行译本 | |
|---|---|---|---|
| 论理的先验 | 第180页 | 逻辑的先验 | 第164页 |
| 思惟 | 第184页 | 思维 | 第167页 |
| 宇宙法则 | 第185页 | 逻各斯 | 第169页 |
| 物之本体 | 第212页 | 自在之物 | 第191页 |
| 近代 | 第295页 | 现代 | 第258页 |
| 实体论 | 第298页 | 本体论 | 第260页 |
| 属 | 第386页 | 类 | 第329页 |

## 二、观点疏正

这部分考证的是傅译本在翻译中存在的一些不准确或不正确的观点上的错误。

【傅译本】

马克思常把自己的观点叫做辩证法唯物论……精确地阐明这个观点。（第288页）

【现行译本】

马克思一再把自己的世界观叫作辩证唯物主义，恩格斯的《反杜林论》（马克思读过全部手稿）阐述的也正是这个世界观。[①]

这里现行译本直接译为“马克思的世界观”，而傅译本译为“马克思的观点”。在马克思主义哲学中，“世界观”是一个专门指称马克思主义哲学的总体性质的专有名词。而根据苏联教科书，这一世界观就是“辩证唯物主义”。所以，此处傅译本仅仅译为“马克思的观点”漏掉了“世界观”这一根本的哲学高度，因而是误译。之所以为误译，还有一个根据，因为傅译本在第六章第一节“德国经验批判论者向着社会科学领域的进击”中译为了“世界观”：“马克思以社会主义的世界观，着手研究法国社会主义和政治经济学。”（第377页）

【傅译本】

它已是我们用以接近“实在”的原理，换些话说，是一个前提。（第179页）

【现行译本】

事实上，这个原理在还没有成为规律之前，对我们来说就已经是我们对待现实的原则即公设了。[②]

根据西方哲学史，一般把某种原初的认识论法则译为“公设”比较普遍。“前提”可以是一个事物因果链条中的条件，但不是该事物所以

---

① 《列宁选集》第二卷，人民出版社1960年版，第252页。

② 《列宁选集》第二卷，人民出版社2012年版，第124页。

成为该事物的“公设”。所以，这里是说人们在认识自然的时候，是以某种“原理”作为无条件的开端，因而是“公设”而非一般意义上的“前提”。傅译本译为“前提”不符合对西方哲学的通行理解，不够准确。

【傅译本】

如果我们注意，我们便将察见没有一义决定性。……这样被高举到一公准的地位……论理的先验之地位。（第180页）

【现行译本】

如果我们仔细看一看，我们就会看到并没有这样的一义性。……我们的学说就是这样提高到……公设的地位……即提高到任何以前的经验的必要条件的地位、逻辑的先验的地位。”[①]

这段译文涉及两个关键词。第一，傅译本在前文中译为“单一决定性”，而在这段译文中则翻译为“一义决定性”。前后是不一致的。第二，现行译本译为“公设的地位”，傅译本译为“公准的地位”。“公准”也是西方哲学中尤其是康德哲学中的概念，比如“一切思维之公准”，这里是指普遍的逻辑法则，以此可以规范一切思维。而“公设”则不同，比如，康德用“实践理性之公设”。“公设”是使一切道德法则

① 《列宁选集》第二卷，人民出版社2012年版，第125页。

所以可能的绝对条件。出于前后文一致的考虑，应该统一翻译为“公设”。傅译本译为“公准”也不够准确。

【傅译本】

流行的心理学陷入不可接受的“投入”（我们的哲学家发明的新术语，指思惟原来居在脑髓内，或感觉原来居在我们内。）……“目所能见的、等等移入于人之内，是我们叫做的投入。”（第83页）

【现行译本】

这种流行的心理学作了不能容忍的“嵌入”（这是我们的这位哲学家挖空心思想出来的新名词），即把思想放进头脑，或把感觉放到我们里面。……“把看得见的东西等等放到（Hineinverlegung）人里面，我们就称之为嵌入。”[1]

这段是列宁对阿芬那留斯提出的一个新名词所代表的唯心主义观点的批判。现行译本译为“嵌入”，傅译本译为“投入”。根据阿芬那留斯的解释，是指一个外在于思维的东西被放置在人之内，因此翻译为“嵌入”。所以，“嵌入”一般表达的是一个外在物被纳入到某物当中。而傅译本则译为“投入”。这显然是不妥的。因为，傅译本在前文对唯心主义的认识结构的翻译中，使用的是“投入”。在标准的主观唯心主义

① 《列宁选集》第二卷，人民出版社1960年版，第84页。

中，强调“自我”和“环境”的关系是一致的，而“自我”是“投入”到“环境”中去的。因此，在阿芬那留斯的“原则同格说”中，傅译本翻译为“投入”是准确的。而现行译本译为“把意识和自然设想成在一起”则相比不够准确。所以，傅译本在前文使用的“投入”是指主观唯心主义的认识论原理。但是，在这段文献中，阿芬那留斯假装批判唯心主义而提出一个新名词，用以称谓把感觉和思想看作是从外部移入到人脑的产物的观点，坚持思想和肉体各自独立的二元论观点，否认思维是头脑的产物这一唯物主义观点。因而应该与前文的真正的唯心主义的“投入”不是同一个词语。而且，“投入”是自我内在地作为意识被加入到自然物上去的，而“嵌入”则是外在地移入到自然物中去的，这是完全不同的。所以，傅译本此处仍然使用“投入”这一翻译，第一容易导致读者对“嵌入说”理解的模糊；第二混淆了主观唯心主义认识论原理与“嵌入说”唯心主义的区别。

【傅译本】

这个自然的形态是你思惟的一种形态。(第79页)

【现行译本】

唯心主义可以这样反驳说：这个自然界是你设想的（von dir gedachte）自然界。[①]

① 《列宁选集》第二卷，人民出版社1960年版，第81页。

这里关键词应该翻译为“设想”。“设想”是说，自然界是否存在我们不知道，因而是“假设”它存在的。而“思惟”回避了自然界是否存在的问题，无论它存在或不存在，我对自然界的思维都是真实的意识形态。但是，这段文献中，列宁所强调的是，唯心主义根本不承认自然界是不依赖于人的意识而独立存在的。尽管人类没存在，但是也有其他的有机体的意识（蛆虫）是存在的。没有主体，就没有客体，这是唯心主义的基本原则。所以，唯心主义对这一问题反驳的时候，应该是以不承认自然界独立于人类意识而存在为前提的，因此，如果你提出先于人类而存在的自然界，那么只能是一种“设想”，或者如傅译本使用的把自己的意识“投入”到自然界。因此，此处翻译为“设想”更为符合唯心主义的本意。而傅译本则译为“思惟的一种形态”，不能体现唯心主义的本意，甚至不如以往使用“投入”更为准确。

【傅译本】

物不能独立于我们的心之外而存在着。“我们将常在想像上把自己投入物或物体内，视自己为努力于认识这个物或这个物体的睿智者。”我在第一段上……在第二段上……说明在人类出现前“把人类意识‘投入’（想象上投入）任何物或自然中的必要”这个理论。（第69—70页）

【现行译本】

物不能离开我们的意识而存在；“我们总是把自己设想成力图认识这个物的理性”。

> 这种必须把人的意识“设想成”和一切物、和人类出现以前的自然界在一起的理论，我在第一段里是用“最新实证论者”阿芬那留斯的话说明的，而在第二段里是用主观唯心主义者费希特的话说明的。[①]

这两段翻译上，存在着很大的区别。在第一段中，现行译本直接翻译为一个句子表述。而傅译本则译为两句：前一句是在想象上把自己投入物或物体，后一句是把自己视为认识这个物或物体的睿智者。这里突出的是前一句，即“在想像上把自己投入物或物体内”，这句所以重要，乃是因为其充分表达了主观唯心主义的认识论源能力。所以，现行译本在此有所疏漏。而这一疏漏直接导致下面一段也同样疏漏这一层含义。

就第二句看，现行译本可以简要概括为“把意识和自然物设想成在一起”。而傅译本则可以概括为“把意识以想象的方式投入到自然物中”。这里的现行译本仍然存在着对主观唯心主义认识论原理的疏漏，“把意识和自然物设想成在一起”的表述，不能表达主观唯心主义“把意识以想象的方式投入物或自然物中”这种认识论意义。因此，傅译本对这两段话的翻译应该是较为确切的，更突显了阿芬那留斯“同格原则”的认识论含义。

导致上述差别的症结在于，这里的关键词在傅译本翻译为“投入”，而现行译本译为“设想”。这两种译法包含着本质的区别。“投

① 《列宁选集》第二卷，人民出版社1960年版，第73页。

入”是主观见之于客观的认识活动，而“设想”则把自我排除在客观对象之外，似乎是站在客观对象之外来设想对象。所以，“投入”的译法更为贴切。

【傅译本】

我们的“自我”与“环境”“是一致的”（Immer ein Zusammengefundenes）。“所经验的”之任何完全的记述，如不包含一个自我——“所经验的”是这个自我的环境——之存在的意义在里面，即，至少如不含有记述“所经验的”的自我之存在的意义在里面，那便不能反映出这个环境。（第57页）

【现行译本】

我们的自我和环境，“总是被我们一起发现的”（immer ein Zusammen-Vorgefundenes）。“对见到的东西〈或我们所发现的东西：des Vorgefundenen〉的任何完全的描述，都不能只包括‘环境’而没有某个自我（ohne ein Ich）（这个环境就是这个自我的环境），至少不能没有那个描述我们所发现的东西〈或见到的东西〉的自我。”[1]

仔细分辨这两种译法，区别在于：现行译本中强调的是自我和环境的相互规定对方的关系，和费希特的“自我设定自己受非我规定的”[2]

① 《列宁选集》第二卷，人民出版社2012年版，第64页。

② ［德］费希特：《全部知识学的基础》，王玖兴译，商务印书馆2009年版，第45页。

这一关于自我和非我对立统一关系是同一个意思。这种译法更加突出的是认识论中的主客体的“辩证法”意义。列宁也特意强调了“原则同格说”和费希特的渊源。而傅译本则更突出的是，自我在认识环境的时候，自我总是把自我的“意义”融入“环境”当中，相当于今天所说的“观察渗透理论”，没有离开自我主观意义而对环境的“纯粹的观察”，可见，这种译法突出的是康德的“认识论”意义。然而，考虑到列宁在这里强调的是“原则同格”，而且也直接指明了费希特的自我和非我关系，所以现行译本译法更为恰当。列宁对“原则同格”的批判，就是要确立为客观事物争得独立存在的唯物主义立场，即承认对立项的独立性。列宁强调的是，环境和客体是不依赖于主体而独立存在的唯物主义观点。其实质是，不能用认识论上的主客体关联，取代本体论意义上的客观世界的独立性。

还需要说明的是，现行译本译为“我们的自我和环境，‘总是被我们一起发现的’”，而傅译本则译为“我们的‘自我’与‘环境’是‘一致的’”。在现行译本的译法中，包含着“正反合”的自我结构，即自我发现自我和环境。而傅译本去掉了“自我发现”，直接译为“自我与环境是一致的”。这里恰好没有把“自我和非我统一于自我”的这一“正反合”的认识论辩证结构翻译出来。因为，恰好是对这一“正反合”结构的自觉，才打破了“素朴实在论”，凸显了原则同格的主观唯心主义本质。“素朴实在论”就是没有自觉到自我和环境统一于自我这一关系，因为“正反合”突出了认识论反省，因而更加有助于对“素朴实在论”的理解。

## 三、译文校释

### 1. 句法不当

现行译本译为“把……叫做……”，傅译本译为“叫……做……”。傅译本不使用“把”字句来翻译，而是“叫”什么“做”什么的句式。这种翻译在现代语法中容易引起的歧义是，“做”有了实体动词的意义，而不是“叫做”中的存在性辅助词。如“我不能在哲学上叫我自己做马赫主义者”（第45页），应该翻译为“我不能承认自己在哲学上是一个马赫主义者”[①]。这也符合英文习惯：“I cannot own myself a Machian in philosophy.”[②]

### 2. 主语错位

【傅本中】

我们即将考察柏克勒所谓“有害的结论”这句话的意义如何。（第6页）

① 《列宁选集》第二卷，人民出版社2012年版，第53页。

② V. I. Lenin: Materialism and Empirio-Criticism, Foreign Languages Publishing House, 1972, p53.

【现行译本】

我们马上就会看到贝克莱说的是些什么样的有害的结论。[①]

【英译本】

We shall presently see to what ill consequences Berkeley is referring.[②]

这句翻译的问题在于，是列宁把贝克莱的观点看作是“有害的”，还是贝克莱把唯物主义的观点看作是“有害的”。根据下文来看，列宁主要批判了贝克莱1710年提出的这些观点对于当时俄国“最新哲学”即经验批判主义者所产生的消极影响。因此，傅译本的翻译是混淆了“有害结论”的主体。

### 3. 短语漏译

【傅译本】

我们感觉、我们的感觉。(第27页)

---

① 《列宁选集》第二卷，人民出版社2012年版，第20页。

② V. I. Lenin: Materialism and Empirio-Criticism, Foreign Languages Publishing House, 1972, p14.

【现行译本】

我们感觉到的仅仅是自己的感觉。[①]

【英译本】

We sense only our sensations.[②]

傅译本没有把这一句话翻译为一个短语，而是翻译为两个并列的概念。而在短语句式的翻译中，则体现了作为认识活动的感觉和作为被感觉对象的感觉之间的“动词”和“谓词”之间的关系。这里就涉及了感觉对感觉的感觉这样一种纯粹自我内部的认识活动。所以，傅译本在这一句的翻译中没有把这种主观唯心主义的认识论结构体现出来。但是，在稍后的一段里，傅译本却明确地翻译了另一句类似的话。现行译本译为“依靠感觉的复合去感觉感觉的复合”[③]。傅译本翻译为“藉助于感觉的综合感觉（动词）感觉的综合”（第29页）。傅译本还为此特意加入了译者的解释放在括号中，即用“动词”标注了第一个“感觉”，第二个感觉为名词。

---

①《列宁选集》第二卷，人民出版社2012年版，第39页。

② V. I. Lenin: Materialism and Empirio-Criticism, Foreign Languages Publishing House, 1972, p36.

③《列宁选集》第二卷，人民出版社2012年版，第40页。

### 4. 词不达意

【傅译本】

我们所隶属的质素的可感觉的世界是唯一的现实；我们的意识和思惟，纵然可像似超自然的，却只是质素的物体之器官即脑髓的产物。物质不是心的产物。（第82—83页）

【现行译本】

我们自己所属的、物质的（stofflich）、可以感知的世界，是唯一现实的……我们的意识和思维，不论它看起来多么超感觉的，总是物质的、肉体的器官即人脑的产物（Erzeugnis）。物质不是精神的产物。[①]

【英译本】

Our consciousness and thinking, however suprasensuous they may seem, are the product of a material, bodily organ, the brain.[②]

傅译本把“超感觉的”译为“超自然的”。对于唯心主义主张“物

① 《列宁选集》第二卷，人民出版社1960年版，第84页。

② V. I. Lenin: Materialism and Empirio-Criticism, Foreign Languages Publishing House, 1972, p91.

是感觉的复合”来说，显然应该译为“超感觉”。“超自然”一般用于和客观唯心主义比较中出现的概念，比如“绝对精神”是“超自然”的实体。因而此处译为“超自然”词不达意。

5. 逻辑颠倒

【傅译本】

如果把关于时间上、空间上的“远隔”之各种见解考察一下，那么，认识论所要求的惟一的东西是思惟须明白，须单一地决定的；其余一切是特殊科学的事务。（第72—73页）

【现行译本】

在注意研究这些或那些对空间和时间上离我们遥远的东西的看法时，认识论应当要求的只是：使这种东西成为可以想象的并且能够被一义地（eindeutig）规定的。其余的一切都是专门科学的事情。[①]

【英译本】

The only thing the theory of knowledge should demand of the various conceptions of that which is remote in space or time is that it be conceivable and uniquely (eindeutig) deter-

① 《列宁选集》第二卷，人民出版社1960年版，第75页。

mined.[①]

傅译本的意思是，认识论上的“单一决定”这一规律，是在考察时间空间上遥远的事物时才被发现的。而现行译本的意思是：如果要考察时间空间上遥远的事物，就必须要坚持“单一决定”规律。这两种翻译表达的意思完全不同。根据上下文，列宁的目的是要说明，在没有人类存在之前，地球就已经是存在的，因而以此证明唯物主义承认地球等客观事物是不依赖人的意识而存在的。而列宁借助于彼得楚尔特对阿芬那留斯的批判来说明这一问题。彼得楚尔特认为，阿芬那留斯的问题在于，过于注重“自我”而缺少“客观性”。所以，彼得楚尔特认为，应该从“因果规律”来回答列宁提出的问题，从而摆脱阿芬那留斯的主观主义。但是，列宁对此仍然不满意，他认为，只有一条道路可以回答这一问题，这就是承认客观世界是不依赖于人的意识而存在的。所以，列宁认为，彼得楚尔特用“因果规律”来回答这一问题仍然没有摆脱主观唯心主义，因为彼得楚尔特认为“因果规律”是“先验的”，这是他从康德那里继承下来的。因此，这段论述中，“因果规律”是彼得楚尔特回答地球先于人类而存在的核心理论。而不是因为我们在观察时间空间上遥远的事物的时候，发现了“因果规律”。相反，彼得楚尔特是说，只有用“因果规律”，才能承认时间和空间上遥远的事物对我们来说是存在的。可见，傅译本的这句话属于误译。

这里还有一个术语的翻译问题。现行译本译为“一义地规定”，而

① V. I. Lenin: Materialism and Empirio-Criticism, Foreign Languages Publishing House, 1972, p81.

傅译本译为“单一地决定”。这实际上就是逻辑学中的“充足理由律”。一个事物的存在必然有其原因和条件。这是康德在“二律背反”中使用的一条基本逻辑学原理。如，世界在时间和空间上是有条件的，还是无条件的？所以，彼得楚尔特是按照事物必有其原因的“充足理由律”，推论出在人类存在之前必有地球的存在。而列宁认为这仍然是先验的，而没有证明因果关系是客观事物本身的关系在人脑中的反映，所以列宁对此并不满意。

### 6. 术语疏漏

【傅译本】

一切哲学，尤其是自命为新的哲学之最大的根本问题，是思惟与存在间，精神与自然间的关系之问题。（第96页）

【现行译本】

“全部哲学的最高问题”，“全部哲学，特别是近代哲学的重大的基本问题”是“思维对存在、精神对自然界的关系问题”。[①]

【英译本】

The great basic question of all philosophy, Engels says,

① 《列宁选集》第二卷，人民出版社2012年版，第73页。

especially of modern philosophy, is that concerning the relation of thinking and being, of spirit and nature.[①]

这里傅译本中译为“自命为新的哲学”是误译。恩格斯明确指的是“近代哲学”。因为，在西方哲学史上，只是从近代哲学开始，才进入认识论问题的研究，并称为“认识论转向”或“意识哲学”。其实质是指从笛卡尔到康德，近代哲学集中讨论了“认识是何以可能的”这一认识论问题，从而为本体论的形而上学问题奠基。而“认识何以可能”的问题，就被恩格斯概括为“思维与存在的关系问题”。所以，恩格斯这里明确指称的是“近代哲学”。而傅译本译为“自命为新的哲学”，似乎指的是经验批判主义者的哲学，这和恩格斯所意指的哲学是没有关系的。因此，可以判断为误译。

### 7. 误译术语

【傅译本】

在哲学文献上，只有一个经验批判论者——即某波格达诺夫。（第262页）

【现行译本】

直到现在，我个人在著作界只知道一个经验一元论者，此

① V. I. Lenin: Materialism and Empirio-Criticism, Foreign Languages Publishing House, 1972, p106.

人就是亚·波格丹诺夫。[①]

【英译本】

I personally know so far of only one empirio-monist in literature—a certain A.Bogdanov.[②]

傅译本把“经验一元论者”错误地翻译为“经验批判论者”。虽然，列宁在该部著作中所批判的经验批判主义者包括波格丹诺夫、卢那察尔斯基、切尔诺夫等一大批人，但是，以“经验一元论”著称的主要是波格丹诺夫。所以，此处为误译。

【傅译本】

人们在他们的生存竞争中，不能够联合起来，如果他们未被赋予意识：没有意识，便没有任何共同体。（第386页）

【现行译本】

人们在生存斗争中，只有借助于意识才能结合起来，没有意识就没有交往。[③]

---

① 《列宁选集》第二卷，人民出版社2012年版，第168页。

② V. I. Lenin: Materialism and Empirio-Criticism, Foreign Languages Publishing House, 1972, p267.

③ 《列宁选集》第二卷，人民出版社2012年版，第218页。

【英译本】

In their struggle for existence man can unite only with the help of consciousness: without consciousness there can be on intercourse.[①]

根据上下文，波格丹诺夫的意思是，因为人类有“意识”，所以才能够“结合起来”。这里重在强调人与人之间的“交往”，但不一定是“共同体”。而傅译本却译为“共同体”，是偷换术语。现行译本译为“交往”和英文译本是一致的。

8. 排版错误

【傅译本】

诗人或唯物论者，对于自然表示敬意，把当它作人类的统治者的。（第176页）

【现行译本】

凡是把自然界说成人的主宰（sovereign）的诗人和唯物主义者。[②]

傅译本中“把当它作人类的统治者”在语法上不通顺，应该译为

① V. I. Lenin: Materialism and Empirio-Criticism, Foreign Languages Publishing House, 1972, p390.

②《列宁选集》第二卷，人民出版社2012年版，第122页。

“把它当作人类的统治者”。“或是是‘要素的综合’”（第70页）多了一个“是”。“说明基本的的哲学方向是唯物论与唯心论”（第96页）多了一个“的”。“勿须词费”应为“勿须费词”（第212页），不需要赘述的意思。傅译本引文“马赫同情地引述在他的著作《感觉的分析》，二八页上”（第82页）参照现行译本，此处页码为“三十二页”。

此外，在考证过程中虽然以现行译本为标准，但是，也发现现行译本中的个别翻译也有值得商榷之处。比如，存在主次颠倒的错误。

【傅译本】

“思惟的脑髓”是“自然科学的迷信物”。（第83页）

【现行译本】

阿芬那留斯反驳这个唯物主义的观点，把“头脑的思维”叫作“自然科学的拜物教”。[①]

【英译本】

The thinking brain is a fetish of natural science.[②]

现行译本颠倒了主词和限定词之间的关系。所以，傅译本翻译为“思惟的脑髓”和英文译本是表述一致的。

---

①《列宁选集》第二卷，人民出版社1960年版，第84页。

② V. I. Lenin: Materialism and Empirio-Criticism, Foreign Languages Publishing House, 1972, p91.

# 结语

《唯批》傅子东译本所使用的语言处在文言文影响尚没有完全消失的年代。译本通篇的白话文表述总体来说是一贯的，这得益于他本人对语法学的研究和对白话文的研究。因此，他在译本的序言里，特意强调了翻译过程中遇到的中国语言文字的缺点及其带来的困难。他把中国语言概括为两大缺点，即名词没有单复数之分，动词没有时态之分。这就导致翻译的时候有些困难。因此，在翻译的过程中，傅子东尽可能避免文言文的句法，力求使用通俗的现代语言。这也是该译本与此前译本的一个区别，也是重新翻译的一个必要性。

20世纪30年代开始形成的马克思主义经典著作在中国的传播热潮，为早期中国共产党领导无产阶级革命提供了强有力的思想武器。相比之下，列宁作为马克思主义的继承者和发扬者其著作在国内的翻译比较少，因而傅子东译本显得格外珍贵，对于列宁哲学思想在中国的传播作出了重要贡献。

该版本为后世翻译《唯批》提供了宝贵的经验和翻译技艺，对后学产生了重要的学术影响，为后学提供了马克思主义经典著作的翻译表率。傅子东译本虽然不是“首译”，但几乎与此前的译本没有太大的时差，因而也可以看作是列宁著作在中国最早传播的第一代译著，也是中国理解列宁哲学思想的奠基之作，为后来的翻译工作也提供了宝贵的经验，译本中的很多翻译开创了理解翻译的先例。

该译本尽管受时代所限，其中存在在所难免的瑕疵，但这不影响该译本在今天学术界中所具有的重要地位。该译本中的多处翻译在今天看来仍然值得借鉴，尤其对于深化理解列宁认识论哲学思想来说，仍然具有重要的指导意义，对当代中国马克思主义哲学的传播和研究具有重要的理论贡献。

# 参考文献

［1］马克思恩格斯文集：第2卷［M］. 北京：人民出版社，2009.

［2］马克思恩格斯文集：第3卷［M］. 北京：人民出版社，2009.

［3］马克思恩格斯文集：第5卷［M］. 北京：人民出版社，2009.

［4］马克思恩格斯全集：第18卷［M］. 北京：人民出版社，1964.

［5］马克思恩格斯全集：第19卷［M］. 北京：人民出版社，2006.

［6］马克思恩格斯全集：第43卷［M］. 北京：人民出版社，2016.

［7］马克思恩格斯全集：第44卷［M］. 北京：人民出版社，2001.

［8］列宁选集：第2卷［M］. 北京：人民出版社，1960.

［9］列宁选集：第2卷［M］. 北京：人民出版社，2012.

［10］列宁全集：第43卷［M］. 北京：人民出版社，2017.

［11］列宁全集：第53卷［M］. 北京：人民出版社，2017.

［12］［苏联］列宁. 唯物主义和经验批判主义［M］. 北京：人民出版社，2015.

［13］列宁专题文集：论辩证唯物主义和历史唯物主义［M］. 北京：人民出版社，2009.

［14］［奥］马赫. 感觉的分析［M］. 洪谦，唐钺，梁志学，译. 北京：商务印书馆，2016.

［15］［德］费希特. 全部知识学的基础［M］. 王玖兴，译. 北京：

商务印书馆，2009.

[16] 中共中央马克思恩格斯列宁斯大林著作编译局马恩室. 马克思恩格斯著作在中国的传播 [M]. 北京：人民出版社，1983.

[17] [苏联] 列宁. 唯物论与经验批判论 [M]. 傅子东，译. 上海：神州国光社，1932.

[18] V. I. Lenin: Materialism and Empirio-Criticism: Critical Comments on a Reactionary Philosophy [M]. Stockton: University Press of the Pacific, 2002.

[19] [苏联] 波·米·凯德罗夫. 怎样学习列宁的"唯物主义和经验批判主义"[M]. 吉洪，译. 北京：生活·读书·新知三联书店，1962.

[20] [苏联] 莫·罗森塔尔，等. 论列宁的《唯物主义和经验批判主义》[M]. 北京：生活·读书·新知三联书店，1959.

[21] [苏联] 凯列. 关于列宁的"唯物主义和经验批判主义"[M]. 北京：中国人民大学出版社，1960.

[22] [苏联] 奥库洛夫，姆什维尼耶腊泽. 创造性马克思主义的哲学巨著 [M]. 思鸿，译. 北京：生活·读书·新知三联书店，1959.

[23] [苏联] 阿尔希普采夫. 论列宁的著作《唯物主义与经验批批判主义》[M]. 郭力军，译. 上海：上海人民出版社，1956.

[24] [意] 安东尼奥·葛兰西. 狱中札记 [M]. 曹雷雨，姜丽，张跣，译. 开封：河南大学出版社，2014.

[25] 季正矩. 列宁传 [M]. 成都：天地出版社，2018.

[26] 杨涯人. 列宁《唯物主义和经验批判主义》解读 [M]. 哈尔

滨：哈尔滨工业大学出版社，2003.

［27］陈长畅.《唯物主义和经验批判主义》简明教程［M］.广州：中山大学出版社，1992.

［28］李砚田.马克思主义认识论发展的一个新阶段：《唯物主义和经验批判主义》研究［M］.武汉：华中理工大学出版社，1988.

［29］复旦大学哲学系马克思主义哲学史教研室.《唯物主义和经验批判主义》提要［M］.上海：复旦大学出版社，1986.

［30］马鸣.《唯物主义和经验批判主义》解说［M］.福州：福建人民出版社，1985.

［31］杨献珍.《唯物主义和经验批判主义》解说［M］.郑州：河南人民出版社，1984.

［32］十四所高等院校马克思主义哲学原著教程编写组.《唯物主义和经验批判主义》教程［M］.石家庄：河北人民出版社，1984.

［33］陈仲平.《唯物主义和经验批判主义》浅释［M］.福州：福建人民出版社，1982.

［34］杨焕章.《唯物主义和经验批判主义》讲义［M］.天津：天津人民出版社，1980.

［35］《〈唯物主义和经验批判主义〉提要和注释》编写组.《唯物主义和经验批判主义》提要和注释［M］.北京：人民出版社，1978.

［36］《〈唯物主义和经验批判主义〉简介和注解》编写组.《唯物主义和经验批判主义》简介和注解［M］.成都：四川人民出版社，1976.

［37］中共青海省委宣传部.批判修正主义哲学的锐利武器：介绍

《唯物主义和经验批判主义》的基本观点［M］. 西宁：青海人民出版社，1974.

［38］中共河池地区委员会宣传部.《唯物主义和经验批判主义》基本观点介绍［M］. 南宁：广西人民出版社，1973.

［39］陈力. 对于列宁著《唯物主义和经验批判主义》的讲解［M］. 西安：陕西人民出版社，1962.

［40］罗克汀. 辩证唯物主义与自然科学：学习“唯物主义与经验批判主义”一书的笔记［M］. 广州：广东人民出版社，1957.

［41］马克思恩格斯与俄国政治活动家通信集［M］. 马逸若，等，译校. 北京：人民出版社，1987.

［42］吴宏政，高丹. 马克思主义“哲学基本问题”的认识论基础：重读《唯物主义和经验批判主义》［J］. 马克思主义理论学科研究，2020（3）.

［43］高惠芳. 列宁对切尔诺夫“伏罗希洛夫式”的批判所作的批判：对《唯物主义和经验批判主义》第二章第一节的解读［J］. 思想理论教育导刊，2015（5）.

［44］柴林丽. 今天我们为何、如何重读《唯物主义和经验批判主义》［J］. 广西大学学报（哲学社会科学版），2019，41（06）.

［45］郝贵生.《唯物主义和经验批判主义》中的唯物主义思想及其理论现实意义［J］. 马克思主义研究，2010（04）.

［46］杨晓梅. 马克思主义哲学党性的旗帜：纪念《唯物主义和经验批判主义》出版100周年［J］. 中国青年政治学院学报，2009，28（02）.

［47］杨焕章. 党性原则是马克思主义哲学的一条基本原则：为纪念列宁的《唯物主义和经验批判主义》90年而作［J］. 中国人民大学学报，1999（05）.

［48］任玉岭. 哲学基本问题永远不会陈腐：重读列宁的《唯物主义和经验批判主义》［J］. 河北大学学报（哲学社会科学版），1999（04）.

［49］郭值京. 光辉的战斗檄文：学习《唯物主义和经验批判主义》［J］. 读书，1989（9）.

# 原版书影印

# 说 明

《马克思主义经典文献传播通考》各册均附有原版书影印资料，即马克思主义经典著作中文译本。本丛书所称“译本”是指：1. 我国单行出版的马克思、恩格斯、列宁等原著，包括著作、书信选译和专题文集；2. 报纸、杂志连载马克思、恩格斯、列宁等著作的完整译文。鉴于中华人民共和国成立前，马克思主义经典著作的译本数量众多，版次与印次繁杂，本丛书所附译本均作专门说明。

本册所附《唯物主义和经验批判主义》傅子东译本为1938年6月言行出版社出版的《唯物论与经验批判论》。

唯物論與經驗批判論
傅子東譯
言行出版社印行

# 唯物論與經驗批判論

列寧著 傅子東譯

言行出版社印行

中華民國二十七年六月

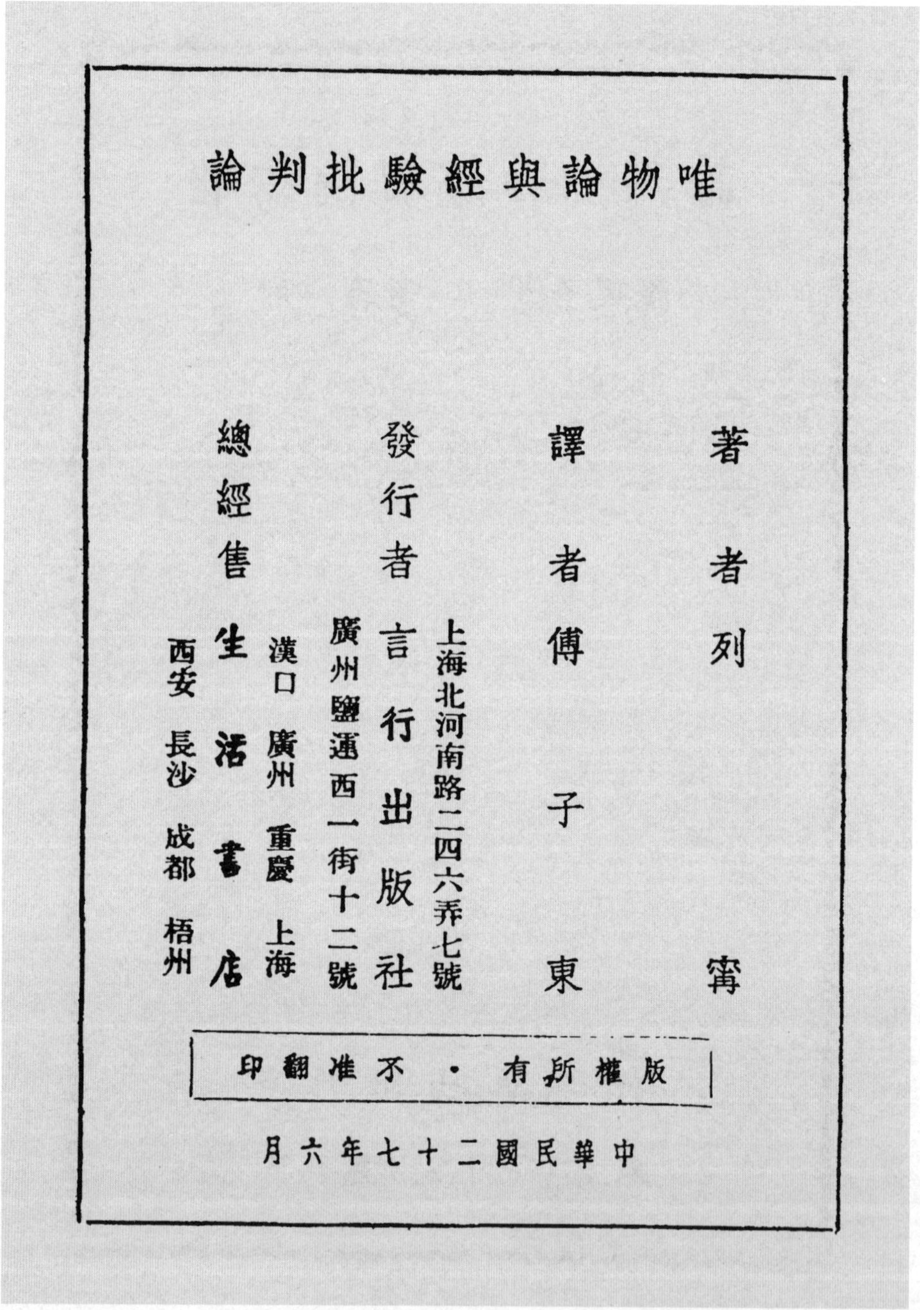

唯物論與經驗批判論

著者 列寧

譯者 傅子東

發行者 言行出版社

上海北河南路二四六弄七號

廣州鹽運西一街十二號

總經售 生活書店

漢口 廣州 重慶 上海

西安 長沙 成都 梧州



中華民國二十七年六月

# 譯者序言

列甯是世界通史上，特別是世界政治史上、經濟史上、社會史上，劃時代的人物。在這部著作中表現出他的徹底的、深透的、辯證法唯物論的見解，支配着他的行動及關于政治、經濟、社會他的一切理論的；所以這部著作當然要與他的事功在人類歷史上同一不朽。

## 一

這部著作的理論非常艱深，牠卽使不是我國翻譯的歐美著作當中一部最難翻譯的著作，也斷然是最難翻譯的著作當中之一。原著的譯本已有兩種，一在明日書店出版，一在辛墾書店出版；此外尚有差不多全部節取原著的阿德拉斯基的哲學的唯物論的譯本，滬濱書店出版。所以連我的這個譯本，可以說有四種譯本了：此後是否尚須第五種譯本出現，譯者敢誇大地說，決然是不必要了。

譯者的翻譯的方法，曾在自己翻譯的近代資本主義進化論（商務印書館出版）的序言上述說過，就是：『想要從信實和通俗兩方面大膽地努力于造成一種精當的譯文體裁，卽，用通俗的和嚴密地適合文法上規則的詞句逐字照原文譯下來，同時，力避文言和西文句法的糝入。』

在近代資本主義進化論的序言上還述說過：『本書譯文既然無句不與文法上規則適合，一切詞類如名詞幾完全是多音字，形容詞、動詞、副詞大半是多音字，聯絡詞和介詞也有許多是多音字；那麽，不遠的將來，由採用羅馬字母為我們拼音的字母再進一步把客體（羅馬字母）改變為主體並將原來的主體（我們現時的字）驅逐開，使以形式代表意義的我們現在文字演進為以聲音代表意義的我們將來文字時，這個譯本立刻可毫不費事地用將來的文字重行排印起來。』我國文字的重要缺點，據譯者的意見，只有兩種，一為名詞無多數與單數的區別，一為動詞無分詞的變化。但是將來的文字形成時，在名詞的語尾加一無音的S來表示名詞的多數，在動詞的語尾加一無音的G來表示動詞的變化為分詞，便可以補好這兩種重要的缺點。這個將來的文字，譯者確信，遲早必定出現；在此處，為題目和篇幅所限制，不能詳述牠的必定出現的理由。反對中國文字的改革者，以為採用拼音的文字，中國數千年的文明將要滅絕；但是歷史告訴我們，雅典的文明今仍存在，並且將要永遠地存在。

## 二

譯者在青年時代誦讀韓非子，非常佩服他的理論的透闢，他實在是中國歷史上僅有的最偉大的唯物論的政治哲學家。現在簡單地敍述他的最重要的思想，表明譯者將本書敬獻給他的緣由。

他對于政治的施行，重視貨財，說道：『夫古之讓天下者，是去監門之養，而離臣虜之勞也；古傳天下而不足多也。今之縣令，一日身死，子孫累世絜駕；故人重之。是以人之於讓也，輕辭古之天子，難去今之縣令者，薄厚之實異也。故飢歲之春，幼弟不饟，饟歲之秋，疏客必食；非疏客骨肉愛過也（不是對于疏客與骨肉間的親愛有過誤），多少之實異也。是以……輕辭天子，非高也，勢薄也；重爭士橐，非下也，權重也。故聖人議多少，論薄厚，爲之政。』（五蠹，第四十九。）

他駁難『人存政舉，人亡政息』這個主張，說道：『且舜救敗，朞年已一過，三年已三過；舜壽有盡，天下過無已；以有盡，逐無已，所止者寡矣。賞罰使天下必行之；令曰，中程者賞，弗中程者誅。令朝至，暮變，暮至，朝變，十日而海內畢矣，奚待朞年。』（難一，第三十六。）他駁難『以身率下』這個主張，說道，『嚴親在危，輕犯矢石，孝子之所以愛親也。孝者愛親，百數之一也；今以爲身處危，而人尚可戰，是以百族之子于上，皆若孝子之愛親也：是行人之誣也。好利惡害，人之所有也；賞厚而信，夫人輕敵矣，刑重而必，夫人不北矣。』（難二，第三十七。）他表明仁義、慈愛和德惠在政治上的無用，說道：『且民者固服于勢，寡能懷于義。仲尼天下聖人也……而爲服役者七十人；蓋貴仁者寡，能義者難也。……不乘必勝之勢，而務行仁義；……是求人主之必及仲尼，而以服勢之凡民皆如列徒：此必不得之數也。』（五蠹，第四十九〇）『母之愛子也倍父，父令之行于子者十母；吏之于民無愛，令之行于民也萬父母。積愛而令窮，吏威嚴而民聽從。』（六反，第四十六。）『凡人之生也，財用足則隳于用力；……財用足而力作者神農也，夫民之不及神農……亦明矣。……夫以殆辱之故，而不求于足之外者，老聃也；今以爲足民而可以治，是以民爲皆如老聃也。』（同上）

說到他的最精深的法治的理論，我們在難勢第四十上讀道：『世之治者不絕于中，吾所爲言勢者中也；中者上不及堯舜，而下亦不爲桀紂。抱法處勢則治，背法去勢則亂。今廢勢背法而待堯舜，堯舜至乃治：是千世亂而一世治也。抱法處勢而待桀紂，桀紂至乃亂：是千世治而一世亂也。』又在忠孝第五十一上讀道：『堯舜湯武或反君臣之義，亂後世之教者也。堯爲人君，而君其臣，舜爲人臣，而臣其君，湯武人臣，而弒其主，刑其尸。……夫所謂明君者，能畜其臣者也，所謂賢臣者，能明法辟，治官職，以戴其君者也。今堯自以爲明，而不能以畜舜，舜自以爲賢，而不能以戴堯，湯武自以爲義，而弒其君長。……臣事君，子事父，妻事夫，三者順則天下治，三者逆則天下亂：此天下之常道也，明王、賢臣而弗易也。則人主雖不肖，臣不敢侵也。今夫上賢、任智、無常，逆道也，而天下常以爲治；是故田氏奪呂氏于齊，戴氏奪子氏于宋，此皆賢且智也，豈愚且不肖乎。是廢常、上賢則亂，舍法、任智則危；故曰，上法而不上賢。』又在同篇上讀道：『天下太上之士，不可以賞勸也，天下太下之士，不可以刑禁也。然爲太上士不設賞，爲太下士不設刑，則治國、用民之道失矣。』

但是韓非所以能夠集法家學說的大成，大半是因爲他對法術兩者能夠一樣地重視，並關于牠們有獨到的見解。他在定法第四十三上說道：『術者，因任而授官，循名而責實，操殺生之柄，課羣臣之能者也：此人主之所執也。法者，憲令著于官府，刑罰必于民心，賞存乎愼法，而罰加乎姦令者也：此臣之所師也。君無術則弊於上，臣無法則亂於下：此不可一無，皆帝王之具也。』在五蠹第四十九上又說道：『今人主處制人之勢，有一國之厚，重賞、嚴罰，得操其柄，以修明術之所燭；雖有田常、子罕之臣，不敢欺也，奚待於不欺之士。今貞信之士不盈於十，而境內之官以百數，必任貞信之士，則人不足官；人不足官，則治者寡而亂者衆矣。故明主之道，一法而不求智，固術而不慕信；故法不敗而羣官無姦詐矣。』在顯學第五十上又說道：『夫聖人之治國，不恃人之爲吾善也，而用其不得爲非也；恃人之爲吾善也，境內不什數，用人不得爲非，一國可使齊。』

他還主張把社會的毀譽拿來輔助國家的賞罰，在八經第四十八上說道：『賞、譽同軌，非、誅俱行。』在五蠹第四十九上又說道：『譽輔其賞，毀隨其罰，則賢不肖俱盡其力矣。今則不然……毀譽、賞罰之所加者，相與悖謬也；故法禁壞而民愈亂。……廉貞之行成，而君上之法犯矣。……賢能之行成，而兵弱而地荒矣。……故行仁義者非所譽，譽之則害功；工文學者非所用，用之則亂法。……故令尹誅而楚楚不上聞，仲尼賞而魯民易降北。」

此外，他因爲祖國非常微弱，須集中全體人民的力量來應付強鄰，悲憤地把儒、俠當作磐石和象人看待。這樣的議論，在這裏可以不必引證了。

## 三

韓非所謂術，性質上與近代國家的選舉權（包含創制權、複決權、撤銷權、等等在內）是一個東西，都是一種運用法制的工具，換一句話說來，是法制的實施之推動力。在專制時代皇帝握有這個推動力；在近代國家，大概說來，一般民衆（在某種範圍內），或資本階級，握有這個推動力；在現在的意大利和蘇維埃俄羅斯是一個政黨握有這個推動力。

意大利的棒喝黨的專政可以說是資本主義下的民主主義的反動，蘇維埃俄羅斯的共產黨的專政却實在與前者的專政兩樣；從有皇帝的專制政體變革爲國家社會主義的共和政體，如果這個推動力一下便移轉到毫無新政治組織上的訓練的一般民衆手裏，這個巨大的新政治機器恐要不能夠靈活地運轉着，所以俄國共產黨的專政從迅速而有效地推進新政治組織說一定是必要的。

資本主義下的民主政治或資本主義下的議會政治，依據俄國共產黨的見解，完全是資本家階級支配着的；但是人們如果相信英國和美國，甚至法國和德國，可以由運用議會政治將資本主義的經濟組織漸漸變革爲（國家）社會主義的經濟組織，那麼，這個見解，在他們看來，不必然完全是正確的。

中國國民黨的一黨專政，在理論上是不錯的，其所主張的訓政，在理論上也是必要的。不過這樣的專政和訓政的實行數年來遭受了事實的嚴酷的批評。因了這樣的批評，就是國民黨的首領也主張結束訓政，把政治上的權力歸還給人民。但是專政和訓政的必要是一件事，實施牠們的無能又是一件事。如因實施的無能，而懷疑牠們的必要，這便是倒果爲因，在論理上是謬誤的。

共產黨和無政府黨經濟上有一個共同的主張，即，各盡所能，各取所需。這個主張，在近代曾有一些烏托邦的社會主義者小規模地把牠試驗過，結果，通統失敗了。不過俄羅斯共產黨的經濟上的設施，是對一切重要的產業由國家統制起來，即是國家社會主義或國家資本主義的實行。在這樣的經濟組織下，牠的生產力的發展，如果單指的是勞動家的能率的增進，那便一樣地爲資本主義的經濟組織下資本主義的經濟學的法則所支配。生產工具的所有人雖由私人改變爲國家，牠的運用的法則却是不會兩樣的；勞動家的生產能率仍須有現實的物質的刺激，纔能夠增高起來。

從近代各工業先進國的產業發展史看來，特別是從德國的產業發展史看來，我們可以知道，在世界資本主義已進到金融資本主義的時期，即進到帝國主義的時期，經濟落後的國家，除了以國家社會主義或國家資本主義的方法來發展自己的產業和抵抗帝國主義的經濟掠奪而外，决找尋不出其他發展產業的有效的途徑。在德國努力于振興自己的商工業的時候，世界資本主義方達到工業資本主義的時期，所以牠能夠因採用保護政策，追踪英國工商業的發展。在現在帝國主義的時期、資本主義下的大組織，如托辣斯、辛笛加、加特爾、以及其他各種聯合，就是後進的產業國，以國家的力量與牠們競爭，尚恐失敗，例如蘇俄政府專賣煤油，不能夠對抗亞細亞煤油公司和美孚煤油公司。

中國的經濟階段是正由農業進而爲工業，有些人不滿歐美的物質文明，主張中國應專振興農業；這與欲把農業的經濟階段倒變爲畜牧的經濟階段，一樣荒謬，一樣不可行。農業的經濟階段的生產力與工業的經濟階段的生產力大相懸絕，恰如畜牧的經濟階段的生產力與農業的經濟階段的生產力大相懸絕似的。生產力大相懸絕，一切經濟組織的上層建築物，如文物、制度、軍備、以及其他等等，也相應地大相懸絕。

所以經濟的發展，是物質的和精神的文明的進步。在現在金融資本主義的時期，任何國家，具有發展工業的資源的，除開採行國家社會主義或國家資本主義而外，想要在短期間有效地把自國的工業和其他產業發展起來，斷然是不可能的。說到中國，這也决無例外。

譯者從來未用文字發表過政治上或經濟上的見解，上面的說話，是譯者這樣的發表的第一次，但也是純然學理上的見解。

# 四

這個譯本是在兩年前就英文譯本寫完的，當時滿擬將後在校對這個付印的譯稿時，用法文譯本仔細審核一遍，並打算做一篇長序來總述各章的精華。但是在本年付印時，譯者因人事冗忙，請求了知友李達先生以德文和日文譯本詳細審核，並以總述各章精華的任務懇託他幫做好。李先生因他的眼病時輟時發，只担任了第一種工作，而他答應做的第二種任務也就擱置下了。這是譯者應向讀者抱歉的。

原稿曾經李先生完全審核一遍，從英文翻譯弁言到正文第二章最後一次的校對工作是他做完的，自正文第三章起至附錄最後一次的校對工作是譯者做完的。但是譯者編索隱時，又將本書從頭到尾細讀一遍；文字上復有許多修改。這許多修改，因紙版打好，只得將牠們排列成勘誤表。

李先生對于這個譯文，有許多修正，這是譯者應當對他致深厚的感謝的。有兩三句譯文錯誤，他曾加以很好的改正；有好幾句譯文不順口，及譯文的字眼有文言的意味，他都曾一一加以改易。至于專門名詞，尤其是人名，以及一二學術上的譯名，他也細心修改過。

本書很難了解，但是讀者如把拙譯的歐洲哲學史（神州國光社出版）先看一遍，那麽，再覽觀牠，比較上便會覺得容易懂得些。

傅子東　民國二十一年，九月，二十三日

# 英文翻譯的弁言

（一）本書對于確立俄羅斯馬克思主義和列甯主義的哲學基礎的歷史，是極有價值的貢獻。不幸地列甯這本著作，直到現在，外國讀者尚未讀到。但遲一點讀到，比較始終不能讀到要好些。現在英文譯本出現，許多讀者都能閱覽牠了。

人們應明白：在第二國際的隆盛時候，馬克思主義的哲學——辯證法的唯物論——不特未被歐洲社會主義的政黨深切地注意，並且甚至還受牠們的輕侮。

德國社會民主黨之理論的中央機關雜誌，即攷次基（Kautsky）主持的新時代（Neue Zeit），關於馬克思主義哲學的問題，沒有採取確定的、一貫的態度，雜亂地刊載新康德派（Neo-Kantian）、馬赫派（Machian）、唯物論者的論說。當時在馬克思主義哲學的領域內，俄羅斯馬克思主義者已取得指導的地位。這只要說起下面一件事就夠了，即前世紀九十年代，對於奔恩斯坦（E. Bernstein）和西米特（K. Schmidt）的新康德主義的論爭，是由那個在新時代上發表過許多卓絕論文的蒲列哈諾夫（G. Plekhanov）擔負完全責任的。

唯物論與經驗批判論　二

修正派的『批判潮流』，不久在俄羅斯『合法的』馬克思主義的運動中，尋見了牠的同響。斯特魯夫(Struve)、圖干・巴蘭諾夫斯基（Tugan-Baranovsky）、布爾加可夫(Bulgakov)，是俄羅斯新康德主義的代表。在幾許時期，革命的、正統派的、馬克思主義者——尤其是蒲列哈諾夫和列甯——為純粹戰術的緣由，以『友誼的』而又十分剛毅的態度，實行與他們鬥爭。然而無產階級的壁壘中，這些自由主義的資產階級的代表，不久就顯露出他們的本來面目，永遠反背無產階級的運動了。

在一九〇五年革命前的時期，形成了馬克思主義中新修正派的運動。這叫做馬赫主義（Machism），由波格達諾夫(A. Bogdanov)和魯納察斯基（A. Lunacharsky）領導着。列甯的唯物論與經驗批判論，就專事批判那種運動的。

在這個弁言中，我們的目的，不是要評定這個列甯的名著的價值。這個名著因社會民主黨內的紛爭而出現，牠的成立史與這些紛爭的歷史相關聯着；我現只打算簡單地概述牠如此成立的歷史。

(二)現在我們知道，列甯是在前世紀九十年代之末流配到西比利亞（Siberia）而滯居蘇喀斯可義(Shushenskoye)的僻遠的村落時，纔開始做哲學的研究的。

在一方面因蒲列哈諾夫與奔恩斯坦和西米特的論戰，在別方面因俄羅斯新康德主義者（斯特魯夫、圖干・巴蘭諾夫、布爾加可夫）的活動，列甯認明為獨立判斷論爭的問題必須埋頭研究哲學。我們如要避免誤解；就必須特別注意列甯對于那個論戰，是始終主張一貫。誠然，他從起頭就贊同正統派的馬克思主義的辯護者，與蒲列哈諾夫一致，對抗新康德主義者，甚至對於蒲列哈諾夫攻擊俄羅斯新康德主義的躊躇態度表示不滿。例如他在一八九八年九月二號（在流配中）寫給婆特里蘇夫(A. Potressov）的書信中說道：『我很詫異唯物論史（Beiträge zur Geschuehte des Materialismus）的作者（卽蒲列哈諾夫——德博林）沒有斷然攻擊俄羅斯文獻中新康德主義者，致任斯特魯夫和布爾加可夫爭辯哲學上某某特定問題，仿彿他們的見解業已成爲俄羅斯學子的見解當中所不可少的部份。』（"Leninsky Sbornik,"〔俄文本〕，第六册，八到九頁。）

列甯在一八九九年四月二十七號寫給婆特里蘇夫的另一書信中說道：『斯特魯夫和布爾加可夫所迷戀的馬克思主義中，這個新批判潮流全部……在我看來很有疑問。這個潮流構成對于反獨斷的意見等等的「批判論」之誇大言詞，沒有積極的任何批判效果。』（同書二二頁）

人們不應推想列甯在當時只傍觀那個『論戰』。反之，他十分活潑地參加反新康德主義者的鬥爭。如果他沒有活潑地參加純粹哲學上的論戰，那必在經濟學的領域內猛烈地對抗過他們，在經濟學的領域內，他們這些修正派曾從康德主義的認識論的觀點，批判馬克思學說的各部份。

列甯在西比利亞的流配中收到當時的文獻很爲遲慢，常常因此焦慮。他的知識，許多都是從通信得來的，自然在起頭他無論如何對于那些爭辯的問題不得不緩下最後的判斷。這件事，說到奔恩斯坦的著作及斯特魯夫和其他新康德主義的著作，就是實際的例子。但從他一八九九年六月二十七號寫給婆特里蘇夫的信看來，我們知道他曾得到最新的出版物，孜孜不倦地研究牠們，並從事熟讀古典的哲學文獻，包括康德的作品在內，康德的學說在當時很有勢力。在那封信中他說道：『我反復誦讀唯物論史等等著作，很感興味。我也看過同一的作者（在新時代上）所發表的反對奔恩斯坦和西米特的論文，……及我們康德主義者（斯特魯夫和布爾加可夫）所讚賞的斯達勒爾的經濟和法律（Stammle 's Wirrtschift und Recht）；並採取斷然擁護這個一元論者（蒲列哈諾夫——德博林）的態度。我對斯達勒爾特別憤慨，在他的著作中，我甚至沒看見有毫髮獨創的、深湛的思想。……他的著作，除開認識論的煩瑣哲學而外，空無所有。給律師這個字最壞的意義說律師的愚笨「定義」和愚笨「結論」是他的著作中所有的特色。我讀過他的著作後，又讀新語（Novoye Slovo）雜誌上斯特魯夫和布爾加可夫的論文，發見事實上我必須嚴重地評判新康德主義。我不能克制我自己，在我對斯特魯夫（對科學評論 "Nauch oye Obozreniye" 雜誌上他的論文）的答辯中插入特別對他攻擊的評論。我說「我不能克制我自己」；因爲我承認我對哲學上論辯的落後，在我尚未更深地研究那些問題前，我不打算論述牠們。現在我從事研究牠們，以達爾巴齊(D'Holbach)和黑爾維夏 (Helvitius) 開始，

並打算轉而研究康德。我已得到最重要的古典派哲學家的主要著作。』（同書三三頁

列甯從那時以來迄至有生的末年，不拘在從事政治上、組織上、文筆上、國家上、以及其他領域內種種活動的時候與否，對於哲學的興趣並未衰減。

(三)俄羅斯馬克思主義者中第二個哲學上動搖時期，以一九〇三年到一九〇四年開始。在一九〇四年，已出現波格達諾夫的經驗一元論（Empirio-Monisn）第一編和（俄文的）唯實主義的世界觀的論文(Outlines of a Realistic Conception) 全集。一九〇四年的春季或夏初，列甯收到波格達諾夫的書，立刻函知他，說他（列甯——譯者）以為他的見解錯誤。列甯在一九〇八年二月二十五號寫給高爾基(Maxim Gorky）的書信中說，一九〇三年到一九〇四年他和蒲列哈諾夫以為可與波格達諾夫合作，他們認為波格達諾夫是在反修正派的鬥爭中的一個朋友，儘管他追隨着歐斯特瓦爾德（Ostwald）和馬赫（Mach）。

列甯又說道：『在一九〇四年的夏天和秋天，多數派（Bolsheviks）的我們與波格達諾夫攜手，形成暗默的聯盟，暗默地視哲學為中立地帶；這個聯盟存續到革命的期間，使革命的社會民主主義（多數派主義）的戰術得以共同實行，這些戰術，據我的信心是惟一正確的戰術。

『在革命的烈燄中只有極少的時間剩下來研究哲學。一九〇六年波格達諾夫在獄中又寫了一本

書，我想，就是經驗一元論第三卷。一九〇六年的夏天，他寄贈這本書給我，我仔細地研究牠。我在誦讀牠時，變成非常激昂，忿怒：我明瞭他已完全走到錯誤的方向，跑入非馬克思主義的道路。于是我寄給他一通「戀文」，即用了三本草稿册寫成的一通長的哲學書信。」（同書第一册九一頁）

這些草稿尚未發見，實屬憾事。牠們在那時未出現，也是憾事；因爲在一九〇七和一九〇八兩年馬克思主義中兩種哲學潮流間的論爭極爲激烈。那些時候在馬克思主義的雜誌內出現了反馬赫主義及波格達諾夫的經驗一元論和他的同志的許多論文。這些哲學上的論爭一部份在新時代上尋見回響。新時代上登載的論文有贊成馬赫主義的，有反對牠的。

別一方面，在俄羅斯，馬赫主義的潮流，因許多雜誌、小册子、和論集的刊行，變成越更強盛。列甯曾正確地述說過，革命的烈燄中沒有時間研討哲學。然而從一九〇七到一九〇八年在俄羅斯發生反動時，哲學的興趣再行增厚。宗教的神祕的精神宰制着大部份資產階級的知識分子。革命理論之馬克思主義驚駭過大地主和資產階級的，變成激烈的理論上攻戰的目標。哲學的唯物論，即馬克思主義世界觀的基礎，遭受資產階級的知識分子的猛烈批評。這樣的批評態度，在大多數仍因守着祖先傳統宗教的俗物及小資產階級和落後的農民間，極自然地引致同情的和聲。

一切這些態度和潮流勢必影響到『社會民主主義的』知識分子當中某某部份，這些知識分子開始把『造神』與資產階級和小資產階級的『求神』『對立』，『造神』使智識分子中，尤其是農民中，宗教的、神秘的偏見得以表現出來。這件事的實行，爲的是維持着與農民的『同盟』關係；爲的是引導農民站立在進步的和革命的立場上面。但是這樣的讓步同時指示出全然遠離馬克思主義及戰鬥的無神論和唯物論，在哲學領域內所謂馬赫主義的潮流出現了，猛烈地批評唯物論和辯證法的方法；以此反對他們自己的本意，幫助馬克思主義和勞動階級的公然的仇敵，即斯特魯夫和布爾加可夫以及『立憲的民主主義的』資產階級和一般知識分子。一九〇七年馬克思主義中馬赫主義的潮流已有很多追隨者聚集在牠的周圍，並在知識分子和一部份勞動者間握有相當的勢力。這兩種趨勢——馬赫主義者和『造神者』——形成一種潮流即一個本質上相同的統一體。我們應講，這種潮流是由一羣有勢力的、有才能的著作家——波格達諾夫，魯納察斯基，高爾基和巴沙諾夫(V. Bazarov)——指導着。

正統派的馬克思主義的論旨，即辯證法唯物論的見解，有蒲列哈諾夫和他的『一派』擁護着。馬赫主義者的論集，即馬克思主義哲學的論集（Outlines of Marxian Philosophy），在馬克思主義者的唯物論者間喚起非常的激昂。迄至那時列甯尙未顯然攻擊馬赫主義者。但他對他們採取極反對的態度。這個事實，如要證明起來，只須從他與高爾基的通信中引述幾段就行了。一九〇八年二月他在他的信中說道：『馬克思主義哲學的論集現已出版。除開蘇弗洛夫（Suvorov）的論文（我現正讀牠）而外，我曾細讀這書的全部論文；每讀完一篇論文時，我的憤慨愈益增盛。這個論集不是馬克思主義哲學的論集；我們的經驗批判論者、經驗一元論者和經驗象徵主義者正徐徐陷入沼澤裏面。對于讀者保證：外界「現實」之存在的「信仰」是「神秘主義」（是巴沙諸夫）；用最討厭的方法混淆唯物論與康德主義（是巴沙諸夫和波格達諾夫）；教說特種不可知論（經驗批判論）和唯心論（經驗一元論）；對勞動者講授「宗教的無神論」和高等人力之神化（是魯納察斯基）；把恩格斯(Engels)辯證法的學說視爲神秘主義（是白爾曼〔Berman〕·，）從某某法國「實證論者」——不可知論和形而上學者——的惡臭的泉源及他們的「象徵的認識論」吸取臭水。這些話不是說得太過。』（同書九二頁）

同時在馬克思主義壁壘中與那些哲學上論爭有關係的空氣變成十分緊張。一九〇七年末和一九〇八年上半期，在亡命地，尤其是在日內瓦（Geneva），並還在柏恩（Berne）舉行了無數講演及馬赫主義者與唯物論者間公開的討論。在那些處所不僅常有地方的社會民主黨的黨員，並且還有從遼隔的區域特地來到的人衆，傾聽他們的辯論。

一九〇八年秋天魯納察斯基在日內瓦講演；無產階級（Proletary）雜誌的編輯員，杜博洛文斯基(Dubrovinsky)因列甯的勸誘曾對抗他。列甯自己草擬有名的杜博洛文斯基演說詞的摘要，或更切實地說包含十個質問的訴狀（看補論第二部）。我在日內瓦的演說，如不被人誤解，也是對魯納察斯基同志的答辯。在我講演時，蒲列哈諾夫已站立在唯物論者方面，波格達諾夫和魯納察斯基已站立在馬赫主義者方面。列甯那時不在日內瓦。反馬赫主義的攻戰在合法的及祕密的出版物上實行。在社會民主主義者之聲(Go'os Sozial-demokrata)第六，第七兩號上，蒲列哈諾夫開始在戰鬥的唯物論的題目下發表致波格達諾夫有名的書信。但馬赫主義者立卽應戰。波格達諾夫答辯對蒲列哈諾夫的『學派』的批評，(以俄文)刊行一個哲學學派的冒險，在這個著作中，他批評蒲列哈諾夫、亞克塞耳洛(Axelrod)和本書的作者。伐倫體諾夫(N. Valentinov)開始與馬赫迴信，討論我們爭辯的問題；並在他的著作馬赫與馬克思主義(Ernst mach and Marxism)中，附錄(視爲一種對唯物論者的教訓的)馬赫的回書和佛勒德里·亞德勒爾(F. Adler)論文世界要素的發見的翻譯。伐倫體諾夫著作的末尾『豫言』：『唯物論和唯心論的形而上學的體系已生存過時。我們正目擊眞正科學的哲學(卽馬赫主義——德博林)的誕生；我確信馬克思主義遲早必與牠結合，儘管紳士們謀妨害這樣的結合，以爲哲學上不朽的眞理包括在他們的「聖書」裏面，運命不能夠廢棄牠。』

民粹派(Narodniki)和社會革命黨黨員，無論如何，就齊爾諾夫(Victor Chernov)個人說，也共守馬赫派的馬克思主義者的觀點。所以結局形成一個特殊的聯盟。

從前的『馬克思主義者』，在政治的問題方面已逃到資產階級的反動壁壘，在理論的問題方面已轉向唯心論和顯然宗教的神祕主義；我們如是知道他們對馬克思主義者間的論爭採取怎樣的態度，那麼，這是有趣味的事件。

這類從前的馬克思主義者曾把他們對唯物論的拒絕態度和對社會主義的仇視態度結合攏來。這件事情，著者將從一九〇八年在俄羅斯的思想(Russkaya mysl)（第十二號）登載的佛蘭克(S. Frank)的論文引述長而極堪注目的一段來證明牠。

在這一段上他說道：『哲學上，社會主義奠基在虛無主義上，即在個人的和宇宙的存在之一切客觀價值的否定上，在愛比鳩魯主義(Epicureanism)上，並歸依着牠。因「虛無主義——唯物論」的古典的形態崩壞，有人覺得對這個唯物論必須重新解釋一番。這件任務的完成，倚賴「經驗批判論」的潮流所代表的近代化的實證論。但是關于經驗批判論能否爲虛無的社會主義的確立安置妥當的基礎，蒲列哈諾夫和他的一派的觀點確然比馬克思主義的經驗批判論者的期望要切適些。他本能地感覺着：獨斷的唯物論的虛無主義崩壞，人類思想之大歷史的時期全部結束；這個崩壞指明素樸的世俗生活的快樂和戰鬥的無神論之消滅，戰鬥的無神論標識十八世紀法國的唯物論並形成社會主義的宗教所由樹立的「哲學的—心理的」基礎。與這個大胆而且狂暴的形而上學的虛無主義比較起來，現代哲學中審慎的「實證主義的不可知論」明示「那個大歷史時期結束的肇端！」』

從上文我們可察見，社會主義的『博學的』反對者佛蘭克，承認：在社會主義與唯物論間存在着密切的內部聯絡；爲着拋棄他所謂『社會主義的宗教』，必須圖謀撲滅唯物論。至於經驗批判論，從他信奉的神祕主義和形而上學的唯心論的觀點看來，儘管是不能滿意的，他却視牠爲小禍害，爲可以促進社會主義的崩壞的小禍害。

佛蘭克更進而詳論，經驗批判論必然使馬克思主義崩壞。『經驗批判論或經驗一元論不能扶持馬克思派的社會主義。馬克思主義的哲學理論之修正，不會僅僅限制到這個事實，即從這個學說，唯物論將機械地『滅絕』，而經驗批判論將替代牠。……反之，唯物論滅絕後馬克思派的社會主義之鞏固的支柱當中有些也必崩壞……』

我們應承認，從這一點說來，佛蘭克絕對不錯。我們的階級之敵人非常透徹地看清那個事件。佛蘭克和其他社會主義的敵人領會經驗批判論、經驗一元論、經驗象徵論等等，本質上是唯心論的，是與馬克思主義不能並存的思想。

(四)這就是一九〇七年到一九〇八年哲學戰場上各勢力的分野。但在理論的領域內，這些哲學的分野，反映着國內階級的勢力的分野。從關聯着這個事實說，我們應簡單敍述當時一般所承認的馬克思主義理論家，玫次基所採取的見地，即在俄羅斯社會民主黨看來極爲重要的見地。俄羅斯工人奔笛安尼崎(Bendianidze)曾請求孜次基發表他關于馬赫主義能否與馬克思主義結合所抱持的見解。孜次基的答書，亞德勒爾將牠在鬥爭(Der Kampf)雜誌七月號(一九〇九年)刊登出來。著者現且引述這封答書的最有趣和最特色的部份：

『你問馬赫是不是一個馬克思主義者？這決定於一個人對馬克思主義之解釋。說到我自己，我不以馬克思主義為一種哲學，只認為是經驗之科學，即關于社會的特殊說明。這種說明，確與唯心論的哲學不兩存，但與馬赫的認識論是十分可並立的，我個人在馬克思的見解與狄慈根(Dietzgen)的見解間沒有發見任何根本的差異。馬赫非常接近狄慈根。』

從這裏論來，孜次基站立在馬赫方面。他繼續說道：『不過人們應區辨馬赫或狄慈根與他們的門徒間的差異；個人的馬赫和狄慈根的追隨者實寫下許多愚劣的著作，在這些著作中，他們非難蒲列哈諾夫和他的友人是形而上學者。但如你問我，蒲列哈諾夫是否正確地理解馬克思的哲學，我將答道馬克思沒有任何哲學，他曾宣布各種哲學的終結。然而蒲列哈諾夫確是最有識見的馬克思主義者之一。』

孜次基進而對于俄羅斯社會民主主義者間關於馬赫的爭論表示深深的遺憾；因為這樣的問題與黨內的任務沒有任何關係。所以他主張：惟一的離開這樣的窮境之道路，就是宣言個人對馬赫主義的關係是一件私事。馬克思主義的出發點是：『非意識決定存在，乃存在決定意識。』其他概不重要。這是孜次基的見解。我們不須在這裏詳論他的矛盾。無論如何，『存在決定意識，非意識決定存在』，這個觀點，已與馬赫主義不兩存，因馬赫主義不過是唯心論之一變種。至於他的賢明的忠告，即『視馬赫主義為一私事』，每個馬克思主義者十分顯然不能接受。照這樣，玆次基不僅沒有把那個問題弄明白，並還加甚地把牠混亂起來。

(五)列甯以不同的態度，實在以遠為徹底的態度，接觸那個問題。他發動的反馬赫主義者的戰爭，將惹起波格達諾夫所佔有重要地位的多數派的分裂，這個事實，他那樣爭辯過。我為着表明他所從察玫這個論爭的觀點，從他寫給高爾基的書信引述極有趣味的一段：『你應該，並也確然將要理解，一個黨員確信一種學說絕對錯誤或有害時，責任上必當採取反對牠的態度。如果我沒有絕對確信（並且我熟知巴沙諾夫、波格達諾夫和他們的一派的知識根源時我益更確信）他們的著作（馬克思主義哲學的論集等等）全部從頭到尾，從枝到幹，到馬赫和阿芬納留斯(Avenarius)，都是乖謬的、有害的、愚劣的、僧侶的；那麽，我自不會亂敲警鐘。蒲列哈諾夫從他反對他們說是絕對有道理；但他不能或不欲，或因太懶而沒有具體地、充分地、簡明地發表他的反對的意見，並用哲學的敏智使讀者不致因此駭異。但是我，不管有如何犧牲，將以自己的方法發表反對他們的主張。

『親愛的亞勒塞・馬西摩維齊(Aleksey Maksimovich，高爾基的眞姓名），在這個問題上能有什麼「調停」的餘地？即使發一句話調停，那都是可笑的，鬥爭絕對不可避免。並且黨員不應該盡力隱蔽、延緩或逃免那個論戰，只應該努力注意在實際的和必要的黨的活動上不要因牠而生障礙。這一件事你應留心，關於牠，十分之九的俄羅斯多數派將援助你，並將極感謝你。

『這如何能達到目的呢？將以保守「中立」達到呢？不能！不能！在這個論戰上，不但不能並且不會有中立的行動出現。萬一談到中立，那麼，這只限定到那個鬥爭應從黨的分派隔離開這一件事上面！』

所以，我們察見，列甯的態度，根本上與玫次基的態度不同。玫次基提議『中立』。依據他的見解，馬克思主義的哲學應該是黨員的私事。列甯只在隔離開哲學的論爭與黨的分派的意義上有條件地討論到中立。列甯恐怕不能避免的哲學上論爭可以有害地影響革命的社會民主黨的戰術，多數派的政治方針，及他和波格達諾夫共同主編的多數派的機關雜誌無產階級。所以他在這個雜誌上謀避免一切哲學上的爭論。別一方面他努力於實現另一目的。他儘管擁護無產階級雜誌的中立，却竭力使牠的讀者不把成為一種潮流的多數派主義託詞來與馬赫主義結合。在那個鬥爭階段因哲學上的論爭分裂為各派，這在列甯看來似像有害。但說到多數派者間關于這個哲學問題的論爭，他以為必不能避免。

我們不能在這裏詳述這個哲學上論爭的各特定階段。所以我們將只概述牠的重要部分。公認的多數派的首領和忠實的辯證法唯物論的代表，列甯，以爲應該明白表示自己的主張來截然區別成爲一種政治潮流的多數派主義與馬赫主義。當時因多數派主義的敵人傾向於在馬赫主義中尋見多數派主義的哲學基礎，這種區別特爲必要。別一方面，因多數派主義的中心團體的某某有力份子是馬赫主義者，爲黨的利害計，列甯不得不審愼他的行動。

在一九〇八年的起頭，列甯始公然反對馬赫主義。他叫這個反對做『形式上的宣戰佈告』。在紀念馬克思歿後第二十五週年的祭日，多數派刊行了一種特別的論文集，內中有列甯的一篇論文題名爲馬克思主義與修正主義。在那篇論文（包括在下面註解內的著作中）裏面，列甯報告讀者：『最近的將來我將在若干論文中或在一本特別小冊子內表明，在本文內關于新康德主義的修正派者所述說的一切，本質上也都適用於一切「最近的」新休謨派(Neo-Humean)和新柏克勒派(Neo-Berkelian)的修正主義者。』關于修正主義者的理論的內容，本文內說道：

『在哲學領域內，修正主義在資產階級教授者流的「科學」後面徐徐行走。這些教授逃遁到「回到康德」的道路，修正主義者在新康德派後面跛脚地前進。這些教授鸚鵡般地叫吼僧侶的腐說千遍來反對哲學的唯物論；修正主義者以微笑的謙恭照最近的教科書一字一字地結舌而言，唯物論久已「打倒」。這些教授視黑格爾(Hegel)爲一條「死狗」，向他的辯證法輕蔑地聳他們的肩，儘管他們自己教說唯心論（這個唯心論比黑格爾的千倍陳腐平凡）。修正主義者以「單純的」（和平穩的）「進化」替代「敏智的」（和革命的）辯證法，隨他們之後陷入科學之哲學上庸俗化的沼澤裏面。這些教授因把自己的唯心論的和「批判的」體系適合於支配的中世紀的「哲學」（卽神學），從國家領受薪俸；修正主義者，不僅在關涉着現代國家的範圍內，並還在進步的階級的黨派中，努力使宗教成爲「一件私事」，以此日益接近他們。」（"In Memory of Karl Marx"〔俄文本〕，第二版，一一一頁。）

列甯更進而着力地說道，蒲列哈諾夫在國際的社會主義運動上是唯一的馬克思主義者，因他曾從辯證法的唯物論的觀點批評修正主義。

列甯對馬赫主義者公然宣戰，在當時是一個大事件。在宣戰時他卽和蒲列哈諾夫成立了一個哲學聯盟，儘管他們在許多政治、戰術、組織等等問題上意見不一致。這個聯盟，證明極爲重要；並從某種意義說，在其後俄羅斯馬克思主義哲學的發展上執行重大的任務。列甯的唯物論與經驗批判論，給與馬赫主義致命的打擊的，不久就出版了。

列甯從一九〇八年的起頭從事撰著這本書。他與波格達諾夫的關係不久變爲緊張。列甯，如他自己所說，因「醉心哲學」，甚至忽視黨的中央機關雜誌。一九〇八年四月他在寫給高爾基的信中說道：「我從不曾像現在這樣忽視我的新聞；我現正終日誦讀這些應憎恨的馬赫主義者的著作。」列當因爲完成他的這本書，跑到倫敦去利用不列顛博物館所藏的豐富的文獻。一九〇八年冬天這本書脫稿，一九〇九年春天在莫斯科出版。

我們已論述過，馬赫主義不是代表一種獨立的現象。牠，在一方面與馬赫主義者魯納察斯基領導的『造神』運動及同情馬赫主義的高爾基，別一方面與政治上所謂『奧斯脫維主義』（Ostovism）（和『最後主義』Ultimatism），極密切地結合着。奧斯脫維主義，指一種運動，卽因俄國國會性質上極端反動，要求從國會召還社會民主黨的國會議員的運動。這個運動的領導人也是波格達諾夫和魯納察斯基。這三件東西——馬赫主義、『奧斯脫維主義』和『造神』的運動——在同一的人物中體現出來，不是一偶然的事件。這一個多數主義者的團體，與高爾基合作，甚至進而在加蒲里（Capri）島上組織勞動者的特別黨校，宣傳『造神』學說、馬赫主義和奧斯脫維主義。但不久勞動者自身的確『解散』這個黨校。

同時，卽在反動的時期（一九〇七年到一九〇八年），少數主義者（Mensheviks），因革命挫敗沮喪並對無產階級的革命力量失掉信念，成立所謂『解黨派的』運動。這個運動要求解散不合法的黨，否認革命中無產階級應握有領導權的理論，主張社會民主黨改變爲合法的黨。換些話說，牠甚至不惜放棄革命的階級鬥爭，謀使自己順應反動的『大地主資本家』的政制。

少數派的解黨主義者同情於馬赫主義、和『波格達諾夫、魯納察斯基』的團體的奧斯脫維主義（儘管這會像似奇妙的）；因此在這些團體間也成立一種特別『聯盟』。蒲列哈諾夫挺身出來對『解黨主義者』實行猛烈的攻擊。

列甯與蒲列哈諾夫間的聯盟，爲反對『解黨主義者』、與斯脫維主義的潮流、『造神』和馬赫主義四者，變成鞏固一致。這個聯盟決定一切那些反馬克思主義的和修正主義的潮流之運命，並保證辯證法唯物論的勝利。

一九〇九年中期在巴黎舉行的『多數派中央部』的會議，決議對『造神』的潮流（上文已說過，這個潮流理論上與馬赫主義極爲接近）採行攻擊的政策；這是因這個潮流與馬克思主義的根本原理相反，因牠不特以牠的錯誤的用語並且以牠所教說的理論在勞動羣衆間有害地影響革命的社會民主主義的啓蒙事業。在這個會議還說明：多數派與科學的社會主義之任何這樣的曲解沒有何等關係，那個潮流反映小資產階級對抗無產階級的『馬克思派的社會主義』之傾向的鬥爭。在這個會議還宣布過，『造神』潮流的特質，很可一樣適用于馬赫主義全部。這樣，在多數派的列甯主義者與馬赫主義者間發生出破裂了。

我們已論述過，列甯這本書，不僅對于哲學是極有價值的貢獻，並還是非常可注目的黨內紛爭史：這部歷史從鞏固馬克思主義和列甯主義的一般哲學基礎說，極爲重要，並大抵決定，俄羅斯馬克思主義者間其後的哲學思想的發達。信奉馬赫主義者的隊伍頗形削弱，各大將不久發見自己沒有部曲了。佛蘭克的期望卽馬赫主義將撲滅馬克思主義和社會主義一層，證明爲與事實相違反。

馬克思主義從這個鬥爭獲勝。這個勝利是在辯證法唯物論的旗幟下得到的，辯證法唯物論證明爲在一九一七年幫助俄羅斯馬克思主義獲得巨大勝利的理論上武器的。現時馬赫主義和新康德主義及各派實證論對于俄羅斯馬克思主義者都沒有何等影響。

不幸地，在蘇維埃聯邦疆域外，特別是在德意志和奧地利，事態迥異，在這兩國內康德的「煩瑣主義」和實證論的唯心主義有如盛開之花。牠們儘管與眞科學和人類的實踐絕對抵觸，這却沒有妨止牠們矜誇牠們的科學的性質。在理論的和哲學的領域內，科學的社會主義創建人，馬克思和恩格斯，所主張的唯物論的世界觀和辯證法的方法繼續發展，這是俄羅斯馬克思主義的功績。

在俄羅斯馬克思主義者間哲學的動搖時期，「求神者」和馬赫主義者（當代俄羅斯文壇上最有名的人物高爾基那時是他們當中的一人）傾向於使唯物主義的理論對于俗陋主義（Philistinism）的發展負責任。

爲這種緣由列甯寫信給高爾基，說道：「從把唯物論當作一個世界觀說來，我以爲在根本上與你不同。……盎格魯撒克遜人（Arglo-Saxon）和德意志人從唯物論得到他們的俗陋主義，同時唯物論對于拉丁諸國無政府主義的興起應負責任：這個見解，我絕端反對。他們一切都輕視哲學的唯物論。最徹底的、最有識見的機關雜誌新時代，對于哲學的問題業已冷淡；而且牠既决未專一信奉哲學的唯物論，因此最近便刊登經驗批判論者的文章，對於他們的見解不下任何評語。從馬克思和恩格斯所教說的科學的唯物論能推演出俗陋主義，這個說話，根本錯誤。社會民主黨中俗陋的小資產階級的要素最所攻擊的，恰正是哲學的唯物論。牠們傾向於康德、新康德主義和批判的哲學。恩格斯在他的反笛靈格（Anti-Düring）中陳述的哲學，决不容許俗陋主義混入牠的領域。」

最近十年在盎格魯撒克遜人和德意志人間關於這件事有任何變化呢？沒有！沒有！在俄羅斯，蒲列哈諾夫和列甯發展唯物論的哲學時，德意志國際社會主義的大權威者，孜次基，視哲學問題對於黨的關係並不重要，宣稱新康德主義和馬赫的理論可一樣做馬克思主義的哲學基礎。

一九〇五年後，在俄羅斯發生出的現象，也一樣在大戰後和革命的時期，卽在『造神』觀念的誕生時期，發生在所謂德意志和奧地利的馬克思主義者間。我在這裏說明新康德主義和馬赫主義的所謂「宗教的社會主義」，也就夠了。德國社會民主黨的正式哲學家是康德主義者渥爾倫德（Karl Vorländer）。在奧地利，鮑爾 Otto Bauer）對勞動者教授馬赫主義，麥克斯·亞德勒爾（Max Adler）對他們教授馬赫主義、康德主義和『造神的』理論。

俄羅斯『造神者』抱持神爲觀念之總體的見解，這個總體足以喚起並組織社會的情緒，足以把個人聯結在社會上面，足以約束他的『動物的本能』。德意志的『宗教的社會主義者』固守同一的觀點。列甯和蒲列哈諾夫殆難找尋着極礬策的言詞，足以表達他們對『造神者』的憤慨。列甯知道這個『造神的』潮流不過攜運鋼鐵到反動的製械廠鑄造新鐐銬能了。

列甯說道：『神在本質上是一個觀念綜合體，這些觀念從人類由外在的自然和階級的隸屬所遭受沉重的壓迫產生出來，並鞏固對人類這樣的壓迫且謀求泯滅階級鬥爭。甚至對神的觀念最精妙的、最善意的辯護或正當化，也只是把反動合理化，把階級的隸屬合理化。』

他繼續說道：『實際上，約束「動物的個人主義」的不是神的觀念；這個約束是原始人羣和原始自治體所實行的。神的觀念常常削弱並麻木「社會的情諸」，以死的替代生的；因爲牠常是奴隸制度（最惡的、最絕望的奴隸制度）的觀念。神的觀念決沒有把「個人聯結到社會上面」，並常常藉牠所播布的對壓制者的神性之信仰束縛住被壓迫階級。』

現在『宗教的社會主義者特別熱心教說這些反動的、非科學的、僧侶的觀念；社會民主黨以每種方法扶持他們，同時在無數「淵博的」哲學論文中都擁護着這些救世教旨的廣濟力。

我們如攷察西歐「馬克思主義者」的現代哲學上的頹喪精神，那就知道這本書的出版實在是極合乎現時需要的。讓我們希望着牠達到廣大的進步的勞動者集團並將促成他們的解放鬥爭。

上述的對報告者的十個質問和關於辯證法問題不完全的草稿，從現在爲列甯學院所收存的列甯哲學文稿中尋找出來的，是英文版本裏面最有價值的附錄。這是列甯所寫關於他的哲學著作的斷片。

一九二七年三月德博林（A. Deborin）

# 著者第一版序言

願意成爲馬克思主義者的許多著述家，眞正曾攻擊馬克思主義的哲學。不到半年，就出版了四本書，大半或差不多絕對專一地詆譭辯證法唯物論。這四本書當中第一本是一九〇八年在聖彼得堡（以俄文）出版的馬克思主義哲學的論集（較切適地說這是『反馬克思主義哲學的論集』。——以下簡稱論集——譯者），由巴沙諾夫、波格達諾夫、魯納察斯基、白爾曼、黑爾風（Helfond）、尤謝維齊（Yushkevich）和蘇佛洛夫的論文編纂成的；第二本是尤謝維齊的著作唯物論和批判的唯實論（Materialism and Critical Realism）（俄文）；第三本是白爾曼的從近代認識論的觀點看見的辯證法（Dialectics from the Standpoint of Modern Theory of Knowledge）（俄文）；第四本是伐倫體諾夫的馬克思主義的哲學基礎（The Philosophical Foundation of Marxism）（俄文）。如果說他們這般人完全不知道馬克思和恩格斯屢屢稱自己的哲學爲辯證法唯物論，這實難於相信。然而他們這般人，儘管在各自政治的見解上有尖銳的差別，却共同一致反對辯證法唯物論；同時又復主張他們在哲學上是馬克思主義者！白爾曼說，恩格斯的辯證法是『神秘主義』。巴沙諾夫順便地評論道，恩格斯的見解變成

『陳腐的』，這好像是自明的事實。實際上，我們勇猛的論戰者爲辯護他們的主張引逃近代認識論、最新的哲學（或最新的實證論）近代自然科學的哲學、甚或二十紀自然科學的哲學，駁難唯物論。我們的滅絕辯證法唯物論的人，根據這些臆測上的最新學說，甚至進而公然辯護信仰主義（信仰主義是以信仰替代認識的學說或一般置重信仰的學說）。（就督納察斯基說這最顯然，但他決非獨自如此）！然而他們在要明白地決定他們對馬克思和恩格斯的關係的態度時，就喪失一切勇氣，不能尊重他們的信念。事實上，他們完全排斥辯證法唯物論，即馬克思主義；言詞上，他們竭力避開對問題本質的討論，企圖傍敲側擊，隱蔽他們的遁逃，不以唯物論的哲學，而以有些唯物論者，作他們批評的對象，斷然不肯直接解剖馬克思和恩格斯的無數唯物論的宣言。這樣的行爲，如一個馬克思主義者所曾切適地表白過，實際上是『膝蓋上的暴動』。這是標準的哲學上修正主義；因爲惟有這些修正主義者，因離背馬克思主義的根本見解，因害怕或無能與那些放棄的見解截然、毅然、顯然較量長短，博得一已的聲譽。反之，正統派的馬克思主義者反對馬克思的有些陳腐的見解（例如墨林格〔Mehring〕對于有些歷史的問題）時，反對的詞句非常明確，精細，任何人在牠的裏面不能尋覓含混出來。

說到其他的反對文章，在論集裏面有一句近似眞實，即：『或者我們（顯然就是這個論集的一切合作者）迷誤，但我們是探求者。』（一六一頁）在本書內我將努力詳細地證明這句的前半包含絕對的眞理，後半只包含相對的眞理。現時我僅注意：如果我們的哲學者不以馬克思主義的名號，只以幾個「求道的」馬克思主義者的名號說話，那麽，他們將更爲表示尊重自己和馬克思主義。

就我說來，我也是哲學的「求道者」。本書中我所致力的事務純在探究出在馬克思主義的假面具下陳述混亂、糾紛、和反動的理論的人們所遭遇的困難。

一九〇八年九月

# 著者第二版序言

除些須修正外，本版與前版沒有相異處。我希望：本書，雖是反俄羅斯馬赫主義者的論辯文，却將要證明牠可以幫助人們研究馬克思主義的哲學和辯證法的唯物論，及理解自然科學內最近發見的哲學上的結論。說到波格達諾夫的最近著作，我沒有時間研攷，本書附錄的勒維斯基（V. I. Nevsky）的論文對牠有必要的評述。勒維斯基同志在行動上不僅是一個宣傳者，且是黨校內一個工作者，他有很多時機使自己確信波格達諾夫在『無產階級的文化』的面具下輸入反動的和資產階級的見解。

一九二〇年九月二日

# 目錄

# 緒論

——一九〇八年若干『馬克思主義者』和一七一〇年若干唯心論者駁難唯物論——

人們些微通曉哲學文獻的，當必知道現代哲學——和神學——教授中殆難有一人不直接或間接從事顚覆唯物論的。他們曾駁難唯物論一千回，但他們仍在一千零一回繼續駁難牠。一切我們的修正主義者都從事攻擊唯物論，但佯以爲他們只攻擊唯物論者蒲列哈諾夫，沒有攻擊唯物論者的恩格斯，唯物論者的費爾巴赫(Feuerbach)以及狄慈根的唯物論的見解。他們更佯以爲從『最新』和『近代』實證論、自然科學、以及其他駁難唯物論。我不從人們能隨便著作出無數的這樣書籍引用若干文句，我將僅僅指摘巴沙諾夫、波格達諾夫、尤謝維齊、伐倫體諾夫、齊爾諾夫（他的著作，哲學的和社會學的研究，（俄文），一九〇七年莫斯科出版。作者，如巴沙諾夫和他的一派，都是熱烈地信奉阿芬納留斯者和反對辯證法唯物論者。）及其他馬赫主義者所用以攻擊唯物主義的議論。我採用馬赫主義者這個名詞，視牠與『經驗批判論者』這個名詞同意義；因馬赫主義者這個名詞簡明而單純，並已在俄羅斯文獻上通行開了。馬赫是經驗批判論的最有名望的代表，這在俄羅斯文獻上是一般所公認的事實。（參看Dr.

Richard Hönigswald: "Ueber die Lehre Humes von der Realität der Aussendinge"，一九〇四年柏林出版，二六頁。）至于波格達諾夫和尤謝維齊稍爲隔離「純粹」馬赫主義，後文將表明這是非有次要意義的。

我們聽說，唯物論者承認不可思惟的和不可認識的事物——『物之本體』，——即在『經驗外』和在我們的認識外存在的物質。他們因承認超越『經驗』和認識領域的事物之存在，陷入實際的神祕主義裏面。唯物論者述說物質在我們的感官上引起作用時造出感覺，視『不可知的』，即『虛無』，爲根本原理；因爲他們自身在假定上主張我們的感覺是唯一的認識泉源。他們陷入『康德主義』（例如蒲列哈諾夫，因承認『物之本體』——即在我們的意識外的物——的存在）；他們把世界『二重化』，並教說『二元論』，因爲他們主張在現像背後有『物之本體』；他們想像上假定在直接的感官資料背後有一些別的東西，即神體、偶像、絕對物、形而上學的本源、宗教的化身（如巴沙諾夫所說神聖的物質）。

這些議論就是上述的著作家在種種形態下反復申言的馬赫主義者對唯物論的議論。

爲着判定這些議論是否新穎，實際上是否只向『陷入康德主義』的一個俄羅斯唯物論者攻擊，著者將從古唯心論者柏克勒（George Berkeley）的著作詳細地引用幾段文章下來。著者既然此後不得不屢屢論及他和他在哲學上的方向，這種歷史的研究在著者的緒論上更爲必要；因爲馬赫主義者對馬赫與柏克勒的關係，及與柏克勒的哲學上方向的關係，都做了錯誤的說明。

借正柏克勒一七一〇年出版的著作，題名爲關于人類認識原理的論文（Treatise Concerning the Principles of Human Knowledge）第一册一頁，（A. C. Frasev 校訂的，一八七一年牛津出版的），以這樣的議論開始：『人類認識的對象，或者是實際上在我們感官上的觀念，或者是因注視感情和心的活動所認知的其他觀念，最後或者是因藉助於記憶和想像力所形成的觀念；這在攷察那些對象的任何人看來都是顯明的事實。……我因視覺而得到有種種變化及強弱濃淡各別的光線和顏色的觀念。我因觸覺而察知軟和硬，熱和冷，運動和抵抗。……嗅覺使我辨別香臭；味覺使我辨別辣酸；聽覺使我辨別音聲。並且因這幾種感覺的物事，觀察起來，是互相伴隨着，我們可用一個名稱綜合地標識他們，以此視爲一個東西。所以，例如或種色、味、香、形態、和密度，觀察起來，是聚合在一起的，可用一個名爲蘋果的特殊物說明牠們。其他觀念的集合構成一個石頭，一顆樹，一本書，和其他類似的可感覺的物事！……』

上文就是柏克勒著作第一段的內容。我們不要忘記，柏克勒是以軟、硬、熱、冷、色、香、味等等原理作爲他的哲學的最後基礎的。在他看來，物是『觀念的集合』，『觀念的集合』指上述的性質或感覺，不是指抽象的思想。

據柏克勒的見解，除那些『觀念，或認識的對象』外，有一種知覺牠們的東西——『心、精神、靈魂、或自我』——存在着（第二節）。他斷說，『觀念』不能在知覺牠們的心之外存在着，這是自明的。爲着使我們自己領會這個理論的實際，我們且攷察『存在』這個字的意義。『我寫字的棹子，我說牠存在着，這就是說，我看見牠，觸知牠；並且我如果離開我的書室，我也將說牠存在着——即是說我如在書室內，我可以知覺牠。』這是柏克勒在他的著作第三節所述說的，他即以此與他所叫做唯物論者的人們開始論戰（第十八、十九、及以下各節）。他說：『我不能想見，怎樣可以說物能與「有人知覺牠們」這個事實沒有關係而絕對地存在着。存在謂被知覺』。（牠們的存在就是知覺〔their esse is percipi〕，第三節；這句話常在教科書上引用的。）山、河、屋、廬，概括說來一切可感的對象，有一種與理解力所知覺的對象判然各別的，自然的或實際的存在，這實際是流行在人們間的奇異的見解。』（第四節）柏克勒說道，這個原埋——見解——是『明白的矛盾，因爲，除我們以感官所知覺的事物而外上述的對象是什麽？在我們自己的觀念或感覺而外我們知覺什麽？這些事物當中任何一種，或任何牠們的結合，會不被知覺而存在，這不是顯然矛盾的見解呢？』（第四節）

柏克勒在這個地方把『觀念的集合』一詞掉換爲（據他的見解）指示同意義的一詞，即『感覺的結合』；責難唯物論者更進而有所探求的傾向爲『背謬』，即責難他們探求這個『綜合』——『感覺的結合』——的源泉的傾向爲『背謬』。在第五節他責難唯物論者玩弄抽象，因爲據他的見解，感覺從客體分離開去，是虛空的抽象。『事實上（依據佛雷塞爾〔Fraser〕的意見這句在第二版删去）感覺與客體是同一物，所以不能從這一個拖出那一個。但你們說，儘管觀念不能存在於心之外，然而可以有像牠們這樣的物事，這樣的物事之類似和複寫就是觀念，這樣的物事存在於心之外，非思惟的實體內。我答道，一個觀念只能類似一個觀念，不能類似其他別的物事；一個顏色或形狀只能類似一個顏色或形狀，不能類似其他別的物事。……我問道，想像的原體或外在物，我們的觀念是牠們的寫眞或表象的，自身是否可知覺的？如果牠們是可知覺的，那麼，牠們就是觀念，我們實已貫徹我們的主張；假使你們說牠們不是可知覺的，那麼，我們問任何人，主張色類似不可看見的東西，軟或硬類似不可觸知的東西，這是否有意義。』（第八節）

如果讀者察見，關于物事在牠們對我們的作用之外能否獨立存在的問題，巴沙諾夫反對蒲列哈諾夫的『議論』；那麼，他將認明牠們與柏克勒反對他所不指名的唯物論者的議論絲毫沒有不同的地方。柏克勒以爲『物質或有形的實體』之存在的見解是『矛盾的』，不值耗費時間來駁斥牠的『背謬』。他說道：『但是，因物質存在的學說像似已深入哲學者的精神，並且照牠的樣子推演出許多有害的結論，我甯願人們說我多話，不欲省略可有助於完全曝露並絕滅那種偏見的議論。』

我們卽將考察柏克勒所謂『有害的結論』這句話的意義如何。現且首先明究他反對唯物論者的理論的論證。他否認客體的『絕對的』存在後，卽否認人類認識以外的物事的存在後，這樣說明他的敵人的見解，以爲他們好像承認『物之本體』似的。在第二十四節，他說道，他所駁難的見解就是承認（著重下面這幾個字）『可以感官知覺的或在心之外的客體本身之絕對的存在這個見解。』一六七到一六八頁）在這裏有兩種根本的哲學原理，敍述得非常直截、簡明、精確，使牠們能夠把古典的哲學家與現代『新』體系的創作者分別開來。唯物論指『客體本身』或『心外的客體』的承認；觀念和感覺是那些客體的模寫或影像。反對的學說（唯心論）主張『心之外』沒有客體存在着；客體是『感覺的結合』。

這是一七一〇年，卽康德誕生前十四年寫的；然而我們的馬赫主義者自稱在『最新』哲學的基礎上發見『客體本身』的承認是康德主義感染或曲解唯物論的結果啊！馬赫主義的『新』發見顯然是他們對基本哲學趨勢的歷史非常盲昧的結果。

『物質』或『實體』的概念是無批判的舊見解的殘餘物，這個理論中存在着他們的『新』思想。你們沒有看見，馬赫和阿芬納留斯曾推進哲學的思想，曾使分析深刻，曾排斥『絕對物』、『不變的存在』、以及其他等等呢？如果你們願意以第一泉源參驗那樣的主張，那麼，你們拿柏克勒的理論比較牠們，將察見牠們都是腐浚的妄語。柏克勒斷然說道，物質是『非實體』，（第六十八節）物質是『無』。

（第八十節）他復這樣嘲笑唯物論者：『你們可以在他人使用「無」這個字的意義上使用物質這個字，如果這將似不錯的』（同書，一九六到一九七頁）。他又講，最初人們相信色和香『實際上存在着』，嗣後的這樣的見解廢棄了，承認牠們兩者只能在我們的感覺關係中存在着。但是錯誤的舊概念未能完全排除；殘餘物就是『顯然矛盾的概念，本體（Substratum）或實體』（一九五頁最），最後為僧正柏克勒在一七一〇年所曝露出來的！但在一九〇八年還有一些哲學界閒耍者熱心信奉阿芬納留斯、培蘇德（Petzoldt）、馬赫、及他們的一派，據他們這般人的見解，惟有『最新實證論』和『最新自然科學』能夠有成功地排除這些『形而上學的』概念。

這些哲學界閒耍者（他們當中有波格達諾夫）對我們讀者保證道：這種新哲學訂正那麼被駁斥的唯物論者的學說中世界的『二元化，』即存在心外的物『反映』在心之內的謬誤。上述的作家關於這個『二元化』寫下許多熱烈的文章。他們，因為健忘或愚昧，忽略這些新發見在一七一〇年已經發見了。

『我們關于這些（觀念或物——譯者）的認識很為模糊、混淆，並且因我們假定感覺的客體之兩重的存在——一是理智的、心之內的，另一個是實在的、心之外的——已走入極危險的迷途。』（第八十六節）柏克勒嘲笑這些承認能思惟不可思惟的『背謬的』見解！這個背謬的泉源『從假定物與觀念的區別生出來，並倚賴客體的假定而存在着。』（第八十七節）這個同一的泉源——在一七一〇年被柏克勒發見，又在一九〇八年被波格達諾夫發見——引起對偶像或拜物教的信仰。『物質或不能知覺的物體之存在，不僅是無神論者和宿命論者的主要柱石，並且偶像崇拜，就牠的一切各種形態說，也都奠基在同一的原理上。』（第九十四節）

在這裏我們得到從客觀世界的存在之『背謬的』學說推演出的『悖逆的』結論，這些結論逼迫僧正柏克勒不特在理論上駁斥那個學說，並且把牠的信徒當作敵人來拼命地窮追。『因為，我們曾表白過，物質或有形的實體的學說是懷疑論的主要台柱或支持物；同樣，在同一的基礎上建築了無神論和無宗教論的一切褻瀆的體系。……物質的實體在各時代對于無神論者是怎樣的好友，這可不須談述。一切他們奇怪的體系都顯明地、必然地奠基在牠之上，所以在這個基礎一旦移開時，全部建築物只有崩壞而已；這樣，我們決不值得耗費時間來特別討論無神論內各種惡劣宗教的背謬。』（第九十二節）

『物質，如從自然驅逐開去，那牠就拖帶着許多懷疑的和褻瀆的觀念，即拖帶着非常衆多的爭論和難于索解的問題（馬赫在前世紀七十年代中發見的「思惟經濟的原理」！依據一八七六年阿芬納留斯發見的最小努力的原理成立的世界思惟、哲学），這些爭論和問題是阻礙神學和哲學者前進的荆棘。

並爲人類生產許多無益的作品；所以，設使我們提出反對牠的議論，不能認爲與論證相等（據我的意見這些議論像似等于論證），然而我確信關于知識、和平、宗教方面一切友人都當然願意牠們是論證。」（第九十六節）

僧正柏克勒是如何率直地、明晰地辯論！在今日，這些同一的思想——爲『經濟』的理由從哲學把『物質』取消的思想——是以『新』術語所掩蓋的狡猾而混亂的方式表達出來。這爲的是：『平凡的』人們會把這些思想視爲最新的哲學啊！

但是柏克勒哲學傾向的公開不是他的惟一目的；他還努力於隱蔽他的唯心論的眞面目，並說明牠使無有背謬且爲『常識』所承認。他因本能地辯護自己，不接受對今日所謂主觀的唯心論和唯我論的責難，他說道：『我們沒有依據前面提出的原理奪去自然中任何一物』第三十四節）。『在那裏有自然物，並且現實與幻影間的差別仍保留他們間完全的差別；兩者均同樣存在心之內。』（第三十四節）『我對于我們能由感覺或反省認知的任何物事之存在不持反對的論調。我用眼看見的物，用手觸知的物，實際上存在着，這個事實，我一點也不懷疑。一件東西，我們否認牠的存在的，只不過是哲學家叫做的物質或有形的實體。並且在這樣的否認上，對于其餘一切將決不會誤解牠的人們（我敢這樣說），沒有加以任何損害。無神論者實在想假託一個空洞的名稱來辯護他們的侮慢。』（第三十五節）

第三十七節內柏克勒把這種思想敍述得更爲明白，他辯護他的哲學，不接受人家責難牠消滅有形的實體的議論：『如果實體這個字，就通俗的意義解釋爲可感覺的性質如廣、堅、重、等等的結合，那麽，人不能責難我們把牠取消了；如果就哲學的意義解釋爲心外的性質或偶然性之支持物，那麽，我實在承認，我取消了牠，設使可以說人們取消決沒有任何存在過的，或甚至在想像中決沒有存在過的東西。』

一個柏克勒主義的信徒，英國哲學家和唯心論者，佛雷賽爾刊行柏克勒的著作，加上他自己對牠們的註释，以『自然的唯實論』的術語稱呼柏克勒的學說（同書序文十頁）。這個奇妙的術語，絕對應該注意；因爲牠告訴我們柏克勒打算裝扮成一個唯實論者的故事。我們在此後的論述中時時要覿面着『最新實證論者』，他們施行同一的計策或詭詐。柏克勒沒有否認實在物的存在啊！柏克勒沒有反對全人類的意見啊！柏克勒僅僅駁難那些哲學家的學說，卽他們的認識論，卽以承認客觀的世界和這個世界反映在人心內做出發點的學說。自然科學常常（大半無意識地）站立在唯物論的認識論的觀點上的，柏克勒沒否認啊！『依據我們已有的心內觀念的繼起和連續之經驗（柏克勒——「純粹經驗」的哲學）（佛雷賽爾在他的序言內說：柏克勒和洛克〔Locke〕「都只陳訴於經驗，拿經驗做他們最後的試金石。」〔二七頁〕），我們常可以很有根據地豫示：在我們實行許多繼續的活動時，將影響我們的觀念；並且我們能夠正當地判斷：如果我們置身在與我們現時所置身的狀況極不相同的狀況下，將對我們出現的事變。在這裏面包含着「自然」的認識，這種認識（你們聽着啊！）可以保持牠十分與上所述一致的效用和確實性。』（第五十九節）

我們姑且把外界或自然看做是由神在我們心中喚起的『感覺的結合』！姑且承認這個見解並還不在心和人之外探求這些感覺的『根據』；這樣，我將在唯心論認識的體系中認知自然科學全部，及牠的結論的應用和確實性。爲『和平及宗教』的緣故，我的結論恰正需要那種體系。這就是柏克勒的思想。牠正確地表明唯心論哲學之本質和社會的意義，著者在後論述馬赫主義與自然科學的關係時，還要遭遇着牠。

我們現且攷察最新實證論者和批判的唯實論者，尤謝維齊，從僧正柏克勒借來的另一個新發見。這個發見叫做『經驗批判論』。佛雷賽爾說道：『柏克勒這樣復迫到他所喜愛的「普遍的自然象徵主義」的理論』（一九〇頁）。如果這些語句沒有在一八七一年出版物中記述，那麼，人們將疑心英國哲學家和信仰主義者，佛雷賽爾，剽竊近代數理學家和物理學家潘加爾（H. Poincar'e）和俄羅斯『馬克思主義者』尤謝維齊的著作了！

說到使佛雷賽爾狂喜的柏克勒的理論，這在下文這樣說明：『觀念的結合（不要忘記觀念和物在柏克勒看來是同一的）非謂原因與結果的關係，但是指標記或符號對有表徵的物之關係（第六十五節）。所以一些物事，在協力使結果發生的原因的概念下完全不能說明，並引我們陷入大矛盾中的，當牠們祇視爲爲我們的教示（神給我們的教示——譯者）服役的標記或符號時，我們可以極自然地解釋牠們」（第六十六節）。固然，據柏克勒和佛雷賽爾的見解，只有神把這些『經驗象徵』教示我們。柏克勒理論中象徵主義之認識論的意義就是象徵主義應替代主張『以有形的原因說明物事』（第六十六節）的學說。

在因果關係的問題中有兩種哲學原理呈現在我們的面前，其一種『主張以有形的原因說明物事』。這一種原理顯然與僧正柏克勒所駁難的關於物質的背謬理論相聯結着。另一種原理把『因果關係的概念』化爲爲我們的教示（神給我們的教示）服役的『標記或符號』的概念。我們分析馬赫主義和辯證法唯物論對于這個問題的關係時，將碰見那兩種趨勢（原理——譯者）都穿上二十世紀的新裝。

再者，我們應注意，關於『現實』的問題，柏克勒因否認心之外有物存在，努力找尋一個區別『現實』與『虛構』的標準。在第三十六節他說道人心『隨意』所喚起的『觀念』，與人們由感官所知覺的觀念比較起來，是衰弱、無生氣、不堅實的；後一類觀念，因據一定的自然規律和法則印刻在他們（他們的感官——譯者）上，表現牠們自己在心之作用上比人類精神爲強，爲智。牠們這類觀念，據說，比前一類觀念，在自身中更爲富于現實性；——卽是說，牠們更爲明確，更有秩序，更富于感動力，並不是知覺牠們的心所任意虛構的。……』在別的地方（第八十四節）他努力把『現實』的概念與許多人一樣感覺的同時的知覺結合一起。例如，聖徒傳上所記水變爲酒是眞實的，這個問題，我們將如何答覆，如果坐在桌子上的一切人們看着酒、聞着酒、嘗着酒、飲着酒、並發見酒的效果，那麼，說到牠的現實性在我看來是無容疑惑的，』佛雷賽爾解釋道：『各個人所同時意識並參與的「同一的」感覺——觀念，與純粹一個個人意識的想像上的物事和情緒，是判然各別的；這在這里是認爲前者的現實性的試金石。

顯然，我們不能說柏克勒的主觀的唯心論好像忽略個別的知覺與集合的知覺的區別。反之，在這個差別上他企圖樹立現實性的標準。他因從神性對人心的作用推演出『觀念』，這樣地接近客觀的唯心論：世界不是我的表象，是創造『自然的法則』和區別『現實性多的』觀念與現實性少的觀念的法則之無上精神的原因的產物。

柏克勒在他的另一著作，錫拉斯與斐洛老的三對話（The Three Dialogues between Hylas and Philonous）裏面（一七一三年出版，）努力把他的見解特別地通俗化，這樣說明他的理論與唯物論者的理論的衝突：

『我和你們（唯物論者）一樣主張，我們既然蒙受外部的影響，我們就應該承認外部的力，即與我們自己判然各別的一個「存在」中的力。但關於這個有力的「存在」的種類，我們的見解大有差異。我以爲牠是精神，你以爲牠是物質，如是不然，那我就不知道什麽（我可以說，你也不知道什麽）第三種力。』……（第一册三三五頁）

佛雷賽爾註釋道：『這是全部問題的關鍵。據唯物論者的見解，可感覺的現象由物質的實體或未知的「第三種力」而發生；據柏克勒的見解，由合理的意志而發生；據休謨和實證論者的見解，牠們的本源絕對不知，我們只能從習慣把牠們當作事實來歸納地概括化。』

英國柏克勒主義者，佛雷賽爾，依據他的一貫的唯心論觀點，承認唯物論者恩格斯所非常明晰地辨別的哲學上根本的爭論。恩格斯在他的著作費爾巴赫論中區分哲學爲『兩大壁壘』——唯物論派與唯心論派。他比佛雷賽爾更爲深切地考察這兩類理論之很發達的和很豐富的內容，認清牠們中間這個差異點：在唯物論者看來自然是本原的，精神是從屬的；在唯心論者看來精神是本原的，自然是從屬的。在這兩派思想中間，恩格斯放置休謨和康德的信徒，這般信徒，否認認識世界的可能性，或最少否認充分認識牠的可能性；他叫他們做不可知論者。他在那本書中使用這個名詞來專指休謨的信徒（佛雷賽爾名爲不可知論者的，自稱自己爲『實證論者』的，那一般人）。但他在他的論文歷史的唯物論上，直截地論述『新康德派的不可知論者』的觀點，認新康德主義爲不可知論的一變種。（他的歷史的唯物論〔"Historical Materialism"〕，一九〇二年紐約勞動新聞公司〔Lobor News Co.〕出版，曾收錄在他的著作"Socialism, Utopian and Scientific"內，當作緒論刊行。）

我們不能就在這裏攷察那個恩格斯的非常正確而精深的議論——那個議論，馬赫主義者曾無恥地忽視牠。這個事實我們將在後面詳述。現在我們只注意到馬克思主義的術語和這個兩極端學說——一貫的唯物論者與一貫的唯心論者關於哲學上根本的論爭抱持的見解——的會合點。爲闡明這兩哲學方向（在我們此後論述中常須辯說到的），我們且簡單地攷察十八世紀採擇非柏克勒的方向的偉大哲學家所表示的見解。

休謨這樣辯論道：『人類爲自然的本能或成見所驅遣，信賴他們的感官；我們不用推理，甚或差不多在使用理性以前，就時常假定一個客觀的世界，這個世界不倚靠我們的知覺而存在，儘管我們和每種可感覺的動物都消滅了，牠還會存在着：這兩件事像似顯明的。甚至動物也被類似的見解支配着，在一切他們的思想、計劃和行動中保持着對外界客體的這種信念。……但人類這種普遍的和原始的意見，不久就爲最淺薄的哲學所摧毀，這個哲學教示我們：除映像或知覺外永遠不能有任何東西出現於我們的心，感官不過是所由輸送這些映像到心的入口，並不能使任何直接的交通產生於心與客體之間。我們看見的棹子，在我們離遠牠時，好像漸小：但實在的棹子，在我們之外獨立存在着的，沒有經歷任何變化：所以，除開映像外，沒有任何東西出現于我們的心。這些都是理性之明白的命令。人們，如一反省，將永不懷疑：在我們說這所房屋和那顆樹木時，我們所攷察的「存在」，除我們的心中知覺而外，不是任何別的東西。……心的知覺，必由與牠們縱然類似（如是可能）而實完全相異的外部的對象引起；不能從心自身的精力，或從未見、未知的精神之暗示，或從更爲我們所不知的其他原因，發生出來：這以什麼議論來證明？……這個問題將怎樣裁決？確實地用經驗裁決，好像其他性質上類同的問題用經驗裁決一樣。不過，經驗是在這裏，牠應該十分沉默。除知覺外，沒有任何東西出現於心，心恐不能得到知覺與客體結合的任何經驗。所以這樣一個結合的假定，在推理上沒有任何根據。爲着證明我們的感覺的確實性而利用最高「存在」者的確實性，這確實是走到一條極意外的循環路。……如果我們提出外部世界這個問題來討論，那麼，我們將困擾於尋求我們所可用以證明那個「存在者」的存在或牠的任何性質之論證。」David Hume: "An Essay Concerning Human under-S'anding," Essays and Treatises, （一八八二年倫敦出版 第二册一五一到一五三頁。）

他在他的著作人性論 "Treatise of Human Nature," 第四篇第二節（四九一頁，一八八二年倫敦出版）上一樣地說道：『只有一個唯一的「存在」，我將無差別地叫做客體或知覺。』休謨所謂懷疑論指對說明感覺爲物、精神等等的作用之排棄，即在一方面拒絕把知覺歸屬到外部世界，別一方面又拒絕把知覺歸屬到神性或未知的精神。休謨著作的法文譯本緒言的作者，皮龍（F.Pillon）——下文將論述，他是一個與馬赫學派有關係的哲學家——正當地說道：『照休謨的見解，主體和客體都歸約爲「種種知覺的集團」，「意識的要素、印像、觀念、等等」；惟一應注意的問題就是這些要素的團集和結合』（Psychologie de Hume. Traité de la nature Humaine. etc. ch. Renouvier 和 Pillon 翻譯，一八七八年巴黎出版，緒論十頁。）英國休謨主義者，赫胥黎（Huxley），製造了一個切適、妥當、的名詞『不可知論』，在他的著作休謨中也著力地說道：不可知論者，認『感覺』爲『本原的、不可分解的意識狀態』；但對于『以客體對人的作用或以心的創造力說明感覺的起源』這個問題答覆的時候，他沒有採取一貫的充分徹底的態度。『唯實論和唯心論同樣是「蓋然的」（probable）假說』（Thomas Huxley: "Hume," 一八七九年倫敦出版，七四頁），休謨沒有在感覺以外有所研討。『照這樣，紅和青的色，薔薇的香，都是單純的印像。……但一朵紅薔薇花給與我們複合的印像，我們能夠把牠分解爲紅色、薔薇香、和其他等等的單純印像』（六四到六五頁）。休謨承認『唯物論的態度』，也承認『唯心論的態度』（八二頁）；『知覺的集合』可由斐希特的（Fichtean）『自我』產生出來，或可以是『某個實在物』的『表現和象徵。』這是赫胥黎解釋休謨的話。

唯物論者和百科辭典派的領袖，狄戴羅（Diderot），對柏克勒這樣批評道：『哲學家只意識着自己的存在和感覺的存在，不承認任何其他東西的，就叫做唯心論者。這種狂妄的體系（唯心論的體系——譯者）依照我的見解應是「愚昧」自身的子孫。然而這種體系雖最謬誤，却最難攻擊牠：這是人類精神和哲學的恥辱。』（"Deuvres Complétes de Diderot," J. Assezat 校訂的，一八七五年巴黎出版，第一册三〇四頁。）狄戴羅，極接近現代唯物論者的見解，（論證和三段論法不足以駁倒唯物論，這不是理論上論證的問題），表明唯心論者柏克勒與感覺論者康邸拉（Condillac）兩人所提出的『前提』之類似。據他的意見，康邸拉爲避免認感覺爲認識的唯一泉源之這樣荒謬的結論，應駁難柏克勒。

狄戴羅在他的達倫博和狄戴羅的對話（Dialogue of D' Alembert and Diderot）中這樣陳述他的哲學的見解：『假設一架鋼絲琴被賦予着感覺和記憶的能力，那麽，請你告訴我，牠是不是自由重復演奏你在牠的鍵盤上演奏過的歌調呢？我們是被賦予着感覺和記憶能力的樂器。我們的感官是鍵盤，週圍的自然在這鍵盤上而鳴，鍵盤自己也在其上而鳴。依照我的意見，這就是在構造成似你和我的鋼絲琴中所發生的一切。』達倫博反駁這樣一個樂器須具有爲自己尋求食物和生產小鋼絲琴的能力。誠然，狄戴羅拿蛋做例子來回答。『這個蛋是駁倒神學的理論和地球上一切教會的東四。這個蛋是什麼？牠是一個「塊」，迄至胎種注入時是無感覺的；這個胎種注入後，牠又是怎樣？牠是一個無感覺的塊，因爲這個胎種也僅是一個單純的、不靈活的流動體。這個塊怎樣重被組織，怎樣開始感覺，怎樣開始生活呢？這是由于熱。什麼產生熱？運動。……從卵孵育的動物，被賦予着一切與你的感情相同的感情，並實行你所實行的一切活動。你將與笛卡爾（Descartes）一致，主張這是一個單純的模倣機械？小孩子都要笑你，哲學家將回答道，如果這是一個機械，你也是一個機械。如果你承認你與那些動物的區別是組織上的差異，那麼，你將證明你的思想是健全的，你將是沒有錯誤的。但是從這個理論要產生出反駁你的結論；即從在一定方式下組織的、有另一惰性的物質的活動伴隨着的物質，並相繼地從熱和運動，產生出感覺、生命(受胎)、記憶、意識、情緒、思惟的能力。」狄戴維又說：「在下述兩者中只能擇其一，或者你們應承認卵中有「隱伏的要素」，在一定發展階段的瞬間以一種未知的方法貫入牠裏面，這個要素是否佔有空間，是否爲物質的，或是否任意創造的，這是未知的——這樣一種見解，與常識不相合，並引起矛盾和謬誤；或者我們應提出一個單純的假定來說明一切，即，感覺的能力是物質的一般屬性，或牠的「組織」的產物。」

達倫博回答道，這樣的假定隱認一種本質上與物質不並立的性質，這個反駁，狄戴羅答辯道：

「你不知道物的本質一般，不知道物質的本質，不知道感覺的本質時，你怎樣知道感覺的能力本質上與物質不並立呢？你多少透澈地理解運動的性質、牠在物體內的存在，以及牠從這個物體移動到那個物體呢？」

達倫博：「我不知道自然感覺或物質，但我看見感覺的能力是有單純的、不可分的性質，與可分的主體和基體(Substratum)是不一致的。」

狄戴羅：「這是「形而上學的神學的」囈語！你怎不看見，物質的一切性質和我們（我們的感官譯音）接觸的一切物質的形體，在牠們的本質上是不可分的？就礙性說，不能有高度或低度。然而球體可分為兩半，但球性的半分是沒有的。……你是一個物理學家，你縱然不能說明原因與結果間的關係，但在你看見一定的結果怎樣惹起的時候，你就應該承認這個結果之派生的性質。你是遵依論理的，你就不當把那個原因拿來替代這個原因，這個原因存在着並說明一切東西，那個原因是不能理解的，牠與結果的關聯難于把捉，牠引出無數的困難而沒解決牠們當中一個。」

達倫博：「設使我把這個原因做出發點？」

狄戴羅：「宇宙間就人和動物說，都只有一個實質。手風琴從木構成的，人從肉，黃雀從肉，組織上不同的音樂家也從肉；但這個和那個都同本源，同系統，並有同一的機能和同一的目的。」

達倫博：「在你的兩個鋼絲琴間怎麼會引出音調的和諧？」

狄戴羅：『……一個有感覺能力的樂器，或一個動物，由經驗知悉在一定聲音發出後有一定結果在牠的外部伴隨着；其他類似的各感覺的樂器，或其他各動物，也由經驗知悉因供給或要求，撫愛或反目感情，日益親近或日益離遠；——一切這些結果是這樣在牠的記憶中和牠們的記憶中與一定聲音結合着。你注意在人類交涉上除聲音和動作外沒有任何東西。並且爲着辨識我的「體系」的效力，你還得注意，這個體系中存在着柏克勒提出來反對物體之「存在」的同樣不能排除的困難（無神論——譯者）。在感覺的鋼絲琴想像着牠是世界中惟一存在的鋼絲琴，宇宙的全部和諧存於牠之內的時候；有一精神錯亂的瞬間。』（同書第二册．一一四到一一八頁）

這書是在一七六九年寫的。我們簡短的歷史的研究將以牠終結。我們在分析『最新實證論』時，將屢屢遭逢着『那個有精神病的鋼絲琴』和存於人內的世界的和諧。現在我們將只斷言：『最近代的』馬赫主義者提示的論證，沒有一種，僧正柏克勒沒使用過。

這些馬赫主義者之一，伐倫體諾夫，因朦朧地覺着他的見解的錯誤，努力消滅他與柏克勒的親屬關係的痕跡，這一件事，我們且視作希奇事來注意牠；他用極滑稽的方法這樣做去。在他的著作第一百五十頁上他說道：『那些人談述馬赫時，注目着柏克勒的，他們說的是那一個柏克勒？他們所指的柏克勒，是自以爲（伐倫體諾夫欲說人以爲）是唯我論者；或主張神性之直接顯現和攝理的？一般說來（？）他們所說的柏克勒，是哲學家的僧正，激烈地攻擊無神論的，或是淵深的分析家？唯我論的、宗教的形而上學的宣傳者的柏克勒，馬赫實際上與他沒有關係。』伐倫體諾夫淆混事理；關于他擁護『淵深的分析家』和唯心論者的柏克勒來反對唯物論者的狄戴羅，不能述說出明白的理由。狄戴羅清楚地劃定根本的哲學方向間的界限。伐倫體諾夫混亂牠們，並在這樣做時以滑稽的方法安慰我們。他說道，『我們以馬赫與柏克勒的唯心論見解的親屬關係為哲學上的罪惡，即使這種事實存在着。』（一四九頁）混淆兩種不可協調的哲學的根本方向，實際上有如何『罪惡呢』？不過馬赫和阿芬納留斯的智慧全部只能是這樣的混淆。我們現將進而分析這種大智慧。

# 第一章　經驗批判論的認識論與辯證法唯物論的認識論

## 第一節　感覺和感覺的綜合

馬赫和阿芬納留斯的認識論的根本前提，只在他們的初期哲學著作中，敍述得率直、單純、明確。這些著作我們現將研討。至于他們後來對於牠們的訂正和刪除，我們在後面論究。

馬赫在一八七二年寫道，『科學的問題可劃分成三部份：

『一、表象關聯法則的確定。這是心理學。

『二、感覺（知覺）關聯法則的發見。這是物理學。

『三、感覺和表象關聯法則的明確的建立。這是心理物理學。』（Ernst Mach: "History and Root of the Principle of the Conservation of Energy," 一九一一年倫敦出版，九一頁。）

這是十分明白的。

物理學的對象是感覺間的關係，不是物或物體間（物或物體的影像是我們的感覺）的關係。一八八三年馬赫，在他的著作發展中的力學（Die Mechanik in ihrer Entwickelung）上，重述同一的思想：『感覺不是「物的象徵」。「物」，較切適地說，是「感覺的綜合」之心理的象徵，這個感覺的綜合是在相對安定性的狀態中。世界的「實在的要素」，不是物（物體），是顏色、聲音、壓力、時間、空間（我們所常叫做感覺的）。』（Ernst Mach "Die Mechanik in ihrer Entwickelung historisch Kritis.h dargestellt,"，三版，一八九七年萊蒲兹〔Leipzig〕出版，四七三頁。）

關于十二年『熟思』的產物『要素』這個字，後文論究。現在我們且注意：馬赫所明白地陳述的主張，即：物或物體是感覺的綜合；他的哲學見解與『主張感覺是物的「象徵」（說是物的影像或映像，將更爲正確些）的哲學見解』是對立的。後者的理論是哲學的唯物論。例如，恩格斯——有名的與馬克思協作的人和馬克思主義的共同創建人——不斷地、絕對地、在他的著述中談說物及其心理的影像或映像（Gedanken, Abbilder）。顯然這些心理的影像只從感覺發生出來。『哲學的馬克思主義』的根本見解，每個談說牠的人，尤其是以哲學的名稱論述牠的人，似乎當然熟知。但因我們的馬赫主義者所惹起的非常混淆，一般所知曉的，十分須要重行說明。我們翻閱反笛靈格這本書的第一段，上面寫道：『物及其心理的映像……』（Friedrich Engles: "Socialism, Utopian and Scientific,"一九〇七年芝加哥出版，〔Herrn Eugen Dühring's Umwä'zung der Wissenschaft, 作者這本大著的一部份常是在反笛靈格這個題名下被引用的——編者〕）；或翻閱哲學篇的第一段，上面寫道：『這些思惟的原則怎樣得到？（這裏的問題是關於一切認識的根本原則的。）從思惟自身呢？不是。存在的形態決不能是思惟創造的，也决非從思惟得來的；但只是從外部的世界得來的。……各原理不是研究的出發點（這在笛靈格看來是如此的。笛靈格欲做一個唯物論者，但他未能徹底地完成他的唯物論），但只是研究的結論；牠們不被應用於自然和歷史，只是從牠們兩者得來的。各原理不是指引自然和人類的；反之，牠們只在與自然和歷史一致的範圍內是正確的。這是唯物論者對於事物的惟一見解；對立的見解，即笛靈格的見解，是唯心論的。唯心論把事物完全顚倒，從思惟的世界建設現實的世界。』（五十五頁）重述起來，恩格斯到處無例外應用這個『惟一的唯物論的見解』，嚴厲地攻擊笛靈格，從唯物論稍偏倚到唯心論。人們略微注意誦讀他的著作，費爾巴赫論和反笛靈格論時；將發見他所述說的許多實例，關於物及其在人類頭腦中與在我們意識、思惟、和其他等等中的映像的。他沒有說感覺或觀念是物的『象徵』，因爲徹底的唯物論者應當用影像、肖像、或映像這些名詞來替代『象徵』那個名詞，這在我們詳論那個問題時將證明出來。然而這裏的辯論不是關於唯物論的這個定式或那個定式，但只關於與唯物論對立的唯心論，關於哲學思想上兩種方向的差異，即關於我們從物走到感覺和思想，或從感覺和思想走到物。恩格斯主張第一方向，——唯物論；馬赫擁護第二方向，——唯心論。遁辭和

唯物論與經驗批判論 二六

詭辯（我們在馬赫的後期的著作中將常常碰見着牠們），決不能隱蔽這個顯明的、不容置辯的事實，即馬赫認爲「感覺的綜合」的學說是主觀的唯心論和柏克勒主義的厭煩的重複。如果照馬赫的意見，物體分解爲『感覺的綜合』，或照柏克勒的意見爲感覺的結合；那麼，『世界是我的觀念』這個理論，就必然地從牠推演出來。從這樣一個假定出發，結局，除我自己外，斷不能推演出其他一切的存在——這就是純粹的唯我論。馬赫、阿芬納留斯、培蘇德、和他們的一派，縱然很否認唯我論；但他們如不陷入論理的矛盾中，必不能脫離牠。爲更明白地述說馬赫主義哲學的這個根本要素起見，我們將從他的著作再行引用幾段。在下文且從他的感覺的分析選取一個例子：

『我們看見物體有一個尖端S。如果我們觸着S，即，使牠與我的身體發生關係；那麼，我們便受刺傷。我們能看見S，而沒感着刺傷。但我們感着刺傷時，我們發見S在我們的皮膚上。所以眼見的尖端是恆久的核心；刺傷，按情況，幾許偶然地，附加到這個核心。因類似事變（如刺傷）屢屢出現，我們最後習于視物體的一切性質爲從恆久的核心發出的，和藉身體的媒介傳達到「自我」的「作用」；這些作用，我們叫做感覺。……』（"The Analysis of Sensations," 一九一四年芝加哥出版，一二頁）

換些話說：人們習于唯物論的見解，習于視感覺爲物、物體、或自然在我們的感官上引起的作用之結果。這個有害的——在哲學的唯心論者看來——『習慣』，人類和自然科學染到的，馬赫不喜歡牠，努力於毀滅牠。『然而由這樣的影響（這樣的習慣——譯者）這些核心全然被奪去牠們的感官的內容，並被轉變爲一單單抽象的象徵。』了不得的教授們，這是一個老調啊！這是完全重復地說，柏克勒所說，物質是一單單抽象的象徵。顯然，被轉變爲這樣的象徵的，就是馬赫；因爲他既然不承認『感官的內容』是客觀的『現實』，獨立存在於我們之外的，那麽，感官的內容就殘留着爲一『單單抽象的』自我，即一個類似『神經錯亂的鋼絲琴的自我，這個自我推想只有牠是全世界內惟一存在的東西。』如果我們的感覺之『感官的內容』不是外部的世界，那麽，除開沉湎於虛空的哲學遊戲之單單的自我外，不存在着任何東西。這個遊戲是好一個愚劣的、毫無益處的事業啊！『如果只有那個自我存在，那麽，世界組成於我們的感覺，這個主張，是正當的。在這樣的場合我們只認識感覺，感覺所從發生的（上面論述過的）核心和核心間的相互作用成爲十分無用的，多餘的。這樣一種見解只能適合於半唯實論或半哲學的批判論。』（同頁）

我們引了馬赫的反形而上學的緒言第六節全文。這全是從柏克勒剽竊來的。設使我們不把『我們感覺、我們的感覺』這個語句視爲獨創的，那麽，在這一節內沒有一點創造的思想的跡印。從那個語句可推演出這個結論，即，『世界組成于我們的感覺』。馬赫不合理地使用『我們的』這個名詞來替代

『我的』那個名詞。馬赫因『我們的』這個名詞顯示出他所責難別人的那個『半途而止』。因為『外部世界存在』這個『主張』設使是『無用的』空論，『對獨立存在及我的身體與牠的尖端間的相互作用獨立存在』這個見解設使是『無用的，多餘的』；那麼，『他人存在』這個主張還更是無用的，多餘的。這是說僅我存在，我們的同胞和外部的世界都屬于無用的『核心』的範疇。抱這樣一種見解的，不應該說『我們的』感覺；但馬赫說『我們的』感覺時，這只顯露出他自己的『半途而止的』方法。這證明他的哲學是無用和空虛的文字形成的，但他自己不相信是如此的。

下文所述就是馬赫的糊混之一明白的實例。在感覺的分析第二章第六節上，寫道：『如果我能想像，我正有感覺時，我自己或別人能用必要的化學和物理學的器具觀察我的腦髓；那麼，或將可以確知一定種類的感覺所與結合的有機體的那些過程。』（二四二頁）

然則我們的感覺與在一般有機體中、特別在我們的腦髓中、出現的特定過程結合着呢？馬赫斷然承認這是實際的情事（從自然科學的觀點說他不能不承認啊！）。但這不是關於我們的哲學家所謂無用和多餘的同一『核心及其相互作用』所提出的同一見解呢？他告訴我們物體是感覺的綜合；進而有所探求，即，視感覺為物體在我們的感官上所引起的作用之結果，在馬赫看來，是形而上學，是無用和多餘的見解，以及其他等等，——馬赫的這個主張與柏克勒的類似。但你將說，腦髓是一個物體。是論，這說腦髓也不過是一感覺的綜合。並說我（『我』也不過是一感覺的綜合）藉助于感覺的綜合感覺（動詞）感覺的綜合。好一種奇特的哲學啊！最初主張感覺為『實在的世界要素』，並在其上建設『獨創的』柏克勒主義，纔後把『感覺在有機體內與特定過程結合着』這個對立的見解秘密輸入。這些過程不是和『有機體』與外部世界間質素的變換關聯着嗎？如果有機體的感覺不表現出這個外部世界之客觀上正確的肖像，這個變換能出現嗎？

馬赫沒有對自己提出這樣煩難問題。他把自然科學的見解與柏克勒主義的斷片雜揉攏來，自然科學的見解天然站立在唯物論的認識論的觀點上。……在同節上他寫道：『有時甚至有人問「無機的」物質是否有感覺。……』這是說有機物具有感覺是無問題的嗎？這是說感覺不是什麼原始的，而是物質的一種屬性嗎？啊！是的，馬赫離脫了柏克勒主義的一切謬誤！『這個問題是當然的，如果我們從一般流行的物理觀念出發，這個觀念表示物質為無機物和有機物所從構成的直接、確然、經驗的現實。』馬赫承認，習常的和很流行的物理觀念視物質為一直接的現實，這一個現實中僅僅一亞種（有機的物質）（亞種就是一個大種中一小羣）具有感覺的明確的特質：這個有價值的承認，我們且記憶着。『在那樣的場合感覺應該在這個結構（物質的結構——譯者）中此處或彼處突然發生，不然，應該是當初就在這個基礎（結構的基礎——譯者）中存在着。從我們的觀點說，這個問題只是顛倒錯亂而已。物質在我們看來不是第一資料。較切適地說，第一資料就是要素，這些要素在已知的一定關係中彼此相聯繫時叫做感覺。』

於是第一資料就是感覺，儘管在有機物質中牠只與特定過程『結合着』！馬赫提出這樣矛盾的意見時，好像因感覺『怎樣「發生」、爲什麼「發生」』這個問題沒有解決而責難唯物論（『一般流行的物理觀念』）！這是信仰主義者及其附和者『反駁』唯物論的例子。如果不蒐集到充分的材料來解決某一問題，任何哲學能夠『解決』牠呢？在同節上馬赫自己不是說過：『這個問題（即，在有機界感覺的低級範圍是什麼範圍？）甚至在惟一特殊的場合未被解決時，牠的決定不能得到麽？』

從這個特定的問題說唯物論與馬赫主義間的差異是這樣歸屬着下面的事件。唯物論完全與自然科學一致，認物質爲本原的資料，視意識，思惟和感覺爲派生的，因在很明白的形式下感覺只與物質的最高形態（有機物）結合着。所以推測『在物質自身的結構的基礎中有類似感覺的性質（能力——譯者）存在着，是可能的。舉例說來，這個推測就是有名的德國自然科學家海克爾（Ernst Haeckel）英國生物學家摩爾干（Lloyd Morgan）和其他學者的假說，上面述過的狄戴羅的臆測且不用說。馬赫主義因持對立的唯心論的觀點，這個觀點立刻引致矛盾，因第一不問『感覺與（以特定方法組織的物質中）特定過程結合着』這個事實，把感覺認爲本原的實體；第二，『除已知的大我外尙有其他生物和一般其他感覺的綜合存在着』這個假定，在這裏把『物體是感覺的綜合』這個臆說破壞了。

後章將要論述，『要素』這個字，許多樸陋的人們認爲新發見；但實際上不過以一個無意義的、引入迷途的、術語混亂問題，這個術語與問題的解決毫無關係。全無感覺的物質與雖構成於同一原子（或電子）而却具有明白的感覺能力的物質怎樣相關聯着，這個問題，在使用那個術語後，仍然與從前一樣是尚待研究、尚待解決、的問題；所以那個術語只表明使用者的欺騙行爲。唯物論，把這個問題明白地提出，推進繼續實驗的研究，使牠的解決日有進步。馬赫主義，即混亂的唯心論之一變種，以玩弄『要素』這個字的手段，使這個問題糾結愈難解決，並把牠移開使離遠解決的正軌。

在馬赫的最後哲學著作中有一處明白地顯示出這個唯心論的惡戲。在他的著作知識與錯誤（Erkenntis und Irrtum）上他寫道：『我們從一個心理要素的感覺建築任何物理的要素，沒有任何困難；但我們甚至不能想像從今日物理學中普通的要素，即從只適用於這個特殊科學的剛性要素，質量和運動，我們如何可以構造一種心理的體驗。』（知識與錯誤，三版，一二頁。）

恩格斯非常明確地述說許多近代自然科學者的概念的剛硬性和他們的形而上學的（從馬克思主義的意義說反辯證法的）見解。我們將說明，在這一點，馬赫，因爲不能理解不知曉相對主義與辯證法的關係而陷於謬誤。但現在我們不研討牠。我們在這裏須注意馬赫的唯心論明白地顯現出來，儘管他使用淆混的、想像上新的、術語。他主張過，從感覺，即從心理的要素，建設物理的要素，沒有任何困難。事實上這樣的建設毫不困難，因爲牠們是純粹言詞的建設，是祕密輸入信仰主義的虛空的煩瑣主義。於是，在這個發見後馬赫以他的著作表達對內在論者仰慕的誠意，這無什麼希奇；內在論的信奉者，最反動的哲學上唯心論的信奉者，都服膺馬赫的學說。『最新實證論』只遲兩百年出現啊！柏克勒充分地證明過，從感覺，從『心理的要素』，除惟我論以外，不能建築任何東西啊！我們從狄戴羅所引用的實例業已多少知道這個唯物論的見解，這個見解是馬赫沒有率直地、明白地、指名爲敵人拿來與他自己的見解對比的。唯物論的眞實見解，不存在『感覺從物質運動引出，或感覺與物質運動是同一的』這個理論內，是存在『感覺是運動中物質的性質之一』這個理論內。關于這個特定的問題，恩格斯抱持着狄戴羅的見解。恩格斯反對『俗劣的』唯物論者渥特、畢齊勒爾、和摩勒哥特（Vogt, Büchner, moleschott），因他們以爲腦髓分泌思想如肝臟分泌膽汁一樣；他批評他們在這個問題上是混亂的。但馬赫把他的見解與這些唯物論者的見解對比；固然忽視了一切偉大的唯物論者——狄戴羅、費爾巴赫、馬克思和恩格斯，恰如御用哲學的一切其他御用教授忽視他們似的。

爲說明阿芬納留斯根本的和基礎的見解的特質，我們且引述他的最初獨立的哲學著作(Philosophie als denken der Welt gemäss dem Princip der Kleinsten Kraftmasses, (Prolegomena zu einer

Kritik der reine Erfahrung, 一八七六年出版）。波格達諾夫在他的經驗一元論（一九〇五年二版，第一卷十二頁脚註。）上說道，『從馬赫的見解的發展說，哲學的唯心論是牠的出發點，但阿芬納留斯的見解的特敍是從起頭牠就染上了唯實論的色彩。』波格達諾夫說這個話，因爲他相信馬赫所言（參攷"Analysis of Sensation,"三六二頁）；但這是錯了，因爲他的主張全然與事實不合。反之，阿芬納留斯的唯心論的見解在他的一八七六年的著作中顯現得非常明白，使他在一八九一年不得不承認這件事。他在人類世界概念（Der Menschliche Weltbegriff）的序上說道：『讀我最初系統的著作，據最小力量的原理之世界思惟的哲學（原文見上）等等的推測，我曾試從唯心論的觀點論究純粹經驗的批判的問題。』("Der Menschliche Weltbegriff,"一八九一年出版，緒論十一頁。）但『唯心論的磽薄』逼迫我『疑惑我從前的態度的正確』。（同書十頁）阿芬納留斯的這個出發點在哲學文獻上是一般承認的。在法國著述家當中，我將舉苦爾萊爾(Couwelaert)，他說，阿芬納留斯在他的純粹經驗批判緒論上所抱持的哲學觀點是『一元論的唯心論』的觀點(F. Van Couwelaert: L'empriocriticisme in "Revue neoscholastique,"一九〇七年二月出版，五一頁。）在德國著述家當中我將舉阿芬納留斯的弟子威利(Rudolph Willy)，他說『阿芬納留斯——在青年時代，尤其是在一八七六年他的著作中——全然在所謂認識論的唯心論的影響下。』("Rudolph Willy: gegen die Schulweisheit, Eine Kritik der Philosophie,” 一九〇五年孟琴〔München〕出版，一七二頁。）

阿芬納留斯在他的純粹經驗批判的緒論（原文見上）上曾明白地說道，『只有感覺能視爲存在的』。（德文二版十頁和六十五頁）如要否認這個緒論上的唯心論這便滑稽了。這就是阿芬納留斯如何說明他的著作第一一六節的內容。他說道，『我們承認存在是一個被賦予着感覺的實體；實體脫落，……（如你所見，在以爲沒有任何「實體」，沒有任何外部世界存在着的時候「消費的力愈少」；「這便是愈經濟的啊」！）只感覺殘留着；于是我們應該完全視存在的東西爲感覺。』

於是感覺無『實體』而存在着，思想無腦髓而存在着啊！實際上有哲學家能夠擁護這種無腦髓的哲學呢？是的，有啊！阿芬納留斯教授就是他們當中之一人。我們應在這裏略略攷察他提出來辯護這個哲學的議論，縱然一個平常人要眞切地領會牠是困難的。在同書第八十九節和第九十節阿芬納留斯辯說道：『……運動惹起感覺，這個命題，奠基在虛幻的經驗上。感覺在一種實體（腦髓）內藉其他物質條件（例如血液）的協同作用而發生，爲移轉的運動（刺激）的結果，這個推想的事實內存在着那種經驗——牠的單獨的作用是知覺。然而，這種發生自身決未被經驗着，這個事實，且不管牠；要表明「這個被認爲是移轉的運動在一種實體內所喚起的感覺」無論如何以前不存在這個實體內，最少一種經驗上的證據是必要的：所以感覺的出現祗應解釋爲在移轉的運動方面一種創造的作用。這樣處，因證明在我們現時有感覺的處所從前決沒有過何種感覺，甚至最小限度的感覺亦沒有過，我們纔能確立這個事實，這個事實從一種創造作用的意義說與其他的經驗矛盾並根本地改變我們的自然觀。但由任何經驗都不能獲得那樣的證明；反之，實體，從前沒有感覺，現在開始感覺的，對牠的狀態所持的意見不過是一種假說。並且這樣的假說不能使我們的認識單純，明白，只使我們的認識複雜、朦朧能了。

『經驗，以爲移轉的運動能在從當時以後開始感覺的實體內惹起感覺的，假設牠證明自身在詳細觀察時是虛幻的；那麼，在經驗的內容中，仍殘存着充分的經驗材料來攷核從運動關係決定的感覺之最少相對的發生。潛在的或最小限度的，或從前未出現於我們意識的感覺，現在顯似因移轉的運動解放自己，變成更發揚的，或變成更顯明的。但是這殘存着的經驗內容部份也不過是虛幻的，只有外觀的存在而已。設使我們是理想的觀察者，能夠從運動實體A追跡出去的運動，這個實體A經一序列媒介的中心移轉，達到被賦予着感覺的實體B；那麼，我們最好只會發見實體B內的感覺與進來的運動之收受同時發展，決不會發見感覺出現着爲運動的結果。』

我們打定主意引述阿芬納留斯這個反駁唯物論的全文，爲的是使讀者可以看明『最新』經驗批判的哲學玩弄的詭辯。我們將要把唯心論的柏克勒的議論拿來與波格達諾夫的唯物論的議論比較一下，這是當作對唯物論的『漢奸』波格達諾夫一種懲罰！

在過去九年前的時候波格達諾夫還是一半『自然科學的唯物論者』（卽，唯物論的認識論的信奉者，現代自然科學家最大多數本能地固持着這個唯物論），僅一半被混沌的歐斯特瓦爾德弄錯亂的時候；他寫道：『從古代到現在，意識上事實區別爲三部類，卽，感覺和觀念（表象）的領域，情緒的領域，衝動的領域，這仍是記述心理學固守着的。……外界或內界的現象，自身放置在意識內的，牠們的影像屬于第一類。……這樣一個影像叫做「感覺」，如果牠是由有相應的外界現象之感官的媒介直接引起的。』（A. Bogdanov: "The Basic Elements of the Historical Outlook on Nature,"〔俄文〕，一八九九年聖彼得堡〔St. Petersburg〕出版，二一六頁。）他離這段不遠又寫道：『感覺……在意識內發生，爲外的感官移轉的一定外部刺激的結果。』（二二二頁）不然，『感覺就是意識生活的基礎；是與外部世界直接結合着。』（二四〇頁）『在感覺過程中外部刺激的勢力（Energy）變形爲意識上的事實；這個變形在那個過程的每步出現着。』（二三三頁）並且甚至在一九〇五年波格達諾夫因歐斯特瓦爾德和馬赫厚意援助，放棄唯物論的觀點，採取唯心論的觀點時；他（因健忘病啊！）還在他的經驗一元論上寫道：『人們很知道，外部刺激的勢力在神經的末梢器官變化爲神經流之電信般的形態，但這個形態雖尚未充分加以研究，却牠沒有任何神秘性。這種勢力達到位置在所謂「下級」中樞——神

經節、脊髓、外皮下神經中樞等等——內的「神經原」』(Neurones)。（一九〇五年，二版第一卷一一八頁）

在每個唯物論者看來，在未被御用哲學引入迷途的每個科學家看來，感覺不是別的東西，只是心（意識——譯者）與外部世界的直接結合；牠是外部刺激的勢力變形為心理的（意識的——譯者）事實。這種變形，我們每人曾觀察過百萬次。唯心論的哲學不認感覺為心與外部世界的結合，只視為把心與外部世界隔離開的一張帷幕，一堵牆壁；牠不認感覺為與外部現象相對應的寫眞，只視為惟一的『實體』（存在——譯者）：這就是牠的詭辯。這個僭正柏克勒業已用濫的舊詭辯，牠的略略改變的形式，是阿芬納留斯所採取着的。我們既不知道所時常觀察的感覺與在一定方法下組織的物質結合着的條件便須承認惟有感覺是存在的。這就是阿芬納留斯的詭辯。

為敍述經驗批判論之唯心論的根本前提的特徵，我們將引用這個哲學趨勢的英、法、代表者的言論。關於這個英國人皮爾遜（Karl Pearson），馬赫明白地說道，他與他（皮爾遜）的認識論的見解一致。『首先我參攷，除術語外與我自己的說明一致的皮爾遜的說明。』（"Die Mechanik," etc.,序文九頁）皮爾遜也與馬赫一致（Karl Pearson: "The Grammar of Science." 二版，一九〇〇年倫敦刊行，三二六頁。）據皮爾遜的見解，『實在的物事』是『感官的印像』。他主張，對感官印像的界域外物事的承認是形而上學。皮爾孫不知道費爾巴赫，也不知道馬克思和恩格斯，十分決然攻擊唯物論；他的議論與上文所敍述的沒有差別。但他不欲裝扮為一個唯物論者——這個裝扮術是俄羅斯馬赫主義者的專門技能。他毫不注意這個裝扮術，……沒有為他的哲學發明新名稱，單純地認他的見解與馬赫的見解為『唯心論者』（同書三二六頁）。他直接追溯他的理論的血統到柏克勒和休謨。我們將屢察見，皮爾孫的哲學從徹底和確定兩點說，優于馬赫的哲學。

馬赫表示他與法國物理學家，尤其是杜衡（Pierre Duhem）和潘加爾一致。（"Analysie of Sensations,"四頁；參看知識與錯誤的緒論，二版）我們將在下面討論新物理學的那章內敍述這些著述家的混亂的、不徹底的、哲學見解。我們在這裏將只注意：物在潘加爾看來是『感覺的集團』。（Henri Poincare: "The Value of Science," 一九〇七年紐約出版）杜衡也抱持類似的見解。（P. Duhem: La Theorie physique son objet et sa structure" 一九〇六年出版，六頁，十頁。）

我們現將論述，馬赫和阿芬納留斯承認他們根本的見解之唯心論的特質後，怎樣在嗣後的著作中修正這些見解。

## 第二節 『世界要素的發見』

儲列齊（Zürich）大學講師，或者熱心於以馬赫主義補充馬克思的惟一德國作家，佛勒德里•亞德勒爾，在世界要素的發見這個標題下論述馬赫。（Friedrich W. Adler: "Die Entdeckung der Weltelemente,"〔對馬赫七十歲壽誕的紀念，載在一九〇八年鬥爭〔Der Kampf〕雜誌第五號，一九〇八年國際社會主義〔The International Socialist Review〕雜誌第十號上翻譯過。〕）我們應公道地詳述這個天眞的講師，並承認他曾以他的愚直盡力闡揚馬赫主義；這樣的盡力對馬赫主義害多利少。他把這個問題明白地提出來，——卽，馬赫眞正『發見世界要素』呢？如果他眞正發見，那麼，只愚昧的、思想落後的、人們從那時以來留存着爲唯物論者。不然，這個發見指示馬赫返到古舊的哲學的謬誤？

我們看見一八七二年的馬赫和一八七六年的阿芬納留斯抱持一種純粹唯心論的見解；在他們兩人看來，『現實』指的是感覺。一八八三年馬赫的力學(Science of Mechanics)出版，他在第一版序文上論及阿芬納留斯的純粹經驗批判緒論，歡迎與自己的哲學『極爲類似』的思想。他辯護這些要素，說道：『物理的科學只能在心理上豫想並描寫我們所叫做感覺的要素之混合。牠關涉着這些要素的結合的問題。假設有一個要素，如物體的溫度A，有若干別的要素，總合攏來構成火B，有我們身體的某某要素的總體，卽神經N的各要素的總體；A不僅與B結合，並還與N結合。A與B的結合是物理學的問題，A與N的結合是生理學的問題。沒有一個單獨存在；是兩個同時存在着的。我們只能暫時忽視一個。所以，過程在外觀上純粹是力學的，除顯然力學的形態外常常是生理學的。」（"Science of Mechanics"五〇七頁）在感覺的分析這本書上我們看見同一的理論：「……讀者發見「感覺」、「感覺的綜合」，這些術語，與「要素」、「要素的綜合」，那些術語，並用或代替牠們時；應記憶着：只在上述的關係和結合上，只在牠們的函數的因果關係上，要素是感覺（就是在A、B、C對K，L，M的關係上，即在「我們叫做物質世界的綜合」上，我們不僅發見我們自己的身體K，L，M……並且發見其他人們和動物為牠們「綜合等等」的部份。）在其他函數的關係上牠們同時是物理學上的客體。（"Analysis of Sensations,"一六頁）一種顏色比方說在我們攷察牠依賴牠的照耀的光源，其他顏色，溫度，空間，等等而存在的時候，是物理學上的客體。但是在我們攷察牠依賴眼的網膜（要素K，L，M，……）而存在的時候，牠是心理學上的客體，即是感覺。」（同書十七頁）

於是世界要素的發見就是：

（1）「存在」被主張為感覺。

（2）感覺叫做要素。

（3）要素區別為物理的與心理的；後者依賴人類神經和人類有機體一般而存在；前者不然。

(4)物理的要素與心理的要素之關係被主張爲同時一起存在，非彼此獨立存在着。

(5)只在一時能以忽視此方或彼方的關係。

(6)『新』理論主張爲免脫『一面』性的短處。（馬赫在感覺的分析中說道：『這些要素通常叫做感覺。但既在感覺這個名稱內留存着一面性的學說的遺跡，我們寧願簡單地如上文那樣把牠命名爲要素』〔二二頁〕。）

確然，這種理論不是一面性的。但牠是矛盾的哲學見解之最不能相關聯的混合。你以感覺出發時，你不能因使用『要素』這個術語解脫你的唯心論之理論上一面的性質。你僅把問題混亂，並在卑怯的狀態下離開你自己的理論。言詞上你排除『物理的』與『心理的』之間的對立（『自我與世界的對立，感覺（現象）與物的對立，於是消滅了，我們只須研究要素的結合。』〔同書一四頁〕）；唯物論（認物質或自然爲本原的（與唯心論（認心、意識、感覺爲本原的）的對立；實際上你立即秘密地復建這種對立，並從你的根本主張退却。因爲，要素如是感覺，你甚至剎那間都不會承認要素獨立于我們神經系統和我們意識外而存在着。但你一次承認這樣物理的客體獨立於我們的神經系統和我們的感覺外，即承認只因在我們網膜上的作用引起感覺的客體時；你可羞地拋棄你的『一面的』唯心論，接受『一面的』唯物論啊！如果顏色是依賴網膜而存在的感覺（如自然科學逼迫你承認的！）那麼，光線射在網膜之上，引起顏色的感覺。這是說獨立於我們和我們意識外存在着物質的振動，一定長度和一定速度的光波的振動，這個振動影響網膜，在我們之內惹起這種或那種顏色的感覺。這是自然科學所認爲是如此的。科學以『獨立存在于人的網膜外和人類外光波的種種長度』這類術語說明此一顏色或彼一顏色的種種感覺。物質影響我們的感官時，惹起感覺：這就是唯物論的見解。感覺依賴腦髓、神經、網膜等等、而存在，即依賴以一定方法組織的物質。物質不依賴感覺而存在。物質是有第一次的或是本原的性質。感覺、思惟、意識是以一定方法組織的物質之最高產物。這是一般唯物論的見解，特別是馬克思和恩格斯的見解。馬赫和阿芬納留斯用『要素』這個術語秘密輸入唯物論；這個術語這樣想像上對于他們的學說解脫主觀的唯心論的一面性，即爲『承認「心理的」獨立于網膜、神經和其他等等而存在』這件事，爲『承認「物理的」獨立于人類有機體外而存在』這件事，留下地步。使用要素這個術語的策略是最可鄙的詭辯；因爲唯物論者，讀馬赫和阿芬納留斯著作的，立刻要提出這個質問：『要素是什麼？』事實上，以爲一個新術語的發明將消滅主要的哲學上論戰（唯心論與唯物論兩個戰線），是太爲幼稚了。設使，如一切經驗批判論者（馬赫、阿芬納留斯、培蘇德、及其他等等）所主張（Joseph Petzoldt: "Einführung in die Philosophie der reinen Erfahurng," 一一三頁：要素在單純的不可分解爲任何別的東西的、知覺（Wahrnehmungen）之普通意義上命名爲感覺）『要素』是感覺；那麼，他們的哲學便是唯心論，這個唯心論縱然傾向於用『客觀的術語』的裝飾隱蔽牠的惟我論的眞面目。如果『要素』不是感覺，那麼，這個『新』術語沒有附麗着任何意義，他們不過誇示他們的小把戲能了。

我們舉培蘇德來做一個例子，因他的著作，如卓絕的俄羅斯經驗批判論者萊塞維齊(B.Lessevich)所說明，是經驗批判論的最完善的言論。(B. Lessevich: "What is Scientific Phibosophy（應解釋爲什麼是流行的教授的折衷的哲學？」一八九一年聖彼得堡出版，二二九和二四七頁。）他定下要素的意義爲感覺，在上文引述的著作第二卷上說道：『人們應警戒着，不要把「感覺是世界要素」這一文句內「感覺」這個術語，認爲僅指多少主觀的，並以此多少精氣的物事，這個物事這樣變化世界的通常肖像爲一幻影。』（前引的培蘇德的著作第二卷，一九〇四年出版，一二二九頁。）

人們常常說及牠們！對于自己最迫切的事情培蘇德覺着如果世界要素視爲感覺，世界便會消散，或變成幻影。善良的培蘇德想像他以『我們不當解釋感覺爲多少主觀的』這一說明救濟那個事件啊！這不是可笑的詭辯啊！那個事情會因『解釋』感覺爲感覺或因努力於擴充這個字（感覺——譯者）的意義而有變化呢？感覺在我們內與一正常地運動的神經系統結合着，這個事實，僅因那樣的言詞變換而消失啊！外部世界獨立於我們的知覺外而存在呢？如果你想不以遁辭避免那個事情，如果你很想對主觀主義和惟我論警戒着；那麼，你應防備着唯心論的根本前提；你應改變你的唯心論的方向，從外部世界走到感覺，不從感覺走到外部世界。但這還不充分；你還應棄擲『要素』這個術語包含的空虛的淆混意義，而單說顏色是物理的客體在網膜上引起的作用的結果，——這等于說感覺是物質在我們的感官上引起的作用的結果。

我們現拿阿芬納留斯來講。說到『要素』的問題，他的最後著作（"Bemerku ngen zum Begriff de Gegnestandes der Psychologie, Vierteljahrsschrift für Wissenschaftliche Philosoplie," 第十八册〔一八九四年出版〕和第十九册〔一八九五年出版〕。），從理解他的哲學說，顯似最有價値，最爲重要。在那個著作上他順便記載了一個非常明晰的表（第十八卷，四一〇頁），這表的主要部份我們摘錄如下：

要素，要素的綜合：

（1）物或物的……有形體物。

（2）思想或思想的……無形體物，記憶和空想。

拿這個摘要表與馬赫在說明『要素』後所論述的比較一下（"Analysis of Sensations," 二三九頁）：『物體不產生感覺，但要素（感覺）的綜合構成物體。』在這裏你可看見『世界要素的發見』，這個發見非除了唯心論和唯物論的一面性啊！最初馬赫斷言『要素』是全然新的，同時是物理的又是心理的，其後祕密地略略改訂一下；他主張以關于物的要素與思想的要素之『最新實證論』的學說替代唯物論者對物質（物體和物）與心（感覺、記憶、空想）間粗笨的區別。佛里日・亞德勒爾（Fritz Adler）從世界要素的發見所得極微啊！

波格達諾夫在一九〇六年回答薩列哈諾夫說道：『我不能在哲學上叫我自己做馬赫主義者。從一般哲學的概念說，我只向馬赫借用了一件東西——即，在「物理的」與「心理的」關係上經驗的要素之中性的概念，及這些特質依賴經驗的結合而存在的概念。』"Empirio-Monism," 一九〇六年聖彼得堡出版，第三卷序文四一頁）這有如一個宗教家說，『我不能認我自己爲宗教的信奉者，因爲我從牠只借用一件東西——神的信仰。』這『一件東西』，波格達諾夫從馬赫借用的，是馬赫主義的根本缺陷，即他的哲學全部的根本誤謬。波格達諾夫雖遠經驗批判論這是他自己極爲重視的事件；但是這樣的離遠實際上是次要的，牠沒有超出馬赫所讚揚的經驗批判論者與讚揚馬赫的經驗批判論者間特殊的、個人的、微細的差異的範圍以外（後章將要詳述）。所以波格達諾夫在忿恨他人把他與馬赫同視時，顯示出他未能了解根本上區別唯物論與波格達諾夫和其他馬赫主義者所共通的是什麼東西。波格達諾夫以什麼方法發展修正或改壞馬赫主義，這都是不重要的。他如何背離唯物論的學說，以此把自己陷入不可避免的混亂和唯心論的迷途，這纔是重要的。我們察見，在一八九九年他寫道『視覺對我給與的「在我面前的人的影像」是一感覺』的時候，抱持着正確的見解("The Fundamental Elements," etc, 二一六頁；比較上面所引述的。）他沒有對于他的舊日見解加以批評。他盲目地相信馬赫，並開始隨他（馬赫——譯者）之後重述經驗的『要素』，就牠們（要素——譯者）與『心理的』和『物理的』的關係說是『中性的』。他在他的經驗一元論第一卷（二版九〇頁）上寫道：『心理的經驗之要素，如最新實證哲學所確認，類似一般經驗的要素；因爲牠們與物理的經驗之要素是同一的。』或者在一九〇六年他（在第三卷序文二〇頁上）寫道：『在關涉着唯心論的範圍，是不是應說明牠是奠基在物理的經驗之要素與心理的經驗之要素或基本的感覺間同一性的承認上，在這個承認單單是明白的事實時？』

這裏有波格達諾夫的哲學上結論之眞實的源泉，他與其他馬赫主義者共分這個源泉。一個人，如認感覺與『物理的經驗之要素』（卽物理的，外部世界，物質）爲同一的，可以，並應當談說唯心論；因爲這（同一性的承認）非別的東西，只是柏克勒主義而已。在這裏找不着最新或實證哲學，或『不可爭辯的事實』的跡印。牠不過是十分舊的唯心論的詭辯。並且如有人問及波格達諾夫如何能證明『感覺與「物理的」是同一的』這個『不可爭辯的事實』；那麼，他所能得到的答覆，不過是這個永垂不朽的唯心論的歌調：即，『我僅感覺我的感覺，自我意識的供述。』(die Aussage des Selbstbewusstseins)（Avenarius: "Prolegomena," 德文二版，五六頁）或者『在我們的經驗（這個經驗證明『我們自身是「感覺的」主體〔實體——譯者〕』）中感覺對我們給與的確實比實體給與的爲多』，（同書五五頁）以及其他等等的言詞。波格達諾夫追隨馬赫，承受反動的哲學上策略，視牠爲『不可爭辯的事實；』因爲實際上一種事實被舉出或不能被舉出來駁難『主張感覺爲外部世界的映像』這個見解——這個見解是波格達諾夫一八九九年所採取的，並還是現代科學所採取的。物理學家馬赫，在他的唯心論的流浪中，誤入一條與『近代自然科學』的途徑全然相異的途徑。關于馬赫所忽視的重大事情，後文將詳爲論述。

這些事情（除歐斯特瓦爾德的影響而外），誘引波格達諾夫從自然科學的唯物論飛躍到馬赫的混亂的唯心論的，其中之一是關于經驗之獨立的系列和依存的系列的阿芬納留斯所提示的學說。波格達諾夫在他的著作經驗一元論第一卷上這樣說道：『經驗之事實，在牠們依賴一定神經系統而存在着的範圍內，形成一定的個人之心理的世界；但是在牠們從那樣一種關係之外被得到的範圍內，我們在我們之前看見物理的世界。所以阿芬納留斯說明這兩種經驗領域的特徵，視牠們爲由經驗之獨立的系列和依存的系列而構成的。』（一八頁）

在這裏發生的糾紛就是『獨立的系列』（經驗之獨立的系列——譯者）的學說是唯物論之祕密的輸入；一種哲學，主張物體是感覺的綜合，感覺與物理的『要素』是『同一的』，從牠的觀點說，那樣的輸入是不當的、任意的、折衷的。因爲，人們如果承認光源和光波獨立於人類外和人類意識外而存在着，顏色依賴光波在網膜上的作用而存在着；那麽，事實上他們必採取唯物論的態度，並以此完全破壞與『感覺的綜合』及最新實證論發見的要素和類似的囈語一致的唯心論之『不可爭辯的事實』。

那樣的糾紛就是：波格達諾夫（和其餘俄羅斯馬赫主義者）沒有細心地、充分地、研究馬赫和阿芬納留斯原來採取的唯心論的見解，去透徹地理解他們的根本思想。所以他不能察見他們隨後祕密輸入唯物論的企圖是不當的、折衷的。然而恰如在哲學文獻上一般地承認馬赫和阿芬納留斯本來採取的唯心論的見解似的；一般地也承認他們隨後的經驗一元論趨于接近唯物論、上文引證的法國著作家若威萊爾，在阿芬納留斯的純粹經驗批判緒論中看見『一元的唯心論』；在純粹經驗批判（一八八八年到一八九〇年）中看見『絕對的唯實論』，並在人類世·概念中（一八九一年）看見他（阿芬納留斯）努力于『說明』他的見解的變遷。我們注意着：這裏使用的『唯實論』這個術語，意義上與唯心論對立的。我跟從恩格斯，將使用唯物論這個術語來表示那個與唯心論對立的意義，說明牠是惟一確當的術語，特因唯實論這個術語爲實證論者和仿偟於唯物論與唯心論者間其他錯亂者流所僭稱。現在我們只須注意實證論者和苦爾萊爾已明確地看見：在純粹經驗批判緒論（一八七六年）中阿芬納留斯以爲『感覺』是唯一的實在，而『實體』——據『思惟經濟』原理！——被排除了；在純粹經驗批判中『物理的』被認爲獨立的系列（經驗之獨立的系列）之領域，而『心理的』以及感覺被認爲依存的系列之領域。

阿芬納留斯徒弟威利（R. Willy）一樣承認阿芬納留斯在一八七六年是道地唯心論者，嗣後調和『素樸唯實論』（上文引述的著作）與那個學說（唯心論——譯者）。素樸唯實論是承認外部世界獨立於心之外而存在着的人類所採取的本能的唯物主義觀點。

愛瓦爾德（Oscar Ewald），在他的著作經驗批判論的創始者的阿芬納留斯（"Richard Avenarius als Begründer des Empiriokritcismus,"一九〇五年柏林出版，六六頁）上說道：這種哲學（經驗批判論）結合互相衝突的唯心論的要素（要素這個名詞在這裏是在一般的意義上非在馬赫所指明的意義上使用着）與唯實論的（他應說『唯物論的』）要素。例如，『絕對的（攷察方法）將使素樸唯實論永垂不朽，相對的（攷察方法）將宣稱排他的唯心論永久不變。』阿芬納留斯之『絕對的攷察』與馬赫的我們身體外『要素』的結合之攷察相當，他的相對的攷察與馬赫的依存我們的身體的『要素』的結合之攷察相當。

但關于這點使我們非常感與味的就是溫德（Wundt）的見解，溫德（像上述的多數著述家一樣）自己採取混亂的唯心論的觀點。他比其他著述家更爲專心於分析經驗批判論。尤謝維齊這樣述說溫德的結論：『有趣的事件就是溫德認經驗批判論為最新式的唯物論之最科學的形態』（"Materialism and Critical Realism," 一九〇八年聖彼得堡出版，一五頁），即，這個樣式的唯物論，在『精神的』裏面看見肉體的過程之機能的（我們還願意說，據溫德的見解），站立在斯賓諾塞主義與絕對的唯物論間的。（"Ueber naiven und Kritischen Realismus" 載在一八九八年"Philosophiche Studien," 第十三卷上三三四頁）

誠然，溫德的意見是極有趣的。但若知道尤謝維齊對溫德哲學的態度，那還是更『有趣的』。這樣的態度是我們的馬赫主義者對這樣著作的態度之標準的實例。哥格（Gogol）的英雄，培德魯謝（Petrushka）發見『文字可從字母構成』這件事很有趣味。（哥格的小說死魂（Dead Souls）中的人物。培德魯謝最喜讀書，不求了解所讀書的意義。他雜亂地讀書——讀文法，讀化學，讀聖經，讀小說。他常常驚異『文字如何從字母構成』這件事。）尤謝維齊讀溫德的著作，發見『溫德非難阿芬納留斯的唯物論』這件事很『有趣味』。如果溫德錯了，那為什麼不駁擊他？如果他是對的，那為什麼不承認唯物論的學說與經驗批判論的學說對立呢？尤謝維齊發見唯心論的溫德所說『有趣味』，但馬赫主義者的他卻認為澈底地究明這個事件為徒勞無功（這或者是依從『思惟經濟』的原理……）。

這個論點是：尤謝維齊報告讀者，溫德曾非難阿芬納留斯的唯物論；卻不曾報告，溫德視經驗批判論的某方面爲唯物論，視別的方面爲唯心論，並主張兩者間的結合是人爲的結果。因此尤謝維齊錯誤地述說那個事件。這個紳士的尤謝維齊或完全不理解他所讀的，或爲卑劣的願望所驅使，想獲得溫德的稱許，他彷彿說道：『你們看，御用教授認我們爲唯物論者，不視我們爲頭腦混亂者。』

上述的溫德的論文，是一部大書（在三百頁以上），這部書根本上專在詳細分析內在論學派和經驗批判論。爲什麽溫德把這兩學派聯結一起？因他視牠們爲有極密切的近親關係；並且下面將要看見這個見解，爲馬赫、阿芬納留斯、培蘇德和內在論學派者所共同抱持，是完全正確的。溫德在上述的論文第一篇說明，內在論者指的是唯心論者、主觀主義者和信仰主義的信奉者。我們在下文將要看見，這也是十分正確的見解；但牠是以多餘的教授的博識表達出來，是以『溫德自身是唯心論者和自然神教論者』這個事實能以說明的多餘的狡智和詞句表達出來。他非難內在論學派者，不因他們固持唯心論的和信仰主義的見解，只因他們以迂曲的方法得到這些高遠的原理。溫德的論文第二、第三、兩篇專在論述經驗批判論。他十分明確地表示：經驗批判論之極重要的理論的命題——『經驗』的解釋和『原理的同位』，下節將論述牠們——依據他的意見是類似內在論者的。（"Die Empirio-kritische in Uebereinstimmung mit der immanenten Philophie annimmt,"三八二頁）阿芬納留斯的其他理論的命題是從唯物論借來的。經驗批判論 從全部看來，是『雜色的混合物』同書五七頁），在這個混合物

內『各構成部份未十分融和攏來。』（五六頁）

在阿芬納留斯馬赫的混合物裏面唯物論的破片中，溫德大率挑取關于『獨立的生命系列』的阿芬納留斯所提示的學說。他說道：如果你們從『C系統』（這是玩弄博學的新術語遊戲的偉大人物阿芬納留斯，怎樣稱謂人類頭腦或神經系統一般）出發，如果『心理的』在你們看來是腦髓的一機能；那麼，這個『C系統』是形而上學的實體，你們的學說是唯物論（同書六四頁）。許多唯心論者和不可知論者（康德主義者和休謨主義者也括在內）把唯物論者叫做形而上學者，因在他們看來唯物論者對獨立於人心外的外部世界的存在之承認等于超越可能的經驗範圍以外。關于這個術語的錯誤，我們在後文討論這個問題時，將要明述。在這裏我們須得注意：阿芬納留斯承認的『獨立的』系列（也是馬赫承認的，他以不同的言詞表達同一的思想），依據種種方向（黨派——譯者）的哲學家所一般承認的，是從唯物論擅行取用的。如果你們以『每種存在的東西是感覺』或『物體是感覺的綜合』這個假定出發；那麼，你不破壞基本的前提，『你們的』哲學全體，便不能得到這個結論，即『物理的』獨立於我們之外而存在着，感覺是以一定方法組織的物質之一機能。馬赫和阿芬納留斯在他們的哲學中把唯心論的基本前提與個別的唯物論的結論聯合攏來，正因這個理論是恩格斯所鄙視的『折衷的混雜物』之一實例。（他在他的著作發爾巴赫論結論上這樣表示過。他的這些言詞關涉着德國教授哲學一般。馬赫的祖述者，雖極欲成爲馬克思主義者，但未能透徹地理解恩格斯的這種思想的意義和內容，往往隱藏自己在這句可悲的辯解語後面：說『恩格斯尙未知道馬赫。』（佛里日・亞德勒爾）。這種見解（恩格斯不知道馬赫）根據什麼事實？根據『恩格斯沒有引述馬赫和阿芬納留斯這個事實？除這個理由外，沒有任何理由；但這個理由不充分，因爲恩格斯沒有喊叫任何折衷主義者的姓名。恩格斯不知道從一八七六年以來編輯科學的哲學季刊（a quarterlp of Scientific pbilosophy）的阿芬納留斯，這是不會有的事情。）他們只應該受這樣的鄙視。

在馬赫的最後著作知識與錯誤中，這個折衷主義特別顯著。我們業已述說馬赫在那本書上宣稱：『從感覺，即從心理的要素構成任何物理的要素，沒有什麼困難』；並還寫道：『在U範圍（環境即『我們的肉體之空間的環境』，八頁）外依存的關係是廣義的物理學的論題。』（第三二三頁）『爲保持這些關係在純粹的狀態中，必須儘可能地排除觀察者的影響，即排除那在U之內的那些要素的影響。』他開始從心理的要素構成物理的要素；而以物理的要素存在於「我們身體內」心理的要素的範圍以外這個結果終結啊！這是如何了不得的哲學啊！

再舉一例：『一個完全的氣體，一個完全的液體，一個完全的彈性體——是不存在的；物理學家知道他的擬設（完全的氣體等等）僅近似事實，並任意地把牠們單純化；他知道不能排除的偏差。』

（四一八頁）

在這裏偏差指的是什麽？什麽的偏差從什麽發生？思想（物理學的理論）從事實發生？思想和觀念是什麽？觀念是『感覺的標記。』（九頁）事實是什麽？事實是『感覺的綜合』。好了，這便是說感覺的標記與感覺的綜合之偏差不能被排除了。

這一切指的是什麽？牠指的是：馬赫忘記他自己的理論，開始研攷種種物理學的問題時；他談說顯然像一個唯物論者，沒有唯心論的僻性。一切『感覺的綜合』，柏克勒派的智慧全部，都迅速地消失了。物理學家的理論證明是在我們之外和獨立于我們之外存在的物體、液體、汽體的映像。這個映像固然是近似的，但把這個近似或單純化視爲『任意的』，那便錯誤了。實際上，馬赫認感覺爲外部世界的影像，恰如（在柏克勒和休謨的學生未把牠『淨化』時）自然科學全體認牠爲這樣似的。馬赫自己的理論是主觀的唯心論；在客觀性的要素被需要時，他輕易地在他的議論中插入唯物主義認識論之對立的原理。徹底的唯心論者和哲學上徹底的反動者，哈爾特滿（Eduarad Hartmann），馬赫主義者雖在他們與唯物論者的鬥爭中獲得他的同情，却他逃說馬赫的哲學見解是『素樸唯實論和絕對的幻想主義之一混合物』時，他不是全沒有看見事實的眞相。(Eduard von Hortmann;"Die Weltanschaung der modernen Physik," 一九〇二年萊蒲茲出版，二一九頁）物體是感覺的綜合等等，這個學說，是絕對的幻想主義，唯我論；因爲，依據這個學說，世界只是我的幻想，不是任何別的東西。在這裏」述說的馬赫的議論和他的若干斷片的論著中許多別的議論，都表現出所謂『素樸唯實論』的觀點，——卽自然科學家從唯物論者本能地、無意識地、取得的認識論。

阿芬納留斯和追蹤他的教授們，企圖以『原理的同位』的學說隱蔽那種混淆。我們卽將進而解剖這個學說，但我們應首先詳盡地述說對阿芬納留斯提出的唯物論方面的非難。尤謝維齊，儘管不能理解溫德的意見，却以爲牠似能引起興味；但他關于報知讀者，阿芬納留斯的最忠實的弟子和祖述者怎樣反駁那種非難，沒有十分感到興味，或者不是十分寬宏坦率的。這樣詳細的報知，爲着闡明許多事件，極爲必要；尤其是極爲必要，如果我們關切唯物論或馬克思主義的哲學，對于經驗批判論的哲學之關係的問題。並且如果馬赫主義將證明其爲唯物論與唯心論的混合物；那麼，我們須得知道．在御用的唯心論者因這種思潮（這個混合物——譯者）對唯物論讓步開始排斥牠後，牠流到什麼方向去。

阿芬納留斯的最正統的弟子，培蘇德和加斯坦仁(Carstanjen)二人，順便答覆溫德。培蘇德以驕傲的忿怒態度駁斥這樣的非難，卽侮辱一個德國教授，說他是唯物論者；他引述阿芬納留斯的純粹經驗批判緒論，以爲在這個著作內推想上曾破壞實體的概念(你們以爲如何？)！事實上，這（那個緒論——譯者）是一個很利便的學說，在人們能指明牠與純粹唯心論的著作和隨意承認的唯物論的前提皆有關係時！培蘇德說道：『確然；阿芬納留斯的粹純經驗批判與唯物論不相衝突，與對立的（與唯物論對立的——譯者）精神論的學說也不抵觸。』(J. Petzoldt: "Einführung," etc., 第一册三五一到三五二頁）這是一種什麽樣卓絕的辯護啊！這正是恩格斯所謂『可悲的折衷的混雜物』。波格達諾夫，雖不肯稱呼自己爲馬赫主義者，願意（在哲學上）做一個馬克思主義者，却追隨着培蘇德。他斷言：『經驗批判論不關涉着唯物論，不關涉着唯心論，也不關涉着「一般形而上學」("Empirio-monism"二版，第一卷二一頁)；『眞理不存在於對立的方向(唯物論與唯心論)間的「中庸」內，但只存在於牠們兩者之外。』(同書九三頁)那個在波格達諾夫看來顯現出來是眞理的東西，事實上是混淆，是唯物論與唯心論間一種無所依歸的動搖。

加斯坦仁答覆溫德說道：他極端反對『唯物論的要素嵌入純粹經驗的理論裏面。』(Fr. Carstanjen: "Der Empiriocritismus, Zugleich eine Eawiderung auf Wundts Aufsatze," 一八九八年這個雜誌"Vierteljahrsshrift für wrssenochaftliche Pbiliosopbie," 七三和七四頁）『經驗批判論在概念的內容的關係上是懷疑主義。』對馬赫主義的中立性過度地著重，這只包含着毫末的眞理；馬赫和阿芬納留斯日後對他們的原來的唯心論所實行的修正，可歸約爲對唯物論退讓一半的承認。在他們的哲學中我們沒有找到徹底的柏克勒的觀點，即『外部世界是我的感覺』；只常常發見休謨的觀點，即『在我的感覺外界有任何物事與否，這個問題，我甚至排除牠。』這樣不可知論的見解必然使他們陷入唯物論與唯心論間動搖的狀態中。

## 第三節　原理的同位和素樸唯實論

阿芬納留斯在他的著作人類世界概念中和較後在他的著作心理學對象的概念之攷察（Die Bemerkungen）中陳述原理的同位說。在後一著作中極力地說道：本書所論述與純粹經驗批判和人類世界概念所論述稍有差異，但根本上是同一的（"Bemerkungen" 一八九四年出版，第二九節）。原理同位說的主要點是『自我與環境之「相聯而不離的」同位』（卽相互的關聯）這個原理（一四六節）。他說道：『如使用哲學的言詞，人們可以講「自我」與「非我」啊！我們常常發見「此」與「彼」，我們的「自我」與「環境」是「一致的」（Immer ein Zusammengefundenes）。「所經驗的」之任何完全的記述，如不包含一個自我——「所經驗的」是這個自我的環境——之存在的意義在裏面，卽，至少如不含有記述「所經驗的」的自我之存在的意義在裏面，那便不能反映出這個環境（第一四六節）。這個自我叫做同位的中心項；環境，叫做同位的反對項。（Der menschliche Weltbegriff 八二和以下各項）

阿芬納留斯主張：依據這個學說承認所謂素樸唯實論的完全價值，卽承認一般人的通常非哲學的、素樸的、見解，一般人不關心『他自己是否存在』或『環境和外部世界是否存在』這些問題。馬赫表示他與阿芬納留斯一致，也努力於做一個擁護『素樸唯實論』者。("Analysis," etc.,五一頁)俄羅斯馬赫主義者，無例外，非常信賴馬赫和阿芬納留斯，以爲這眞是『素樸唯實論』的擁護。自我是被承認；環境也被承認。還要期待着什麼？爲着決定的最高度眞實素樸依靠着誰來擁護，我們將以幾分遠溯源頭的問題開始我們的論述。現且記敍一個哲學家與一個讀者間通俗的問答：

『讀者：物的體系之存在，對任何別的東西之存在是最先必要的條件；意識從牠（這個體系）推演出來。

『作者：你今以『專門』哲學家的精神講話……不依據人類理解力和現實的意識講話。……告訴我，並在你答覆我以前仔細想一下，你能看見在你之內或在你之外一個物獨立於你對這個物的意識之外呢？

『讀者：我充分思考後，承認你的說話。

『作者：你現從你的心坎內講話。你不應該企圖從你自己飛開去，謀理解比你所能理解的還要多，卽，你只應該努力於理解意識和物，物和意識；或更正確地說來，不應企圖把兩者分開而理解其一，但只求理解兩者的融合，卽絕對的「主觀的＝客觀的」，和「客觀的＝主觀的」，這與分離的任何一方是判然各別的。』

這是經驗批判論的原理同位說的神髓全部，是最新實證論對『素樸唯實論』之最新擁護的神髓。『相聯而不離的』原理同位的思想在這裏陳述得極爲明白，好像是人類一般見解的擁護，不是『專門哲學家』方面哲學上的曲說。這個問答偶然從主觀的唯心論之正統的代表者，斐希特所撰述的著作引用下來。這部著作在一八〇一年出版（Johann Gottlieb Fichte:"SonneklarerBericht an das crössere Publicum über das eigentliche Wesen der neusten Pbilosophie, "Werke,," 一八四五年出版，第三册三九九到四〇〇頁）。

在馬赫和阿芬納留斯的學說中，除註釋主觀的唯心論外，沒有別的東西。他們兩個超越唯物論與唯心論；從物出發進而到意識或從意識出發進而到物，揚棄兩個對立的見解；這個臆斷，是刷新的斐希特主義之空虛的意見。斐希特也推想：他『聯而不離地』結合『自我』與『環境』，心與物；他以『人不能從他自己飛開去』這個主張『解決』那個問題。換些話說，這就是重述柏克勒的論證：卽，我只感覺我的感覺；我不能承認在我的感覺外『客體本身』。各殊的說明方法——一七一〇年柏克勒用自己的說明方法，一八〇一年斐希特用自己的說明方法，或一八九二到九四年阿芬納留斯用自己的說明方法——

沒有絲毫變更主觀的唯心論之根本的哲學方向。『世界是我的感覺』；我們的『自我』『設定』（創造、產生）『非我』，物『聯而不離地』與意識結合着；我們的自我和環境之『相聯而不離的』同位是經驗批判論的同位原理；——這是在新油漆的招牌下所售賣的主觀的唯心論之同一古舊無用的貨物。

這樣一種哲學所擁護的『素樸唯實論』之引證，是極粗疎的詭辯。任何健全的人，非住居在精神病院的，或非在唯心論的哲學家的學校讀書的，所抱持的『素樸唯實論』，存在於『他信現實（世界）、環境、和環境內的物獨立於他的感覺外——獨立于他個人和他的一般同胞外——而存在着』這個事實裏面。這同一的經驗（經驗這個字非在牠的馬赫主義的意義上，而是在牠的常識的意義上使用着）在我們之內引起這個非常堅固的確信，即獨立於我們之外不僅存在着我對于高低黃硬的感覺之綜合，還存在着其他的『若干自我』（個人）；這個同一的經驗使我們確信物、現實（世界）和環境獨立於我們之外而存在着。我們的感覺，我們的意識，不過是外部世界的模像。但是，顯然，一個模像儘管不能在『模寫者』之外而存在，却所模寫的物獨立於『模寫者』之外而存在着。唯物論意識地採取人類『素樸的』信仰做牠的認識論的基礎。

上文對『原理的同位』之批評是唯物論者因有反對馬赫主義的偏見所提示出來的麼？『專門』哲學家，不僅不能責難他們偏向唯物論，並且他們還憎惡牠，還信奉這一唯心論的體系或那一唯心論的體系的——他們都以為阿芬納留斯及其徒衆所主張的原理的同位是主觀的唯心論之一種說明。譬如，溫德——他的有趣味的見解尤謝維齊未曾理解——明白地陳說：依據阿芬納留斯的學說，如不牽入一個自我或一個觀察者（記述者——譯者），便不能完全記述『所給與的』，或『所發見的』；這樣一種學說是『實際經驗的內容與對于牠不相符的省察之一混合物』。溫德說自然科學的法則和概念是從觀察得來的『抽象』之結果。『並且這樣的抽象是可能的，因據說在每個經驗的內容中有加入實行經驗的個人之必要。這樣的必要，是經驗批判論的哲學與內在論的信奉者所一致承認的，實際在經驗上是無根據的前提，從實際經驗內容與對于牠不相符的省察之一混合物發生出來的。』（上文引述的著作三三二頁）『內在論學派』的信奉者（蘇博、倫克、萊克雷、蘇皐特梭登（Schuppe, Rhemke, Leclair, Schubert-Soldern），對阿芬納留斯表示熱烈的同情，恰恰拿主體與客體間『聯而不離的』結合之同一的觀念做他們的出發點。並且溫德，在分析阿芬納留斯前，詳細地證明：內在論的哲學僅僅是柏克勒主義的變形；內在論學派的信奉者縱然很否認他們與柏克勒的親屬關係，却言詞上的差異不能對我們隱蔽着『他們的哲學學說的真正內容』，即柏克勒主義或斐希特主義。（前引論文，C節，"The Philosophy of Immanence and the Idealism of Berkeley," 三七三和三七五頁；參攷三三六和四〇七頁。"Concerning the Inevitobility of Solipism from this Standpoint" 三八一頁。）

英國著述家斯密（Norman Smith），分析阿芬納留斯的純粹經驗的哲學（Philosphie der reinen Erfahrung)時，甚至更明確地、更決定地、提出同一的批評。

『最多數讀阿芬納留斯的人類世界概念的人們，或者皆以爲：牠的批判雖足以折服讀者，却從牠的積極的理論說完全是幻想的。當我們對于他的經驗學說企圖在牠公然提出的形式上，即在眞正唯實論的形式上，解釋牠時；牠遠避一切明晰的說明：牠的意義全體似完全在否定牠所駁倒的主觀主義。我們把阿芬納留斯的專門用語翻譯爲普通文字時，我們纔發見牠的欺瞞之眞實的本源所在的地方。阿芬納留斯指導他的主力攻擊對自己的理論致命的弱點（唯心論的弱點——譯者），使讀者不注意到他的見解的缺陷。（Norman Smith:"Avenarius' Philosophy of Fure Experience," mind, 第五册，一九〇六年出版，二七到二八頁。）

『遍他的議論全部在曖昧的意義上使用經驗這個術語，這對他大有幫助。有時牠指經驗（實行經驗——譯者），有時又指所經驗的；在討論「自我」的性質時，他著重後者的意義。經驗這個術語的兩種意義和絕對的觀點與相對的觀點間他的重大的區別（我在上文攷察過阿芬納留斯的這種區別的意義）實際上一致，並且這兩種觀點在他的哲學中沒有眞正調和着。因爲，在他承認「經驗觀念上在思想中完成」這個主張（環境的充分模寫觀念上在觀察的自我之思想中完成）爲正當的時候，他表示出他不能把這樣的承認與「除在自我的關係上而外沒有任何東西存在着」這個斷定妥善地結合攏來。一定的現實，從物質的物體分解爲人類感覺不能捉摸的要素（自然科學發見的各物質的要素，原子、電子等等，不是馬赫和阿芬納留斯發明的假構的各要素），或從追溯地球到地球上沒有人類存在的時代發生出來的——牠的觀念上的完成，嚴密地說來，不是「經驗」的完成，僅僅是「所經驗的」的完成。牠只完成阿芬納留斯所主張爲不可分離的兩方面當中一方面。牠不僅引導我們到所未曾經驗的，並還到我們這樣的存在物所決不能經驗的。但在這裏經驗這個用語的曖昧意義援救阿芬納留斯。他辯說，思想和感官知覺同是眞正「經驗」的形態；結局他藉助於主觀的唯心論的陳腐議論——即因現實只能在思想中理解因思想含有思想者的存在意義，思想與現實是不可分離的。所以阿芬納留斯的積極的思辨之最後結果不是任何獨創的、精深的、唯實論之再與，只是主觀的唯心論之通常的見解在最粗陋的形態下重行述說。』（前引書二九頁）

阿芬納留斯重複地常說斐希特的錯誤，他的欺瞞在這裏充分地顯露出來。我們進而推究具體的問題時，立刻發見用經驗這個術語想像上揚棄唯物論（斯密錯用唯實論這個名詞）與唯心論間的對立是荒誕無稽的。這些具體問題之一是地球在人類和任何有知覺的生物出現以前存在着的問題。在這裏我們要注意：不特反對了他的學說的斯密，並且內在論學派的信奉者，曾熱烈地歡迎人類世界概念的出版視爲對素樸唯實論予以確證的蘇博，都揭開了阿芬納留斯及及虛構的『唯實論』之假面具。（參看蘇博給阿芬納留斯的信，載在一八九三年"Vierteljahrsschrift fur wissen schaft-liche Philosophie,"第十七卷三六五到三八八頁。）蘇博完全同意阿芬納留斯在『唯實論』這個名稱下提出的唯物論之欺瞞。他寫信給阿芬納留斯，說道：『最可敬畏的學友，「這樣的唯實論」，我常常和你一樣應得主張牠；因爲有人曲解內在論者的我爲主觀的唯心論者來反對我。……最可敬畏的學友，我的思惟的概念，完全與你的純粹經驗批判一致。』（三八四頁）『但「自我」（卽「抽象的」，斐希特派的、自我意識、與腦髓分離的思想）指示出「同位」的體系的兩項，卽「不可分」和「互相依存」。所以你欲排除的，你暗默地採取了。』（三八八頁）這是蘇博寫給阿芬納留斯的信中的言論。誰較銳厲地揭開欺瞞者阿芬納留斯的假面具，這是難指明的——斯密以直截的、明白的攻擊，或蘇博以他對阿芬納留斯的最後著作感奮的批評，這樣揭開他的假面具。哲學上蘇博的接吻不比政治上斯特魯夫和孟雪苛夫（Menshikov, M. O.）的接吻更有迷惑力。（斯特魯夫，一八七〇年降生，原來是一個馬克思主義的理論家，俄羅斯社會民主勞動黨的宣言——在一八九八年這個勞動黨大會後發佈的——的作者，後來棄掉他的馬克思主義並逐漸從自由主義走到反動的方向，從一九二五年以來在巴黎主編流亡的復辟派的雜誌；孟雪苛夫，一八五九年降生，是一個有名的作家，是俄羅斯帝政時代在聖彼得堡發行的反動的、半官式的日報

"Novoye Vremia"之一編輯。孟雪苛夫的姓名與舊俄羅斯最反動的新聞紙是同意義的。——編者）

愛瓦爾德稱讚馬赫堅决反對唯物論，並以同樣的態度論及原理的同位：『如果我們解釋中心項和反對項的相互關係爲不能回避的認識論上的必然；這麽，經驗批判論這個字，不管用好大的字母把牠寫在掛板上，却僅指對于這個與絕對唯心論毫無差別的見解之擁護。（絕對唯心論這個術語是不正確的；他應說主觀的唯心論，因爲黑格爾既然假定自然爲絕對觀念的「他在」〔Otherness〕，他的絕對唯心論與地球，自然和獨立於人類外的物理的世界之存在是調和着的。）反之，如果我們不固執着這個同位，認反對項爲有牠們的獨立性；那麽，特別是在超越的「唯實論」方面，立刻現出一般的形而上學之可能性』。（前引書五六到五七頁）

佛萊德爾蘭（Friedlander）隱藏在愛瓦爾德的姓名後，指形而上學和超絕的唯實論爲唯物論。他擁護唯心論之一變種，完全與馬赫和康德的徒弟一致，以爲唯物論是形而上學，『是從頭到尾最粗野的形而上學』。（一三四頁）

在『超越』和『唯物論是形而上學』這個見解的問題上，他是巴沙諾夫和我們的一切馬赫主義者的盟友。在這裏我們須得注意：超越唯物論和唯心論之空泛的學究的斯詐如何消滅——須得注意這個問題（唯心論和唯物論的超越——譯者）有怎樣決不融和性。『認中心項爲有獨立性』指的是（把阿芬納留斯的裝飾的文句翻譯爲通常的語言）認自然和外部世界獨立於人類意識和感覺之外。這樣一種見解是唯物論的見解。在客體與人類感覺的不可分離的關係之前提上（卽在與物體或『世界要素』——這些要素是心理的又是物理的，或原理的同位，以及其他等等——爲同一的『感覺的綜合』上）建立認識論，斷然陷入唯心論中。這是單純的、必然的眞理；這個眞理，人們能夠容易發見，如果他們在虛僞哲學的雜揉的體系下注意牠，這個哲學體系因阿芬納留斯、愛瓦爾德、蘇博和其他等等的『準精深的』術語只混亂並隱蔽問題的實况，以此使一般公衆畏怖哲學。

阿芬納留斯的理論與『素樸唯實論』的『調和』，甚至惹起他的徒弟終竟懷疑牠。例如，威利說：『阿芬納留斯信奉素樸唯實論』這樣一般的主張，應認爲附有條件的。『獨斷論的素樸唯實論，除對于「與我們感官、知覺的能力無關係的在我們之外存在的物之本體」的信仰而外，不會是任何別的東西。』(R. Willy: "Gegen die Schulweisheit," 一七〇頁。）換些話說，這個『與「素樸唯實論」眞正不假的一致』所實在建立的惟一的認識論，依據威利的見解，是唯物論。唯物論，固然，威利排斥牠。但他迫而承認：阿芬納留斯常在人類世界概念中以『一序列糾紛的、及極端人爲的和任意的、概念』恢復『經驗』的統一，卽『自我』與環境的統一（一七一頁）。人類世界概念，是阿芬納留斯最初唯心論的見解之反動，『顯明出常識上的素樸唯實論與學校哲學的認識論的唯心論間調和的性質。我不能斷言這樣一種調和終將恢復基礎經驗（威利叫牠做 G:unde fah'ung，卽基礎經驗——另一個新字啊！）的有機的統一性（一七〇頁）。

那個承認是何等有價值的承認啊！阿芬納留斯的『經驗』不能調和唯心論與唯物論。威利似乎否認『經驗』的學校哲學，打算以引起三重混亂的『基礎經驗』的哲學來替代牠。

## 第四節　自然在人類以前存在麼？

我們已論述過，這個問題（自然在人類以前存在麼？）顯似裁決馬赫和阿芬納留斯哲學的一個問題。自然科學積極地主張地球曾在人類或任何其他生物未存在或不能存在的狀態下存在着。既然有機物質是後代的現象，是久長的發展的結果；那時自不能有感覺的物質，『感覺的綜合』，以及像阿芬納留斯所欲有的，『相聯而不離地』與環境結合着的自我。物質是本原的，心、意識、感覺是一極高度發達的產物。這是唯物論者的認識論，自然科學所本能地主張的。

經驗批判論的有名的代表是否注意到他們的理論與自然科學間的矛盾，這個問題就發生了。他們實注意到，並問自己他們能以什麽論證排除牠（這個矛盾——譯者）。阿芬納留斯及其徒弟，培蘇德和威利，對這個問題的態度，從唯物論的觀點說是特別能引起興味的。

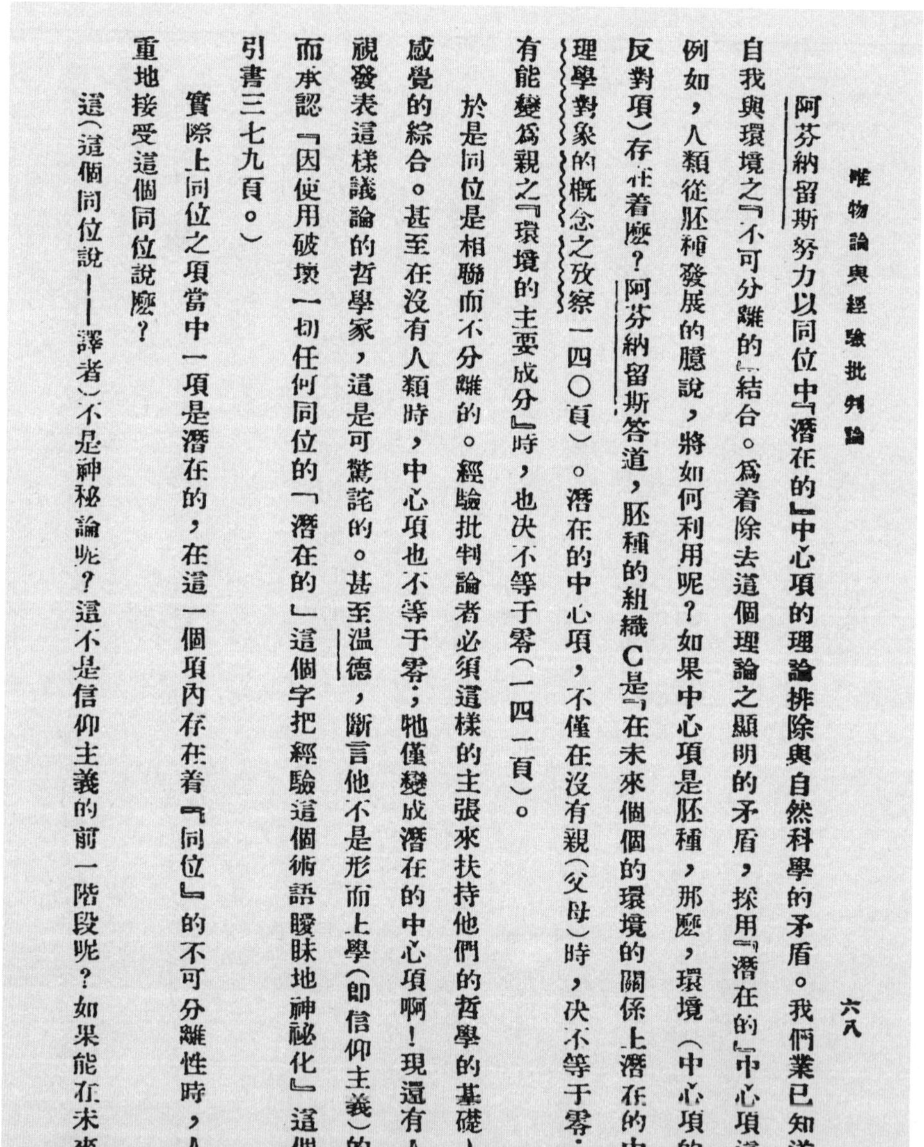


阿芬納留斯努力以同位中『潛在的』中心項的理論排除與自然科學的矛盾。我們業已知道，同位是自我與環境之『不可分離的』結合。爲着除去這個理論之顯明的矛盾，採用『潛在的』中心項這個概念。例如，人類從胚種發展的臆說，將如何利用呢？如果中心項是胚種，那麼，環境（中心項的模寫，即反對項）存在着麼？阿芬納留斯答道，胚種的組織C是『在未來個個的環境的關係上潛在的中心項』（心理學對象的概念之攷察一四〇頁）。潛在的中心項，不僅在沒有親（父母）時，決不等于零；並且在只有能變爲親之『環境的主要成分』時，也決不等于零（一四一頁）。

於是同位是相聯而不分離的。經驗批判論者必須這樣的主張來扶持他們的哲學的基礎——感覺和感覺的綜合。甚至在沒有人類時，中心項也不等于零；牠僅變成潛在的中心項啊！現還有人鄭重地注視發表這樣議論的哲學家，這是可驚詫的。甚至溫德，斷言他不是形而上學（即信仰主義）的敵人，迫而承認『因使用破壞一切任何同位的「潛在的」這個字把經驗這個術語曖昧地神祕化』這個事實（前引書三七九頁。）

實際上同位之項當中一項是潛在的，在這一個項內存在着『同位』的不可分離性時，人們能夠鄭重地接受這個同位說麼？

這（這個同位說——譯者）不是神秘論呢？這不是信仰主義的前一階段呢？如果能在未來環境的關

係上推想中心項，爲什麼不能在過去環境的關係上，卽在人死後，推想牠呢？你將答辯道，阿芬納留斯沒有從他的學說推演出這個結論。好了，但這（沒推演出這個結論——譯者）不是他的錯誤的、反動的學說的功績；因爲牠由此更加變爲卑怯。在一八九四年阿芬納留斯沒有陳明這理論全部，或者他害怕徹底地逃說牠，甚者害怕徹底地思攷牠。然而蘇卑特·棱登在一八九六年爲神學上的目的引據這個理論；在一九〇六年他贏得馬赫的讚許，馬赫說蘇卑特·棱登走到『非常接近馬赫主義的方向』（四頁）。恩格斯十分正當地攻擊顯著的無神論者笛靈格在哲學上爲信仰主義開放一道小門。他曾屢屢正當地責難唯物論者笛靈格最少在七十年代（十九世紀七十年代）推演出神學的結論。現在還有一些人們願意做馬克思主義者，却把極近信仰主義的哲學散布給大衆啊！阿芬納留斯在心理學對象的概念之攷察上寫道：『從經驗批判論的觀點說自然科學不應當質問這樣時間上前乎人類的存在之我們現在環境的時代』（一四四頁）。阿芬納留斯繼續說道，『提出這樣問題的人們，想像上必然把自己投入空間和時間中的那個問題內，自然科學家所欲知道的（儘管他們沒有明白地知道牠），根本上是：在生物或人類出現前地球和世界當如何決定呢？只是以假定自己爲觀察者來決定牠們，恰如人們藉完善的機械根據我們的地球追溯另一行星或太陽系的歷史似的。』

物不能獨立於我們的心之外而存在着。『我們將常在想像上把自己投入物或物體內，視自己爲努力于認識這個物或這個物體的睿智者。』

我在第一段上，以『最新實證論者』阿芬納留斯的言詞，在第二段上以主觀的唯心論者斐希特的言詞(J. G. Fichte: "Recension des Aenesidemus," Sämtlicbe Werke, 一七九四年出版，第一册一九頁)，說明在人類出現前『把人類意識「投入」(想像上投入)任何物或自然中的必要』這個理論。這個理論的牽強處非常顯明，人們分析牠時必感着不快。設使我們把自己投入，我們的存在依然是想像的——但是在人類出現前地球的存在是眞實的。確然，地球在灼熱狀態中的時候，人類不能去牠的實際觀察者；『想像』他在那時存在着，這是曚昧主義者的說話。這眞若我以『我能投入地獄做觀察者』這個論證證明地獄的存在一樣。經驗批判論與自然科學的『調和』可以說就是：阿芬納留斯承認自然科學所排斥的『想像上的投入』。饒歲的稍受教育的人們不會懷疑在沒有生命，沒有感覺或『中心項』時，地球存在着。所以馬赫和阿芬納留斯的全部理論是哲學的曚昧主義，是把主觀的唯心論化至荒謬怪誕，因依據牠們地球便是感覺的綜合(『物體是感覺的綜合』)，或是是『要素的綜合』——在這些要素內『心理的』和『物理的』是『同一的』，或是組織的反對項——在這個組織內中心項決不會等於零。

培蘇德察見阿芬納留斯關于這個見解陷入誤謬內，覺着可恥。他在他的著作純粹經驗哲學入門(Einführu ng in die Philosophie d.r reinen Erfahrung)(第二册)一個全節(六五節)上專討論在人類存在前地球各時代的現實性的問題。

培蘇德說道，『在阿芬納留斯的理論中自我佔有的地位與在蘇博的理論中自我佔有的地位不同（注意培蘇德曾公然並屢次宣稱：『我們的哲學樹立在阿芬納留斯、馬赫和蘇博三人之上』），但這個自我對于阿芬納留斯的理論是斷然重要的。』蘇博因說一切東西奠基在自我上曾揭開阿芬納留斯的假面具，這個事實，顯然影響培蘇德；培蘇德欲修正自己。他繼續說道：『阿芬納留斯曾說，我們能思惟人類足跡沒有到過的地方，但爲着思惟牠（環境），我們以「自我」——牠變成這個自我的思想——這個名詞所指的東西必須存在着。』（"Viertel jahrsschrift für wissenschaftliche Philosophie," 一八九四年，第十八卷，一四六頁。）

培蘇德答道：『認識論上的重要問題不是我們是否能夠思惟那樣一個地方，只是我們是否應當思惟牠是獨立于任何個人思惟之外存在着或曾存在着。』

對的！人們能思惟『投入』一切種種地獄和惡魔——魯納察斯基甚至『投入』（這是使用溫和的字眼）宗教的概念——但認識論的任務是在摘發這樣虛構的想像的非現實性、幻惑性和反動性。

『……組織C（即腦髓）對于思惟是必要的，這從阿芬納留斯的哲學和我擁護的哲學說是顯明的。……』

這話不確；一八七六年阿芬納留斯的理論是無腦髓的思惟之理論。一八九二到九四年他的理論，我們卽將敍述，這包含唯心論的謬誤的要素。

『……但是，且說，這個組織C是作爲地球第二期的存在條件？』培蘇德，紹介上文引述的阿芬納留斯的議論後，關于自然科學的目標和『投入』（想像上投入）觀察者的可能，答道：『不作爲，我們欲知道，我們是否應得想像在那個遠隔的時代地球在我想像牠昨天或一瞬間前存在着的狀態下存在着。或者，（如威利所主張）地球實際上有條件地存在着，卽我們如是應得推想最少或種組織C，不拘牠甚至是在最低發展階段，在那個遠隔的時代與地球共同存在着，那麼，地球纔存在着？』（關于威利的這種思想，我們卽將論述。）

『阿芬納留斯辯道，提出這個質問的人不能使自己與自己的思想分離（卽不能想像自己不存在），不然，他便不能避免想像上投入自己在那個境勢中；以此囘避，威利奇異的推論。（"Der menschliche Weltbegribf,"一三〇頁）但阿芬納留斯于是把人——他提出關于這樣的自我之質向——之個人的自我不僅作爲思惟可棲止的地球之單純活動的條件，並且作爲我們應得思惟地球在那個時代存在的條件。

『如果我們在理論上不把自我放置在這樣重要的地位，那麼，這些邪路都容易避開。如果把關于時間上、空間上的「遠隔」之各種見解攷察一下，那麽，認識論所要求的惟一的東西是思惟須明白，須單一地決定的；其餘一切是特殊科學的事務。』（第二册三二五頁）

培蘇德轉化因果律的法則爲單一決定性的法則；並且如下面所論述，把這樣法則的先驗性引入他的理論內。這卽是說培蘇德藉助于康德的觀念從阿芬納留斯的主觀的唯心論和唯我論（他——阿芬納留斯——以教授的術語把自我放在非常重要的地位）拯救出自己。在阿芬納留斯的學說中客觀要素的缺乏，這個學說與說明地球（客體）在生物（主體）出現前很久業已存在着的自然科學的主張不能調和，兩者逼迫培蘇德求助于因果性（單一決定性）。培蘇德說，地球曾存在着，因爲人類出現前牠的存在因果上與牠的現在存在聯結着。但第一，因果性這個概念從那裏生出來？培蘇德說，牠是先驗的。第二，地獄、惡魔、和魯納察斯基的『投入』這些概念也是因果上聯結着？第三，『感覺的綜合』的理論無論如何證明自己曾被培蘇德打倒。培蘇德不能消滅（解決）他在阿芬納留斯的學說中發見的矛盾甚至使自己益更混亂；因爲只單單能有一種解決的途徑——卽承認我們所模寫的外部世界獨立於我們心之外而存在着的這個學說。惟有這樣唯物論者的解決眞與自然科學相適合，惟有這樣的見解能夠排除培蘇德和馬赫的因果律之唯心論的解決，這個唯心論的解決我們將特別論述。

第三個經驗批判論者威利，一八九六年第一次在一篇名爲從惟一科學的觀點攷見的經驗批判論的論文上從事解決阿芬納留斯的哲學內這個困難的問題。威利問道，在人類前世界存在，這個問題，如何說明（"Vi rteljahrsshrift fur Wissenschaftliche Philosophie," 一八九六年，第二十卷七二頁）？他又依據阿芬納留斯的見解答道，「我們把自己「投入」過去（卽置身過去來思想）」。但他又說，人們由經驗必不僅理解人類的經驗。「既然我們在一般經驗的關聯上攷察動物的生活，我們應視動物界全體——不拘牠（動物）是最下的蛆蟲——爲我們原始的同胞。」（七三到七四頁）于是地球，在人類出現前，爲着援救阿芬納留斯及其哲學之「同位」，就是職司「中心項」的機能之蛆蟲的「經驗」了！這並不奇怪，培蘇德努力辯護自己來反對一種議論，不僅是絕頂的荒謬（關于地球的觀念，彷彿與地質學家的理論相符合的，在這裏是歸屬着蛆蟲！），並還因地球非特在人類發生前且又在一般生物前存在着，甚至不能對于我們的哲學家有多大助力的！

威利在一九〇五年再行討論這個問題；這時，他未提說到蛆蟲（R. Willy: "Gegen die Schulweisheit," 一七三到七八頁）。培蘇德的「單一決定性的法則」也不能使他滿意，他在這個法則中只看見「論理的形式主義」。這個作家以他自己的培蘇德的方式說道，在人類前世界存在，這個問題，引導我們「再到常識上的「物之本體」」（卽到唯物論——誠然，這（唯物論）是怎樣可怕的東西！）。無生命的幾百萬年前地球時代是什麼意義？「時間不是物之本體？」固然，不是！（下文討論馬赫主義時詳述這點）。

那（前一問）指的是在人之外物不過是印像，卽藉助于人現在關于牠們發見的二三斷片從（人的）頭腦描繪的些須幻想。那（後一問）爲什麼不是？ 個哲學家應當恐懼生命之流？我對自己說道，『放棄一切體系的知識，利用現在的瞬間，卽你所體驗的瞬間，獨能招致幸福的瞬間。』（一七八頁）

是的！是的！不是唯物論，卽是唯我論！這是威利推究在人類出現前自然存在的問題時，所得到的主旨；儘管他使用誇大的詞句。

總述起來：我們瞧見三位經驗批判論的巫師，費盡氣力來調和他們的哲學與自然科學，修理唯我論的破碎部份。阿芬納留斯重述斐希特的議論，改換實在的世界爲幻想的世界。培蘇德離開斐希特的唯心論，走近康德的唯心論。威利在他的蛆蟲的理論失敗後，快要放棄這個問題，並違反自己的意願洩露出這個眞理——就是，『不是唯物論，卽是唯我論，不然，除開現在的瞬間，任何別的東西都不能承認。』

現在我們應對讀者表示我們俄國的馬赫主義者如何說明，解答這個問題。巴沙諾夫在他的著作馬克思主義哲學的論集（一一一頁）上說道：

『我們現在，在我們的忠實的同伴（指蒲列哈諾夫）的指導之下，走到唯我論的地獄之最後、最恐怖的區域，卽走到如蒲列哈諾夫對我們所保證，以直觀的魚龍和元始鳥所瞧見的形式描寫這個世界的「必然」威脅每種主觀的唯心論的範圍。蒲列哈諾夫說道：「我們且在思想上把自己投入只人類極遠的祖宗在地球上存在着的（地球）第二時代。於是發生「空間、時間和因果性的情勢是什麽』這個問題。在那個時候牠們是誰何的主觀的形態？牠們是魚龍的主觀的形態？誰何的心制定「自然」的法則？元始鳥的心？這些問題，康德的哲學不能解答。牠與近代不並立，是應當被排斥的。」』（"Ludwig Feuerbach," 一一七頁）

在這裏巴沙諾夫在極重要的一段文句前中斷引述蒲列哈諾夫著作的言論：即，『唯心論主張無主體便無客體。地球的歷史表示在主體存在前許久時，在有可認知的程度的意識之有機體出現前許久時，客體業已存在。……進化史證明唯物論的眞理。』

現在我們繼續引述巴沙諾夫的言論。『……但蒲列哈諾夫的「物之本體」呈示任何解答？記憶着依據蒲列哈諾夫的見解，關于物的本質我們也不能有什何觀念；我們僅知道牠們（物）的現象，牠們在我們感官上引起的作用的結果。除這個作用外我們不能模寫牠們（"Ludwig Feurebach," 一一二頁）。魚龍時代什麽感覺機關存在着？顯然，只魚龍和相似的種類的感覺機關。只魚龍的表象是物之本體的現實的、實在的現象。所以依據蒲列哈諾夫的見解．古生物學者，如欲保持「實在的」基礎，應該以魚龍直觀的見地寫地球第二時代史。結果麽，從這點說我們不能比唯我論更爲進步』。

這是一個馬赫主義者完全的議論（讀者請寬恕我們不得已引述這樣多的文句），是最典型的混亂的議論。

巴沙諾夫以爲蒲列哈諾夫曾自相矛盾。如果物之本體，除開牠在我們感官上的作用而外，沒有牠自己的任何形態；那麼，這是說在地球第二時代除開魚龍感官的『形態』而外物之本體不存在。這是唯物論者的議論。如果一個『形態』是及於感官的『物之本體』的作用之結果，難道這便是說物不獨立於任何感官之外而存在着？

然而我們且推想，巴沙諾夫未能理解蒲列哈諾夫的言詞（儘管這樣的假定，是或不必然的），這些言詞對于他頗似隱晦的。即使這樣，我們也應當質問，巴沙諾夫是否誇耀他的戲法來反對蒲列哈諾夫（馬赫主義者尊稱蒲列哈諾夫爲唯物論的惟一代表），或者他是否努力闡明關于唯物論的問題？如果蒲列哈諾夫的理論像似隱晦或矛盾，那麼，爲何巴沙諾夫不挑選其他唯物論者？因他不知道其他唯物論者？但不知與論證無涉。

如果巴沙諾夫不知道唯物論的根本原理是承認外部世界和物在我們的心之外、獨立于這個心之外而存在着；那麼，我們得到極端無知的顯著的實例。我們將不得不請讀者想起柏克勒在一七一〇年批評唯物論者，說他們承認獨立於我們的心之外而又爲我們之心所模寫的『物之本體』。固然任何人都可自由幫助柏克勒或其他哲學家來攻擊唯物論，但沒有一人應該隨便談述唯物論者，誤解或忽視他們的理論的基礎前提。如是這樣，那他便陷入不可恕的混亂中。

蒲列哈諾夫說，依據唯心論，無主體，客體不能存在；依據唯物論，客體獨立于主體之外而存在着，客體多少正確地模寫自己在感覺者的心之內：他的這些話是不是對的？如果錯了，那麽，自稱尊重馬克思主義的巴沙諾夫應指摘出蒲列哈諾夫的謬誤，並且在論述到唯物論的問題和人類出現前『自然』的狀態時應撇開他；那麽，他應攷察馬克思、恩格斯、費爾巴赫的見解。如果蒲列哈諾夫關于這個問題主張正當，或者，如果巴沙諾夫不能尋出他的錯誤；那麽，關于唯物論的最根本的概念和牠與唯心論的區別，巴沙諾夫企圖使讀者頭腦混亂，這是文字上無廉恥的行爲。說到關注這個問題的馬克思主義者，除掉蒲列哈諾夫所發的議論外，我們將引證費爾巴赫；費爾巴赫，一般知道（或者巴沙諾夫不知道？）是一個唯物論者，他影響馬克思和恩格斯，使他們從黑格爾的唯心論走到他們的唯物論的哲學。費爾巴赫在他答辯海姆（R. Haym）的書中，寫道：『自然，不是我們或我們的意識之對象的，是思辨哲學或最少唯心論之康德派的物之本體（後文將詳述我們的馬赫主義者把康德派的物之本體與唯物論者的物之本體混同一起），是無現實性的抽象物；但是使唯心論破產的也是這個同一的自然。自然科學最少在牠的現在形態下，必然地對我們表示：曾有過這樣一個時代，在這個時代各條件不適宜于人類的存在，在這個時代自然地球尚不是人眼和人心的對象，在這個時代自然內因此絕對沒有任何人類存在的形跡。唯心論者答道，這個自然的形態是你思惟的一種形態。確然，但據此不能說這個自然的形態實際決沒有存在着。蘇格拉第(Socrates)和柏拉圖（Plato）現在對于我沒有存在着，因爲現在我祇能思惟他們；然而據此不能說蘇格拉第和柏拉圖在他們的時代沒有在我們心之外存在着。』(Ludwig Feuerbach, "Säumtliche Werke," 一九〇三年斯圖加爾（Stuggart）出版，第七册五一〇頁，或者，Karl Grün "Feuerbach in seinem Briefwechsel und Nachlass. "Sowie in Seiner Philosophischen Charactern wichelung," Leipzig, 一八七四年萊蒲茲出版，四二三到四三五頁。)

這是費爾巴赫怎樣論述唯心論與唯物論關于『人類以前自然是否存在』這個問題所持的見解。阿芬納留斯的詭辯（關于『想像上投入觀察者』）被費爾巴赫所駁倒，儘管後者不知道『最新實證論』。他充分明瞭舊唯心論的詭辯。巴沙諾夫沒有陳說任何新的東西；不過重述這個唯心論的詭辯：『即，如果我曾在那裏（在人類存在前的時候曾在地球上），我會認識世界是如此這般。』（馬克思主義哲學的論集二九頁）換些話說，僅僅如使我承認人類在他沒有存在的時代能夠是觀察者——這是荒謬的，與自然科學矛盾，那麼，我能夠使我的哲學一貫。

人們從這裏可以推知關于這個論題巴沙諾夫的知識程度和他的文獻的方法。他甚至沒有提說阿芬納留斯、培蘇德和威利把握住的『難點』，他的言論非常錯誤，他對這個論題的攷察之論理的結果是：唯物論與唯我論之間沒有何等差異。他為啓迪讀者呈獻出這樣的理論！唯心論在這裏說明為『唯實論』，唯物論說明為否認物在牠們（物）對感官的作用以外存在着！好了，費爾巴赫或者不知道唯物論與唯心論間根本的差異，不然，巴沙諾夫和他的一派或者以全然新的方式制定哲學的眞理。

或者再舉伐倫體諾夫來講。注意這個非常傾心於巴沙諾夫的哲學家。（1）『柏克勒是主觀經驗和客觀經驗的相關理論之創始者』（一四八頁）。但這不是柏克勒的唯心論！這是『投入的分析』。（2）『阿芬納留斯以最唯實論的方法在牠的通常唯心論的說明之形式（？）外把理論的基礎前提定式化』（一四八頁）。顯然，這樣的玄妙只好欺哄嬰兒罷！（3）『阿芬納留斯關于認識的出發點之見解是：每一個人在一定環境中發見他自己，不然，個人與環境是假定為同一的同位之結合的、相聯而不離的（！）項。』（一四八頁）呵，非常卓絕的理論！這不是唯心論，呵，不是！因為伐倫體諾夫和巴沙諾夫超越唯心論和唯物論；客體和主體的這個『不可分離性』是『道地唯實論的概念』。（4）『沒有相應的中心項——個人——之反對項存在着，這個相反的主張是正確的？眞正不是（！），……在古代樹木青森，然而沒有人類。』（一四八頁）這是說能分離『不可分離的』！這不『充分明白』？（5）『但是從認識論的觀點說，客體本身的問題是荒謬怪誕。』（一四八頁）什麼一個問題！在沒有實行感覺的有機體時，物還是『要素的綜合』，與感覺爲同一的！（6）『內在論學派，就蘇果特·梭登和蘇博兩人說，以不能使人滿意的形態提示出這些思想（！），並陷入唯我論的困境中。』（一四九頁）在『這些思想』中沒有唯我論，並且經驗批判論固然沒有重述內在論者——在他們宣稱自己與阿芬納留斯一致時，他們說了假話——的反動的理論！

馬赫主義者的紳士們，這不是哲學；這是混雜的言詞！

## 第五節 人類藉助腦髓而思惟？

巴沙諾夫決然肯定地答覆這個問題。他說道：『如果對于蒲列哈諾夫的理論，即「意識是物質之內的（？——巴沙諾夫）狀態」，附加一句更爲滿意的制限語，如「每一心理的過程是腦髓過程的機能；」那麽，馬赫和阿芬納留斯都不會反對牠。』（『馬克思主義哲學的論集二九頁）

在鼠看來沒有比貓更強的獸。在俄羅斯馬赫主義者看來沒有比蒲列哈諾夫更好的唯物論者。蒲列哈諾夫對于『意識是物質之內的機能』這個唯物論的見解實際上是惟一的或首先的辯護者？並且如果巴沙諾夫不喜歡蒲列哈諾夫的唯物論的公式，爲什麽他注目蒲列哈諾夫，不注目恩格斯或費爾巴赫？單單因馬赫主義者害怕承認眞理。他們與唯物論交戰，然而詭稱只與蒲列哈諾夫交戰。這是無原則的和卑怯的戰術。

我們且進而研考經驗批判論。巴沙諾夫說，阿芬納留斯『不會反對』『思惟是腦髓的機能』這個理論。這絕對是假話。阿芬納留斯不僅反對唯物論的理論，並且他甚至創造整個的『學說』來反對這個理論。阿芬納留斯在他的著作人類世界概念中說道：『我們的腦髓不是思惟的住所，或座位，或創造者；不是思惟的工具，或器官，或運送者，或基體。』（七六頁，——馬赫同情地引述在他的著作感覺的分析，二八頁上。）『思惟不是任何東西的住者，或主人，成半分，或一面；不是腦髓一般的產物，甚或不是腦髓一般的生理的機能或狀態。』（同頁）阿芬納留斯也決然在他的著作心理學對象的概念之攷察上說道：『表象决非腦髓的（生理的，或心理的，或「心理—生理的」）機能。』（四一九頁）感覺不是『腦髓之心理的機能。』（一一六節）

所以依據阿芬納留斯的見解，腦髓不是思惟的器官，思惟不是腦髓的機能。你讀讀恩格斯的著作，你立刻要看見恰正反對的理論——顯然唯物論的理論。恩格斯在他的著作，反笛靈格論中說道，意識和思惟是人類腦髓的產物（英文版，五六頁）。這樣的主張常在那部著作中重述。在費爾巴赫論這個著作中這樣說明費爾巴赫和恩格斯的見解：『我們所隸屬的質素的可感覺的世界是唯一的現實；我們的意識和思惟，縱然可像似超自然的，却只是質素的物體之器官卽腦髓的產物。物質不是心的產物，但心只是物質的最高產物。固然，這是純粹的唯物論。』（六四頁）（參看五三頁，關于思惟的腦髓內自然過程的反映所述的。）

阿芬納留斯駁擊這種唯物論的觀點，說道，『思惟的腦髓』是『自然科學的迷信物』。（人類世界概念七〇頁）所以，阿芬納留斯自身顯明地絕對離開自然科學。他與馬赫和一切內在論的信奉者一樣，承認自然科學無意識地擁護唯物論的見解。他承認並公然宣言，他絕對與『流行的心理學』不一致。（心理學對象的概念之考察 一五〇頁）流行的心理學陷入不可接受的『投入』（我們的哲學家發明的新術語，指思惟原來居在腦髓內，或感覺原來居在我們內。）阿芬納留斯說道，『在我們內』這一短語表明經驗批判論爭執的根本前提。『目所能見的、等等移入於人之內，是我們叫做的投入。』（第四五節一五三頁）

這個投入『原理上』排除『現實（世界）之自然的概念』，以『在我之內』這個短語代替『在我之前』（一五四頁）那個短語，視『（現實的）環境之構成部份為（觀念的）思惟之構成部份』。（同頁）『從經驗中自由地、明白地顯示自己的「非機械的」（代替「心理的」之一個新字），製造出在中樞神經系統內玄妙地潛伏着自己的或種東西』（同頁）。

在經驗批判論和內在論信奉者對『素樸唯實論』之有名的辯護中我們所覿面着的同一的欺騙，我們在這裏察見着。阿芬納留斯在這裏聽信杜介涅夫(Turgeniev)的無賴的忠告責人以自己承認的罪惡。阿芬納留斯佯及爲他與唯心論作戰：你們看在一方面普通哲學的唯心論怎樣從投入推演出來，看他說外部世界怎樣轉變爲感覺、表象等等；別一方面我擁護素樸唯實論，並認經驗的每種東西爲同一現實的，即『自我』與環境，沒有把外部世界放置在人的頭腦內。

這樣的詭辯與我們在他的有名的同位事例中察見的相同。阿芬納留斯攻擊唯實論，使讀者的注意散亂時，他擁護這個同一的唯心論，儘管是使用多少改變的語句：即思惟不是腦髓的機能，腦髓不是思惟的器官；感覺不是神經系統的作用！呵，不是；感覺是『要素』，在這一結合中是心理的，在那一結合中是物理的——儘管要素是『同一的』。阿芬納留斯藉助於混亂的、虛僞的術語，外形上表現出一種新『學說』暫時在理論上繞一個圈子，結局仍返回到他的唯心論的根本方向。

如果我們俄羅斯馬赫主義者(例如波格逵諾夫和其他)沒有注意這個欺瞞，並在實際上是對唯心論的新擁護中看見對牠(唯心論)的駁難；那麼，最少我們且回想，在專門哲學者對經驗批判論的分析中我們看見對阿芬納留斯思想的傾向冷靜的評價，在這個評價中他的思想的眞實性質在技巧的術語排除時暴露出來。

波格逵諾夫在一九〇三年這樣寫道(俄文論文集"The Psychology of Society,"上權威的思惟，一一九和以下各頁）：

『阿芬納留斯在哲學上很詳明地敍述精神與肉體的二元論的發展。他的「投入論」的本質是：我們僅直接觀察物體，只以臆測的論斷知道他人的經驗，這就是說，我們僅由間接的推論知道他人的心意。……這個臆說因「在他的肉體內出現的他人的經驗住在（投入）他的有機體中」這個假定而複雜化。這樣一種臆說不僅是多餘的，並還格外發生出許多矛盾。阿芬納留斯用系統的方法敍述這些矛盾，以此在二元論和哲學的唯心論之發展中顯示出一序列連續的歷史階段；但在這裏我們不必追跡他（「投入論利用來說明精神與肉體的二元論」。』

波格達諾夫，因相信『投入論』對抗唯心論，爲『教授的』哲學所捕虜。他眞誠地接受阿芬納留斯對投入論的評價，不注意牠（投入論）包含的對唯物論的鋩刺。投入論否認：思惟是腦髓的機能，感覺是人類中樞神經系統的機能；以此又否認，生理學的最初步的眞理來駁倒唯物論。『二元論』，在這裏以唯心論攻擊牠（儘管阿芬納留斯表面上疾恨唯心論）；因爲感覺和思惟證明爲不是從屬的現像，不是從物質派生的，是原本的實物。阿芬納留斯駁難二元論，恰如他駁難主體外客體的存在一樣。這個駁難是關於思惟外物質的存在之可能，外部世界獨立於我們感覺外而存在之可能，同一的唯心論的駁難；樹木之眼見的影像是網膜、神經和腦髓的機能，這個事實，阿芬納留斯爲確證他的理論，即在『包羅一切的』經驗中自我與樹木，主體與環境的『不可分離的』結合，必須荒謬地否認牠。

投入論是一種混亂的學說，必然祕密輸入唯心論的謬誤並與自然科學的觀點相矛盾的；自然科學主張：思惟是腦髓的機能，感覺，卽外部世界的影像，是外部物事在我們感官上引起的作用。唯物論者說明精神的存在是依賴肉體的存在，精神是第二位的，是腦髓的機能，或是外部世界的映像；以此排除精神與肉體的二元論（卽確立唯物論的一元論）。唯心論者努力於說明精神不是肉體的機能，精神是第一位的，『環境』與『自我』存在於同一的『各要素的綜合』內不可分離的結合裏面；以此排除精神與肉體的二元論（卽確立唯心論的一元論）。除開這兩種排除精神與肉體的正相反對的方法而外，如果尙有第三種的排除方法，那麼，這必一定是折衷主義，卽唯物論與唯心論的不合理的混合。阿芬納留斯的理論中還是不合理的混合在波格達諾夫和他的一派看來顯似『超越唯物論與唯心論的眞理』。

但是專門哲學者不像俄羅斯馬赫主義者那樣素樸，那樣輕信。這些專門哲學者，都是道地教授，每入眞正擁護『他的』駁難唯物論的獨特體系，或最少『他的』調停唯物論和唯心論的獨特體系。他們討論一個競爭者時，不客氣地暴露在宣傳他的爲『最新』和最『獨創的』體系中唯物論與唯心論的支離滅裂的斷片。儘管幾個年靑的智識分子飛入阿芬納留斯的網中，却溫德這個老鳥沒有被餌誘惑。唯心論者的溫德，不客氣地揭開滑稽的阿芬納留斯的假面具，順便稱讚他的投入論的反唯物論的傾向。

溫德寫道：『如果因唯物論以腦髓「有」思惟或「惹起」思惟這樣的言詞表明一種不能依據事實的觀察記述的關係（溫德顯然確認人能不藉助腦髓而思惟！）責難粗陋的唯物論；那麼，這種責難固然很有理由。』（前引論文四七到四八頁）

事實上，唯心論者常常聯合『中途而止的』「調停者阿芬納留斯和馬赫，攻擊唯物論！溫德繼續寫道：投入論』對於獨立的生命系列沒有何等關係，只人為地聯繫到牠之上』，（三六五頁）這是應該表示遺憾的。

愛瓦爾德說：『投入論不過是經驗批判論虛構的理論，用來隱蔽牠的謬誤的。』（前引書四四頁）『我們在這裏察見奇特的矛盾。在一方面，投入論的排除和自然的世界概念的恢復再對世界賦予實在的性質。別一方面經驗批判論因原理的同位的理論走向反對項與中心項的絕對相關之純唯心論的學說。照這樣，阿芬納留斯的思想在一個醜惡的循環中遙動着。他出陣而與唯心論交戰，但剛在小接觸的時候便投降唯心論。他開始欲從主體的束縛解放客體的世界，但結局把牠再束縛到主體上。他實際上在他的批判論中所破壞的，是唯心論的虛浮的外形，不是牠的認識論的眞正姿容。』（前引書六四到六五頁）

斯密說道：『阿芬納留斯在他屢屢引述的「腦髓不是思惟的座位、器官或支持者」這個說明中，

否認我們爲規定牠們(腦髓與思惟)的關係所有的唯一術語。』(前引書三〇頁)

溫德稱讚的投入論博得率直的唯心論者華爾德(James Ward)的同情(他的"Naturalism and Agnosticism," 一九〇六年倫敦出版,第二册一七一和一七二頁),這是不足怪的;華爾德對自然主義和不可知論,尤其是對赫胥黎,實行系統的攻擊。(他攻擊赫胥黎,不因赫胥黎是恩格斯所非難的不明確果決的唯物論者,是因在他的不可知論下隱藏着唯物論。)

我們現且注意英國馬赫主義者皮爾孫(Karl Pearson)沒有規避,然伴隨着的哲學上的論爭,也不承認『投入』『同位,』也不承認『世界要素的發見』,到達不可避免的馬赫主義的結果,卽純粹的主觀的唯心論。皮爾孫不知道『要素』,『感官印像』是他的唯一的用語。他不懷疑人藉助腦髓而思惟。在這個見解(獨與科學相合的)與他的哲學的出發點間的矛盾非常顯明,一切人都看得見。他極努力於反對『物質獨立於我們的感官知覺之外而存在』這個見解。(他的"The Grammar of Science,"一九〇〇年倫敦出版,第七章。)

皮爾孫重述柏克勒的一切議論,主張物質是『無』。但他在論及腦髓與思想的關係時,便直截地說道:『從與物質的機構結合的意志和意識,我們關於無那個機構的意志和意識不能推演出任何東西來。』(同書五八頁)他提出這樣的主張作爲他的相呼應的研究部份之結論:『意識離開類似我們神經系統的神經系統，沒有任何意義；主張一切物質是意識的，是非論理的（但主張物質含有本質上類似感覺之映像的性質，是論理的），主張意識或意志能獨立於物質外而存在着，更是非論理的。』（同書七五頁）

皮爾孫在這裏犯了一個大錯誤！物質除『感官和覺羣』外不是任何東西。這是他的前提，他的哲學。這是說感覺或思惟是第一位；物質是第二位。但無物質的意識不能存在，確然最少無神經系統的意識不能存在。所以意識和感覺證明是第二位的。水在地上，地在鯨魚上，鯨魚在水上。馬赫的『要素』，阿芬納留斯的『同位』和『投入』絲毫沒有減少他們立場上的困難；他們只以學究的廢話隱蔽論辯的問題的眞相。

阿芬納留斯特別發明的新術語（關於這點說一兩句就夠了）可視爲這樣的廢話之一實例。在他鑄造的許多術語中，我們尋見這樣的字，如"Notal," "Secural," "fidential,"等等。我們俄羅斯馬赫主義者遺漏許多這類教授的囈語，外形上羞避牠，但甚至把這樣的術語如"existential,"等等陳示讀者。如果素樸的人們把這些字視爲特種『生物力學』，那麼，喜愛這些『精深的』術語的德國教授自己要嘲笑阿芬納留斯。溫德在經驗批判論的煩瑣哲學的性質這一章上說道，說"Notal"（Notus指『被認識』），或說這個東西或那個東西被我認識，這絕對無分別。事實上這類新術語是最純粹，最晦澀的煩瑣哲學。

阿芬納留斯最忠實弟子之一，威利，有勇氣直認這件事。他說，『阿芬納留斯夢想生物力學，但是只能藉事實上的發見達到腦髓生活的理解，不能藉阿芬納留斯企圖達到牠的方法達到。阿芬納留斯的生物力學沒有根據任何新的觀察；牠的特著的形態是純然任意的概念構造；這樣的構造甚至沒有含有開闢新的展望途徑之臆說的性質。牠們僅僅是如城牆一樣遮蔽遠景的呆板的空論。』(R. Willy: "Gegen die Schul-weisheit," 一六九頁。固然，冬烘頭腦的培蘇德不會承認。他甘爲俗物，仍然咀嚼阿芬納留斯的『生物學的』煩瑣哲學。(第一册第二章)。)

俄羅斯馬赫主義者馬上要打扮成喜愛新裝的人們，帶上一頂歐洲資產階級的哲學家所久已丟掉的帽子。

## 第六節　馬赫和阿芬納留斯的唯我論

我們已論述過經驗批判論的哲學的出發點和根本前提是主觀的唯心論。世界是我的感覺；這個根本前提——另一方面『要素』這個字——被『獨立的系列』(獨立的生命系列——譯者)『同位』和『投入』的理論曖昧化。這個哲學的誤謬是在牠走向唯我論，承認單獨一個哲學化的個人唯一地存在着。我們俄羅斯的馬赫主義者還對讀者保證：對『唯心論，甚至對唯我論』的馬赫的非難自身是『極端的唯心論』。波格達諾夫在感覺的分析的緒論（序文一一頁）上這樣述說，其餘的馬赫主義者用許多方式重行表白。

我們已說明馬赫和阿芬納留斯防止陷入唯我論的方法，尙須再陳述一件事。關於馬赫所述說的極端主觀主義，全然在波格達諾夫方面存在着。因爲在哲學的文獻中各種方向的著作家久已摘發馬赫主義的重要罪惡，不管牠是多方掩藏着。我們只將列舉顯明出我們馬赫主義者之愚昧的『主觀主義』的各意見。我們須注意差不多一切職業化的哲學家都同情於這種或那種哲學的唯心論。以他們顯與馬克思主義者有別的眼光看來，唯心論決不可非難；他們單單注意馬赫的哲學上混雜的思想方向，以在他們看來似更一貫的他的這一唯心論體系對抗他的那一唯心論體系。

愛瓦爾德在他論述阿芬納留斯學說的著作中說道：經驗批判論的創造者有意地或無意地束縛到唯我論上。（前引書六一到六二頁）

馬赫的學生，克倫彼得(Hans Kleinpeter)，在知識和錯誤的序言上公然表示與馬赫一致，說道：『馬赫可視爲融和認識論的唯心論與自然科學的要求的人們之一（在折衷主義者看來一切東西皆可「融和」）。自然科學很可從唯我論出發，而不以牠終結。』（"Archiv für systematische Philosophie," 一九○○年出版第四册八七頁）

魯嘉（Lucka）研究馬赫的感覺的分析時，說道：『除開不多幾處誤解外，馬赫站立在純粹唯心論的基礎上。我們難于理解馬赫何以能否認他是一個柏克勒主義者。』（"Kantstudien,"一九〇三年出版，第八册四一六到一七頁）

耶魯撒冷（W. Jerrusatem）是反動的康德主義者之一，馬赫在同一的序言上表示與他一致（馬赫〔在一〇頁〕承認，在他們之間思想上存在着的親近關係比在他一九〇六年著知識和錯誤前所揣測的遠爲密切），他說道：『徹底的現象論走到唯我論。』（所以我們須從康德借用一些東西！）（"Der Kritische Idealismus und die reine Logik,"一九〇五年出版，二六頁。）

亨尼斯瓦爾(Honigswald）說道：『內在論者和經驗批判論者所能採擇的路道，非唯我論，卽斐希特謝靈(Schelling)或黑格爾代表的那種形而上學』（"Ueber die Lehra Humes von der Realität der Aussendinge,"一九〇四年出版，六八頁）

英國物理學家羅治（Oliver Lodge）在他的著作中反對唯物論者海克爾，隨手忘掉評述『皮爾孫和馬赫這樣的唯我論者』，好像他們的唯我論是周知的事實一樣。（"Life and matter,"一九〇七年出版七頁）

在英國自然科學的機關雜誌自然上幾何學家迭克孫（Oixon）對于馬赫的祖述者皮爾孫表示極決

定的意見。這樣的言論值得我們引述，不是因他的新奇，是因俄羅斯馬赫主義者幼稚地接受馬赫的哲學上的混亂，視為『自然科學的哲學』（Bogdanov: "Preface to Analysis of Sensations," 十二和以下各頁）：

『既然除感官知覺外，我們不能直接認識任何東西，所以我們說是客觀的，或在我們之外部的物及其變化只不過是感官印像羣和這些羣的連續：這個命題是全書的基礎。但皮爾孫教授承認自己的意識外，還有他人的意識的存在，他不僅在他的書中暗默地述說這些意識，並且在許多章節明白地承認牠們』。關于他人意識的存在，皮爾孫觀察他人身體的運動時，以「類似」推論。既然他人的意識是實在的，那麼，可以推斷他們在我之外存在着。『固然，一個徹底的唯心論者，主張外部的事物和他人的意識都不是實在的，只在他的想像中存在着的，我們要那樣反駁他是不可能的；但承認他人意識的實在性，就是承認我們所由知道他人意識的手段之實在性，即，如皮爾孫所明白地陳述，是人體的外貌的手段之實在性。』避開難點的路道，就是承認這個『假說』，即，客觀的實在性與我們感官印像相呼應。這個假說，充分說明我們感官印像。迭克孫繼續說道：『事實上我不能真心懷疑皮爾孫自己如任何別人一樣相信牠們（假說等等）。如果他明白地承認牠（假說），他須差不多完全重寫他的『科學規範。』（Grammar of Science）（"Nature," 一八九二年七月二十一號，二六八到六九頁）

嘲笑，戲侮！（指上面迭克孫對皮爾孫的評語）——這是科學家對于馬赫所日益熱烈信奉的唯心論的哲學之囘答。

最後，還有德國物理學家波爾崎滿（Boltzmann）的意見。（馬赫主義者或將如亞德勒爾那樣說道，他是舊派物理學家。但就現在的問題說我們不關注物理學的理論，只關注根本的哲學問題。）波爾崎滿對那些『已非常熱心信奉獨斷的新認識論的』人們說道：

『一般不相信我們從直接的感官知覺得來的概念的，曾走向與從來素樸信仰正相反對的極端見解。他們說，我們僅有感官知覺，所以不應當進一步超越牠。然而這般人如是徹底的，他們須對自己發出另一質問：即，我們經驗〔有〕我們昨天的感官知覺麽？我們直接僅『有』一感官知覺，一思想，即，現在的瞬間在我們心中的一思想或一感官知覺。一個人如要徹底，不僅須否認在自己外他人的存在，還須否認我們所已有的一切過去的表象之存在。』（Ludwig Boltzmann: "Populäre Schriften," 一九〇五年萊蒲茲出版。一三二頁；參看一六八，一七七，一八七和以下各頁。）

波爾崎滿這個物理學家正當地評述馬赫及其一派的所謂『新』『現象論的』觀點，視爲主觀的唯心論之舊荒謬的復活。

不然，那些沒『注視』唯我論是馬赫的根本錯誤的人們，便受了『自己眼睛瞎了』之害。

# 第二章　經驗批判論的認識論與辯證法唯物論的認識論(續)

## 第一節　『物之本體』或齊爾諾夫駁難恩格斯

我們的馬赫主義者詳盡地研討『物之本體』；我們如要搜集他們的一切著作，那麼，便會有成堆的印刷物。『物之本體』是波格達諾夫、伐倫體諾夫、巴沙諾夫、齊爾諾夫、白爾曼、尤謝維齊的一隻眞黑獸。他們曾盡量『強姦』『物之本體』，曾盡量潮笑牠。因這個不幸的『物之本體』他們向誰作戰呢？在這樣的場合俄維斯馬赫主義者的哲學家開始分裂爲各政黨。一切馬赫主義者，願意做馬克思主義者的，攻擊蒲列哈諾夫的『物之本體』，非難他偏向並投降康德主義，離背恩格斯。（第一種非難在第四章討論；第二種是現在討論的題目。）一個民粹派而又是馬克思主義的大仇人的齊爾諾夫，因抗辯『物之本體』，公然攻擊恩格斯。

這種對馬克思主義的公然敵意，使齊爾諾夫在文獻上比我們政治上的同志和哲學上的反對者更爲有一貫的原理。這個事實，如是承認，那便可羞，但若隱匿，那就是罪惡了。馬赫主義者，願意做馬克思主義者的，避開恩格斯，忽視費爾巴赫，糾纏蒲列哈諾夫，——這個事實，因他們不純的良心（再加上對唯物論的知識之不足？）發生出來。對恩格斯的徒弟蒲列哈諾夫的吹求不過是戲耍的、惹厭的、微末的爭辯，卑怯地謀避免直接論究教師的見解能了。這些急遽的敍述既然是在顯露馬赫主義的反動性質及馬克思和恩格斯唯物論的正確，那麽，我們將不對玩弄蒲列哈諾夫的馬赫主義者（願做馬克思主義者）有所置辯，只直接轉而論述經驗批判論者齊爾諾夫駁難的恩格斯。

在齊爾諾夫的論文集，哲學和社會的研究（這些論文，除幾篇外，都是在一九〇〇年前寫的）中有一篇論文馬克思主義與先驗哲學，開首打算比較馬克思與恩格斯，對準地攻擊後者的『素樸的獨斷的唯物論』，或『最粗雜的唯物論的獨斷論』。（二九頁，三二頁）齊爾諾夫宣稱恩格斯對康德的『物之本體』和休謨的哲學方向之研討為他的評論之『充分的』例證。我們首先述說這樣的辯論。

恩格斯在他的著作費爾巴赫論中，說明基本的的哲學方向是唯物論與唯心論。唯物論認自然為本原的，精神為從屬的；存在為第一位，思惟為第二位。唯心論抱持相反的見解。唯心論與唯物論的『各種學派』的哲學分裂為『兩大壁壘』，其間的根本差異，恩格斯視為哲學的攷察出發點，責難那些另行解釋唯心論與唯物論的人們為應負『混亂』之咎。『一切哲學，尤其是自命為新的哲學之最大的根本問題，是思惟與存在間，精神與自然間的關係之問題。』恩格斯把哲學者分為『兩大壁壘』後，更指示

『思惟與存在的關係之問題還有別一方面。關于周圍世界的我們的思想對于這個世界，站立在什麼關係上呢？我們的思惟有認識現實的世界之能力麽？我們在現實世界的觀念和表象中能造作出現實之正確的映像麽？』("Ludwig Feuerbach," 五九頁；齊爾諾夫直譯"Spiegelbild"這個字爲 Zerkalnoye otrazheniye『鏡中的映像』)，非難蒲列哈諾夫以極脆弱的形式表明恩格斯的理論；他推想他（蒲列哈諾夫）在俄文翻譯上不是翻譯Spiegelbild 是翻譯 Abbild。這眞是吹求了。德文的 Spiegelbild（『鏡中的映像』）也使用來指示 Abbild（『模像』，『肖像』）的意義。）

恩格斯說，『大多數哲學家』，不僅包括唯物論者，並且甚至包括最徹底的唯心論者，例如絕對唯心論者黑格爾也在內，『都肯定地囘答這個問題』；黑格爾認實在的世界爲『絕對觀念』的實現，這個絕對觀念在世界前存在着，人類的精神在實在的世界內能夠認識牠的表現。

『此外還有一類哲學家反對有認識世界的可能，或最少反對充分地認識世界的可能。這一類中，在近代有休謨和康德；他們在哲學的發展上演着極重要的任務。』（同書六〇頁）

齊爾諾夫引述恩格斯的這些文句時，像似很急急地要從事論爭。他對『康德』這個字這樣註釋：『在一八八八年稱呼這些哲學家，如康德，尤其是如休謨爲「近代的」，是太奇怪了。那時自然所見一般稱說可亨（H. Cohen）、郞治（Lange）、萊爾（Riehl）、納斯（Lass）、里博曼（Liebmann）、赫雲

（Hering）等等，為近代的哲學家。但「近代」哲學顯然不是恩格斯的特長。』（前引書二二三頁，脚註二〇。）

齊爾諾夫自信甚堅。在經濟和哲學的問題上他使我們回想着杜介涅夫的英雄，渥洛昔諾夫（Voroshilov）（杜介涅夫的小說，煙中一人物。渥洛昔諾夫儘管完全不知最近的科學的偉績，却喜歡談述牠來眩耀自己的學問。——編者）渥洛昔諾夫單單舉出『學者的』姓名來打倒無智識的攷次基和無智識的恩格斯呵！（列甯：“The Agarian Problem,”俄文一九〇八年聖彼得堡出版；第一編，一九五頁。）但是不幸，齊爾諾夫所舉的哲學泰斗都是恩格斯在他的著作費爾巴赫論的同頁上所視為理論上反動者述及的極新康德主義者，這般人努力於復活久已駁倒的康德和休謨學說之屍身。勇敢的齊爾諾夫不了解恩格斯欲以他的議論駁斥那些（從馬赫主義說）雖有權威而頭腦混亂的教授（可亨，等等）。

恩格斯指明，黑格爾業已『決然』攻擊休謨和康德，而費爾巴赫反對他們的議論雖不巧妙却甚深刻；後來繼續說道：

『對他們這一派，如對一切其他哲學上的狂想一樣，最有破壞力的駁論是實際的結果，即實驗和產業。如果，我們能自己實驗實際的物事，從牠的構成的要素作成牠，並又為我們自己的目的使用牠，來證明我們對牠的觀念之正確；那麼，康德的片語，『物之本體』，就不能有任何意義了。化學的物質形成植物體和動物體的，迄至有機化學一次一次地從事說明牠們時，仍然留存着為那樣的物之本體；在牠們被說明後，這個物之本體變成一個『我們所取用物』，例如茜草根內的色素丹，是，這個色素丹現不由田中的茜草根產生出來，但是從煤黑油（Coaltar）非常廉賤地，簡單地製造出來。』（前引書六〇到六一頁）

齊爾諾夫引述這個議論時，趕忙完全地毀滅可憐的恩格斯。他這樣說道：『康德主義者將不驚異我們從煤黑油能更廉賤地、簡單地製出丹來。但是如能以製出丹的方法一樣製出「物之本體」的駁論，那麼，這在事實上會證明為奇特的、未曾聞聽過的發見——並且不僅在新康德派者看來是如此的。外表上，恩格斯雖知道據康德的見解「物之本體」不是可認識的，却直接顛倒這個命題，斷言未認識的每種東西都是物之本體。』（前引書三三二頁）

馬赫主義者的先生，你的謊話應有一種限制！在公衆的面前你曲解引用恩格斯的文句，你甚至沒捉摸着討論的問題，便企圖把這些引用的文句『撕裂得粉碎』呵！

第一，恩格斯『製出「物之本體」的駁論』，這句話，不眞實。他確切地、明白地說，他反駁康德的『不可理解的』（或不可認識的）物之本體。所以齊爾諾夫先生曲解物獨立於我們心之外而存在着的唯物論見解。第二，如果康德的命題說物之本體是不可認識的，『相反的』命題將說『不可認識的是物之本體』。齊爾諾夫先生改換不可認識的為未認識的，沒有知道因這樣的改換他又僞造或曲解恩格斯所抱持的唯物論的見解呵！

那些指導齊爾諾夫的御用哲學的反動主義者迷惑着他，使他與恩格斯爭論，絲毫沒有理解他所引用的文句的意義是什麼。我們且對馬赫主義的代表說明一切這些文句所指示的意義。

恩格斯極明確地陳述，他反駁休謨和康德，但關于『不可認識的物之本體』沒有提說休謨。於是在這兩個哲學家間有何共通點呢？這個共通點就是：兩個都區別『現象』與顯現的，感覺與被感覺的，『我們所取用物』與『物之本體』。休謨不欲論述『物之本體』。他視關于牠的思想是不合理的，如一切休謨主義者和康德主義者一樣，認這樣的思想爲『形而上學』。康德承認『物之本體』的存在，但主張牠是『不可認識的』，絕對與現象相異的，屬于原理上十分不同的『彼岸』的領域，即認識不能到達的，却顯現于信仰前的『彼岸』的領域。

恩格斯駁論的主眼是什麼呢？昨天我們不知道煤黑油包含丹這個色素；今天我們知道牠包含着。我們的問題是，昨天煤黑油包含這丹麼？固然；牠昨天包含着。懷疑這件事就是輕蔑現代的科學。如果這件事是實在的，那麼，從此發生出三個重要的認識論上的結論：

(1)物獨立於我們意識外，獨立于我們感覺外，而存在着；因爲的確昨天在煤黑油內丹也存在着，的確昨天我們不知道牠(丹)，關于牠也沒有什麼感覺。

（2）現像與物之本體間絕對沒有任何區別，並且也不能有任何區別。所有的區別只是在業已知道的與尚未知道的兩者間之區別。哲學的假定，主張在此部分與彼部分——即物之本體在現象的『彼岸』（康德所教說）——間可畫一條特別的界線的；哲學的假定，以為我們應以哲學的障壁把自己與關于『存在』的形態——這此形態就此一部分或彼一部分說尚未知道卻又是在我們之外存在着的（休謨所教說）——之問題隔離開的；這兩種假定都是極虛空的狂妄的思想。

（3）就認識論說，如就其科學的其他領域說樣，我們應以辯證法的方法思惟，即，我們不應視我們的知識為已成的、不可變的，祇應研求知識如何從愚昧漸漸產生，不完全的、不正確的知識如何變成更完全的更正確的。

人類知識從愚昧漸漸發展，這個自然的見解，我們一次接受時，立將察知數百萬單純的實例，如煤黑油內丹的發見是。我們因不僅在科學和技術的歷史中，並在日常生活中，遭遇着幾百萬的事故，得以知道，藉那些遭受由外界的對象發出的射擊（即遭受外物的刺激）之感覺器官的媒介物之本體如何變化為『我們所取用物』。因這種或那種障礙的存在，外界的對象在我們感覺器官上引起的作用中絕，我們目擊『物之本體』外形上消滅時；我們達到那個變化過程的終止。從一切這些事實推演出的唯一不可避的結論，即，我們在日常生活內抽取出的結論，在『實踐的』認識論的基礎上確立着的結論，就是唯物論。唯物論的根本信仰是：在我們之外，獨立於我們之外，存在着對象、物和物體；我們的感覺是外界的影像。馬赫的反對的理論（物體是感覺的綜合）不過是純粹唯心論的囈語。齊爾諾夫，因『分析』恩格斯，暴露出他的渥洛昔諾夫的性質；從恩格斯引用的一個單純的實例對於他像似『奇怪的』『素樸的』！他雖不能區別教授的折衷的認識論與徹底的唯物論的認識論，却把誕妄的學究的空論認作眞正的哲學。

齊爾諾夫的其他的議論，要分析起來，是不可能的，不必要的；牠們不過是誇大的愚蠢的言詞（例如：他斷言在唯物論者看來一個原子是物之本體）。我們將僅注意屬于我們的題目範圍內的議論——這一議論 卽關于推測上馬克思與恩格斯的相異有人因牠混亂着。我們爭辯的問題是馬克思對費爾巴赫論這個著作的註釋之第二論綱，及蒲列哈諾夫對 Diesseitigkeit 這個字的翻譯。

第二論綱是：『人類的思想是否能達到客觀的眞理，這個問題，不是埋論的問題，是實踐的問題。實踐上人應證明這個眞理，卽，現實性和力，及他的思惟之「此岸性（Diesseitigkeit）」。從實踐脫離開的思惟有現實性或無現實性，這個論爭是純粹煩瑣哲學的問題。』（"Feuerbach"〔三〇頁〕）

就蒲列哈諾夫的翻譯說，他把『證明他的思惟之此岸性』翻譯爲『證明思惟不在現象之側停止』。齊爾諾夫憤然說道：『馬克思與恩格斯間的對立這樣極簡單地除去。……馬克思，像恩格斯一樣，主張

「物之本體」的可認識性和思惟的「彼岸性」。』（前引書脚註，三四頁）

我們在這裏須與一個渥洛昔諾夫交手，他以每一這樣的語句糾纏我們在無限的混亂中！齊爾諾夫先生，不知道一切唯物論者都主張物之本體有認識的可能的，是愚昧無知。齊爾諾夫先生，你不了解『客觀的眞理』指思惟眞實反映的對象（物之本體）之存在』，便飛越那個論綱的第一命題，你不是愚昧，必是絕對下流。齊爾諾夫先生，你主張從蒲列哈諾夫的說明（蒲列哈諾夫只加以說明，並未逐字翻譯），似乎發生出馬克思對思惟的彼岸性之辯護，你眞是文盲。惟有休謨和康德的祖述者承認人類理解（思惟）對『現像的此岸』之價值。但依據一切唯物論者（包括僧正柏克勒所駁擊的十七世紀那些唯物論者——看緒論）的見解『現像是『我們所取用物』或『物之本體』的複寫固然蒲列哈諾夫的自由說明，對于願意直接知曉馬克思的人們，不是必要的；但對于試欲理解馬克思實際上所指示的而不以渥洛昔諾夫的方法眩耀聰明的人們，實是必要的。

人們注意一方面自稱社會主義者不願或無能仔細地熟讀馬克思的論綱，別一方面資產階級的著述家，專門哲學者，往往能深深地研究表現自己的良心：這是很有趣的事件。我知道有這樣一個著述家，他精細地論究費爾巴赫的哲學並連帶地論究馬克思的論綱。他叫做萊維（'lbert Levy），在他關于費爾巴赫的著作第二部第三章上詳密地研究費爾巴赫對馬克思的影響。(Atbert Levy: 'La Philosophie de Feuerbach et son Influence sur la litterature allemande" 一九〇四年巴黎出版，二四九到三三八頁；二九〇到二九八頁。）我們且不討論萊維解釋費爾巴赫或從一般資產階級的觀點批評馬克思是否正確的問題，僅將敍述他判斷馬克思有名的論綱之哲學的內容（註）。關于第一論綱萊維說道：『馬克思及從前的唯物論者和費爾巴赫都承認關于物的我們的表象，是與在我們之外的現實的各別的客體相符應着。……』

（註）在恩格斯的著作費爾巴赫論內刊載着馬克思的十一條論綱。牠是一八四五到四六年寫就的，那時據恩格斯的觀察『我們對于經濟史的知識當不充足。……牠們是匆忙草成的，擬日後再爲潤色，沒未準備付印，但當作第一次稿看來是非常有價値的，因在牠之內植下新哲學的生發的種子。』（作者的費爾巴赫論的序言，三五頁）在里亞沙諾夫（D. Riazanov）的監校下莫斯科馬克思恩格斯研究院出版的"Marx-Engels Archiv"第一冊二二二到二三〇頁上重印着那時已刊行的馬克思手抄的論綱和原文的訂正本之影印板——編者

讀者現看見，不僅馬克思主義的基礎立場，並且每派唯物論，卽一切『從前的唯物論』的基礎立場，都承認我們的表象所與『符應』的在我們之外現實的客體，這對于萊維是十分顯明的。獨有俄羅斯馬赫主義者不知道這個適用於一般唯物論的眞理。萊維又說道：

『在別一方面，唯物論把「鑑識行動力（卽人類的實踐）的重要」這個任務委讓給唯心論，對于這

件事馬克思表示遺憾。據馬克思的意見，這些行動力應從唯心論的掌握中奪取過來編入唯物論的體系中；但不消說對于這些力應給與唯心論所不能給與的現實的和可感覺的性質。所以，馬克思的思想就是：恰如我們的表象與在我們之外現實的客體相符應着似的，我們的現象的活動與在我們之外的現實的活動，即物的活動，相符應着。從這個意義說，人類不僅由理論的認識並且由實踐的活動參與於「絕對物；」這樣，一切人類活動獲着一種品位和尊嚴，使牠能與理論共同前進的。此後革命的活動得到一種形而上學的意義。……』

萊維是教授；一個行爲端正的教授應該駡唯物論者爲『形而上學者』。在休謨主義和康德主義這樣一種的唯心論的教授看來，每派唯物論皆是『形而上學』，因牠（唯物論）認定在現象背後有獨立于我們之外的『現實』。所以萊維，在說據馬克思的見解人類『現象的活動』與『物的活動』相符應着，人類的實踐不僅有一種現象的（現象的這個字在休謨和康德所指的意義上使用着）意義，還有客觀上現實的意義時；大體上是不錯的。在本章第六節我們將詳細表明，馬赫的實踐的標準與馬克思的實踐的標準有絕對不同的意義。『人類參與於絕對物』指人類的思惟反映絕對的眞理（看本章第五節）。人類的實踐，檢驗我們的表象之眞理的，確證所與牠們（表象）當中絕對的眞理相符應的。萊維又說道：

『馬克思達到這個論點時，自然進而駁難批判者的異論。他承認物之本體的存在，關于物之本體的我們的理論顯是牠們（物之本體）的人類的翻譯。他不能避免這樣一般的異論；卽，關於翻譯的忠實你的保證是什麼？人類的思惟給與客觀的眞理，其證據是什麼？馬克思在他的第二論綱內答覆這個異論』（前引書二九一頁）。讀者看見萊維不一瞬間疑惑馬克思承認物之本體的存在啊！

## 第二節　『超絕』或巴沙諾夫『改訂』恩格斯

假設欲做馬克思主義者的俄羅斯馬赫主義者囘避開恩格斯的最明白和最決定的解釋之一，那麼，他們以齊爾諾夫的方法『改訂』了他的另一解釋。儘管又再訂正他們的曲解和僞造的工作麻煩而且困難，却是欲論述俄羅斯馬赫主義者的人們不能免脫這樣的工作。

下文陳說巴沙諾夫對恩格斯的曲解。恩格斯在歷史的唯物論（Historical Materialism）這個論文中這樣論到英國不可知論者（休謨的思想方向的哲學者）：『……我們的不可知論者承認一切我們的認識奠基在我們的感覺給與我們的報告上。』（前引書一二頁）

爲馬赫主義者的緣故，我們且注意不可知論者也以感覺做出發點，不承認任何其他認識的源泉。爲『最新實證論者』的緣故，我們且注意不可知論者是純粹『實證論者』。

『但是他（不可知論者）再說道，我們如何知道我們的感官給與我們由感官知覺的物之正確模像呢？並且他還進而報告我們，在他說及物或物的性質時，實際上他不指他所不能確有所知的物或物的性質，不過指牠們在他的感官上惹起的印像……』（一一二頁。）

從上文說來恩格斯指示出兩種什麼對立的哲學思想的方向？一種方向主張：感覺（感官）給與我們物的正確印像；我們直接知道物之本身，外部世界在我們感官上發生作用。這就是唯物論——不可知論者不同意的一種學說。不可知論者的理論之本質是什麼？是：他不向感覺前面進行，他停止在現象的這邊，不承認感官知覺的限界外我們的認識之『正確性』。關於物之本體我們毫不知道；這個命題是唯物論者所否認，柏克勒所辯護，不可知論者所主張的。簡單說來，這就是說唯物論者確認物之本體的存在及其可認識性，不可知論者既不承認關於物之本體的思想，也不承認有認識牠們的可能。

我們的問題是，恩格斯敍述的不可知論者的見解與馬赫的見解在什麼方面有不同點呢？在『要素』這一『新』字呢？但是相信，一個『新』術語能變更一哲學的根本方向，感覺叫做『要素』時會不是感覺：這是完全孩子氣啊，或者，同一的要素在一種關係（結合）中構成物理的要素，在別種關係中構成心理的要素：這樣的『新』觀念內存在着那個不同點呢？不可知論者，如恩格斯所述說，也以『印像』替代『物之本體』。這就是說實質上不可知論者也區別物理的印像與心理的『印像啊』！這樣的區別也絕對是術語的不同而已：馬赫說『客體是感覺的綜合』的時候，他是一個柏克勒主義者；馬赫『改正』他自己，又說『要素』（感覺）在一種關係（結合）中能是物理的，在別種關係中是心理的時候，他是一個不可知論者，休謨主義者。馬赫沒有否認這兩個哲學的根本方向當中任何一個方向；惟有極度素樸者會相信馬赫這個昏亂者的言論，以爲他實際上『超越』唯物論與唯心論。

恩格斯在他的敍述中沒有舉出任何一人的姓名，未曾批評單獨的代表者，只批評傳統的休謨主義全體（職業化的哲學家喜歡認這樣的體系爲獨創的，這樣的體系中僅術語上或在以前體系的論辯上有微小的變更）休謨的根本哲學。他除這個學說的根本理論外沒有批評牠的詳細點。他攷察從一切休謨主義者離開唯物論的主要的異點，所以他的批評包括彌勒（M II）赫胥黎和馬赫在內。我們或與彌勒一致說物質是感覺之恆久的可能性，或與馬赫一致說物質是要素（即感覺）之多少經常的綜合，兩者皆沒有任何差別；總之我們留在不可知論或休謨主義的限界內。這兩種觀點或更切適地說這兩種公式都包含在恩格斯對不可知論的敍述中。不可知論者沒有向前越過他的感覺，主張他不能確實知道感覺的泉源感覺的起源等等。如果馬赫以爲在這個特定的問題的微細點上他與彌勒的殊異有那樣重大的意義；那麼，恩格斯說明教授『爲捕蝨者』，是更形確當了。是的，紳士，你們既沒有公然放棄你們的『半途而止的』見解，只實行微細的修正，變更你們的術語，那麼，你們真曾碎裂一個蝨子啊！

恩格斯（他在論文的開首明白地、決定地、指明他的唯物論與不可知論的對立）怎樣駁擊他們的議論？

『這方面的論辯，似乎確難僅以言詞制勝。但是在議論前已有行爲。「行爲是在先」（哥德〔Goethe〕的浮士德（Faust）第一部。哥德改變聖經上所說「言論在先」（St. John, I. i,）爲「行爲在先」，使與他的動的哲學相合。——編者）在人類智巧發見困難前，人類行爲已解決牠（這個困難）。布丁（Fudding）的證明是在飲食時。從我們依據在物之內所知覺的性質把牠們（物）供自己之用的瞬間以來，我們以決無錯誤的方法試驗自己的感官知覺的正確與不正確。如果這些知覺錯誤，那麼，我們對于物能被利用的判斷也錯誤，我們使用牠的企圖也必失敗。但是我們如果完成了自己的目的，發見物與我們對牠的表象符合並適應我們打算使用牠的目的；那麼，這確實證明我們對牠和牠的性質的知覺，在這樣的範圍內，與在我們之外存在着的「現實」一致。』（前引的恩格斯的著作一一頁）

上文十分明白地敍述唯物論的理論，我們的思想反映對象的理論：即，物存在於我們之外。我們的知覺和表象是牠們的模像。實踐對于這些模像給與牠們的證驗，即牠們的眞確與虛僞的區別。但我們且再注聽恩格斯關于這個問題所須述說的（巴沙諾夫中止引證恩格斯或蒲列哈諾夫，因爲他認與恩格斯自己辯明是非不是必要的）：

「我們發見自己覿面着失敗時，我們大抵不久將辨識出使我們失敗的原因；我們發見所依據來行動的知覺或是不完全和不深徹，或是以其他知覺所未容許的方法與牠們「其他知覺」的結果結合着」這是我們叫做的不正的推論。我們注意正當地訓練我們的感官，正當地使用我們的感官，並保持我們的行動在正當地形成的和正當地利用的知覺所指示的限界內時；我們將發見自己行動的結果證明我們的知覺與所知覺的對象的性質一致。就單獨一個實例說，在「這樣的」場合，我們沒有到達這個結論，即，科學地統制的我們的感官知覺在我們的腦髓中作成性質上與「現實」相異的外界的表象，或即，外部世界與我們關于牠的感官知覺間有先天的不一致性。但新康德派的不可知論者出而辯說：……。」（一一二頁）

我們將在別的時候分析新康德派的議論。現在且述說，任何人些須知道我們討論的事件或曾單單注意他所誦讀的，不會不理解上文恩格斯說明的馬赫主義者常常到處攻擊的唯物論。且注意巴沙諾夫對恩格斯的改訂的方法：

關于我們所曾部份地引述的文句巴沙諾夫說道：『恩格斯用這樣的文句顯明地反對康德派的唯心論。……』這話不確。巴沙諾夫混亂我們論述的問題。在他引述的，我們也完全引述的語句中，沒有一字反對康德主義也沒有一字反對唯心論。如果巴沙諾夫眞正誦讀過恩格斯的論文全部，那麽，他將會察見僅在我們沒有完全引述的章句中恩格斯論到新康德主義和康德的全部思想的方向。如果巴沙諾夫更注意閱覽他自己引述的語句；那麼，他將會察見，恩格斯用這些語句駁擊的不可知論者的議論當中，沒有唯心論的跡印，也沒有康德哲學的跡印。唯心論肇始，僅在哲學家說物是我們的感覺時；康德主義肇始，在哲學家說物存在本身之內而不可認識的時候。巴沙諾夫把康德主義和休謨主義混同一起；他混同牠們，因他是馬赫宗派的半柏克勒主義者，半休謨主義者，不能理解——後文詳細表明——休謨派對康德主義的反對與唯物論者對康德派的反對間的區別。

巴沙諾夫繼續說道：『但是，可嘆！恩格斯的議論向蒲列哈諾夫攻擊，與向康德的哲學攻擊相同。波格達諾夫已指摘過，在蒲列哈諾夫——正統——學派中，關于意識的性質有致命的誤謬。在蒲列哈諾夫看來，如在一切唯心論者看來一樣，似乎經驗的或認識的每種東西是「主觀的」，似乎如果把經驗作為出發點，那麼，這直接走向唯我論，既然現實的存在只能在直接經驗的限界背後發見出來。……。』（前引書）

這在精神上與齊爾諾夫和他的保證，即萊博勒齊德(Leibknecht)是真正俄羅斯的民粹派，完全相類啊！如果蒲列哈諾夫是離背恩格斯的唯物論者，那麼，自稱恩格斯的信奉者，唯物論者的你，巴沙諾夫，為什麼不是這樣的唯心論者？你的議論簡直是卑劣的欺瞞罷了。他用馬赫主義者的言詞，『直接經驗的』，開始混亂不可知論者，唯心論者與唯物論者的區別。你不理解：『直接經驗的』或「事實上經驗的』，這樣的言詞，顯露出馬赫主義者和內在論者的混亂；牠比譬地說來，是一個假面者的團體，在這個團體中不可知論者（並且如在馬赫的場合唯心論者也常）打扮成唯物論者？依據唯物論者的見解，外部世界——牠的模像是我們的感覺——是『事實上給與的』。依據唯心論者的見解感覺是『事實上給與的』，外部世界是主張『感覺的綜合』。依據不可知論的見解，感覺也是『直接經驗的』，但他沒有前進或如唯物論者那樣承認外部世界的實在性，或如唯心論者那樣承認世界是我的感覺。所以，『依據蒲列哈諾夫現實的存在只能在「直接經驗的」的限界背後尋見着』，你的這樣的言論，完全謬誤，並且是從你的馬赫主義的立場產生出來。儘管你可以充分自由採用你所選擇的任何立場，甚至包括馬赫的立場在內，却你在說及恩格斯時沒有權利來改變他的議論。

從恩格斯的言詞看來，唯物論者顯然主張現實的存在位置在人類的『感官知覺』、印像和表象背後；但依據不可知論者的見解向這些知覺限界以外前進是不可能的。巴沙諾夫既然相信馬赫阿芬納留斯和蘇博所說，『直接』（或事實上）所經驗的由有名的『相聯而不離的』同位說『結台』着知覺的自我與被知覺的環境；還欲把那種謬誤歸屬到恩格斯啊！

巴沙諾夫再繼續說道：『……上而引述的恩格斯的文句看起來好像是他以極通俗和極易了解的形式特別寫就來一掃那種唯心論的誤解。……』

巴沙諾夫沒有徒然進了阿芬納留斯的學校啊！他繼續他的欺瞞，在與唯心論（恩格斯未說及）鬥爭的外形下，來秘密輸入『同位』的唯心論的思想。巴沙諾夫同志，沒有這樣惡劣啊！

『不可知論者問道，我們怎樣知道我們主觀的感覺給與我們的物的正確的印像？』（巴沙諾夫說）巴沙諾夫同志，你曲解事物啊！恩格斯自己決沒有說這句話，並且也沒有以為他的敵人，不可知論者，曾說『主觀的』感覺這樣不合理的言詞。除開人類的（即主觀的）感覺而外，沒有任何別的感覺；因為我們從人類的觀點說話非從惡魔的觀點說話。你再試把恩格斯作為馬赫主義者；試以為，不可知論者認感覺為主觀的（不可知論者沒有說「主觀的」這個字！）我們與阿芬納留斯一致『同位地』放置客體在牠與主體相聯而不離的結合中！巴沙諾夫同志，沒有這樣惡劣啊！

『……恩格斯問道，你所謂「正確的」是什麼？「正確的」是我們的實踐所確證的。所以，我們的感官知覺既為經驗所確證，那就不是「主觀的」即不是任意的或幻想的，是正確而實在的。……』巴沙諾夫同志，你又曲解事物啊！你把我們的感覺，知覺，表象以外的物之存在的問題改變為關于這些『同一物』我們的表象之正確標準的問題。你以第二問題的事件隱蔽第一問題。但恩格斯明白地確切地說，他與不可知論的差別不僅是不可知論者懷疑於我們的表象是否『正確』，並且較切適地說來還是不可知論者懷疑於我們是否可以說到物之本身，及我們是否可以關于物的存在有『確實的』認識。

為什麼巴沙諾夫利用那種不誠信的改變？這是為了要為隱蔽並混亂那個關于以在我們的感覺器官上的作用喚起感覺的我們意識外的物之存在的唯物論（和唯物論者的恩格斯）的基礎問題。如果一個人是唯物論者，那就不能不肯定地回答上述的問題；但他縱然是唯物論者，却關于『什麼構成我們感官知覺的正確之標準』這個問題仍可以有不同的意見。

巴沙諾夫推想恩格斯在自己與不可知論者的論爭中使用過『經驗確證我們的感官知覺』這個悖謬和愚笨的言詞時，更為曲解事物。恩格斯沒有使用經驗這個字，也決不會使用牠；因為他很知道唯心論者的柏克勒，不可知論者的休謨和唯物論者的狄戴羅都利用經驗。

『……在我們實際生活上必須與物有關係的限界內，物的表象和性質與在我們之外存在着的「現實」一致。「一致」與僅僅「象形」多少有不同處。「一致」就是說在一定的限界內，感官知覺（表象）是在我們之外存在的「現實」。……』（前引的巴沙諾夫的著作）

結果好，一切都好。恩格斯已經馬赫式地被調埋，被燒炸，並被加上馬赫派的香調。我們可尊敬的廚司，當心盆子打破。

『感官知覺是在我們之外存在的「現實」啊』！但這恰正是我們已論述過構成馬赫主義的混亂和虛偽之根本的謬誤，是他的哲學體系的其餘一切囈言所由發生之根本的謬誤，是幫助來說明最狂妄的反動者、僧侶主義者以及內在論哲學的信奉者所以服膺馬赫和阿芬納留斯之根本的謬誤。巴沙諾夫，儘管關于接觸問題非常迂迴，關于避免困難的問題非常狡猾；却終竟洩露出自己的祕密思想，顯現出自己的馬赫主義的性質！他說『感官知覺是在我們之外存在的現實』，就是回到休謨，甚或回到柏克勒，休謨主義或柏克勒主義的現代大首領，隱藏自己在『同位』的雲霧中。巴沙諾夫同志，這一語句〔感官知覺是在我們之外存在的現實〕不是唯心論者的詭話，必是不可知論者的遁辭；因爲感官知覺不是存在我們之外的現實，僅僅是那個現實的模像。你吹求Sovpadat(一致)這個俄國字的含糊的意義。你欲強迫正直的讀者相信『一致』指『同一』，非謂『符應』呢？如是這樣；那便是曲解引用文的意義，誣恩格斯爲馬赫。

拿德文原字來攷察一下，你將發見Stimmen mit 指符應，指『諧調』.；諧調是直譯，因爲 Stimm指聲。"Stimmen mit"這兩字不能在同一物的意義上指『一致』。甚至，恩格斯遍他的論述中使用『感官知覺』，〔表象〕這個言詞指在我們之外存在的「現實」之模像，這在不通曉德文而些須留心誦讀的學子看來都是完全明白的。他們也將察見『一致』這個字在俄文上絕對應當在『符應』或『諧調』的意義上使用着。把『感官知覺是存在的現實』這個思想認爲是恩格斯所造作的，就是馬赫主義的曲解之精華，就是以戲法改變不可知論和唯心論爲唯物論之險惡的企圖；所以人們應敏活地承認從欺瞞的手段識巴沙諾夫打破了記錄（超越尋常）！

無神經病的人，有健全判斷力和正確記憶力的，如何會主張『感官知覺（不管對牠加上怎樣制限）是在我們之外存在的現實』呢？地球是在我們之外存在的現實。牠不能與我們的感官知覺（在同一物的意義上）『一致』，或與我們的感官知覺存在不可分離的同位中，或本質上在牠的一種形態（一種結合的形態）上是與感覺同一的『要素的綜合』，因為地球在沒有人類時，沒有感覺器官時，沒有在感覺的性質所與結聯的綜合形式下組織成的物質時，已存在着。

顯然，為着掩蔽這樣一種主張之唯心論的謬誤，發明了『同位』，『投入』和新發見的『世界要素』之空虛的理論。巴沙諾夫如此意外輕忽而沒有注意的公式非常佳妙，因牠恰止暴露這樣奇特的謬誤；這樣的謬誤如不是牠暴露出來，我們須從堆積的偽博學的囈言中挖掘出來。

巴沙諾夫同志，你應得受我們的讚揚啊！我們將在你的生前給你建築一塊紀念碑。在這塊碑之一面我們將刻上你的宣言，在別一面刻上『紀念這個俄羅斯馬赫主義者，也曾在俄羅斯馬克思主義者間葬送馬赫主義』這些字。

我們將分別論述上載的引用文中巴沙諾夫所說及的兩點——即不可知論者（包含馬赫主義者在內）與唯物論者的實踐之標準間的差異，及反映（或模寫）的理論與象徵（或記號）的理論間的差異。我們現將繼續再略引述巴沙諾夫的言論。

『……在那些限界背後要發見些什麼，這點，關于恩格斯沒有說一個字。他沒有在任何著作上表示他願意完成那種「超絕」，即那種從感官上給與的世界飛越出的超絕，這個感官上給與的世界是蒲列哈諾夫的認識論的基礎。……』

他以為『那些』限界的意義是什麼？他以為牠是不可分離地結合自我與環境，主觀與客觀的馬赫和阿芬納留斯的『同位』之限界麼？巴沙諾夫提出的問題真無意味。如果他在可以明瞭的狀況下提出這個問題，那麼，他會理解外部世界存在於人們感覺知覺和表象之外。但『超絕』這個字日益引導巴沙諾夫陷入錯誤裏面。在現象與物之本體間樹立一絕對的限界，這是康德主義和休謨主義的『策略』。康德說，超過現象進到存在知覺之外的物，或（如果你欲這樣）超越我們感覺等等的限界，就是『超絕』的一實例；這個『超絕』（或超絕的飛越）——我們且承認——不是關于認識的事件，是信仰的事件，休謨說，這樣的超絕完全不可承認。康德主義者，像休謨主義者一樣，叫唯物論者做超絕的唯實論者，『形而上學者』，以為他們不合理地超越『經驗』的一定領域的限界來達到絕對與這個領域相異的領域。現代哲學教授追隨康德的和休謨的反動哲學的，在他們的著作中，你將發見（最少在『渥洛昔諾夫齊爾諾夫』所舉的人的著作中你將發見）他們無限重複地非難唯物論者，說他們是『形而上學者』和『超絕』主義者（即先驗主義者）。巴沙諾夫採取反動的哲學教授的言詞和思想，用『最新實證論』的名詞諳示這樣深奧的批評啊！事實上『超絕主義』的眞正理論，即現象與物之本體間絕對的限界『隔離』，是不可知論者（包括休謨主義者和康德主義者在內）和唯心論者所傳播的謬誤的思想。這個事件，我們以從恩格斯引證的關于丹這個色素的例子，業經把牠說明；即將依據費爾巴赫和狄慈根的言論緻密地把牠辨證。但是我們且先述完巴沙諾夫對恩格斯的『改訂』：

『在他的反笛靈格論中一個地方，恩格斯說，在感官知覺的領域外任何東西的存在是一個未決的問題，這個問題我們現沒有任何論據來解答牠。』

巴沙諾夫倣效德國馬赫主義者亞德勒爾重述這個議論。這一最後的實例的（即這個議論）甚至或比『把感官知覺』與『外界現實』（外界存在）視爲同一的有名的實例更惡劣些。恩格斯在他的反笛靈格論中說道：

『儘管宇宙的存在是牠的統一性的前提，却牠的統一性不在牠的存在的單純事實上成立着；因在牠能是一個統一體前，牠應該首先存在着。存在超越我們眼界以外，是一個未決的問題。宇宙的現實的統一性在牠的物質上成立着；這個事實是由哲學和自然科學的長久而困難的發達確證出來，不是由幾許欺瞞的言詞確證出來。』（"Landnarks of Scientific Socialism," 六六頁。）

注意我們的廚司給我們備辦的新食品。在這裏恩格斯說及一些東西有在我們眼界的範圍外存在着的可能性，例如火星上人們的存在是。顯然這樣的存在事實上是未決的問題。巴沙諾夫沒有引述全文，顯然惡意地解釋恩格斯的言論好像『未決的問題』關係着『感官的世界外單單的存在』的問題。這是絕頂荒謬；因爲恩格斯在這裏正被他用這樣的哲學教授的見解駁擊着，這樣的哲學教授是巴沙諾夫所絕對崇信，狄慈根所正當地叫做『有學位的』僧侶主義和信仰主義的奴僕。事實上信仰主義確然主張一些東西『在感官世界外』存在着。唯物論者與自然科學家一致，斷然反對這樣的主張。康德，休謨或馬赫的祖述者，這般教授，『在唯物論與唯心論兩種之外發見眞理，並以一個『未決的問題』『調停』唯物論者與信仰主義者的主張；他們抱持介在這兩者間的見解。如果恩格斯說了任何類似這樣的見解的言詞；那麼，自稱爲馬克思主義者，這將是絕對恥辱的事件。

但是我們已說夠了啊！從巴沙諾夫引用的半頁的文句充滿着混亂的言詞，使我們不得不限制自己的討論到關于我們的問題所已述說的方面，不更進而追跡馬赫主義的觀點的動搖。

## 第三節　費爾巴赫和狄慈根關于『物之本體』的言論

馬赫主義者以爲唯物論者，馬克思和恩格斯，否認『物之本體』的存在和牠的認識的可能性，或以爲他們承認在現象與物之本體間有絕對限界存在着，——這樣的言論，我們爲顯示牠的謬誤，將引述費爾巴赫的一些說話。我們的馬赫主義者關于辯證法唯物論開始鸚鵡般叫出反動哲學家的言詞，既沒有知道辯證法也沒有明瞭唯物論，——這個事實，他們的不幸從牠發生出來。

費爾巴赫說道，『近代哲學的唯靈論（即精神本位主義）叫自己做唯心論的，以（在牠自己的眼光看來）這樣有破壞力量的批評駁難唯物論：即，唯物論是獨斷論；牠從感官的世界，即好像從無可爭辯的，客觀的眞理出發，並視這個世界爲在我們之外存在着的世界本體，但實際上這個世界不過是「精神」的一產物。』（"Sämmtlicche Werke,"一八六六年出版，第十冊一八五頁。）

這似十分明白的。世界本體是在我們之外存在着的一世界。費爾巴赫的唯物論，和柏克勒攻擊的十七世紀的唯物論，兩者都承認人類意識外物之本體的存在。費爾巴赫的『本體』絕對與康德的『本體』是正相反對的。（我們且回想所錄的費爾巴赫的文句，在這個文句中他說據康德的見解物之本體是『無實在性的抽象物』。）據費爾巴赫的見解，物之本體是有實在性的抽象物，即與『現象』世界全無差別之可認識的外部世界的抽象物。

費爾巴赫極巧妙地，明白地闡明，假定現象世界與物之本體間的超絕，即假定僧侶創造的，和哲學教授採用的深淵，是怎樣滑稽可笑。他的敍述之一就是：

『固然，幻想的產物也是「自然」的產物；因爲最後地分析起來，幻想力，像其他人類力一樣，從牠的基本和起源說，都是自然力。雖然，人是與日、月、星，與石、動物、植物，換一些話說來與他以一個適於「自然」所指的創造物，相異的一創造物。結果，他對日、月、星、和其他「自然」的創造物的影像，儘管是自然的產物，却與自然中的對象——牠們（影像）是這些對象的表象——是有區別的』。（"Werke" 一九〇三年斯圖加爾出版，第八册五一六頁。）

我們的表象的對象與我們的表象自身有區別；物之本體與『我們所取用物』是相異的，因爲後者不過是前者的一部分或一方面，正恰如人自己不過是在他的表象中反映着自己之自然的一部分似的。（費爾巴赫說），『……我們味覺神經，恰如鹽一樣，同是「自然」的產物；但從這個事實不發生出這樣的結論，即，鹽味會是鹽的獨立存在的客觀性質，或僅當作感覺的對象顯現出來的鹽會在本身上是這樣的（即鹽的感覺本然上不是鹽的獨立存在的客觀性質），或舌上的鹽的感覺在我們只想起鹽而沒嘗牠會是牠的性質。……』數頁前他還說：『鹹味是鹽的客觀性質之主觀的表現』（同書五一四頁）。

感覺是客觀上存在的物之本體在我們的感覺器官上惹起的作用之結果。這是費爾巴赫的理論。感覺客觀的世界之主觀的影像，即自身上存在的和爲自身存在的世界。

『……儘管人，像日、星、植物、動物、岩石一樣是自然物，却他與自然有區別。人的頭腦中的自然與頭腦外的自有區別。……人是這樣的惟一對象，在這個對象中，依據唯心論者自身所承認的議論，「主觀與客觀間的同一性」之事實體現出來；因爲人是這樣的對象，這個對象與我自己的存在的一樣和統一是決無容疑惑的。……但是一個人對于別一人，甚至對于最親近的，是不是他的幻想的對象，想像的對象呢？每一個人是不是在自己的意義上解釋別人，並依照自己的意義解釋別人呢？……如果人與人間，思惟與思惟間有不能忽視的區別存在着；那麽，非思惟的、非人的、非與我們類同的、實體本身，與我們所思惟、知覺、理解之同於我們的實體間，有如何更大的區別存在着呢？』（同書五一八頁）

在現象與本體間每一神祕的、人爲的、狡猾的區別是絕對的哲學上的謬誤。事實上我們每一人曾觀察『物之本體』單純地、明白地轉化爲『我們所取用物』無數次。這個轉化就是認識。馬赫主義的『學說』，以爲我們既然只知道感覺，我們不能知道感覺外或稀東西的存在，——這是穿上新裝的唯心論者和唯物論者的哲學之舊詭辯。

約瑟狄慈根是辯證法的唯物論者。我們將在下面明述他的表現法常是不正確，常是不能免除混亂，這一事實爲多數不智的人們其中有歐瑾狄慈根〔Eugene Dietzgen〕所擒捉着，固然也爲我們的馬赫主義者所利用着；他們不能或不願明究他的思想之根本方向把他的基本的唯物論明白地從與牠無關的要素解脫出來。

約瑟·狄慈根說，『如果我們願意以物之本體的觀點察視世界，那麼我們將容易知悉世界「自身」和對我們現出的世界，即現象的世界僅在全體部份所以相差異的狀態下相差異。』(Joseph Dietzgen: "The Positive Outcome of Philosophy" 一九〇六年芝加哥(Chicago)出版，七五頁；參看約瑟·狄慈根的有些哲學論文(Philosophical Essays)，一九〇八年芝加哥出版，二八四頁。)一現象與產生牠的物之相異不比二十英里道路之長，(這條道路的內容)與這條道路本身之相異爲多，爲少(八三頁)。原理上沒有任何相異處，也不能有任何相異處；任何『超絕』或『先天的不一致』都不能有。但確然，包含在從感官知覺的限界到我們外物的存在之飛越中的區別是有的。

『我們藉經驗得知。每一經驗僅不過是從康德的言詞說超越一切經驗的東西之一部份。……在覺着自己本質的認識之意義上，每一分子，不管是灰、石、或木的分子，從牠的全部範圍說是不能理解的(即不能理解分子的全部內容)；因牠僅于人類的認識能力是取用上不竭盡的材料(即人類藉他的認識能力只逐漸發見牠的各部份)，結局是超越一切經驗的東西。』(哲學論文，二八四頁。)

『用康德的言詞』撰著，爲通俗化的目的接受康德的錯誤的、混亂的術語，——這證明約瑟·狄慈根承認『在經驗背後』有些東西的超絕的存在。這樣的言論是馬赫主義者爲辯護他們把唯物論者改換爲不可知論者所利用的言詞之良好實例。你們看，他們說我們不願意前進到『經驗的限界』以外，『感官的知覺』〔表象〕在我們看來『是在我們之外存在的現實』。

約瑟·狄慈根對這樣的哲學反駁道，『不健全的神祕主義非科學地分離絕對的真理與相對的真理。他把顯現的物和物之本體，那現象與真理，當作兩種範疇，彼此間完全相異而不包容在一個統一的範疇中的。』（二八五頁）俄羅斯馬赫主義者波格達諾夫，不願意叫自己做馬赫主義者，願意在哲學上被視爲馬克思主義者，他的聰明和造詣，我們現在可以判斷了。

〔波格達諾夫說〕，『汎心理主義與汎唯物論（"Empiric-Monism,"第二卷四〇頁，一九〇七年出版）間的中庸是有更多批判色彩的唯物論者所採取的。他們駁斥物之本體的絕對不可認識性，但同時視物之本體爲根本上與「現象」相異的東西，以此爲僅從現象可朦朧地辯識的；物之本體認爲內容上超經驗的（即，或者就關涉着非經驗的要素之「要素」說，）但仍有在所叫做經驗的形式之限界內，即時間，空間和因果性的限界內。這是接近於十八世紀法國唯物論者及更新的哲學家恩格斯和他的祖述者蒲列哈諾夫的觀點。』

這全是混亂的說話（一）柏克勒所辯駁的十七世紀唯物論者主張，『物之本體』是絕對可認識的，因爲我們的表象和觀念不過是『在我們的心外』存在着的客體之模像或映像（看緒言）。（二）費爾巴赫決然反對，約瑟·狄慈根隨他之後也決然反對，物之本體與其現象間根本的區別；恩格斯，也以他舉示的『物之本體』轉化為『我們所取用物』的簡單實例，攻擊這種見解。(三)最後我們從恩格斯對不可知論者的反駁已察見，以為唯物論者視物之本體為『僅在現象中可朦朧地辨識的』，不過是囈言而已。

波格達諾夫所以曲解唯物論的原因，是他沒有領會絕對的真理對于相對的真理之關係（後文將論述這點）。他所說的『超經驗的』物之本體和『經驗的要素』，在關涉着牠們的範圍內，表示出我們所已察見為馬赫主義的混亂的言詞之侵入。鸚鵡般傚法反動的教授的口吻，叫喊唯物論不合理；一九〇七年離棄恩格斯；企圖『改訂』恩格斯為不可知論者——這三者共俄羅斯馬赫主義者所主張的『最新實證論』的哲學之全體和實質！

## 第四節　客觀的真理存在麼？

波格達諾夫說道：『據我所知，馬克思主義否定任何真理的絕對客觀性，即否定有任何純然永久的真理。』（'Empirio-Monisn,' 第三部序文四，五兩頁。）『絕對客觀性』指的是什麼？波格達諾夫承認『僅在一定時期的限界內客觀的真理』存在着，說道，『永久的真理』是『在「客觀的真理」這個言詞的絕對的意義上這個客觀的真理』

從此說來，他混同這樣兩個問題：（1）客觀的眞理存在麼？即，一定的內容——牠的眞實性不倚靠主觀、或人、或一般人類的存在——在人類表象中能有麼？（2）如果客觀的眞理實存在着，那麼，表現牠的人類觀念，能在一個時間，無條件地、絕對地，或僅近似地，相對地表現牠的全體麼？第二問題是絕對眞理相對眞理的關係之問題。

就第二問題說，波格達諾夫的回答是明白的、確定的。他完全否定有獲得絕對的眞理之可能，並非難恩格斯，以爲他（恩格斯）主張折衷主義，承認對立的理論。我們在後文論述波格達諾夫發見恩格斯的折衷主義。在本節且論述波格達諾夫對第一問題的否定的解答；他的解答極爲隱晦，因爲否定在這一人類的表象中或在那一人類的表象中相對原理的要素，不否定客觀眞理的存在，縱然是可能的，但否定絕對眞理的存在，如不否定客觀眞理的存在，却是不可能的。波格達諾夫（序文九頁）又說道，『……在蒲列哈諾夫的客觀眞理的意義上，這個客觀眞理的標準是沒有的；眞理是觀念上的形態，是人類經驗之有組織的形態。……』

『在蒲列哈諾夫的客觀眞理的意義上』，這個言詞，與現在討論的問題不相關涉；因爲這個問題是關于哲學上的根本問題之一，決非關于蒲列哈諾夫的問題；這個問題與眞理的標準也不相關涉，眞理的標準的問題我們應分開討論，不把牠與客觀的眞理是否存在的問題混同一起。波格達諾夫對後一問題的否定的回答是明白的：即，如果眞理僅是觀念上的形態，那麼，這就是說任何眞理不能獨立於主觀或人類外而存在着，因爲我們都（我們與波格達諾夫都）承認除人類的觀念形態外不知道任何其他觀念形態。關于他的問題的後一半（即眞理是觀念上的形態，是人類經驗之有組織的形態）他的否定的解答更爲明白：即，如果眞理是人類經驗的一形態，那麼，這就是說，任何眞理不倚賴人類而存在的，是不能夠有的；任何客觀的眞理是不能夠有的。

波格達諾夫對客觀眞理的否定是不可知論和主觀主義。在我們研究上文引述的自然科學的眞理之實例時，這樣的否定之不合理是顯明的。自然科學主張地球在人類出現前存在着，這樣的主張的眞理是不容懷疑的。從唯物主義的認識論的觀點說，主張所被反映物獨立于反映者之外存在着，是十分一貫的。事實上外部世界獨立于意識外的理論是唯物論的根本前提。科學主張地球在人類出現前存在着，這樣的主張是客觀的眞理。牠與馬赫主義的哲學和他們的眞理的學說是不並立的。因爲，如果眞理是人類經驗之有組織的形態，那麼，任何關于人類經驗外的地球的存在的主張不能夠是眞理。

但這樣的述說尙不詳盡。如果眞理僅是人類經驗之有組織的形態，那麼，天主教的教義可以視爲眞理。因爲天主教是『人類經驗之有組織的形態』，這是毫無疑義的。波格達諾夫自己也覺着這個驚人的學說的謬誤；我們觀察他如何試從他陷入的沼澤中拯拔自己出來，這是有興趣的事件。

在經驗一元論第一卷上他寫道，『客觀性的基礎應存在集合的經驗之領域內。我們叫對于我們和對于他人有同一意義的經驗上資料做客觀的。如果我們欲避免矛盾，那麼，我們應該把自己的行動放置在這些資料的基礎上；別人欲避免矛盾，那麼，也一樣應該如此。物理世界的客觀性貿存在這個事實中，即，牠（物理世界）不是爲每一人在個人的關係上存在着，是爲一切人存在着（這話錯了！世界獨立于「一切人」外而存在着），以此有對一切人都是同一的意義。物理學的系列之客觀性是牠的普遍的意義。』（二五頁）我們在經驗中觀面着的『物理的物體之客觀性，樹立在各種人的相互的經驗和一致之基礎上。一般說來，物理世界是一種社會地同意的，社會地調和的，經驗，或做一句話說來是社會地組織的經驗。』（三六頁）

我們不須贅述：這個唯心論的客觀性的定義根本上是錯誤的，物理世界獨立于人類和人類經驗外而存在着，及在『社會性』和人類經驗的『組織』尙是不能有的時候物理世界己存在着。

我們在這裏將更從另一觀點指明馬赫主義哲學的謬誤。客觀性的意義那樣說明起來，結果，客觀性包含宗教上的教義，因這些教義無疑地具『有普遍的意義』。但我們現且繼續攷察波格達諾夫這樣的說話：『我們再喚起讀者注意，客觀的經驗決非一切社會的經驗。……社會經驗決沒有組織成一個全社會的，常常包含各種矛盾，所以牠（社會經驗）的有些部分與別的部分不一致。家精和[illegible]怪一定民衆的社會經驗之領域內或一定民衆集團、例如農民的社會經驗之領域內能夠存在着；但牠們沒有包容在社會地組織的、或客觀的經驗內，因牠們沒有與其他集合的經驗相調和着或適合牠（集合的經驗）的組織的形態，例如牠的因果關係的範疇。』（四五頁）

固然，波格達諾夫沒有把惡魔和妖怪包容在客觀的經驗內，這是他的非常謹慎的地方。但他以反信仰主義的精神實行的這樣好意的『改訂』，實際上沒有『糾正』他的立場全體的根本錯誤。他的客觀性和物理世界的定義絕對維持不住，因宗教的教義所有的『普遍意義』的範圍比科學學說所有的這爲廣大，我們且記憶着今日人類的大多數仍然信奉宗教。天主教，因牠有若干世紀的歷史的發展，是『社會地組織的、調和的、同意的；』牠能容易地『適合』『因果關係』的範疇，因爲各種宗教不是無原因而發生着，不是偶然存在着，牠們在現在仍是民衆所歡迎的；甚且我們的哲學教授十分『合法地』使自己適應牠們。如果這個經驗，無疑地有『普遍意義』的，無疑地是社會組織的，不與科學的『經驗』相『調和』着；那麽，這是因波格達諾夫在排斥絕對眞理的概念時所抹殺的在牠們兩者間根本的差異。儘管他試行『糾正』自己，說信仰主義或僧侶主義與科學不相調和；却他對客觀眞理的否定完全與信仰主義相『調和』着。近代信仰主義沒有否認科學。——哦！沒有，牠僅否認科學的『過甚的要求』，特別是牠的客觀眞理的要求。如果（依照唯物論者所主張）客觀的眞理存在着，如果惟有反映外部世界在人類『經驗』中的自然科學能給與我們客觀的眞理；那麼，每種信仰主義都絕對是錯誤的。但是如果沒有客觀的眞理，如果眞理（包括科學的眞理在內）僅是人類經驗之組織的形態，那麼，這就爲僧侶主義的根本前提留下一條入路，開闢一道門戶，並爲宗教經驗的『組織的形態』掃除一間房子來請牠住居着。

這裏的問題是，這個客觀眞理的否定直接淵源於不肯叫自己做馬赫主義者的波格達諾夫的理論，或從馬赫和阿芬納留斯的根本理論發生出來呢？顯然後者是實際的情事。如果（阿芬納留斯在一八七六年說）惟有感覺存在着，如果（馬赫在他的著作感覺的分析上說）物體是感覺的綜合；那麼，顯然我們觀面着必然會否定客觀的眞理之哲學的主觀主義。如果感覺叫做要素——這些要素，在此種形態（結合）上是物理的，在彼種形態（結合）上是心理的；那麼，我們已論述過，經驗批判論的根本出發點變成被混亂着的，但沒有變成被排斥着的。阿芬留納斯和馬赫承認感覺爲我們認識的源泉。他們抱持經驗論（一切認識從經驗發生）的觀點或感覺論（一切認識從感覺發生）的觀點。這個觀點引出唯心論與唯物論間根本的對立之再主張，不管牠穿上什麼『新裝』（『要素』），牠沒有揚棄那個對立。唯我論者，即主觀的唯心論者，與唯物論者，都可以承認感覺爲我們認識的泉源。柏克勒與狄戴羅都從洛克出發。認識論的第一前提是，我們認識的唯一泉源是感覺。馬赫雖然承認第一前提，却關于在人類感覺中給與人的客觀的實在——爲他的感覺的泉源之客觀的實在——之第二重要的命題，他把牠混亂着。如果從感覺出發，那麽，理論上可以沿着到達唯我論（『物體是感覺的綜合或結合』）的主觀主義的方向前進，或沿着到達唯物論（感覺是外部世界中物體的模像）的客觀主義的方向前進，第一觀點對我們指示不可知論；如果我們把牠稍爲向前推進，那麽，牠就對我們指示出主觀的唯心論——依據主觀的唯心論，任何客觀的眞理都不能有。第二觀點對我們指示出唯物論，依據唯物論必須承認客觀的眞理。馬赫沒有解決這兩個不可調和的哲學傾向所從發生的舊哲學問題，也沒有揚棄或征服牠；只是較切適地說來，他用『要素』等等言詞實施他的欺詐，把這個問題混亂着。波格達諸夫對客觀眞理的否定是馬赫主義的不可避免的結果；不是離去馬赫主義。

恩格斯，在他的著作費爾巴赫論上，把休謨和康德叫做『對認識世界，或最少對得到世界的透徹的認識之可能性提出異論』的哲學家。恩格斯加勁地述說休謨和康德共同抱持的觀點，沒有著力地述說分離他們的觀點。他在他的著作上指摘出，『黑格爾業已提示對駁斥這個（休謨的和康德的）見解的決定的論證』。關于這點我們須注意着，黑格爾視唯物論爲『經驗論之一貫的體系』。他寫道：『一般說來，經驗論在外界，求眞；甚至設使牠承認有超感覺的世界，那麽，他也以爲那個世界的認識是不可能的，並且要把我們限制到感覺的領域內。這個理論，在系統地貫徹時，產生出日後叫做唯物論的學說。這樣的唯物論認物質爲眞正客觀世界的物質。』（(Hegel: "Enzyclopädie der Philosophischen Wissenschaften im Grundrisse, Werke" 一八四三年出版，第四冊，八三頁.，參看一二二頁。）

一切認識都從經驗，從感覺，從知覺得來.，這是眞的。但客觀的實在是否知覺的泉源，這個問題，尙待解答。如果你肯定地答覆，那麽，你便是唯物論者。如是不然，那麽，你必然走到主觀主義或不可知論，不管你（如康德一樣）或否定物之本體的認識或否定時間、空間、因果律的客觀性，或（如休謨一樣）完全排斥物之本體的思想。你的經驗論之不一貫，你的經驗哲學之不一貫，將存在這個事實中，即，你否認經驗之客觀的內容，否認經驗的認識之客觀的眞理。

那些信奉康德和休謨的哲學思想的（馬赫和阿芬納留斯包括在內，因他們是純粹柏克勒主義者）；把唯物論者的我們叫做『形而上學者』；因我們承認在經驗中給我們的客觀的現實，因我們承認我們的感覺之客觀的和獨立的泉源。我們，唯物論者，祖述恩格斯，名康德主義者和休謨主義者爲不可知論者，因他們否認我們感覺的泉源之客觀的實在性。Agnostic（不可知論者）一字是希臘字：A指不、Gnosic指知、不可知論者說，我不知道是否有反映的、和我們的感覺所摸寫的，客觀的實在；我主張，要知道牠是不可能的，（從明示不可知論者的立場之恩格斯的著作上引用的文句。）所以不可知論者否認客觀的眞理，寬容（在資本家、俗物、怯儒　的形態下寬容）家精，木怪，天主教的聖徒，以及其他類似的東西。馬赫和阿芬納留斯誇大地使用，一『新』術語，提示出一切幻想上的『新』觀點；但事實上用混亂的方式重述不可知論者的立場。在一方面，物體的感覺的綜合（純粹主觀主義，純粹柏克勒主義），在別一方面，如果我們改名我們的感覺爲『要素』，那麽，我們便能推想牠們（要素）獨立于我們感覺器官之外而存在着，啊！（當然不能）。

馬赫主義者愛重述這個論題。他們愛說：他們是絕對信賴他們的感覺器官的證明之哲學家，他們認世界爲實際對我們似充滿音聲、顏色、等等的世界，但唯物論者好像視世界爲死的，爲無音聲或顏色的，在牠的性質上與似對我們顯現出的世界有差別的，以及其他等等。培蘇德，在他的著作純粹經驗的哲學入門和從實證論的觀點看的世界問題上（一九〇七年）（"Das Weltproblem vom positivischen Standpunkteaus"），這樣講說過：齊爾諸夫醉心這個『新』思想，做法培蘇德。但實際上馬赫主義者是主觀主義者和不可知論者，因爲他們沒有充分信賴我們的感覺器官的證明，並且就他們的感覺論說不是一貫的徹底的。他們不承認客觀的實在爲我們的感覺的泉源。他們沒有在感覺內看見這個客觀的實在之眞正的複寫，以此他們直接與自然科學矛盾並開闢到信仰主義的門戶。反之，依據唯物論者的見解，世界的本身比實際上所顯現出的世界還要豐富，還要有生氣，還要多種，多樣些；因爲在科學每一次進步時，都發見世界的新部份。在唯物論者看來，感覺是最後的、和唯一客觀的、實在之模像，這個實在非在『牠業已究極地被探索出（被認識着）』這個意義上是最後的，只在『除此而外沒有、且不能有、任何其他的實在』這個意義上是最後的。這種觀點決然對于各種信仰主義、對于教授的煩瑣主義閉鎖着入口；教授的煩瑣主義沒有視客觀的實在爲我們感覺的泉源，用虛僞的言詞如『一義的決定性』（普遍的妥當性）、『社會地組織的』，『推廣』出客觀物的存在，以此把牠究極地分析起來，牠的立場就是不能使客觀的眞理與家精和木怪的教義分離開來的立場。

馬赫主義者對于『獨斷論者的』唯物主義者仍固執着『最新』科學和『最新實證論』推想上駁倒的『物質』的概念的那種『古舊的』見解，輕蔑地聳着肩膀。關于物質的性質物理學的新學說，下文分開論述。像馬赫主義者一樣，把這種或那種物質的構造之理論與認識論上的範疇混同一起，把新種類物質（例如電子）的新性質的問題與認識論的舊問題，與關于我們認識的泉源——或客觀的眞理的存在等等——的問題混同一起，這是不可寬容的。我們聽說，馬赫『發見世界要素』：紅、綠、硬、軟、音、長等等。我們質問，在我們看見紅或知覺硬時，客觀的實在是不是推斷爲所給與我們的物事。這個極古的哲學問題被馬赫混亂着。如果人們主張，牠（客觀的實在）不是所給與的，那麽，他與馬赫一同陷入主觀主義和不可知論裏面，陷入內在論學派即哲學上的孟雪苛夫派裏面。如果人們主張，牠是給與的，那麽，必然發生出一定的哲學上的理論。這樣一種理論，卽唯物論，久已造成。物質是表示在人的感覺內給與人的客觀的實在之哲學的範疇，——這樣的實在是我們的感覺所摸寫、所攝照、所反映的，但是牠獨立于這些感覺外而存在着。如以爲這樣一種理論可以變爲古舊的；那麽，這便是幼稚的說話，便是僅僅無意義地重述流行的反動哲學的議論。亘二千年哲學的發展時期唯物論與唯心論間的鬥爭在那個時候會變成古舊的呢？記憶着這些鬥爭：柏拉圖（Plato）的哲學上傾向與地摩克列遂（Democritus）的哲學上傾向間的鬥爭；宗教與科學間的鬥爭；客觀眞理的否定與客觀眞理的肯定間的鬥爭；相信超感覺的認識者與不相信超感覺的認識者間的鬥爭。

物質概念的接受或否認表現出，關于人對他的感覺器官的證明之信任的問題，與我們認識的源泉的問題有關係的問題，從哲學的發端提起的、解答的、討論的問題，教授化的小丑能以千種方式推敲的，但不能比人類認識的源泉是不是視覺聽覺和嗅覺三者的問題還要更變爲陳腐的問題。如果把我們的感覺視爲外部世界的模像，那麽，這就是承認客觀的眞理，卽，抱持唯物論的觀點。爲解釋這個理論我將引用費爾巴赫的議論和兩本哲學教科書，使讀者可以判明這個問題的初步的性質。

費爾巴赫說道，『否認感覺是客觀的救世主之福音的，是如何樣粗陋。』（Feuerbach: "Sämmtliche Werk," 一八六六年出版，第十册一九四頁。）你們察見，感覺對我們啓示客觀的眞理，這是奇妙的語法，但也是十分明白的哲學方向。『我的感覺是主觀的，但牠的基礎是客觀的。』（同書一九五頁）你們拿這句話來比較一段引用文，在那段引用文中費爾巴赫說唯物論視感官的世界為最後的客觀眞理。

在佛蘭克的哲學辭典（"Dictionnaire des sciences philosophiques," 一八七五年巴黎出版）上我們讀道，『感覺論是從感官的經驗推廣出一切我們的觀念，把認識還元（歸約）為感覺、的學說。有主觀的感覺論（懷疑主義和柏克勒主義），道德的感覺論（愛比哥勒主義，〔Epicureanism〕）和客觀的感覺論。客觀的感覺論是唯物論；因為，據唯物論者的見解，物質或物體是能以影響我們感官之唯一的客體。』謝威格勒（Dr. Albert Schwegler）說，『如果感覺論主張能以感覺絕對知識着眞理或存在；那麼，留下的唯一的事件（這個問題關涉法國十八世紀末的哲學）就是客觀地系統化這個命題：「唯有感官的東西存在着；除物質的存在而外沒有任何別的存在。」這是唯物論的論調。』（Dr. Abbert Selwegler: "Gesc'uchte der Pliloscplie im Unriss," 十五版，一九四頁。）

這些眞理，甚至曾在教科書中敘述過，但馬赫主義者却忘記牠們。

## 第五節 絕對的和相對的眞理或波格達諾夫發見的恩格斯的折衷主義

波格達諾夫在一九〇六年發見這個折衷主義，並在他的經驗一元論第三卷的序言上宣布過這樣的發見。波格達諾夫說道，『在反笛靈格論中恩格斯差不多在我所指明為「眞理的相對性」（序言五頁）的特徵之同一的意義上，卽，在否定永久的眞理之意義上，在否定任何眞理的絕對客觀性之意義上，表明自己的態度……。恩格斯在他諷刺地承認某某貧弱的永久的眞理時，就他的見解說錯誤地動搖不定（八頁）。關于這個問題〔永久的眞理的問題〕恩格斯的折衷主義的保留，是因他不徹底。……』（九頁）我們且引述波格達諾夫駁擊恩格斯的折衷主義的一例。在反笛靈格論上永久的眞理一章中，恩格斯論述人們在企圖發見歷史科學內永久的眞理時應該遇見的平凡事；在這一章中他說道，『拿破崙（Napoleon）死在一八二一年五月五號。』波格達諾夫這樣對恩格斯回答道：『這〔拿破崙死在一八二一年五月五號〕是什麼「眞理」呢？關于牠有什麼「永久的」呢？在時間的一刹那與拿破崙的死亡間「一對一」的符合的確定，在我們的時代不能有任何現實的意義，不能利用來做任何行爲的出發點，不能引導我們到達任何地方』。（九頁）波格達諾夫並在序言第八頁上說道：『你能把平凡事叫做眞理麼？平凡事是眞理麼？眞理是經驗之生動的有組織的形態；牠引導我們到達我們的行爲上某一地方，並給予我們生存競爭中一支持點。』

從這兩段引用文看來，波格達諾夫沒有駁擊恩格斯，實是十分顯明地向着空中攻打。如果你不主張『拿破崙死在一八二一年五月五號』這個命題是不正確，那麼，你實際上便承認牠是正確的。如果你不主張牠在將來能被否定，那麼，你便承認這個眞理是永久的。眞理是『經驗之生動的有組織的形態』，這樣的言詞，拿來做一種駁論就是拿混亂的語句做哲學。地球是在地質學敍述的狀態下演進出來呢，或是七天創造成的呢？以引導到某一地方之『生動的』（『生動的』意義是什麼呢？）眞理的言詞規避那個問題〔拿破崙死在一八二一年五月五號〕，這在實際上是可能的麼？地球史及人類史的知識眞『沒有任何現實的意義呢』？這〔沒有任何現實的意義〕不過是波格達諾夫所由遮蓋他的退却的廢話。他旣然要從事證明恩格斯對永久的眞理之承認是折衷主義；那麼，以言詞解決那個問題，對拿破崙眞死在一八二一年五月五號這個事實並不駁難，這不過是規避和退却罷了。以爲這個眞理在將來能以駁倒，這是荒謬不合理的。

恩格斯舉的實例是初步的實例；一些眞理（例如恩格斯舉的其他實例，巴黎在法國）是永久的絕對的，只有精神病者會懷疑的，任何人能夠提示出許多來。爲什麼恩格斯說及平凡事呢？因他譏笑、駁難獨斷的、形而上學的唯物論者笛靈格（Dühring），笛靈格不能把辯證法應用到絕對的眞理與相對的眞理間的關係之問題上面。如果要是爲唯物論者，那麼，須得承認我們的感覺器官顯示的客觀的眞理。承認獨立于人類外的眞理爲客觀的眞理，就是在這種方法下或在那種方法下承認絕對的眞理。『這種方法那種方法』把形而上學的唯物論者笛靈格與辯證法的唯物論者恩格斯分離開來。笛靈格在討論最複雜的科學問題時，特別是在討論歷史學時，濫用『最後的、永久的、究極的、眞理』這些字。

固然，恩格斯說，有永久的眞理；但對于小事物使用『誇大的』言詞是不明智的。爲推進唯物論，我們應該拋棄在『永久的眞理』這個言詞上所玩耍的醜陋的把戲；我們應該知道怎樣辯證法地提出並解決絕對的眞理與相對的眞理間之關係的問題。這是三十年前發生的笛靈格與恩格斯間的衝突之根源。波格達諾夫因設計『不注目到』恩格斯在同章上說明絕對的眞理與相對的眞理問題，非難恩格斯，說他主張折衷主義，承認在每一種唯物論看來都是眞理的一命題；更多一度顯明出他完全不懂得唯物論和辯證法。

在反笛靈格論的上述的一章中恩格斯寫道，『人類認識的產物能夠「對于眞理」持有「無上的妥當性」和「無條件的要求」——如果有任何這樣的產物——這個問題，現時擺在我們面前』。（前引書一一八頁）這個問題，恩格斯這樣地解決：

『思惟的最高性實現在許多極非最高的能思惟的人們中；對于眞理無制限的要求之認識實現在許多相對的誤謬中；除由人類無限的永久的延續而外，兩者都不能充分地實現着。

『在這裏我們另外有一種矛盾，與上述的在必然的絕對的、推想爲人類思惟的、特質與極有制限的思惟的個人中牠（即思惟）的實在間之矛盾相同，這種矛盾祇能在人類的無限繼續中被解決着，「無限」是就關涉到我們的範圍而言。在這樣的意義上人類思惟是最高的，也是非最高的；……牠的認識能力是無制限的，又是有制限的。就牠的性質、使命、歷史的鵠的說，牠是最高的、無制限的；就在任何特定的時候個別的表現和牠的現實性說牠不是最高的、不是無制限的。（參看前列的齊爾諾夫的著作六四頁和以下幾頁。馬赫主義者的齊爾諾夫的立場，與不願做馬赫主義者的波格達諾夫的立場完全相同。兩者的相異處是：波格達諾夫企圖掩蓋他與恩格斯不一致的地方，表示這爲偶然的事件、等等，而齊爾諾夫覺得這是一個對唯物論和辯證法的鬥爭的問題。）這對于永久的眞理，也恰是同樣的」。（一一九頁）

對于相對論的問題，即對于一切馬赫主義者所著力地主張的我們認識的相對性之原理，這個討論極爲重要。馬赫主義者堅說他們是相對論者；但俄羅斯馬赫主義者效法德國馬赫主義者，重述他們的言詞，害怕或不能明白地、直接地提出相對論與辯證法的關係的問題。在波格達諾夫看來（如在一切馬赫主義者看來一樣）承認我們的認識的相對性，便是毫不承認絕對的眞理。在恩格斯看來絕對的眞理從相對的眞理構成。波格達諾夫是相對論者。恩格斯是辯證法論者。在反笛靈格論的同章中我們有一樣重要的恩格斯的討論：

『眞理與謬誤，像其他一切這樣互相對立的概念一樣，只在極有制限的領域內有絕對的實在性；這是我們已察見的，並且笛靈格也應知道，設使他多少理解辯證法的第一要素，說明一切兩極的對立之不適當的。我們把眞理與謬誤的對立適用到那個極有制限的領域外時，牠就變成相對的，並且對于新科學的陳說不能有用。如果我們欲在那樣的領域外確立牠的實在性，那麼，我們立刻遭遇着兩難的論法，對立的兩極皆轉化爲牠們的反對物；眞理變成謬誤，謬誤變成眞理。』（同書一二五頁）所以我們有波龍（Boyle）的法則之一實例（氣體的容積對於牠的壓力是反比例的。）……在這個法則內包含的『眞理的小核』是僅在一定限界內爲絕對的眞理。這個法則證明爲『只近似地』是眞理。

於是人類的思惟性質上能夠並且實在產生出從相對的眞理的總計構成的絕對的眞理。科學發展中每一階段皆附加眞理的新顆粒，並且絕對的眞理是從此構成的，但是每一件科學命題的眞理之限界是相對的，時而因知識的增長擴大，時而縮小。狄慈根在他的著作認識論範圍內一個社會主義者的進擊（'Streifzüge eines Sozialisten in Das Gebeit der Erkenntnistheorie,' 以下簡名進擊）說道，『絕對的眞理能夠被見，被聞，被嗅，被觸，固然也能夠被知；但牠不能被消解爲純粹的認識，牠不是純粹的思惟……』（二八一頁）一幅畫能夠怎樣與牠的模型一致呢？能夠近似地一致。畫不與牠的對象近似地一致，怎樣能叫做畫呢？每一幅畫是多少類似牠的模型或對象。但全然類似，或與原物十分一樣——這是一種奇怪的思想啊！

『即使「自然」的一部份，儘管只是「自然」的一關係，却是還具有絕對物的性質，即認識所不能窮盡的全自然本體的性質，既然這樣，那麼，我們只能相對地認識自然和牠的部份。

但是我們怎樣知道，在自然的現象外，在相對的眞理外，有對人們不完全顯露自己出來的普遍的、無限的、絕對的自然呢？這樣的知識從那裏生出來呢？牠是天賦的；是與意識一同給予我們的。」（二八三頁）

這個最後的文句是狄慈根不正確的說明之一，牠使得馬克思在他寫給苦格爾曼（Kugelmann）的一通書信內指摘狄慈根見解的混亂。人們抓着這些不正確的和不重要的文句，纔能夠說狄慈根的哲學是一種特別的哲學，推測上與辯證法的唯物論相異。但狄慈根在同頁上訂正他自己：『當我說無限的絕對的、眞理之意識是先天地存在我們之內，是惟一先驗的知識時；我在自己的說明中也以經驗確證這個先天的意識。』

從恩格斯和狄慈根的一切這些說明看來，顯然在關涉着辯證法的唯物論範圍內，沒有一固定的不可變易的限界存在相對的眞理與絕對的眞理間。波格達諾夫顯不理解這個事件，既然他曾決心這樣說道：『舊式的唯物論斷言自己對物之本質有無條件的客觀的認識（傍點標識波格達諾夫特有的見解），但這與任何特定觀念論（ideology）之歷史的有條件的性質不一致。』（經驗一元論第三卷序文四頁。）

從近代唯物論或馬克思主義的觀點看來，我們對客觀的、絕對的、眞理的認識之接近的相對限界是歷史上有條件的；但這個眞理之存在是無條件的，我斷續地接近牠，這個事實，也是無條件的。一幅畫的一般輪廓是歷史上有條件的，但這幅畫反映一客觀地存在的模型，這個事實，是無條件地眞實的。在我們對物之本質的認識中形成進步的情事是歷史上有條件的。例如在煤黑油中丹的發見是歷史上有條件的，或者原子之電子的結構的發見是歷史上有條件的；但每一這樣的發見是向着『絕對的客觀的認識』前進一步，這個事實，是無條件地眞實的。總而言之，每一觀念是歷史上有條件的；每一科學的理論（與宗教顯有區別的）都有一客觀的眞理，卽或種性質上絕對這樣的東西，與牠相應合着，這個事實，是無條件地眞實的。你們將說，相對的眞理與絕對的眞理間這種區別是無定的。我將答道，防止科學變成在獨斷論的這個字的惡意義上獨斷論的，變成死的、固定的、化石的，是充分『不定的』；但同時，阻當我們抱持任何種類的信仰主義或不可知論，阻當我們擁護休謨和康德的信奉者之詭辯主義和哲學的唯心論，是充分『確定的』。在這裏有一個限界，你沒有注意到；因此你陷入反動哲學的沼澤內。這個限界是辯證法的唯物論與相對論間的限界。

馬赫、阿芬納留斯和培蘇德宣言，我們是相對論者。齊爾諾夫和幾個欲做馬克思主義者的俄羅斯馬赫主義者附和他們，也宣言我們是相對論者。在這樣的說話中，存在着你們——齊爾諾夫和我的馬赫主義的同志——的錯誤。把相對論當作認識論的基礎就是不可避免地投置自己在絕對的懷疑論，不可知論和詭辯主義，或主觀主義裏面。相對論，當作認識的基礎看來，不僅承認我們的認識之相對性，並且還否認獨立於人類外一客觀的鵠的或尺度——我們的認識接近的——之存在。從赤裸裸的相對論立場說來，人們能把任何詭辯證明爲合理的，人們甚至能把『拿破崙死在一八二一年五月五號』這個記載認爲『有條件的』；人們能主張爲個人或人類的『利便』起見物事是眞實的，能承認在這一點科學的理論是『利便的』，在別一點宗教的理論是極『利便的』。

黑格爾曾說明過，辯證法包含相對論及否定和懷疑論的一『要素』，但不以此『被還元』爲相對論。馬克思和恩格斯的唯物論的辯證法斷然包含相對論；但沒有被還元爲相對論，即牠不是在客觀眞理的否定的意義上，是在歷史的條件的意義上，承認我們一切認識的相對性，歷史的條件在我們的認識接近那個眞理的場合決定我們的認識的限度。

波格達諾夫這樣說道『**徹底的馬克思主義不認可這樣的獨斷論和這樣靜態的述說**』爲永久的眞理（經驗一元論第三卷序叉九頁。）這是混亂的說話。設使——如馬克思主義者所推測——世界是一個反映進步的人類意識之永遠運動的和發展的『物質塊』，那麼，這與『靜態的』概念有什麼關係呢？在這裏討論的問題不是關涉着物之不變的本質的問題，不是意識之不變的性質的問題，是反映『自然』

的意識與意識所反映的『自然』間一致的問題。在這個問題中，惟獨在這個問題中，獨斷論這個術語有一特殊的著明的，哲學的氣味；牠是唯心論者和不可知論者所喜好地利用來攻擊唯物論者的文字，這是我們從極『古的』唯物論者費爾巴赫的例子察見過的。從有名的『最新實證論』者的觀點提出的對唯物論的非難是同濫舊的東西一樣陳腐啊！

## 第六節　認識論中實踐的標準

我們曾察見，在一八四五年馬克思，在一八八八年年和一八九一年恩格斯，採用實踐的標準做唯物論的認識的基礎。馬克思在費爾巴赫這個著作的第二論綱上說道，『客觀的眞理是否與人類的思惟一致』，這個問題，如果離開實踐的範圍提出牠來，那麼，這便是煩瑣哲學。恩格斯也重言道，康德和休謨的不可知論及其他哲學的幻想之最剴切的駁難就是實踐。他對不可知論者答道，『我們的行爲之成功證明我們的知覺與所知覺的物事之客觀的性質一致。』

把這個議論拿來與馬赫關於實踐的標準的議論比較一下：

『思老和實說之通俗的方法是把「假象」與「實在」對照着。一支鉛筆，當我們的面前在空氣中握持着，我們看見牠是直的；浸入水裏，便看見牠是曲的。在後一場合我們說這支鉛筆顯似曲的，但實際上是直的。然而我們寧願主張這一事實是實在的，不欲宣言那一事實是實在的，並把那一事實認為假象時，我們根據什麼理由呢？在兩種場合我們都與事實有關涉，這些事實以要素的各種結合呈現給我們，這些結合在那兩種場合是差別地有條件的。那支浸在水裏的鉛筆恰因牠的環境，視覺上是曲的；但牠在觸覺上，在測量上是直的。凹面鏡或平面鏡內一個影子**僅僅**是可看見的，但在其他和通常的情事下一個可觸知的形體也與可看見的影子一致。一個光亮的平面在一個黑暗的平面側，比在一個更光亮的平面側要更為光亮些。確然，因我們沒有充分注意各條件，並以這一結合（要素的結合——譯者）的差異的場合替代那一結合的差異的場合，縱然這個場合可以是一個非常的場合，却是我們陷入期待我們所素習的物事之自然的誤謬中，在這樣的時候我們的期待是虛偽的。事實對於這件事不應負責。在這些場合『假象』云云可以有一種實踐的意義，但不能有科學的意義。同樣地；世界是實在的或我們僅僅夢想着牠，這個常常提出的問題，全沒有科學的意義。甚至最荒誕的夢與其他別的物事同是事實。』（"Analysis of Sensations," 十頁）

誠然，不僅最荒誕的夢是事實，並且最荒誕的哲學也是事實。這件事情確是如此，假使我們通曉馬赫的哲學。最後詭辯論者的他，把如幽靈的信仰一樣人類的錯誤，人類一切『最荒謬的夢』，之自然科學的、心理學的、研究與『真實的』和『荒誕的』之認識論上的區別混同一起。這彷彿似一個經濟學家說，資本家的剩餘價值全部在勞動者的『最後工作時間』被給與他了，沈尼爾（Senior）的這個學說與馬克思的學說都是一種事實；從科學的觀點說，關于『那個學說表明客觀的真理及那個學說表明資產階級的偏見和牠的教授的腐敗』這個問題，全無任何意義。

製革匠狄慈根在科學的、卽唯物論的認識論中，看見『反對宗教信仰的一個萬能的武器』，但是依據馬赫教授的見解唯物論的認識論與主觀的唯心論的認識論間的區別『是全無科學上的意義』。在唯物論與唯心論和宗教的鬥爭中科學不偏不黨，這不僅是馬赫所喜愛的理論，並且還是一切近代資產階級的教授所喜愛的理論，這般教授，狄慈根說，是『學位的奴隸，他們利用虛僞的唯心論來使民衆愚昧。』（同書一三〇頁）

實踐的標準，區別幻想與現實的，馬赫把牠放置到科學的領域外，認識論的限界外時；牠是虛僞的教授的唯心論。

馬克思和恩格斯說，人類的實踐證明唯物主義的認識論的正確；他們主張，關于解決根本的認識論的問題忽視實踐的一切企圖是『煩瑣哲學的』和哲學的狂想。在馬赫看來，實踐是一件東西，認識論又是一件東西。馬赫在他的最後著作知識與錯誤上說道，『認識是生物學上有裨益的肉體的經驗。惟有成功能夠把知識與錯誤分離開來（一一六頁。）……理解是物理學上的實用臆說。』（一八三頁）我們的俄羅斯馬赫主義者，儘管欲做馬克思主義者，却非常幼稚地接受馬赫的那些言詞，認爲能證明他極密切地接近馬克思主義。但馬赫密切地接近馬克思主義，猶如俾士麥（Bi marck）密切地接近勞動運動，或僧正葉維諾姐（Yevlogy）密切地接近民主主義。（僧正葉維諾姐〔卽 Vassilij i Georgiev ky 一八六八年降生〕是柯姆〔Rholm〕和魯搏林〔Liublin〕的僧正，柯姆神學校的校長，第二屆國會的會員，——一個極端反動的和君主主義的首領。——編者）依據馬赫，那樣的假定與他的唯心主義的認識論相並地站立着，但沒有有力地決定認識論中一根本的方向學說的採擇。認識可以是在生物學上有裨益的，在人類行爲上在種族保存上，有裨益的；但牠乆在牠反映着獨立于人類外客觀的眞理時，是有裨益的。在唯物論者看來，人類實踐的『成功』證明我們的表象與我們所知覺的物事之客觀的性質一致。在惟我論者看來，『成功』是限於僅在實踐上必要的一切方面，並能從認識論被分離開來。馬克思主義者說，如把實踐的標準包含在認識論的基礎內，那麼必然到達唯物論。馬赫說，實踐有一種唯物論的關係，但實踐的理論是全然相異的東西。

馬赫在感覺的分析中說道，『實踐上，我們行動時不能缺少自我的表象，恰如我們把捉着一件東西時不能缺少物體的表象似的。生理學上我們留存着爲利己主義者和唯物論者，恰如我們常常看見太陽再上昇起來似的。但理論上這種觀察事物的方法不能被固持着。』（三五七頁）

利己主義不是這裏討論之點，因爲牠不是一個認識論上的範疇。太陽上昇的問題也不是這裏討論之點，因爲，在我們所用來做認識論上的標準之實踐內，我們也應包含天文學上的觀察，發見，等等的實踐。馬赫那段議論中所殘留着的有價值的東西，就是：他承認人們在他們的實踐上全然地、絕對地、被唯物主義的認識論指導着；『理論上』企圖忽視這個事實，就是馬赫的煩瑣哲學的，博識和虛僞的唯心論的傾向之特徵。

據實踐與認識論無關係這個理由，企圖排除實踐來爲不可知論和唯心論留下地步，——這樣的企圖，決不是新的東西；這是在下述的從德國古典哲學史採取的例子中能夠被看見着的。在康德與斐希特的中間站立着蘇爾日(Schulze,哲學歷史上所謂蘇爾日，愛利西德姆 Schulze-Aenesidemus)。蘇爾日公然擁護哲學上懷疑的方向，視自己爲休謨（及古人皮洛〔Pyrrho〕和塞克斯都〔Sextus〕）的祖述者。他斷然否定物之本體和客觀的認識之可能；並且在他預想着從其他哲學上方向提出的下述的駁論時，主張我們不應超『經驗』，超感覺。他說：『既然一個懷疑論者，參與生活事件時，承認客觀的物事的實在性爲確切無疑的，依照這個前提行動，並認可眞理的標準；那麼他自己的行爲對於他的懷疑論就是最好的和最明白的駁難。』(G. E. Schulze: "Aenesidemus Oder über die Fundamente der von Professor Reinh ld in Jena Gelierferten Elementarphilosophie," 一七九二年出版，二五三頁)。蘇爾日忿怒地答道，『這樣的證據(非難——譯者)只對於羣衆有價值：我的懷疑論沒有述及實踐的生活，只留存哲學的限界內。』(二五五頁)但是主觀的唯心論者費希特也盼望在唯心論的範圍內為這樣的唯實論尋求餘地，這樣的唯實論，『在實踐的場合從我們看來，甚至從最徹底的唯心論者看來，都是不可避免的東西，這樣的唯實論承認對象絕對在我們外，獨立於我們外，存在着』("Werke,"第一册四五五頁)。

馬赫的最新實證論沒有從蘇爾日和斐希特前進很遠啊！據巴沙諾夫的見解也從那個問題說除開蒲列哈諾夫外沒有任何人存在着——據他的見解除開貓外也沒有任何更強的獸，這件事，我們且把牠當作珍聞記着。巴沙諾夫嘲笑蒲列哈諾夫的『生命跳躍』的哲學(論集六九頁)，蒲列哈諾夫實在愚笨地說過，對外部世界的存在之『信仰』是哲學上不可避免的『生命跳躍』("Ludwig Fenerbach," 蒲列哈諾夫在俄文譯本上附加的註釋，一九〇五年日內瓦出版，(俄文本)一二一頁。)『信仰』這個字，縱然附上引用號(依照休謨的解釋)，却顯示蒲列哈諾夫的用語的混亂。關於這件事，不能有任何疑問。但那個問題與蒲列哈諾夫特有什麽關係呢？為什麽巴沙諾夫不挑選另一個唯物論者，如費爾巴赫呢？這是因他不知道費爾巴赫呢？然而無知，就是沒有論證。像馬克思和恩格斯一樣，費爾巴赫(從蘇爾日，斐希特和馬赫的見解說)也在認識論的根本問題上不可容許地『跳躍』到實踐那裏。費爾巴赫批評唯心論時，在下文所述毀滅馬赫主義的從斐希特引用的含蓄的文句中，說明牠的本質。斐希特說道，『你以爲：物是實在的，惟因你見牠們、聽牠們、觸牠們，牠們在你之外存在着。但見、觸、聽、三者不過是感覺能了。……你沒有感覺着對象，你只感覺着你的感覺。』(Feuerbach:"Werke,"第十册一八五頁）費爾巴赫答道：『人不是抽象的我；人或是男子，或是女子。世界是否感覺，這個問題，與人是我的感覺或實踐的生活上我們的關係證明人不是我的感覺這個問題，能被放置在同一的立場上呢？唯心論的根本錯誤是；牠從理論上的見地提出並解答客觀性與主觀性的問題，及世界的實在或不實在的問題』（同書一八九頁。）費爾巴赫把人類實踐的總體作爲認識論的基礎。他說：『固然，唯心論者也承認實踐生活上我與你的實在性。這個觀點在唯心論者看來只對於生活是妥當的，對於思辨便不是妥當的。但一種思辨，與生活矛盾的，以死的見地代替眞理的見地的，把靈魂與身體分離開的，是死的，虛僞的思辨（一九二頁）。在感覺前我們呼吸；無空氣、食物和飲料我們不能存在。』『唯心論者忽然叫喊道，「這指的是我們攷察世界的觀念性或實在性的問題時，應該討論到飲食的問題呢？」他（唯心論者——譯者）怎樣卑劣啊！從哲學和神學的講壇罵倒修美的，科學的唯物論，單單在食棹上實行最粗陋的唯物論，這對善良的習俗是怎樣的觸犯。』（一九六頁）費爾巴赫說道，把主觀的感覺與客觀的世界同視就是『把遺精與生殖同視』（一九八頁）。

這樣的論述不是文雅的，但牠針對着那些哲學家，教說感官的表象是在我們之外存在着的『實在的。』

從生活的觀點說，實踐應是認識論的第一和基礎的標準。實踐必然地到達唯物論，掃除教授的煩瑣哲學之無限的妄想。固然，我們不應忘記，實踐的標準在事物的性質上也不完全確證，也不完全否認，任何人類的表象。這個標準，關於防止人類的知識變成『絕對的』，是充分不定的；同時，關於與各種各樣的唯心論和不可知論實行劇烈的鬥爭，是充分確定的。如果我們的實踐所確證的，是唯一的最後的和客觀的眞理；那麽，以此，到達這個眞理的唯一途徑就是固持唯物論的見解的科學之途徑。譬如，波格達諾夫承認馬克思的資本流通的理論只在『現代』是客觀的眞理，把以這個學說爲『超歷史地客觀的』眞理之見解視作『獨斷論。』（經驗一元論第三卷序文七頁）這又是一種混亂的說話；任何將來的情事都不能變易那個理論與事實的一致，這因這樣的理論如『拿破崙死在一八二一年五月五號』這個事實一樣是永久的眞理。但既然實踐，即最近幾十年間資本主義國的發達，實際上證明馬克思的全社會，和經濟的理論一般之客觀的眞理，不僅證明牠的特殊的公式當中有些公式之眞實性；那麽，在這裏說馬克思主義者是『獨斷論的』，顯是對資產階級的經濟學不可容恕地讓步。馬克思的學說是客觀的眞理，這個從馬克思主義者主張的前提推出的唯一的結論，就是我們從馬克思的理論的方向前進，將日益接近客觀的眞理（沒有窮盡這個眞理）；追隨另一途徑，將達到混亂和虛僞的處所。

# 第三章　經驗批判論和辯證法唯物論的認識論（再續）

## 第一節　物質是什麼？經驗是什麼？

唯心論者和不可知論者，包含馬赫主義者在內，用第一質問攻打唯物論者；唯物論者用第二質問攻打馬赫主義者，我們將試來攷察這兩件事。

關于物質，阿芬納留斯這樣說道：『在中性的完全「經驗」內，沒有存在着「物理的」東西，沒有存在着在形而上學的意義上所能夠叫做「物質」的東西，因爲「物質」只是一個抽象；物質是由中心項抽象出來的反對項之綜合的結果。恰如在「原理的同位中」，即在完全的經驗中，無中心項，反對項是不可被思惟的一樣；在形而上學的絕對概念中，「物質」是完全的荒謬。』（"Bemerkungen" 第一一九節二三四頁。）

從這樣的諸語說來，這一件事是顯明的：阿芬納留斯是以『絕對物』和『形而上學』兩名詞來表示物質或物理的東西的，因爲，依據他的原理同位的理論（或者依據在新的說法下『完全的經驗』），反對項與中心項是相聯而不可分離的，環境與自我是相聯而不可分離的；非我（如斐希特所說）是與自我相聯而不可分離的。這個理論是主觀的唯心論之變形，這個事實，我們既已在別地方說明過。阿芬納留斯對『物質』的攻擊之性質是十分顯明的；唯心論者否認『物理的』是獨立於『心理的』之外，並以此排斥哲學爲這樣一個實體（物理的——譯者）而制定的概念。物質是『物理的』（卽，最熟知的、最直接的、資料，牠的存在，除瘋狂病院的住宿人而外，任何人都不懷疑），這個事實，阿芬納留斯沒有否認；他不過要求『他的』環境與自我之不可分離的結合說應被承認。

馬赫以較單簡的方式，表明這樣同一的思想，沒有使用哲學的手法：『我們所叫做物質的東西，是依據某種法則成立的要素或感覺的綜合。』（"Analysis of Sensations"，二三一頁。）馬赫以爲，由於提出這樣一種主張，便引起了普通分析中的『根本的變革』。實際上，這個主張眞還是同一的主觀的唯心論，牠的原形在『要素』這個字下隱藏着。

最後，英國的馬赫主義者皮爾孫，猛烈地反對唯物論，說道：『在科學上，人們不能駁難我們把感官印像之某某多少恆久的集團總爲一類，並把牠們叫做物質，這樣做來，事實上就使我們的主張非常接近彌勒對物質的這樣的定義，卽物質是「感覺之恆久的可能性」，但這個物質的定義，於是引導我們全然離遠當作運動的物之物質。』（"The Grammar of Science"，一九〇〇年倫敦版，二四九頁。）從這說者來，甚至『要素』的無花果葉(空無所有的意義，下同——譯者)都沒有，唯心論者與不可知論融和了。

如讀者所察見，經驗一元論的創始者之議論，完全地、絕對地、迴轉於思惟對存在的關係、『心理的』對『物理的』的關係、之極古認識論上問題的區域中。在這裏，只極端愚陋的俄羅斯馬赫主義者，總尋見任何與『最新自然科學』或『最新實證論』有關係的東西。我們關於這個問題所直接或間接提說到的一切哲學家，都從唯物論之根本的哲學方向(從存在到思惟，從物質到感覺)折行到相反的唯心論的方向。他們對於物質的否定，就是對於認識論上的困難之舊解決方法，這個解決方法，反對我們的感覺之外部的、客觀的、源泉之存在，反對與我們的感覺相對應的客觀的實在。唯心論者和不可知論者所反對的哲學上的方向，在下述的定義中，表明出來：物質是，因在我們的感官上惹起作用，產生出感覺的東西；物質是在感覺內給與我們的客觀的實在及其他等等。

波格達諾夫，忽視恩格斯，佯爲只與蒲列哈諾夫爭辯，忿慨這樣的定義，這樣的定義，如你們所察見，『證明是』「依據哲學上這一根本的方向，物質是第一位的，精神是第二位的，依據那一方向精神是第一位的，物質是第二位的」這樣的『公式』(我們的『馬克思主義者』忘記附加『恩格斯』，恩格斯也提出這樣的公式。)『之單純的反復』(經驗一元論，第三卷序文一六頁)。一切俄羅斯馬赫主義者狂喜地重述波格達諾夫的『反駁』啊！但這般人如果對這個問題稍加省察，那麼，他們將明白，除開對於所認爲第一次的之指說和著重而外，要對認識論上把兩個概念提出任何其他定義，是根本上不可能的。現在我們且問，提出一個『定義』指的是什麼？這首先指的是，把一定的概念包攝在另一概念下，在一個更含蓋的概念下。例如，在我說明『一匹驢子是一個動物』這個命題時，我把『驢子』這個概念包攝在一個更含蓋的概念下。於是發生的疑問就是：有任何認識論所能處理的概念比『存在』與『思惟』，『物質』與『感覺』，『物理的』與『心理的』，這些概念更爲廣汎的含蓋的麼？沒有任何這樣的概念。那些概念（存在與思惟等等——譯者）是可能有的最廣汎的、最含蓋的、概念，認識論不能遠走到牠們的限界以外（術語上可能的變化省略不論）。僅走江湖者或心智貧弱者能要求最廣汎的概念的兩『系列』之這樣的定義，這樣的定義不會是『這一系列或那一系列不應視爲第一次的』這個理論之單單的反復。關於物質而提出的三種議論，我們且考察一下。牠們結局能被歸約爲什麼？能被歸約爲這個議論，即，這些哲學家從『心理的』或『自我』走到物理的或環境，從『中心項』走到反對項，從感覺走到物質或從感官印象（知覺——譯者）走到物質。阿芬納留斯、馬赫、皮爾孫、除開重述他們的哲學方向外，本質上能夠對於他們的根本概念提出任何其他『定義』麼？他們能夠用一不同的特殊的方法決定自我是什麼，感覺是什麼，感官知覺是什麼？馬赫主張唯物論者對於物質所下的定義將不是重行說明這個假定，即物質、自然、存在、物理的、是第一位的實體，精神、意識、感覺、心、是第二位的實體，馬赫的這個主張之背理，如要理解牠，只須明白地把這個問題提起，就行了。

馬克思和恩格斯輕蔑僞博學者玩弄新字、迂迴的述語、狡猾的『主義』，以此表現出他們的天才。他們簡單地、明白地、述說哲學上只有唯心論的方向與唯物論的方向，及在牠們兩者間有各種各色的不可知論。在哲學上尋求一『新』觀點的願望所顯露出的心智的貧弱，與創造一『新』價值論或一『新』地租論的願望所顯露出的相同。

阿芬納留斯的弟子，加斯坦仁，告知我們，他的教師在個人的談話中這樣表明自己的見解：『我不知道物理的或心理的，但僅知道一個第三「實體」啊！』一個著作家說阿芬納留斯沒有提出這個第三實體的概念，培蘇德囘答道：『我們知道爲什麼他不能提出這樣一個概念。對於這個第三實體沒有反對概念(相關的概念之反對概念)。……關於第三實體是什麼，這個問題，沒有論理地提出來。』(純粹經驗哲學入門，第二册，三二九頁。)培蘇德懂得，對第三概念下一定義是不可能的。但他不懂得，『第三概念』的引用只是一種欺瞞能了，因爲，我們當中每一個人都知道什麼是物理的，什麼是心理的；但我們現在不知道那個『第三實體』是什麼。阿芬納留斯，儘管事實上他主張自我是第一實體(中心項)，自然(環境)是第二實體(反對項)，却用那樣言詞的欺瞞隱蔽了他的踪跡(原來的見解——譯者)。

固然，物質與意識的對立，只在一極端有限的範圍內，纔有絕對的意義——即，惟有在『什麼視為第一位的及什麽視為第二位的』這個認識論上根本的問題之限界內，纔有絕對的意義。在這些限界以外，對立的相對性是沒有疑問的。

我們且看一看，『經驗』這個字在經驗批判論的哲學上尋見什麽用處。純粹經驗批判的第一段敍述這樣的『假定』：我們的環境的任何構成部份，對於人類的各個人，立在這種關係上，這種關係，是牠（構成部份——譯者）顯現出來的關係，是這樣的關係，如果他們從他們的經驗供述，『這個與那個我以經驗的方法學知，這個與其他別的是經驗，或從經驗產生出來，或依靠經驗。』（一頁。）照這樣，經驗是據『自我』與『環境』之同一的概念解釋的，但牠們的『不可分離的結合』之『學說』，暫時被放置在一旁。從第一頁再讀下去：『純粹經驗之綜合的概念（即，當作經驗的經驗）是一種供述，在這種供述的構成中，只環境的各構成部份足以用為前提。』（三頁。）如果我們承認環境獨立於人類的『供述』和『言說』外，那麽，以唯物論的方式解釋經驗便是可能的啊！『純粹經驗之分析的概念，恰正是這樣的供述，這樣的供述，沒有東西附加到牠之上，在牠的轉變上不是經驗，但結果除經驗而外不是別的東西。』（五頁。）換些話說，經驗就是經驗。然而有人把這種僞博學的廢話當作眞正聰明的言談啊！

我們還應說：阿芬納留斯在純粹經驗批判第二册上把『經驗』視為『心理的』之一『特殊的場合』；他把經驗分為『物的價值』與『思想的價值』，『廣義的經驗』包括『思想的價值』，『完全經驗』是主張為與原理的同位是同一的("Bemerkungen," etc.)。簡單說來，我們乞求我們所願望的。『經驗』隱蔽哲學上唯物論的方向與唯心論的方向，以此批准兩者的混淆。但是，我們的馬赫主義者，縱然『心安地』接受『純粹經驗』，却這些各殊的方向之代表者自己都指摘阿芬納留斯濫用這個概念。萊爾(Riehl)寫道：『純粹經驗是什麼，這在阿芬納留斯看來，是留存着未決定的；「純粹經驗是這樣的經驗，這樣的經驗，沒有東西給與牠，牠在牠的轉變上不是經驗」，他的這種說明，包含一個惡劣的循環。』("Systematische Phil sophie," 一〇二頁。)溫德寫道，說到阿芬納留斯的純粹經驗，有時指着一種幻想，有時指着一『物』的性質之供述("Philosophiche Studien," 第十三卷，九二到九三頁)。阿芬納留斯擴大經驗的概念來包括差不多一切東西(三八二頁)。苦威萊爾寫道，『這個哲學(阿芬納留斯的哲學——譯者)的意義全部依賴「經驗」和「純粹經驗」這兩術語的精確的定義。阿芬納留斯在任何地方都沒有提出一精確的定義。』("Revue neo-Scholastique," 一九〇七年，六一頁。)斯密說道，『「經驗」這個術語的曖昧意義有益於阿芬納留斯，並且，以此，終結他仰仗主觀的唯心論之陳腐的辯論。』("Mind," 第十五卷，二九頁。)

『我鄭重地主張，我的哲學的靈魂和深奧的精神，就在於這一點：即，人除經驗外，沒有別的東西；人只能由經驗到達每一所在。……』他眞是一個怎樣率直的純粹經驗的哲學家啊！說這樣話的作家的他，與主觀的唯心論者斐希特沒有任何不同處("Sonnenklorer Bericht," etc., 一五頁)。哲學的歷史告訴我們：經驗這個概念的意義之解释，區分唯物論者與唯心論者。現時各種各色教授的哲學，把牠們反動的精神，隱藏在關於『經驗』的高聲叫嚷的面具下。內在論學派的一切信從者都利用經驗。馬赫，在他的知識與錯誤第二版的序文上，稱讚耶路撒冷（Jerusalem）教授的一部著作，在這部著作上，我們讀道：『神的元始的存在之承認，不與任何經驗相抵觸。』(Jerusalem: "Der kritische Idealismus und die Reine Logik," 二二二頁。）

相信阿芬納留斯及其一派的，即相信可用『經驗』這個字去排除唯物論與唯心論之『陳腐的』區別的人們，都是一些可憐蟲。如果伐倫體諾夫和尤謝維齊，對於那個稍微離開純粹馬赫主義的波格達諾夫，非難他濫用『經驗』這個字，那麽，他們就暴露出自己的愚昧。在這一點上，波格達諾夫『無罪』；他從馬赫和阿芬納留斯盲從地承繼混亂的全部。當波格達諾夫說及『意識和直接的心理的經驗是同一的概念……』（經驗一元論，第二卷五三頁），物質『不是經驗』而『是喚起「既知的」之「未知的」』（同書，第三卷序文八頁）這些話的時候，他是以唯心論的方法說明經驗的。並且，他當然不是在『經驗』這個字上建立唯心論的玩具式的體系之最初的一人（在英國巴克斯〔Belford Bax〕好久已這樣表示過〔建立過——譯者〕）。法國批評家對他的著作實在之根源曾經辛辣地說道：『「既然經驗只是意識的別名」，那麽，他顯然是一個唯心論者啊！』（'Revue de philosophie', 一九〇七年，三九九頁。），也不是最後的一八。當他反駁反動的哲學家，說起超越經驗的限界之企圖只是走向『空虛的抽象和矛盾的影像——牠們的一切要素都從經驗得着』（第一部四八頁）——的時候；他把人類意識的空虛的抽象與在人類外及獨立於他的意識外存在着的一些東西對立起來，因而他是用唯物論的方法去說明經驗的。

這件事情，說到馬赫，也是一樣的，馬赫雖以唯心論做出發點（物體是感覺或『要素』的綜合），而對『經驗』這個字却採取唯物論者的說明，使自己陷入於混亂。他說道：

『沒有「從我們自己哲學化」（哲學地思索出來——譯者），只從經驗取得我們的概念。』在這裏，經驗與『從我們自己哲學化』是對立着的，即把經驗解釋為客觀的東西，為從外部給與我們的東西，即是在唯物論上說明牠的。還有另一個例子：

『我們在自然中觀察的每一種東西，是未理解地、未分析地、印刻在我們的表象和觀念之上的，表象和觀念，於是又在最一般的、最顯著的、形態下摸擬「自然」的過程。在這些積累的經驗中，我們有常在手邊的一個寶庫。……』（'The Sci nce of Mechanics'，一九〇二年，芝加哥版本，二八頁。）

在這裏，自然被認為第一位的，感覺和經驗為派生的。假使馬赫對於認識論上的根本問題，一貫地固持着這樣一種見解，那麼，他將從許多愚蠢的唯心論的『綜合』中解脫人類出來。還有第三個例子：『思惟和經驗的密切的結合創建近代科學。經驗產生思想。思想再被鍛鍊，並與經驗對照（知識與錯誤，一九七頁）。馬赫的特殊哲學，在這裏是被拋棄了，這個作家（馬赫——譯者）本能地接受自然科學者的見地，自然科學者對經驗的觀察是唯物論者的。結局就是這樣：馬赫主義者的體系所根據的『經驗』這個字，從那時以來，久被利用來障蔽唯心論的體系，現時阿芬納留斯和他的一派，在他們的折衷的航行上，把牠利用來從唯心論的見地走到唯物論的見地並再回轉去。經驗這個概念的各種『定義』，表明恩格斯如此彰顯地闡明的哲學上兩個根本方向。

## 第二節　關于『經驗』這個概念的蒲列哈諾夫的錯誤

蒲列哈諾夫在他對費爾巴赫這個著作的序文第十和第十一兩頁上，說道：

『一個德國著述家說，在經驗批判論者看來，經驗是研究的題目（對象——譯者），不是認識的手段。如果這樣，那麼，經驗批判論與唯物論的對立變成沒有任何意義了，「經驗批判論是否被崇拜來替換唯物論」這個問題的攷察，似乎是虛浮的，多餘的。』

這完全是混亂的說話。

阿芬納留斯的最正統的信奉者之一，加斯坦仁，在（答覆馮德的）關于經驗批判論的一篇論文上說道，從『純粹經驗批判』看來，經驗不是認識的手段，只是研究的題目（"Vierteljahrsschrift für wissenschaftliche Phil⌒sophie"，一八九八年第二二部四五頁）。並且在蒲列哈諾夫看來，加斯坦仁的見解與唯物論的對立還是沒有任何意義啊！

加斯坦仁完全重述阿芬納留斯的見解；阿芬納留斯，在他的著作心理學對象的概念之攷察上，把他關于當作所給與我們的東西、我們所尋見的東西、之經驗的見解，與當作在『實質上全然形而上學的認識論之意義』上一種『認識手段』之經驗的見解絕對地對立着（前引書四〇一頁）。

培蘇德在他的著作純粹經驗哲學入門（第一卷一一七頁）上追隨着阿芬納留斯，也表示同一的意見。然而依據蒲列哈諾夫，一方加斯坦仁、阿芬納留斯和培蘇德的見解與他方唯物論的見解之對立是全無意義啊！這或因蒲列哈諾夫沒有徹頭徹尾誦讀加斯坦仁及其一派的著作，或因他間接又間接引證『一個德國著述家』。

那個關于最有名的經驗批判論者的見解之陳述，蒲列哈諾夫所未理解的，包含什麼樣的意義呢？加斯坦仁願意說，阿芬納留斯在他的著作純粹經驗批判上把經驗看作研究的題目，即『人類供述』的每種形式。加斯坦仁說（前引論文五〇頁），阿芬納留斯沒有攷究這些供述是否真實的，或者是否關涉幽靈；他單把人類的各種物理的與心理的供述加以排列、加以體系、並在形式上加以分類（五三頁），卻沒有進入問題的核心。加斯坦仁把這種觀點叫做『非常的懷疑論』，絕對是確切的（二一三頁）。在這個論文上，加斯坦仁對于溫德照準他的親愛的教師誣罔地非難（從一個德國教授的觀點說誣罔地責難）他（他的教師——譯者）主張唯物論，順便地辯護他。祈求呀，我們是何等唯物論者呀！這就是加斯坦仁的駁論的意義。

如果我們談說『經驗』，那麽，我們決沒有談說普通意義上的導引或能導引到唯物論的經驗，只談說在對于人們『供述』（表示——譯者）爲經驗的每種東西之研究的意義上的經驗。加斯坦仁和阿芬納留斯把那種拿經驗看做認識手段的見解，認爲是唯物論的（這或者，如我們從裴希特的例子所察見，寧是通常的見解，然而這却是不眞切的）。阿芬納留斯把自己的見解與『流行的形而上學』截然分別開來，『流行的形而上學』堅持地把頭腦看做思惟的器官，同時忽視投入論和原理同位論。在『所給與的』或『所尋見的』東西之下，阿芬納留斯理解自我與環境的結合，這個結合導引他用唯心論的方法混亂地說明『經驗』。

我們察見，唯物論的方向與唯心論的方向，休謨主義的趨勢與康德主義的趨勢，在『經驗』這個字之下，可以很好地隱藏着；但是，把經驗當作研究的題目（蒲列哈諾夫或以爲，加斯坦仁曾說過，『認識的對象，獨立於認識之外』，沒有說過、『研究的對象』呢？這樣的觀點，實際上將是唯物論。但加斯坦仁，及任何與經驗批判論相關聯的人，都沒說、或將說、任何這樣的事件。），把經驗當作認識的手段，這兩種經驗的定義，都沒有確切地決定各問題。加斯坦仁對溫德的特殊評論，對于經驗批判論與唯物論的對立之問題，沒有任何關係。

波格達諾夫和伐倫體諾夫，關于這一論點答覆蒲列哈諾夫時，沒有顯示出對那個題目任何專門的知識，這個事實，我們且把牠當作稀奇事注意着。波格達諾夫聲明道：『這（這一論點——譯者）不是充分明白的；分析經驗的公式是經驗批判論者的任務，對牠的條件接受或否認，是留待他們做的事件。』（第三册，序文十一頁。）事實上，這是極妥善的立場啊！結局這就是，他非馬赫主義者，並以此不負責任來尋求在什麽意義上某一阿芬納留斯或加斯坦仁談說經驗啊！波格達諾夫欲利用馬赫主義（及關于『經驗』馬赫主義的混亂），但他不欲對牠負責任。

『純粹的』經驗批判論者，伐倫體諾夫，抄寫蒲列哈諾夫的評述公然暴露這個事實，即，蒲列哈諾夫沒有舉出著者的姓名，沒有說明那個問題（前引書一〇八到一〇九頁）。並且同時他自己，縱然自稱曾誦讀蒲列哈諾夫的評述『三遍或四遍』，却關于那個問題的本質甚至未發一言。他顯然毫沒有理解那個問題。這般馬赫主義者啊！

## 第三節　自然中的因果性和必然性

因果性的問題，從決定這種或那種最新『主義』之根本的哲學方向說，特爲重要。所以我們應耗費較多的時候來論述這個問題。我們將首先說明唯物論的認識論關于這個特殊點的見解。費爾巴赫的見解，在上述的對海姆的答辯上，非常明白地敍說過。

『海姆說道，在費爾巴赫看來，「自然與人類的思惟，完全不同，並在牠們兩者間鑿掘了一道深溪，從這一端渡到那一端，或從那一端渡到這一端，都是不可能的。」海姆的這樣駁難根據宗教的本質這個著作第四十八節，在這一節上這個著者說、「自然只可以由自然本身被理解着，牠的必然性不是人間的、論理的、形而上學的、數理學的、牠是一種本體，適用任何人間的尺度到牠之上，都是不可能的。儘管我們拿牠的現象與類似的人類的現象比較，却我們適用這個尺度，爲的是使人類的表現和概念自身可被我們理解着。例如，我們被迫來因我們的語言適用這樣的表現詞，如『秩序、目的、法則』。」這件事指的是什麼？我以爲牠指的是，在自然內沒有秩序，即指的是，例如，夏可以跟隨秋，冬可以跟隨春，秋可以跟隨冬呢？我以爲牠指的是，在自然內沒有目的，即指的是，例如，在肺與空氣間，或在光與眼睛間，在聲音與耳間，沒有任何調和呢？我以爲牠指的是，在自然內沒有法則，即指的是地球可一年一度或十五分間一度，時而在一橢圓形上，時而在一圓形上，並環太陽運行着呢？這是如何的荒唐話啊！于是在這一節上我打算說什麼？我不過說，在屬于自然的東西與屬于人的東西間，有一種區別存在着；在這一節上，我沒有說，沒有任何東西在自然內與我們的秩序、目的、法則、之言詞和概念實際上相照應着。僅不過否認思惟與存在是同一的；僅否認「秩序、等等在自然內存在着，恰如在人的頭腦或感官內存在着一樣的」這個見解。秩序、目的、法則不過幾個字，人類用牠們來把「自然」的行動翻譯爲他的言語，使得他自己可以理解牠們。這些字不是全無意義或客觀的內容，但他必須區別原來的與翻譯的。秩序、目的、法則在人類的意義上表現出一些任意的物事。』

『從自然秩序的偶然性，從自然的合目的性及合法則性，有神論直接推論出牠們的任意的起源，——即推論出一個與自然相異的本體之存在，及把秩序、目的、法則攜持到一個自身是混沌的和沒有任何決定性的自然內的一個本體之存在。有神論者的「思惟力」……是一種與自然矛盾的思惟力，一種對自然的本質全不理解的思惟力。有神論者的思惟力，把自然分裂爲兩個本體——一個是物質的；另一個是形式的或精神的。』（"Werke" 一九〇三年版，第七冊，五一九到五二〇頁。）

我們察見，費爾巴赫承認自然法則的客觀性，即秩序、法則、和其他的人類的表象僅近似地模寫的客觀的因果性。依據費爾巴赫的見解，自然法則的客觀性之承認，是與我們的意識所模寫的對象、物體、物、三者的外部世界的客觀的客觀實在性之承認不可分離地結合着。費爾巴赫的見解是徹底的唯物論的見解。一切其他的見解，或較切適地說來，一切其他對因果性的哲學的概念，否認自然內客觀的法則性、因果性和必然性的，費爾巴赫把牠們都視爲走到信仰主義的方向。因爲事實上從意識、論理、理性、三者不從客觀的外部世界、所依據以推論自然的因果性、劃一性和必然性之主觀的方向，顯然不僅把理性與自然分離開來，把理性與自然對立、並且把自然作爲理性的一部份，不把理性作爲自然的一小部份。關于因果性問題的主觀主義的方向是哲學的唯心論（這個唯心論的變種是休謨和康德的因果律的理論），這個唯心論，是多少淡薄的信仰主義。自然的法則及其在人類頭腦內近似的反映之承認，是唯物論。

在因果性的問題上，恩格斯沒有把他的唯物論的見解與其他各方向對立着。他不須這樣做，因在自然的客觀性之根本的問題上，他把自己與一切不可知論者極決然地分別開來。凡用心讀過他的哲學著作的人們，應明白地知曉，關于自然內法則、秩序、因果性、必然性、的存在，恩格斯沒有表示絲毫的疑惑。我們將只略舉幾個實例。在反笛靈格論的開頭一段上，恩格斯說道：『爲着研究這些個個的現象，我們不得不從牠們的自然的或社會的關係中取出牠們，並依據牠們每個的自己的形態及自己的特殊起源和發展，把牠們一個一個地研究起來。』（四一頁。）

這個自然的關聯，卽各自然現象間的關聯，客觀地存在着，這個事實，是顯明的。恩格斯特別這樣著重原因與結果的辯證法的見解：

『原因與結果是這樣的概念，這樣的概念只能在牠們對于特殊的場合之關係上澄現出自己。然而我們在個別的場合對世界全體的一般關聯上來攷察這個別的場合時，牠們在普遍的問題的解決之面前聚攏一起並融化自己，因爲在這裏原因與結果轉換位置；在一個時候和一個地方是結果的，變成原因，是原因的，變成結果。』（四三頁。）所以，關于原因與結果的人類的見解，常是多少地把『自然』的現象之客觀的關聯單純化，牠僅近似地反映自然，人爲地把同一世界過程的這一面或那一面隔別起來。恩格斯說，如果我們發見思惟的法則與自然法則一致，即，如果我們審察『思惟和意識與『人類頭腦的產物，並且人自己是自然的產物』這個事件；那麼，這變成十分可理解的。固然，人類頭腦的產物，在最後的分析上，自己雖是自然的產物，却與其他自然的關聯不相矛盾，只與牠們（其他自然的關聯——譯者）相照應。無疑地，在世界的各現象間，存在着一種自然的、客觀的、關聯。恩格斯常常說及『自然之法則』・『自然之必然性』，但他沒有發見說明唯物論之一般地已知的命題是必要的一件事。

在費爾巴赫這個著作上，我們還讀道，『運動之一般的法則——外部世界與人類思惟之一般的法則，——是兩系列的法則，這兩系列的法則，關于物質是同一的，但關于表現在人類的頭腦能意識地應用牠們的範圍內是相異的；在自然內，並迄至現時在人類歷史內，大抵牠們無意識地在外部的必然之形式上，由外觀的偶然事之無限的相續，完成牠們自己。』(九五到九六頁。）並且恩格斯責難自然哲學把『未知的但是現實的關聯』(自然現象)改換爲『唯心的和幻想的關聯』。恩格斯在他的著作上極明白地承認自然法則的客觀性，因果性和必然性；他著重在這些和其他概念內說明的對于自然法則的事實，我們自己的(卽人類的)近似的摸寫之相對的性質。

我們轉而論述狄慈根，第一應注意我們的馬赫主義者對于問題之無數的曲解。馬克思主義的哲學的論集這個著作的作者之一，黑爾風，告訴我們：『狄慈根的學說(世界觀——譯者)之主要點，可以在下述的命題中總括起來：「我們所歸屬于物之因果的依存，實際上不包含在物的自身中」。』(二四八頁。）這純是黑爾風的囈言，他自己的見解是唯物論與不可知論的混合物。他曾僞造狄慈根的意思。固然，我們能夠尋出狄慈根的混亂和謬誤，使馬赫主義者喜悅和一切唯物論者視狄慈根爲不徹底的哲學家的。但是說他(狄慈根——譯者)直接否認因果性之唯物論的見解，這只是黑爾風和俄羅斯馬赫主義者所能夠如此的。

狄慈根在他的著作哲學的實果(Positive Outcome of Philosophy)上說道，『客觀的科學與主觀的理解相異，因這樣一種科學不以信仰或內省的思辨，只以經驗和歸納，不以「先驗的」只以「後驗的」，透察牠的對象的原因。自然科學不在自然的現象外或自然的現象背後，但或在牠們內部，或由牠們，尋求原因。』（一〇九頁。）『在最後一例，原因不是，由視覺、聽覺、觸覺、由感官的知覺，被攷察着，被供給着。較切適地說來，思惟能力供給原因、思惟能力在牠與感官知覺及其物質的對象之結合上，產生出原因來。這個感官的材料（感官的物質的對象——譯者）對於心（思惟能力——譯者）產生的原因給與客觀的存在。恰如我們主張一眞理應是關于或種客觀的現象之眞理一樣，我們也主張一原因應是實在的，應是或種客觀的結果之原因。』（一一三頁。）『事物的原因是牠的關聯。』（一一四頁。）

從上文看來，黑爾風顯然曾僞造狄慈根的說明。狄慈根敍述的唯物論的理論，承認『因果的依存關係』包含在『物的自身』中。就本來的馬赫主義的混合物說，黑爾風關于因果性的問題，必須混淆唯物論的見解與唯心論的見解。我們且進而分析後一種見解。

關于這個問題，阿芬納留斯在他的第一部著作據最小力最的原理之世界思惟的哲學上，明白地敍述他的哲學的出發點。在第八十一節上，我們讀道：『我們如沒有知覺着（如經驗上沒知道）惹起運動的力，那麽，就不知覺着任何運動的必然性。』在我們面前，我們看見休謨的觀點之最純粹的形態：感覺、經驗、沒有對我們告訴任何關于必然性的東西。一個哲學家，（據『思惟經濟』的原理）主張惟有感覺存在着的，不能到達任何其他結論。『既然因果性的觀念，要求力和必然性或強制爲決定結果（連續繼起的過程——譯者）之主要構成部分，那麽，在這樣的範圍內，牠們就歸併起來了（八二節）。必然性留存着爲結果的期待之蓋然性的一定程度。』（八三節。）這是十分確實的關于因果性的主觀的解釋。並且爲着留存在或種範圍內的是徹底的，他就不能到達任何其他結論，如果不承認客觀的實在性爲我們的感覺的泉源。

我們拿馬赫來說，在標題爲『因果性和說明』的特別一章上（'Die Prinzipien der Wärmelehre''，一九〇〇年二版，四三二到四三九頁），我們讀道：『休謨主義的批判（因果性的概念）仍有勢力。』康德和休謨不同地解決因果性的問題（馬赫沒有攷察其他哲學家啊！），『我們贊成休謨』的解決。『例如，在論理的必然性以外，沒有別的必然性，沒有物理的必然性。』這恰正是費爾巴赫如此猛勇地攻擊的觀點。馬赫甚至沒有夢想着否認他與休謨的近親關係。只有俄羅斯馬赫主義者能夠悍然主張，在休謨的不可知論與馬克思和恩格斯的唯物論間存在着一種『結合』。在力學這個著作上，我們讀道：『自然中沒有原因，也沒有結果（四七四頁）。我曾屢屢說道，因果法則的一切形態，從主體的努力產生出來；就自然說沒有與牠們相照應的必然性。』（四九五頁。）

在這裏，我們應注意，我們的俄羅斯馬赫主義者以可驚的愚陋把關于因果法則的唯物論的論證與唯心論的論證間根本的差異之問題改變爲法則的這個或那個公式。他們追隨德國經驗批判論的教授之後，相信：說起『函數的關係』，說起『最新實證論』的發見，就可以從所謂必然性法則等表現的拜物教解放我們。固然，這是囈言，溫德完全正當地嘲笑絲毫沒有變更事物的本質之言詞的變（"Philosophische Studien"，三八三，三八八頁）。馬赫自己說：因果法則的『一切形態』，並在知識與錯誤（二七八頁）上發表這個自明的保留語，即，函數的概念能較精確地表現『要素的相互依存性』，只在能以可測度的數量表現研究的結果時。甚至就像化學這個科學說，也只能部份地這樣地表現。依據相信教授們的發見之我們的馬赫主義者的意見，費爾巴赫——且不說恩格斯——不知道，『秩序』、『法則』等等這些概念能在一定條件下被表現着為一種數理學上確定的函數的關係啊！

實際重要的認識論上的問題，區別哲學上各學派的，不是『所達到的我們對因果關聯的記述之正確程度』這個問題，也不是『這些記述是否能以精密的數理公式被表示着』這個問題，而只是『我們對這些關聯的認識之泉源是否自然的客觀法則，或我們的思惟之性質，即牠關于認識一定的先驗的眞理之固有的能力，以及其他等等』這個問題。這就是把唯物論者費爾巴赫、恩格斯、馬克思與不可知論者（休謨主義者）阿芬納留斯、馬赫劃分開來的問題。馬赫，要責他不徹底，那是有罪過的，在他的著作當中，有些地方，他常常『忘記』他與休謨及其對因果關係之主觀主義的理論是一致的，並『單純地』像一個自然科學者去從一種本能地唯物論的見解論辯着。例如在他的力學這個著作（法文譯本）上，我們讀道：『自然啟示我們在牠的現象內尋求齊一性。』（一八二頁。）但是，如果我們在自然現象中尋見齊一性，那麽，這種齊一性是在我們的意識外存在着的嗎？他否定地囘答這個問題。關于自然之齊一性的問題，馬赫這樣說道：『驅策我們以思想去完成那種只觀察了一半的事實的力，是聯想的力。聯想是由「重複」破實行着。那種力於是對我們像似一種不單單依存于我們的意志和個個的事實之力，只是一種指揮思惟和事實、及如牠們兩者的關聯之法則樣保持牠們彼此的調和、之力。我們以爲自己藉助這樣的法則能夠豫言，這件事，只證明（！）我們的環境中充分的齊一性之存在，決非證明我們的豫言之適中的必然性。』（'Wärmelebre" 三八三頁。）

這就是說，我們可以並應該在我們的環境、或自然、的齊一性外一些別的地方去尋求必然性啊！在什麽地方尋求齊一性，這是唯心論的哲學之祕密，唯心論的哲學害怕承認人類的認識能力能夠反映『自然』的齊一性。在知識與錯誤上，馬赫甚至解釋『自然』的法則爲「豫期之制限」（二版，四五〇和以下幾頁。）。於是唯我論出現了。

我們且攷察同一哲學學派的其他著述家的立場。皮爾孫以非常的精確這樣表明自己的態度：

『科學的法則，較切適地說來，不是外部世界的要因，實是人類意識的產物。詩人或唯物論者，對于自然表示敬意，把當牠作人類的統治者的，常過于忘懷他們所讚賞的秩序和複雜至少如他們自己的記憶和思惟那樣，都是人類的知覺力和推理力的產物。……「自然」的複雜性是被我們知覺的能力限制着的；自然法則的含蓋的性質，是因人類思惟的發明力顯現出來的。從此說來自然及其法則的神祕和偉大，存在于人類的知覺力和推理力裏面。……人類是自然法則的創造者。……從自然這個字的這樣的意義——這樣的意義不幸在今日是牠的非常流行的意義——說，自然法則能在人們承認牠以前存在着。』（'The Grammar of Science',八六和八七頁。）

他的著作第四章（第十一節），專討論因果性的問題的，包括下述的論綱的公式：『必然性存在「知覺」的世界內，並只是非意識地、非論理地、被移轉到「概念」的世界。』我們應注意，在皮爾孫看來，知覺或感官印像，是在我們之外存在着的現實。『知覺的連續繼起，以齊一性重複着，就這個齊一性（知覺的常規）說，也沒有固有的必然性；但在知覺內應有一種常規，這對於思惟者的存在是必要的條件。必然性這樣存在于思惟者的性質內；所以牠在推想上是知覺能力的產物。』（一三九頁。）

我們的馬赫主義者，馬赫『自己』表示他與他們一致，他們這樣安穩地達到純粹康德主義的唯心論。人對自然授與法則，自然不對人授與法則啊！先驗論，沒有決定這樣的哲學上唯心論的方向，只決定牠的一個特殊公式的，附從康德反覆地述說牠，這是不重要的；但理性、思惟、意識、在這裏是第一位的，自然是第二位的，這是重要的。理性不特是『自然』的一大部份，不特是『自然』的最高產物之一，牠的過程之反映；並且，更有進者，自然是『理性』的部份、這個理性把牠自己從我們一切人皆知道的普通、單純、的埋性伸展爲『巨大的』（如狄慈根所說，巨大的）、神祕的，神靈的、理性。『人對自然授與牠的法則』這個康德派的馬赫主義者的公式，是信仰主義的一種公式。如果我們的馬赫主義者，在恩格斯說唯物論的根本特徵是承認自然爲第一位的，不承認精神爲第一位的時候，睜大眼睛；那麽，恩格斯的理論單單表明在什麽範圍內，他們不能夠區別眞正的根本的哲學方向，與教授式的學識和所謂博深的言詞。

培蘇德在他的兩册的著述中，分析並闡揚阿芬納留斯的學說，他的理論，可以用來做反動的煩瑣哲學之適宜的例子。他說，『迄至現在，去休謨 百五十年，實體性和因果性，仍然痲痺思想家的勇氣。』（純粹經驗哲學入門，第一册，三一頁。）固然，最勇敢的就是唯我論者，他們發見無有機物質的感覺，無腦髓的思想，無客觀法則的自然啊！『並且因果關係的公式，必然性或自然內必然性的公式，包含一些不明瞭的和神祕的東西』——即『拜神論』和『神人同形論』的觀念（三二頁，三四頁）。可憐的神祕論者——費爾巴赫、馬克思、恩格斯啊！他們始終口講『自然』的必然性，並把信從休謨思想的方向者叫做理論的反動家啊！培蘇德優于一切『神人同形論者』。他曾發見偉大的『一義決定性』的法則，排除一切曖昧，一切『拜物教』的跡印，例如：力之平行四邊形的命題是（三五頁）。這不能被『證明』：這應被承認爲『經驗上的事實』。我們不能預想，物體從各個方向受同一衝擊的，將運動着。『我們不能承認自然有這樣的渾沌和不確定。我們應向自然要求正確和法則。』好啊，好啊！我們向自然要求合法則性啊！資產階級向牠的教授要求一種反動的態度。『我們的思惟向自然要求精確，自然常遵從這個要求；我們甚至將察見，就一定意義說，自然被迫着遵從牠。』(三六頁。)

爲什麼，物體，在AB線的方向受中心衝擊的，向C線的方向運動，不向D線或E線的方向運

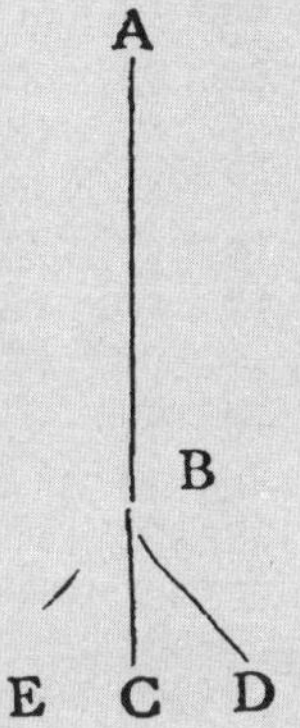


動？『爲什麼自然不選擇無數其他方向之一』？(三七頁。)因在那樣的場合將沒有『一義的決定性』，而培餘德之偉大的經驗批判論的發見要求這個『一義的決定性』。

這就是經驗批判論者充塞許多篇幅的廢話啊！『……我們曾屢述說，我們的見解，不是從個別經驗的統計獲得力量，但較切適地說來、反而是向自然要求承認這種見解的力量的。事實上，甚至在牠(我們的見解——譯者)變成法則以前，牠已是我們用以接近「實在」的原理，換些話說，是一個前提。牠有獨立於個別的經驗以外之先驗的效力——如果這樣的說法是不錯的。最初，教說先驗的眞理，以此顯然返到無益的形而上學方面，這對于純粹經驗的哲學是不適合的。但我們的先驗單是論理

的和心理的，不是形而上學的。』（四〇頁。）固然，如果我們把先驗叫做論理的，那麼，觀念之一切反動的色彩消滅；，並且牠被抬高到『最新實證論』的地位啊！

培蘇德教示我們，在心理現象中決不能有任何一義的決定性；幻想的任務，大發明的重要點等等，創出例外，但自然法則或精神法則不容許『任何例外』（六五頁）。就此說來，在我們當前，我們有一個純粹的形而上學者——這一個人甚至一點也不知道偶然與必然間相對的區別。

於是我們且引據歷史的事變之動機或詩歌著作內人物的發展。『如果我們注意，我們便將察見沒有一義決定性。我們不能想像，一歷史事變或一戲曲內參與者的行動，只能是在一定心理的條件下的行動，不能是別種樣的行動。』（七三頁。）『在心理的領域內，不特沒有一義決定性，並且我們還應要求一義決定性是離開現實的。我們的學說，這樣被高舉到一公準的地位，……即，到任何以前的經驗的必要條件之地位，論理的先驗之地位。』（培蘇德加的傍點，七六頁。）

培蘇德在他的著作入門兩册內及一九〇六年出版的小册子內進用這個『論理的先驗』。（培蘇德：'Das Weltp oblem vom positivistischen Standpunkte aus'，一九〇五年萊蒲茲出版，一三〇頁：『並且從批判的觀點說能夠有一論理的先驗；因果性是被應用到恆常地在我們的環境中經驗着的東西之論理的先驗。』）這是有名的經驗批判論者的第二個例子，這個經驗批判論者不知覺地『滑入』康德主義裏面，在充分改變的形態下，傳布最活動的學說。而且，這個事實，决不是偶然的；因爲在馬赫和阿芬納留斯關于因果說的眞正基礎內，藏匿着唯心論的欺瞞，儘管關于包爾牠的『實證論』有誇大的言詞。休謨主義與康德主義的因果說間的差別是不可知論者間次要的差別，不可知論者一致否定自然法則的客觀性——以此必然地使自己到達更進的唯心論的結論。

一個比培蘇德較爲『精細的』經驗批判論者威利，恥與內在論者有近親的關係，（譬如他）非難『一義決定性』的全部學說，視爲不過『論理的形式論』之一種表白。但威利是否因與培蘇德斷絕關係，改善他的立場？决沒有改善，因爲他爲着辯護休謨派的不可知論，拋棄康德的不可知論。他寫道：『我們曾知道，從休謨以來，「必然性」是一純粹論理的指標，不是超絕的，或者如我們所寧願說，如我們所業已說，是一種純粹言詞上的指標。』（威利："Gegen die Schulweisheit,"一九〇五年出版，九一頁；參攷一七三，一七五頁。）

不可知論者把我們對必然性的唯物論的見解，叫做『超絕的』；因爲，從威利所不否認而使其純粹化的康德派和休謨派的『學校智識』之觀點看來，對于在經驗內給與我們的客觀實在性之承認，是不合理的『超絕』。我們發見，一個我們正論述的哲學方向之法國著作家潘加爾，時常陷入同一的不可知論的途徑。他是一個偉大的物理學家，但也是一個可憐的哲學家；他的錯誤，固然，尤謝維齊說，是最新實證論的最後言詞。這說得太遠，說到另一『主義』——『經驗象徵論』——發生。在潘加爾（他的見解在下面關于『新物理學』這一章上我們將要敍述）看來，自然法則是象徵，是以人爲『使宜』的緣故創造的限界爲條件的。『惟一眞實客觀的現實是內的世界的調和』；潘加爾所謂爲『客觀的』，指的是多數人或一切人一義地決定的（一般地承認的——譯者）東西（潘加爾"The Value of Science"，一九〇七年紐約版，一三和一四頁）。這就是說，潘加爾，如一切馬赫主義者一樣，因純粹主觀地解释自然法則廢棄客觀的眞理。關于『在我們之外是否有「調和」』這個問題，他斷然宣言道，『無疑地沒有』。所以，新術語十分顯然毫沒有變化不可知論之傳統的哲學方向，因爲潘加爾『獨創的』理論之本質，是把牠自己歸約爲『對客觀的實在和自然法則的客觀性之否定』這個理論（儘管他對這個理論決不是先後一貫的）。所以，德國康德主義者歡迎這樣的思想，視爲哲學上根本地翻轉到他們自己的見解——即不可知論——之一種說明，這是完全自然的，與俄羅斯馬赫主義者的意見判然有別，俄羅斯馬赫主義者把舊錯誤的新公式化認爲新發見。『在康德主義者的斐里蒲蒲、佛佛蘭克的著作內，我們讀道，法國數理學家潘加爾辯護這個理論，即，自然科學之最一般的命題當中，有好多命題（能力不滅法則等等），牠們的起源是經驗的或先驗的，這是常難斷言，事實上牠們既不屬于經驗，也不屬于先驗·牠們僅是依存于人的意思之純粹附條件的命題。……這樣，康德主義者狂喜，最新自然哲學「非被期望地」更新批判的唯心論之根本的思想，卽，經驗單單充實人生而持往世界的組織體。……』（"Annalen der Naturphilosophie,"〔自然科學年報〕，一九〇七年，第六册，四四三，四四七頁。）

我們所以引述這個例子，是對讀者表明我們的尤謝維齊派的恐陋的情態，他們甚至在淺薄的專門哲學家坦率地、明白地、承認追從潘加爾的人們曾改信批判的唯心論的見解時，把一種象徵主義的理論視爲純粹簇新的造作物啊！因爲這個見解的本質，不必然地存在于『康德的特殊公式的反復』這個事實裏面，但存在于『共通於康德和休謨的根本觀念的承認』——自然法則的客觀性的否定，及從主觀不從自然對于各種『經驗條件』、原則、前提、假說的推斷——這個事實裏面。恩格斯說得好，他說，一個哲學家屬于那一派唯心論或那一派唯物論，這不是重要的；重要的事情，就看他是把自然，外部世界、運動的物質視爲第一位的，或是把精神、理性、意識視爲第一位的。

關于這個問題，馬赫主義的另一特徵，與其他哲學觀點對立的，就是博學的康德主義者魯嘉陳述出來的（魯嘉："Das Erkenntnissproblem und Machs Analyse der Emfindungeu," in Kantstudien"，第七册，四〇九頁）。關于因果性的問題，『馬赫與休謨一致。……渥爾克滿（P. Volkmanu）從自然過程的必然性推論出思惟的必然性——這樣一種觀點，與馬赫的對立，與康德的一致，承認不在思惟內的必然性，只在自然過程內的必然性。』四二四頁。）

渥爾克滿是一個物理學家，關于認識論的問題有許多論述；他像大多數自然科學家一樣，傾向于唯物論，但是他所傾向的唯物論是不徹底的、害羞的、曖昧的、唯物論。承認自然內的必然性及從這個必然性推尋出思惟的必然性，這是唯物論。從理性（思惟——譯者）推論出必然性、因果性、法則、等等，這是唯心論。前引的文句內惟一的過誤，就是以爲馬赫完全否定任何必然性。我們已經知道，這就馬赫說或就經驗批判論派全體說，都不是實際的情事，經驗批判論派全體，一度離開唯物論，就不可避免地投降于唯心論。

特別是關于俄羅斯馬赫主義者，我們還須說幾句。他們願做馬克思主義者；他們都『誦讀過』恩格斯的著作，恩格斯的著作決然把唯物論與休謨的哲學區別開來；他們不論從馬赫那裏，或從任何熟習馬赫哲學的人們那裏，都不能不知道，馬赫和阿芬納留斯都追隨着休謨的哲學方向；而他們討論到因果性的問題時，却都力謀不提說休謨主義與唯物論啊！在這裏，完全的混亂，支配着一切。我們將舉出幾個例子。尤謝維齊教說一種『新』經驗象徵論。『靑、硬、等等的感覺——這些所謂純粹經驗的資料』『純粹理性的創造物，如噴火獸、或將棋遊戲』——一切都是『經驗的象徵』（論集，一七九頁）。『認識是經驗象徵的；牠發展時表示出象徵化之較高階段的經驗象徵。……這些經驗象徵是……叫做自然法則。……所謂眞正的實在，即在自體內的存在，是一切我們的認識努力於到達的象徵之無限的

(一個極博學的人就是這個尤謝維齊)限界體系。』一八八頁。)『經驗之流……在我們的認識的基礎上橫着的，是……不合理的、……非論理的。』(一八七，一九四頁。)能力(energy)『恰如時間、空間、質量，和自然科學的其他根本概念一樣，同是一小的物或實體；能力是一個恆常物，一個「經驗象徵」，在一個時間，像其他經驗象徵一樣，關于把理性和「Logos」(宇宙法則——譯者)引入「所被經驗的」之不合理的流中，滿足人的根本需要的。』(二〇九頁。)

我們看見一個穿上一件小丑衣服的主觀的唯心論者，——這件衣服，用誇大的、各種色彩的、時髦術語做成的，——據他的見解，外部的『世界自然』及其法則，是我們的意識的象徵。經驗之流缺之理性、秩序、法則，引入秩序的，是我們的理性。天體是人類認識的象徵，地球也是人類認識的象徵。如果科學教示我們：地球在人類和有機物質演化出來以前許久業已存在着；那麽，這只是一種發明啊！行星運動的秩序，是我們的認識之一產物。尤謝維齊覺得這樣的哲學正把人類的理性變化爲『自然』的眞正創作者，把Logos與理性放置在同一的地位；Logos是抽象的理性，不是理性，只是Reason(神聖的理性——譯者)，不是人類腦髓的機能，只是在這個腦髓出現以前存在着的一種東西，卽一種神聖的東西。最新實證論的最後的言詞，就是費爾巴赫所發覺的信仰主義之舊公式。

我們且拿波格達諾夫來講。在一八九九年，他仍一半是唯物論者，並且只在極偉大的化學家和混亂的哲學家歐斯特瓦爾德的影響之下開始迷路時，他寫道：『現象的因果關係之一般法則，是人類認識的最近、最善、的產物，這個法則是普遍的法則，用哲學家的言詞來說，即是人類理性歸屬于「自然」的諸法則中的最高法則。』("Fundamental Elements" etc. 四一頁。)

神知道波格達諾夫從什麽源泉獲取這樣的引用文；但實是，一個『馬克思主義者』忠實地反復申述的一個哲學家的『言詞』是康德的言詞。這是怎樣一件不愉快的事情啊！但甚至歐斯特瓦爾德的『單純』影響，不能說明牠（這件事情——譯者），這是更不愉快的。

在一九〇四年，波格達諾夫已經離棄自然科學的唯物論與歐斯特瓦爾德，他寫道：『……近代實證論視因果法則僅爲能由配列的經驗之各形態把各現象結合成一連續不斷的系列之一種手段。』（從"The Psychology of Society"（俄文，二〇七頁引用的）。波格達諾夫或者不知道，或者不承認，這個近代實證論是否定在『認識』和人類發生以前存在着的自然之客觀必然性的不可知論。他從德國教授深信地接受所謂『近代實證論』。最後，在一九〇五年，波格達諾夫曾經歷一切前述的各階段，及經驗批判論的階段，並業已到達『經驗一元論』的階段，他寫道：『各法則全不屬于經驗的領域，……牠們不是在經驗內被給與的，是當作組織着經驗——來把牠（經驗——譯者）調和地合成一個完全的單一體——的一種手段之理性（思惟——譯者）所創造出來的。』（經驗一元論，第一卷，四〇頁。）「各法則是「認識」

的抽象；物理的法則具有些微的物理的性質，恰如心理的法則具有些微的心理的性質一樣。』（同頁。）

這就是說，冬繼秋，這個法則，不是在經驗內給與我們的，只是當作組織、調和及結合的一種手段之理性所創造出來的。波格達諾夫同志，這是怎樣創造出來的呢？

『經驗一元論是可能的；僅因認識除去無數的矛盾，創造一般的組織形態，把各要素之原始的混沌世界改變爲各關係之一派生的有秩序的世界，以此調和經驗。』（五七頁。）這不是眞實不錯的。認識能『創造』各形態，能改變原始的混沌成爲秩序，這個觀念，是唯心論的觀念。世界是運動的物質之齊一的世界；我們的認識，既是自然之最高產物，牠是處在一種只模寫那個法則的地位的。

結局，我們的馬赫主義者，盲從『近代』教授，關于因果性的問題，或重述康德的和休謨的不可知論之謬說，沒有注意牠（這個不可知論——譯者）與馬克思主義，即唯物論，絕對矛盾；或斜面地向着唯心論滾落去。

## 第四節　『思惟經濟的原理』和『世界統一性』的問題

『最小抵抗（最小力量——譯者）的原理』，馬赫、阿芬納留斯和其他的人們作爲認識論的基礎的，無疑地表現『認識論上馬克思主義的傾向』。這樣的議論是巴沙諾夫在論集的第六十九頁上宣布的。

馬克思有他的『經濟』；馬赫也有他的『經濟』。在牠們兩者間眞有些須類似處呢，『無疑地』有些須類似處呢？

我們已論述過，阿芬納留斯的著作據最小力量的原理之世界思惟的哲學，這樣適用這個原理；牠主張惟有感覺以『思惟經濟』的名義存在着。因果性和『實體』（實體這個字，各教授爲着自己身分的緣故喜歡使用牠，不使用『物質』這個較明白的、較確切的、字）是以同一的經濟的名義被廢除；即，我們得到無物質的感覺，無腦髓的思惟。這樣的囈語實際上就是企圖以新的調味品加在主觀的唯心論裏面。特別是關于有名義的『思惟經濟』的問題，在哲學文獻上這個重要著作的主觀的性質一般地被承認着。我們的馬赫主義者沒有注意到『新』旗幟下的主觀的唯心論，這是稀奇的世界內頂稀奇的一件事。

馬赫，在他的感覺的分析這部書上，關于這個問題，引據他的一八七二年的著作。這後一部著作，我們已說明過，包括把世界歸約爲感覺的純粹主觀主義之特著的理論。照這樣，兩部基本著作，把這個有名的『原理』引入哲學內的，表現出唯心論。現在爭辯的問題，是何種問題？是這個問題。經濟思惟的原理，如果把牠作爲認識論的一個基礎，那就除了主觀的唯心論以外，不能走到任何別的地方。我們一度引入這樣荒謬的原理在認識論裏面的時候，『思惟』着是更『經濟的』，即，惟有我和我的感覺存在着，這是無可爭辯的。

『思惟』着原子是不可分的或是組成于陽電子和陰電子，這是『更經濟』的麼？思惟着俄羅斯資產階級的革命是自由主義者所成就的或對抗自由主義者而成就的，這是『更經濟的』麼？爲着察見關于適用『思惟經濟』的範疇之主觀主義的謬誤，只提起這樣的質問也就夠了。人類的思惟，只在牠正確地模寫客觀的眞理時，『是經濟的』。實踐、實驗、和產業，將充當着這個正確的標準。惟有在否定客觀的實在的場合，卽，惟有在否定馬克思主義的基礎的場合，人纔能夠誠實地談說認識論上的思惟經濟。

我們攷察馬赫最後的著作時，將發見一有名的原理之說明，這一說明，同時完全否定這同一的有名的原理。例如，在熱學這部著作上，馬赫復返到他的『自然經濟』（科學之經濟的性質——譯者）之愛好的觀念（三六六頁）。他在那裏還說，我們注意我們的經濟不是爲着經濟的緣故（三六六，三九一頁），只是爲着『科學的經濟之目的是更完全的、更安定的、……世界肖像』（三六六頁）。如果這是實際的事情；那麼，在關涉着這個問題的眞正核心範圍內，『思惟經濟的原理』不僅從認識論的眞正基礎被排棄，並且從認識論一般的領域被排棄。說到科學的目的是在給與一個完全的世界肖像（在這裏『安定』是在問題以外），那就是重述唯物論的命題。就是承認關于我們的認識的世界之客觀的實在，承認關于繪畫的模型之客觀的實在。在表記這樣的關係時，『思惟的經濟』是單單一拙劣的、虛浮的、言詞，用來替代『正確』這個字的。在這裏，馬赫是照常混亂的；馬赫主義者看見這種混亂，狂喜得不了啊！在知識與錯誤這部著作的研究方法的實例這一章上，我們這樣誦讀道：『科學的定義，如克爾曲夫（Kirchhoff）（在一八七四年）所提出，是最完全的、最單純的、記述，（如馬赫在一八七二年所提出）是『事實的』之經濟的陳說，（如革拉斯曼（Grassmann）在一八四四年所提出）是「思惟與存在的一致，及思惟過程相互的一致」——一切這些以幾許的變化表明出同一的思想。』

這不是一個混亂的實例麼？馬赫在一八七二年所從推論出獨感覺存在着（這個觀點馬赫自己不能不承認是唯心論的觀點）的『思惟經濟』的原理，與數學家革拉斯曼的純粹唯物論的言詞，即在思惟與存在間有必然的一致，被視爲同一的——與克爾曲夫的科學的定義即（對于一個客觀的實在，克爾曲夫自己決不疑惑牠的存在的）簡明的記述，實際上被視爲同一的啊！

『思惟經濟』原理之這樣的適用，只是馬赫的特別哲學上的動搖之一實例罷了。如果把一切奇說和過誤的部分排除開去；那麼，『思惟經濟的原理』之唯心論的性質變成毫無疑義的。譬如，康德主義者亨尼斯瓦爾討論馬赫的哲學時，歡迎他的『思惟經濟的原理』，認爲接近『康德的思想圈』（"Zur Kritik der machschen Philosophie"，一九〇三年柏林出版，二七頁）。實際上，如果我們不承認客觀的實在，主張牠是在感覺內給與我們的，那麼，『思惟經濟的原理』，設使不從『主觀』得來，便將從何處得來麼？感覺，確然，在自體內沒有包含着任何『經濟』。所以，感覺給與我們一些牠們自己沒有包含着的東西啊！這是說，『思惟經濟的原理』，不是從經驗（感覺）取出的，而是在一切經驗之先，並且像康德的一個範疇那樣構成經驗的論理的條件。亨尼斯瓦爾從感覺的分析引述這樣的文句：『從我們肉體上和精神上的安定性之事實，我們能推論出關于一義的決定性和方向的單一性之自然過程的安定性和單一性。』（三五二頁。）事實上，這樣一種主張之主觀的唯心論的性質以及甚至進而承認先驗論的培蘇德與馬赫的近親關係，是決不容疑惑的。

唯心論者溫德注視『思惟經濟的原理』之後，把馬赫切合地叫做『反裏爲面的康德』（"Systematische Philosophie" 一九〇七年萊蒲玆出版，一二八頁）。在康德看來，這是先驗的原理和經驗，在馬赫看來是經驗和先驗，因爲據馬赫的見解，思惟經濟的原理，本質上是先驗的原理（一三〇頁）。結合的原理，或者是在物與物之間，如『自然之客觀的法則（這是馬赫決然否認的）一樣，或者是記述之主觀的原理』（一三〇頁）。依照馬赫的意見，經濟的原理是主觀的，並是當作可以有幾種意義的一種目的論的原理突然射出到這個世界，——神知道從什麼地方射出到這個世界（一三一頁）。我們察見，那些哲學術語方面的專門家，不是如我們的馬赫主義者那樣，易受欺騙；我們的馬赫主義者輕易相信一個人的說話，如果這個人對他們保證『新』術語排除主觀主義與客觀主義的對立，即唯物論與唯心論的對立。

最後，我們將引述英國哲學家華爾德，華爾德坦白地把自己叫做精神主義的一元論者。他沒有與馬赫爭論，反利用物理學內馬赫主義的潮流全體來與唯物論鬥爭。他斷然說道，就馬赫說，『單純化的標準，本質上是主觀的，不是客觀的』"Naturalism and Agnosticism"三版，八二頁)。

從上文所述看來，當作認識論的基礎之思惟經濟的原理，使德國康德主義者和英國精神主義者(唯心論者——譯者)喜悅，這件事，並不像似奇怪的。願意做馬克思主義者的人們，把唯物論的馬克思的經濟學與馬赫的認識論的經濟聯合一起，這件事，單單是滑稽的罷了。

在這裏，關于『世界的統一性』，我們還要說幾句。尤謝維齊——或者第一千回——極明白他例證出我們的馬赫主義者討論這個問題時所惹起的無窮的混亂。恩格斯在他的著作反笛靈格論上這樣回答笛靈格——笛靈格曾從思惟的統一性推論出世界的統一性：『世界之現實的統一存在于牠的物質性當中，這個物質性不是由二三欺瞞的詞句證明出來，是由哲學和科學之長久的、艱難的、發展確立起來。』(六六頁。)尤謝維齊引用這個文句，並反駁道：『第一，世界的統一性存在于牠的物質性當中，這個主張，有什麼意義，是不明白的。』

這不是撒嬌麼？這個人公然亂談馬克思主義的哲學，後又聲明唯物論的最基本的命題在他看來『不是明白的』啊！恩格斯在從笛靈格舉的實例內表明：一種幾分徹底的哲學能從思惟推論出世界的統一性——在這個場合、哲學在精神主義和信仰主義前，是無力的，並不可避免地歸結爲詞句的玩弄——或從客觀的實在推論出世界的統一性，客觀的實在在我們之外存在着，被自然科學研究着，並在認識論上久已通稱爲物質。一個人對于這樣一件事認爲是『不明白』的，對于他眞誠地談說，是無用的；因爲尤謝齊自己都是『不明白的』，他精密地打算狡猾地回避恩格斯的明白的唯物論的命題。他重述笛靈格關于一義決定性、和牠與存在的結合、的原理之主要公準的廢話（前引的尤謝維齊的著作，第一册，五一頁），及關于這些公準的廢話，『就這些公準而論，說牠們從經驗推論出來，這是不正確的，既然科學的經驗因這個事實，卽這些公準自身是研究的基礎，纔是可能的。』（同頁。）這不過是混亂罷了，因爲，如果這個人對印刷的文字稍爲尊重，那麽，他會辨識出這個觀念之一般的唯心論的性質及這個觀念之特別的康德主義的性質，這個觀念就是：能夠有這樣的公準（命題——譯者），這樣的公準不是從經驗取得，沒有這樣的公準經驗是不可能的。這是從各種書籍竊取下來的、與唯物論者狄慈根之顯明的錯誤結合一起的、混雜的言詞——卽，尤謝維齊和他的一派的『哲學』。

我們且來考察我們的眞誠的經驗批判論者培蘇德述說的關于世界統一性的議論。他的入門第二册第二十九節題名爲『認識領域的統一的見解之傾向，每種物事的一義性之公準。』在這裏，我們引述他的議論當中幾許模範的議論：『……自然的目標只在統一性內達到，在這個統一性以外，任何思惟不能前去，在這個統一性內理性能夠達到安定，如果牠把該領域內一切事實都攷慮着……（七九頁）。無疑地，自然沒有與對統一性的願望完全相照應；一樣無疑地，在許多場合，如我們的研究所表明，自然實滿足安定的願望，並且我們應當推想自然在未來也大概要滿足這個願望。所以，記述精神狀態爲恆久狀態的傾向比記述牠爲統一性的傾向，是要確當些。……恆久狀態的原理，廣而且深地進展着。……海克爾把原始生物界與植物界和動物界放置在一堆的提議不是適當的；因爲牠新造兩種困難來替代從前的一種困難；即，先前植物與動物間的境界是有疑義的；現在明白地區別原始生物與植物和動物也變成不可能的。……顯然這樣一種情態不是最後的情態。概念的這樣的曖昧，應當用這一種或那一種方法以專門家的協商和多數票的決定把牠除去，如果沒有其他的方法。」（八一頁。）

我們沒有引述過多麼？從上文看來，經驗一元論，顯然決不比笛靈格爲優。但甚至對一個敵人，我們也應公平地處當。培蘇德在他的一切著作內，不畏縮地反抗唯物論，表示出他充分的學問上的誠實。他沒有屈辱自己來裝扮成唯物論者，來宣言根本的哲學方向間的最基礎的區別是「不明白的」。

## 第五節　空間與時間

唯物論既已承認獨立于我們的意識之外的客觀的現實之存在，即承認獨立于我們的意識之外的運動的物質之存在，還應不可避地承認時間與空間的客觀實在性——這首先與康德主義是相異的，康德主義對于這個問題站立在唯心論的方面，不視時間與空間為客觀的實在，只視為人類直觀的形式。兩種基本的哲學學說關于這個問題的，其間根本的差別，各方向的著述家，甚至那些僅僅幾分徹底的思想家，都極明白地承認。我們且開始陳述唯物論者。

費爾巴赫說，『空間與時間決不是現象之單純的形式，但是存在之……本質的條件。』("Werke"，第二冊，三三二頁。）他把我們以感覺所知覺的世界認為客觀的實在，自然還否認空間與時間之現象論的（如馬赫所要稱謂的）或不可知論的（如恩格斯所表明的）見解。恰如物或物體不是單單的現象，不是單單的感覺的綜合，但是在我們的感官上惹起作用的客觀的實在一樣；空間與時間決不是單單現象的形式，但是存在之客觀地實在的形式。除開運動的物質以外，在這個世界內，沒有任何東西；物質除在空間與時間內而外，不能運動。空間與時間之人類的表象，是相對的，但根據這些相對的表象，我們達到絕對的真理。這些相對的表象，在牠們的發展中，追隨絕對的真理的方向，並繼續地益接近牠。人類表象的變化，關于空間與時間的，決沒有否定牠們兩者的客觀的實在性；恰如科學的知識之變化，關于運動的物質之構成和形式的，沒有否定外部的世界之客觀的實在性一樣。

恩格斯揭開不徹底的、混亂的、唯物論者笛靈格之真面目，發見；他述說時間的概念之變化（這對于有些偉大的近代哲學家是一個眞正的問題）——避免直接囘答『空間與時間是否實在的，或是否觀念的』這個問題。我們對空間與時間的相對的概念是否接近存在之客觀地實在的形式麽？或者，這些概念僅不過是發展的、組織的、調和的、人類思想之產物麽？惟有這樣的問題，是根本的哲學學派所由分歧的認識論上的根本問題。恩格斯在反笛靈格論上說道：『我們完全與笛靈格頭腦中繼續發生的概念的變化沒有關係。我們沒有談說時間的概念，只談說現實的時間，這個現實的時間的問題，笛靈格不能如此容易地解答（即不能以使用「我們的概念之變化」的言詞解答）。』（七七頁）

這個論點，似乎是極明白的，甚至尤謝維齊都理解得那個問題的本質啊！恩格斯把笛靈格的命題與每一唯物論者一般承認的自明的命題，即『時間是客觀的實在』這個命題對立着，說人不能單單以議論我們對空間與時間的概念之變化，關于必須明白地肯定或否定這個命題，囘避起來。在這裏，論點不是：恩格斯輕視關于我們的空間與時間的概念的變化和發展之研究的必要及研究的科學的價值，只是：恩格斯否認以這樣的研究，我們便徹底地解決人類知識一般的泉源和意義之認識論上的問題。略微聰明的哲學的唯心論者——恩格斯說及唯心論者時，意謂古典的哲學之偉大的徹底的唯心論者——會容易地承認我們的空間與時間的概念之自然的發展。例如在他以爲關于空間與時間我們的自然地發展的觀念接近這種或那種絕對的觀念時，他不會不是一個唯心論者。如果我們不決定地、明白地、承認：我們關于發展的空間與時間的概念模寫着客觀上存在着的現實的空間與時間，牠們這兩種概念接近客觀的眞理，如我們的觀念一般地這樣似的；那麼，我們要徹底地主張與信仰主義和唯心論敵對的哲學上的觀點，便是不可能的。

恩格斯對笛靈格教說：『一切存在之基礎的形式是空間與時間；在空間外的存在與在時間外的存在，同是很不合理的。』

爲什麽恩格斯在上面的引用文之前一半上，差不多逐字重述費爾巴赫的議論，在後一半上追憶着這個鬥爭，——在這個鬥爭中，費爾巴赫是反對有神論的主要的囈語之有成功的首領？因笛靈格，如從恩格斯的著作內同章所能察見，不能使他的哲學完成，如果他不乞助於世界之『終局原因』或『活動原因』（恩格斯說，這是表明『神』的另一言詞）。笛靈格，縱然像我們的馬赫主義者一樣，欲做一個馬克思主義者，却不能一貫地堅持這樣的見解，會傾覆唯心論的和信仰主義的囈語之基礎的。笛靈格，既然不承認，至少沒有明白地、誠實地、承認，空間與時間之客觀的實在（因爲他離遠這個問題並混亂牠），便不可避地斜面地滾落到『終局原因』和『活動原因』那裏，因爲他放棄防止人超越時間與空間的限界之客觀的標準。如果時間與空間僅是人類的概念，是他創造出來的，那麼，他當能超越牠們的限界，恰如資產階級的教授爲辯護這個超越的正當、爲直接或間接辯護中世紀的『囈語』、當能從反動政府領受薪金似的。恩格斯對笛霊格證明，空間與時間的客觀的實在性之否定，理論上是哲學的混亂，實際上是投降信仰主義或在牠之前表示無能。

關于這個論題，『最新實證論』對于我們教示什麼？馬赫這樣寫道：『空間與時間是感覺的系列之秩序井然的體系。』("Die Mechanik", etc., 德文本三版，四九八頁。）這是明顯的混亂，不可避地從『物體是感覺的綜合』這個學說發生出來。依據馬赫的見解，在空間與時間內存在着的，不是人和他的感覺，在人之內存在着的，是空間與時間，空間與時間依賴人而存在，並且是人產生出的。他覺着他正陷入唯心論；他『抵抗』着，提出許多辯解，並且在關于我們的空間與時間的變化性和相對性之冗長的論文內（尤其是在知識與錯誤這個著作內）埋沒這個問題。但這樣的抵抗，不能把他拯救出來，因爲一個人只能以『承認空間與時間之客觀的實在』這個方法，實際上征服關于這個問題之唯心論的立場。但馬赫決不欲這樣做去。他把他的空間與時間的認識論單單建築在相對主義的原理上。這樣的建築，以這個事例的本質而論，只能使他達到主觀的唯心論；這件事，我們在論述絕對的眞理與相對的眞理時，已說明過。

馬赫反對從自己的前提不可避地產生出的唯心論的結論，駁擊康德，主張我們的空間概念之經驗的起源（知識與錯誤，三五〇，三八五頁）。但是設使，如馬赫所教說，客觀的實在不是在經驗內給與我們；那麼，這樣對康德的駁論，毫未廢棄康德的或馬赫的不可知論之一般的立場。如果我們的空間的概念從經驗得來，不是在我們外的客觀的實在之一種模寫；那麼，馬赫的理論還是唯心論的。在人類出現前數百萬年的時間內，『自然』的存在，證明這個唯心論的理論是怎樣不合理的。

馬赫寫道：『在生理學的關係上，時間與空間，是定位感覺的體系，這個體系和感官的感覺，決定生物學上合目的的順應作用之惹起。在物理學的關係上，空間與時間，是物理學的要素之相互間的特殊依存。』（同書，四三四頁。）

相對論者的馬赫，把自己限定來攷察在時間概念之各種關係方面的這個時間的概念啊！他像笛靈格一樣，玩弄這個概念。如果要素是『感覺』，那麼，物理學的要素之相互依存，不能在有機的物質出現以前，或獨立于人類之外，而存在着。如果時間與空間的感覺，能給與人一種生物學的合目的的定位，那麼，這僅是因這些感覺模寫在人之外客觀的實在。如果人的感覺沒有對他給與他的環境之一種客觀的表象，那麼，他便不能使自己順應這個環境。空間與時間的學說，和認識論的根本問題之解決，即『我們的感覺是物和物體的模像或物體是我們的感覺之綜合麼？』這個問題之解決，不可分地結合着。馬赫在牠們兩者間徘徊着。

馬赫說，在近代物理學方面紐登（Newton）的絕對的空間與時間之見解流行着（四四二到四四四頁）。他，沒有顧視唯物論者及其認識論，又說，這些見解像似無意義的。但實際上他主張，這個見解是無害的，以此在長久的期間沒有受批評（四四二頁）。

這個素樸的說明，關于唯物論的見解的無害的，性顯露出馬赫的眞相。第一，唯心論者在『長久的期間』沒有批評這個見解，這個話，不是眞實的。馬赫單單忽視關于這個問題的唯心論的認識論與唯物論的認識論之鬥爭；他回避對這兩種見解的明確的敍述。第二，馬赫旣承認他反對的唯物論的見解之『無害性』，那便承認了牠們的正確性；因爲，設使牠們是不正確的，那麼，牠們的影響怎樣能夠在幾世紀間是無害的？實踐的標準——馬赫想要送媚給牠——變成什麼？唯物論對于時間與空間的客觀的實在之見解是無害的，僅因自然科學沒有超越時間與空間的限界或物質的世界，而把這個超越的任務委交給反動的哲學教授去執行。這樣的『無害性』與正確性同意義。

馬赫對于空間與時間的唯心論的見解是『有害的』；因牠對信仰主義開放門戶，並誘引馬赫自己推演出反動的結論。例如，在一八七二年，他寫道，推想在三次元的空間中的化學的要素，不是必要的（"Conservation of Energy"，五三及以下各頁）。這樣的推想，『是把不必要的限制施加在我們自己之上。推想思惟的一產物單單在空間上是什麼，即推想單單與「視覺的」「和觸覺的」有關係之思惟的一產物是什麼，這不是必要的，恰如推想在音階中的一定地位上的這些物事，不是必要的一樣。」（五一頁）『或者迄至現時，人們尚未能有成功地建立滿意的電氣論，這個緣由，就是：他們欲以三次元的空間內的分子過程說明電氣現象。』（五四頁）

從一八七二年馬赫公然擁護的率直的、和不混亂的馬赫主義的觀點說來，這個議論，即『如果分子，原子，一句話說來，化學的要素，不能被感覺着，那麽，牠們是「單單思惟的東西」』，是不可爭辯的。如果時間與空間沒有任何客觀的實在性，那麽，顯然我們不應該以爲分子佔有任何空間；且讓物理學及化學『把牠們自己限定』到物質運動着的三次元的空間方面；然而，爲着說明電氣，我們可以在不是三次元的空間內尋求牠的要素啊！

這個馬赫主義的囈語，馬赫縱然自己在一九〇六年重述過（知識與錯誤，四一八頁），卻我們的馬赫主義者努力避開牠，這件事，是顯明的；因爲，設使他們不避開牠，那麽，他們必得要直截地提起關于唯心論的與唯物論的空間的見解之問題，就不能夠尋到任何遁路來『調停』這兩個對立的見地，或試來『調停』牠們。事實上在前世紀七十年代，馬赫尚未知名時，『正統派物理學家』會拒絕登載他的論文時，內在論派的首領之一萊克雷（"Anton von Lechair: Der Realismus der Modernen Naturwissenschaft im Lichte der von Berkeley und Kant Angebahnten Erkenntniskritik"，一八七九年出版），視馬赫的理論爲完全否認唯物論及承認唯心論的理論啊！當時萊克雷尚未發明、或從蘇博、蘇卑特・梭登或倫克借到，『內在論者』的『新』渾名，只把自己叫做批判的唯心論者。這個有神論的公然辯護者，在他的哲學著作上顯明地傳佈信仰主義的，立刻宣稱馬赫為一個偉大的哲學家，為一個『革命家（在這個字的最好的意義上使用着的）』（二五二頁）；他是絕對正當的。馬赫的這樣的攷察證明，馬赫從自然科學離去，投降信仰主義。在一八七二年和一九〇六年，自然科學正尋求、正發見——最少牠前進地摸索——電氣的原子，即三次元的空間內的電子。自然科學不懷疑，研究的材料在三次元的空間內存在着；所以也不懷疑，材料的分子，縱然很小，我們不能看見牠們，卻應當在同一的三次元的空間內存在着。從一八七二年以後，三十年間研究物質的構成有巨大的進步時，唯物論的空間與時間的見解還『是無害的』，還是如以前一樣，與自然科學一致。馬赫及其一派的對立的見解，是『有害地』把科學的陣地放棄給信仰主義的見解。

馬赫在他的力學上擁護正研究N次元的想像上空間之問題的數學家，反對那些非難他們從他們的研究推演出怪誕的結論的人們。這樣的擁護，無疑地是極有理由的，但我們且攷察馬赫在他的擁護上採取的認識論的立場。馬赫說，最新的數學的研究，提起關于N次元的空間，即想像上的空間，一個極重要的、極有用的、問題；但『在現實的場合』只有三次元的空間。所以許多神學家，關于『地獄應放置在何處』這個問題覺着不安的，如精神主義者一樣，欲利用第四次元。

馬赫拒絕與神學家和精神主義者做伴侶——這是極不錯的！但在他的認識論上，他怎樣把自己與他們區別開來呢？他用這樣的論辯，即惟有三次元的空間是實在的，區別開來呀！以前對空間與時間的客觀性之否認是對神學家及其同類的什麽一種防禦？你在你欲把自己與精神主義者分離開時，便使用從唯物論者偷竊得來的方法。因爲唯物論者，既認現實的世界，即我們知覺着的物質，爲客觀的實在，便有權利推論：任何鬼怪的人間幻想，在牠超越空間與時間的限界時，對于任何種的目的都不是實在的。但馬赫主義者，儘管與唯物論作戰，儘管否認世界之客觀的存在，却在牠們與唯心論鬥爭時祕密地採用唯物論，這個唯心論的學說徹始徹終是一貫的，無所畏懼的。如果在空間與時間之相對的概念內，除相對性而外沒有任何東西，如果沒有任何客觀的實在獨立于人類之外；那麽，爲什麽多數人不應有權利抱持在空間與時間外『存在』（實體——譯者）的概念。如果馬赫有權利在三次元的空間外尋求電氣的原子或一般原子，那麽，爲什麽多數人不應有權利在三次元的空間外尋求原子或道德的基礎？

馬赫說，『尙沒有過一個產婆以第四次元幫助分娩。』

事實上這是一種優美的議論，但只對這些人纔是優美的議論，在這些人看來實踐的標準是我們感官的世界之客觀的眞理和『實在』的確認。如果我們的感覺給與我們在我們之外存在着的世界之一客觀地眞實的模像，那麽，奠基在產婆和人類實踐上的議論纔是有效力的。但是，設使這樣，當作一種哲學的方向之馬赫主義，便決沒有用處。

他，述及他的一八七二年的著作，繼續再說，「我不預期任何人將藉助于我在這個問題方面所說的和所寫的來辯護幽靈的故事。」

這樣你不預期着，「拿破崙沒有死在一八二一年五月五日」這個說明。你不預期着，馬赫主義將供幽靈的故事之用，在牠業已供、並還繼續供、內在論之用的時候。

但是，我們在下面將論述，不僅供內在論者之用而已。哲學的唯心論自身不過是一個微微隱蔽的幽靈故事。看一看法國和英國經驗批判論之代表，他們不如這一哲學學派的德國代表這樣矯飾。潘加爾說，時間與空間的概念是相對的，因此（在非唯物論者看來這實是「因此」）自然沒有對我們給與牠們，只是我們對自然給與牠們，因爲我們發見牠們是便利的。這不證明德國的康德主義者的狂喜是正當的呢？這不證明「徹底的哲學上的學說應視自然爲第一位的或人類的思惟爲第一位的」這個恩格斯的說明呢？

皮爾孫的見解十分明確。他說道：「我們不能主張時間的實在的存在，恰如不能主張空間的實在的存在一樣。實在的存在不在物之內，只是在這些樣式內，在這些樣式下我們知覺着物。」（前引書，一八四頁。）這是單純的、公然的、唯心論。『我們以爲牠（那個樣式——譯者）像空間一樣，是這些設計之一，在這些設計之上那個偉大的分類機械，即人類知覺能力，配置着牠的材料。』（同頁）皮爾孫的結論，常在明白的、正確的、命題中表明出來的，就是：『空間與時間不是現象世界的實在，只是這些樣式，在這些樣式下我們知覺着物。牠們既不是無限大，也不是無限可分，只是本質上被我們的感覺的內容限定着。』（一九一頁）

這個誠實的、有良心的、唯物論的敵人，重說起來，馬赫常表明自己與他完全一致，他也公然表明自己與馬赫一致；他却沒有爲他的哲學發明一個特殊的名號。他追溯他的哲學到古典學者休謨和康德那裏，毫不囘避地舉出他們的姓名啊（一九二頁）！

如果在俄羅斯能夠尋見素樸的人們相信馬赫主義對于空間與時間提出一『新』解釋；那麼，至少在有關係的英國文獻上，一方面自然科學家，別一方面唯心論者，同時對皮爾孫採取明確的態度。例如，我們攷察一下生物學家摩爾干的意見：『本書的物理學，認現象世界爲在觀察者的心之外，並爲自己的目的，獨立於他的心之外。皮爾孫教授被逼迫着採取大半唯心論的立場……（"Natural Science", 一八九二年出版，第一册，三〇〇頁）。我以爲，科學的物理學，在以率直的客觀的言詞討論空間與時間時，是明智的；我以爲，生物學者仍然可以討論空間上有機體的分布，地質學家仍然可以討論時間上牠們的分布，縱然沒有使讀者回想他們兩人終結只是討論感官印像，蓄積的感官印像、和知覺的某某形式。……一切這樣的說話，都是充分眞實的，但是在物理學或生物學的問題之外。』(三〇四頁。)摩爾干是恩格斯叫做『害羞的唯物論』之不可知論的代表；儘管這樣一種哲學之各分歧的傾向是『不可調和的』，牠却主張，把皮爾孫的見解與自然科學調和，是不可能的。另一個批評家說，據皮爾孫的見解，『首先，精神是在空間內，嗣後，空間是在精神內。』(J. M. Bentlly: "Philosophical Review", 一八九七年出版，第六册，五二三頁。)一個皮爾孫的擁護者答道，『空間與時間的性質之學說，與康德的姓名結合的，就是從僧正柏克勒時代以來所曾對于人類認識之唯心論的理論增附的最重要的東西，這是不能有疑義的；在這裏，或者第一次在英國科學家的著作中，我們卽時發見對於康德學說的一般的眞理之完全的承認，卽對於牠有簡潔而明瞭的解說，這是科學規範這個著作上彰明的形態之一。……』(R. J. Ryle: "Natural Science", 一八九二年八月出版，四五四頁。)

照這樣，在英國，馬赫主義者自身、自然科學的壁壘中他們的反對者、專門哲學家中他們的信從者，都毫不懷疑關於空間與時間馬赫的見解之唯心論的特質。只有幾個俄羅斯著述家，縱然願意做馬克思主義者，却沒有注意到這個特質。巴沙諾夫在他的論集(六七頁)上寫道：『恩格斯各個的見解當中許多，例如他的「純粹」時間與空間的概念，現在都是陳腐的。』

是的，誠然！唯物論的恩格斯的見解變成陳腐了，唯心論的皮爾孫的見解是最新的呀！關於這個判斷最奇怪的事件就是：巴沙諾夫甚至不疑惑，恩格斯的空間與時間的見解，關涉牠們兩者的客觀的實在之問題的，屬於他（巴沙諾夫——譯者）視為與恩格斯的世界觀的『出發點』對立之陳腐的『各個的見解』。在這裏，有一個可憐的混雜物之例子，這個例子，恩格斯在他論述前世紀八十年代的德國哲學時曾引用過。把馬克思及恩格斯的唯物論的世界觀之『出發點』與他們對空間和時間的客觀性之『各個的見解』對立，這和把馬克思的經濟學說之出發點與他的剩餘價值之『各個的見解』對立，同是荒謬不合理的。把恩格斯的時間和空間的客觀性的學說，與他的『「物之本體」轉化為「我們所取用物」』的學說分離開來，把牠與他對客觀的眞理及絕對的眞理的見解，卽他對『由感覺經驗着的客觀的實在』的見解，分離開來，把牠與他對客觀的合法則性、因果性、自然的必然性、之承認分離開來，——是把一整個的哲學化為牠的單個的片斷之一。巴沙諾夫，如一切馬赫主義者一樣，關於人類對空間與時間的概念之可變性，陷入混亂中。他混同牠們（空間與時間——譯者）的全然相對的性質與『人和自然只在空間與時間內存在着』這個絕對的眞理（這個事實的不變性——譯者）。

他沒有察見，僧侶階級所發明的、愚昧的被壓迫的庸衆之空想所確證的、非空間的和非時間的存在物（空間和時間外的存在物——譯者），是病態的心理之產物，是哲學的唯心論之人造的欺騙物，——是惡劣的社會組織之惡劣的產物。科學上的學說，關於物質的構成、食物的化學的成分、和電子的，可以與時日一同轉變成古舊的；但人不能以思想果腹，不能單以精神的戀愛生子，這樣的眞理，決不會轉變成古舊的呀！一種哲學，否定時間與空間的客觀性，是與一種哲學，否定這些眞理的，一樣荒謬，一樣根本的腐敗和欺詐。唯心論者和不可知論的策術全體，與法利西人（Pharisees）（猶太宗派之一的會員，墨守儀式——譯者）的精神的戀愛之說教，同一虛僞呀！

爲着說明我們的時間和空間的概念的相對性與『每一種東西都應在時間和空間內存在着』這個絕對的眞理之區別，我將從一個極舊的、極純粹的、『經驗批判論者』，即休謨主義者的蘇爾日·愛利西德姆，引用特別著明的文句，他在一七九二年寫道：

『如果我們從我們之內的表象推論「我們之外的事物」，那麼，空間與時間會證明出來是或種實在的東西，是現實地獨立於我們之外存在着的，因爲我們只能夠在現存的空間內思惟着物體之存在，只能夠在現存的時間內思惟着變化之存在。』（一〇〇頁）

正是如此！這個休謨的信奉者，儘管決然完全排斥唯物論，卻在二七九一年陳說空間和時間之問題與客觀地存在的實在之問題的關係，恰如恩格斯在一八九四年陳述牠（反笛靈格論的最後序文是在一八九四年五月二十三號撰著的）似的。這並不是說：在時間的進程中我們的空間與時間的概念不變化，在概念的發展中新材料不附加上去；這些材料是渥洛昔諾夫・齊爾諾夫和渥洛昔諾夫・伐倫體諾夫爲駁難恩格斯指明出的。這是說：唯物論與不可知論的關係不能變化，儘管我們的馬赫主義者喜歡誇示『新』術語。除幾個『新』名詞而外，波格達諾夫沒有附加任何東西到唯心論和不可知論的舊哲學上面。當他重述關於生理學的空間與幾何學的空間之區別，或感官的知覺的空間與概念的（抽象的——譯者）空間之區別的馬赫和赫靈的議論（經驗一元論，第一卷，二六頁）時，他不過是重述笛靈格的謬說而已。人類藉各種感覺器官之力怎樣知覺着空間，我們由歷史的發展之過程怎樣造作出抽象的空間之概念，這個問題，發生出來了。這些知覺和概念是否與獨立於人類外存在着的客觀的實在相照應，這另一個問題，也發生出來了。後一問題，儘管是惟一爭論的哲學的問題，却波格達諾夫沒有在關於第一問題許多詳細的攷察下面『注目着』牠。所以他不能把恩格斯的唯物論與馬赫的混亂明白地對較。

時間與空間是『各種人的經驗之社會的一致之形態』（同書，三四頁）；牠們的客觀性是牠們的『意義之普遍性』。

這個話絕對錯誤了。宗教也有一種普遍的意義，因爲牠表現人類大多數的經驗之社會的一致。但例如，宗教的教義，關於我們的地球的過去及我們的世界的創造的，與客觀的實在不相照應（不一致——譯者）。在任何『社會性』前、在人類前、在有機物質前，地球曾存在着，在一定的時間之間並在一定的空間之中地球已存在着——這樣的科學的學說，儘管牠在科學的發展之每一階段是相對的，恰如宗教的發展之每個階段是相對的一樣，却客觀的實在是與牠相照應的。波格達諸夫似以爲空間與時間的種種形式使自己適應人類的經驗和人類的認識的能力。事實上，顛倒過來，纔是眞實的：我們的經驗和我們的認識，因日益正確地繼續反映客觀的空間與時間，使自己日益適應牠們。

## 第六節　自由與必然

在論集第一四〇和一四一頁上，魯納察斯基從反笛靈格論引用關於自由與必然的問題的恩格斯的議論；並在那個著作的『可驚奇的同頁』上表示完全同意於他的『非常精密和非常切適的』問題的特徵。（魯納崇斯基說：『……這是宗教經濟學之可驚奇的一頁。我說這句話，恐怕要惹起非宗教的讀者之微笑。』魯納察納斯基同志，不管你的好意是如何，你對宗教的玩弄不會惹起微笑，只惹起嫌惡罷了。）

誠然在那一頁上有許多是『可驚奇的。』但是魯納察斯基和其他一組馬赫主義者，願做馬克思主義者的，決沒有『注目過』關於自由與必然的恩格斯的攷察之認識論上的意義，這件事，還是更『可驚奇的』。固然他們誦讀他的書，抄寫他的書，但他們沒有理解所誦讀、所抄寫、的書。

恩格斯說道：『黑格爾是精當地說明自由與必然的關係的第一人。從他的眼光看來，自由是必然之承認。「必然，只在牠沒有被理解的範圍內，是盲目的。」自由不存在於自然法則之想像的獨立中，只存在於這些法則的一種認識中，及在因此能以理解地把牠們適用到一定的目的上面之中。這是眞實可信，說到自然的法則及那些支配人類自身之精神的和肉體的存在之法則——這兩組法則，我們能夠把牠們當作抽象概念區別開來，但不能夠在現實上把牠們分離開來。意志的自由不存在於別的東西中，只存在於「人對事實有一種認識時可以得到一種決定」這樣的能力中。於是，關於一定的攷察的問題，一個人的判斷愈自由，那麼，他能得到一斷然的決定，這件事，愈是必然的。……所以，自由存在於奠基在「自然」的必然性之認識上的對我們自己和外部的自然之一種支配中。』（反笛靈格論，一四七到一四八頁。）我們且攷察這個議論所根據的認識論的前提。

第一，恩格斯在他的論辯的發端，就承認『自然』的法則、外部『自然』的法則及『自然』的必然性——一切這些，馬赫、阿芬納留斯、培蘇德及他們的一派，都稱爲『形而上學』。如果昝納察斯基曾思索過恩格斯的『可驚奇的』議論，那麼，他會察見唯物論的認識論與不可知論和唯心論的認識論之根本的區別；不可知論和唯心論否定自然之合法則性，說牠僅是『論理的』等等。

第二，恩格斯沒有從事于對自由與必然下欺瞞的『定義』，即這些煩瑣哲學的定義，比任何別的都東西更爲能使反動的哲學家，例如阿芬納留斯和他的弟子波格達諾夫，感興味的。恩格斯在一方面以人類的知識和意志開始他的研究，在別一方面以自然的必然性開始他的研究；他沒有提出定義，僅說自然的必然性是第一位的，人類意志和意識的必然性是第二位的。後者必然地要遵依（適應——譯者）前者。這個見解，恩格斯認爲非常明白，勿須詞費。惟獨俄羅斯馬赫主義者，對于恩格斯的唯物論之一般的定義，即自然是第一位的，意識是第二位的（記憶着波格達諾夫『疑惑』這個定義呀！），訴說苦處。然而同時他們發見恩格斯的這個一般的和根本的定義之各種局部的適用當中一種適用是『非常適切的』呀！

第三，恩格斯沒有疑惑『盲目的必然性』之存在。他承認人所未認識的一必然性之存在。這從我們上面引用的文句說來是顯明的。但是從馬赫主義者的觀點說來，當然人不能夠知道他所決未認識的東西之存在。認識『未知的必然性』之存在——這不是『神祕主義』、『形而上學』、及物神和偶像的承認麼——這不是『康德派不可知的物之本體』麼？如果馬赫主義者稍多思攷這個問題一下，那麼，他們不會不注目到，一方面關于自然的客觀性的認識和物之本體變化爲我們所取用物的恩格斯的論述、與別一方面關于盲目的必然性的他的論述，兩者的完全一致。每一個人的意識之發展和人類一般的集合的意識之發展，對我們表示在每一階段未知的『物之本體』變化爲已知的『我們所取用物』，盲目的和未知的必然性及『必然性自體』變化爲我們所知的『必然性』。在認識論上一種變化與別種變化間沒有任何區別，因爲根本的觀點是唯物論的，卽外部的世界的客觀的實在和外部的自然法則之承認。世界及其法則是人類絕對可以認識的，但牠們決不能夠完全被認識着。我們不知道氣象之自然的必然性，在這樣的範圍內我們是氣候的奴隸。然而我們縱不知道這個必然性，却知道牠存在着。這個知識從何處來呢？物存在于我們意識之外，獨立于我們意識之外，這個知識，從何處來呢？只從我們的知識之歷史的發展而來，在這個發展的進程中每一個人累百萬次學知：一個對象在他的感覺器官上惹起作用時，他的愚昧向知識退讓（變化爲知識——譯者），反轉言之，這樣的作用之可能性被廢止時，知識變化爲愚昧。

第四，從上文引述的議論說恩格斯顯然在哲學上適用『生命跳躍的』方法，卽，他從理論跳躍到實踐。我們的馬赫主義所追從的博學的愚鈍的哲學教授當中沒有一人，曾容許自已實行對于『純粹科學』的代表不相稱的跳躍。依照他們，認識論是一件事情，他們應爲牠發明出一種狡猾的『定義』；實踐是另一件事情。依照恩格斯，人類實踐全體，滲透這樣給與眞理的客觀標準之認識理論。我們當沒有認識在我們的意識外存在着並有作用的自然法則時，我們是『盲目的必然性』的奴隸。我們認識在我們的意志和意識外有作用的法則（這些法則，如馬克思累千次所反復述說）時，我們便支配自然。對自然的支配，在人類實踐上表現自己出來的，是人類的頭腦中自然現象之客觀的正確『反映』的一種結果，並證明着在實踐範圍內，這個『反映』表現出客觀的、絕對的、永久的、眞理。

這個討論的結果是什麼？恩格斯的議論之每一步，實際上每一文句，每一命題，都是完全建立在辯證法唯物論之基本的認識論上，即在顯與馬赫的囈語對立的命題上，馬赫說，物體是感覺或『要素』的綜合，感官的表象與外部的實在是同一的。馬赫主義者照白爾曼的方法，對于辯證法唯物論嘔吐出一些醜惡的評語，毫不覺着羞恥。他們從一個折衷的混雜物造成他們的哲學，並要請讀者一嘗。他們從不可知論竊取一點，從唯心論竊取一點，從馬赫竊取一點；把這些竊取的東西與從馬克思的辯證法唯物論竊取的一點東西混合一起，叫這個混合物做馬克思主義的發展。他們以爲，如果他們視爲泰斗的馬赫、阿芬納留斯、培蘇德及其他一切人，對于黑格爾和馬克思怎樣解決自由與必然的問題，毫沒有想到，那麼，這只是偶然的事件。他們單單對于各書沒有讀完一頁。他們不知道從十九世紀哲學的眞正進步說，這些『泰斗』實際上曾是、並仍是、愚鈍無知的；他們似不懂得他們的『泰斗』不過是哲學的曚昧主義者。

一個這樣的曚昧主義者，維也納（Vienna）大學哲學教授馬赫說道：『決定論或非決定論的立場之正確，不能斷然被證實出來。惟有一種完全的科學，或一種說明不可能的事情的科學，能夠決定這個問題：這是關于我們用來攷察物事的各種前提之問題，這些前提仰靠我們是否把多少主觀的效力歸屬于從前研究的成功或失敗。但在研究的時候，每個思想家必然在理論上是一個決定論者。』（知識與錯誤，二八二到二八三頁。）

這不是審慎地把純粹理論從實踐分離開去呢——既然決定論限定到『研究』的範圍內，同時在道德和社會活動的領域內及一切其他完全排除『研究』的領域內，這個問題又被委給『主觀的評價』，那麼，這不是曚昧主義麼？教書匠說道，在我的研究室，我是一個決定論者。但哲學家應思攷到全體，應把理論與實踐一起包容在一個決定論的世界觀內，這完全不能成為一個問題。馬赫吐出一些廢敗話，因他在理論上決不明白自由與必然的問題。『……每一個新發見，暴露我們的知識之有限，啓示從前沒有注意的機能的依存性之殘餘物。……』（二八三頁）

眞個『殘餘物』是我們的認識日深地透達的『物之本體』呢？決不是：『這樣，理論上擁護極端決定論的，實踐上依然是非決定論者……』（二八三頁）是了，在這裏，他們平和地分派物非——分派理論給教授們，分派實踐給神學家們啊！不然，在理論上分派客觀主義，即『害羞的』唯物論，在實踐上分派『社會學上主觀的方法』。（馬赫在力學上說道：『如果我們不強迫別人接受我們的宗教的意見，不把牠們應用到屬于另一判斷區域的物事上面，那麼，牠們常常是我們自己的私事。」（四六四頁」）從萊塞維齊到齊爾諾夫這些我們的俗物的觀念論者，表示他們同情於這種野鄙的哲學。欲做馬克思主義者的人們，羞怯地隱蓋馬赫的更顯著的愚說，陷入這种謬誤裏面，——這是一件悲慘的事情。

但是就意志自由的問題說，以爲馬赫是混亂的、中途而止的、不可知論的，尙未充分地說明他；馬赫的言論還有遠在這三者之外的。在力學上，我們讀道：『我們飢餓的感覺本質上與硫酸對亞鉛的傾向之相異，我們的意志本質上與石頭的壓力之相異，不是如牠們現出來那樣大。……照這樣（卽，如我們採取這樣一種見解），我們便覺着自己益接近於自然，而且不須把自已分解爲雲霧的、不可思議的、分子塊，或使自然成爲妖怪的出沒所。』（同頁）所以，我們不須唯物論（卽『雲霧的原子』或電子，世界的客觀性之承認），甚且不須認世界爲精神的『他在』之唯心論；但他們以爲認世界爲意志之唯心論是可能有的。我們不僅超越唯物論，並還超越『一』黑格爾的唯心論；但我們又何妨以學彭浩（Schopenhauer）的精神送媚給唯心論呀！我們的馬赫主義者，因甚至在馬赫與哲學的唯心論的近親關係被說及時，裝出一副純潔的面孔，在這裏也甯願關于這個難措辭的問題謹守緘默。然而，在哲學文獻上，說明馬赫的見解時，不述及他偏向意志的形而上學，卽偏向主意的唯心論，這是難乎維持住的。鮑滿(Baumann)("Archiv für Systemtische Pilosophie",第二卷第五號六三頁上關于馬赫的哲學見解這篇論文)指示出這一點;馬赫主義者克倫彼得在他的答辯中也沒有否認這一點,但他宣言馬赫固然『接近康德和柏克勒比接近自然科學上流行的形而上學的經驗論(卽本能的唯物論)爲甚』(同書第六卷八七頁)。白齊爾(Erich Becher:馬赫的哲學的見解,載在"Philosophical Review"一九〇五年第十四卷第五號五三六,五四六,五四七,五四八頁上。)也指明出這一點,他說:如果在某某地方馬赫採取意志的形而上學,在別的地方又拋棄牠,那麼,這證明出他的術語的不精確。事實上馬赫與意志的形而上學的近親關係,決無可置疑的地步。甚至魯嘉(E. Lucka:"Das Erkenntnisproblem und Mach Analyse der Empfindungen",載在"Kantstudien"一九〇三年第八卷四〇〇頁上。)承認這個意志的形而上學或唯心論與『現象論』或不可知論混雜一起。溫德("Systematische Philosophie",一九〇七年出版,一三一頁。)也指示出這一點。馬赫是一個『與意志的唯心論有近親關係』的現象論者,這件事,在羽博威‧黑恩日(Ueberweg-Heinze)的近代哲學史提要("Grundriss der Geschichte der Philosophie",柏林出版,一九〇三年九版,第四册二五〇頁。)上確證出來。

總而言之,馬赫的折衷主義及其對唯心論的顯著的偏向,除俄羅斯馬赫主義者而外,任何人都明白。

# 第四章 經驗批判論者的戰友和後繼者之哲學的唯心論者

我們在上面已經攷察了經驗批判論本身。我們現應在牠的歷史的發展上，在牠與別的哲學的方面的關聯和相互關係上來攷察牠。第一，我們研討馬赫和阿芬納留斯對馬赫的關係的問題。

## 第一節 從左的和從右的康德主義的批判

在前世紀七十年代，德國教授界流行的口號，『回到康德』，已叫喊出來的時侯，馬赫和阿芬納留斯兩人都有了名聲。這兩個經驗批判論的創建人，就他們的哲學的發展說，都從康德出發。『我以最大的感謝承認，他的（康德的）批判的唯心論是所有我的批判思想之出發點；但我不能長久保持我對牠的忠實。我不久又開始傾向柏克勒的見解，這些見解多少隱祕地包含在康德的著作中。我因研究「感覺」的生理學，因誦讀海爾巴特（Herbart）的著作，於是達到那些與休謨的見解接近的見解，儘管那時我還未熟知休謨本人。迄至這時，我不能不承認柏克勒和休謨都遠比康德爲論理上更一貫的思想家。』（感覺的分折三六七頁）

如我們所論述，馬赫十分決然承認，他雖以康德出發，却不久便追隨柏克勒和休謨。我們且轉而攷察阿芬納留斯。

阿芬納留斯（一八七六年）在他的純粹經驗批判緒論的序文上述說，純粹批判這幾個字，指示出他與康德的純粹理性批判的關係及他與康德對立的關係（序文四頁）。他與康德的對立，在什麽地方呢？從阿芬納留斯的見解說，康德不曾充分『淨化經驗』。這個經驗的淨化，使阿芬納留斯在他的緒論（第五十六節七二和以下各頁）上注意牠。阿芬納留斯『淨化』康德學說中的什麽東西？第一，淨化先驗性。他說：『我們應否據「先驗的理性的概念是多餘的」這個理由從經驗排除這些概念並以純粹經驗出發，這個問題，就我所知，是首先在這裏提出來的。』我們已察見，阿芬納留斯業已『淨化』了康德主義中對于必然性和因果性的承認。

第二，他淨化康德主義中對于實體的承認（第九十五節），卽對物之本體的承認，據阿芬納留斯的意見，物之本『體不是在現實的經驗之材料中被給與的，只是被經驗者的模寫（思惟——譯者）輸入于這個材料之中的』。

我們卽將察見，阿芬納留斯對他的哲學的出發點之供認，完全與馬赫的一致，只在牠的表現之外觀上相異而已。但我們首應注意阿芬納留斯正說了一句謊話，卽，在一八七六年他首先提出『淨化經驗』的問題，卽淨化康德的學說中牠的先驗性和牠對于物之本體的承認。事實上，德國古典哲學在康德以後的發展，產生出康德主義的批判，這個批判，恰正在阿芬納留斯自己採取的同一方向之內。德國古典哲學中這種方向，有休謨的不可知論的信奉者蘇爾日·愛利西德姆和柏克勒主義的信奉者做牠的代表。在一七九二年，蘇爾日·愛利西德姆批評康德承認先驗性（前引書五六頁和一四一以下各頁）及物之本體的存在。蘇爾日說，我們懷疑論者或休謨的信奉者，完全否認想像上超越『一切可能有的經驗之限界』的『物之本體』的存在（五七頁）。我們否認客觀的知識（二五頁）。我們否認空間與時間在我們之外存在着（一〇〇頁）；我們否認我們的經驗內的必然性（一一二頁）、因果性、勢力、等等（一一三頁）的存在。我不應以爲這些概念附有『在我們的表象外的任何實在性』（一一四頁）。康德說『如果我們思惟毫不能與我們確然思惟有相異處，那麼，所以應有先驗的思惟的法則』；他以這樣的理論『獨斷地』證明先驗性的存在。蘇爾日以爲『這個論證的方法是哲學上前許久時利用過來證明在我們的表象外存在着的物事之客觀的性質』（一四一頁）。這樣推論，我們可以把因果性歸于物之本體（一四二頁）。『經驗決沒有告訴我們客觀的對象之作用產生出在我們之內的印像』（引起我們的表象——譯者），康德決未證明『或種在我們理性外存在着的東西應視爲與我們的感覺或情意顯有差異的物之本體。感覺可被推想爲我們的認識之唯一的基礎』（二六五頁）。康德的純粹理性的批判，『把論辯的根據，安放在所謂一切認識以客觀對象在我們性質（情意）上引起的作用開始這個命題之上，但牠後來又非難這個命題的眞確性』及其實在性（二六六頁）。康德决沒有駁倒柏克勒（二六八到二七二頁）。

從此看來，蘇爾日顯然排斥康德的學說——排斥這些『獨斷的』主張，卽，我們經驗着客觀的實在，我們的表象是獨立存在着的對象在我們的感官上的作用所惹起的——以此視物之本體的承認爲對唯物論的不徹底的讓步。不可知論者的蘇爾日責難不可知論者的康德承認物之本體；——以爲康德這個承認，與不可知論相矛盾，最後就達到唯物論。主觀的唯心論者斐希特，同樣地、更遠爲嚴厲地、批評康德；他以爲：『康德承認物之本體爲獨立於自我外這個主張，與『唯實論』是同一的（"Werke"，第一册，四八三頁），康德沒有明白地區別『唯實論』與『唯心論』。斐希特以爲，康德及其信奉者承認物之本體爲『客觀的實在之基礎』，這個見解，是最不徹底的見解（四八〇頁），因爲牠陷入『批判的唯心論』中的矛盾裏面。康德的唯實論的註解者斐希特說道，『在你們看來，地球乘坐在鯨魚之上，而鯨魚乘坐在地球之上。你們的物之本體單單是思想；牠又在自我上發生作用。』（四八三頁）

阿芬納留斯想像：他『首先』『淨化經驗』中康德的物之本體和先驗性，並創造出哲學上一種『新』潮流時；他實大大地錯誤。實際上，他不過追從休謨、柏克勒、蘇爾日·愛利西德姆和斐希特的舊方向罷了。阿芬納留斯想像他『淨化經驗』一般。實際上他只淨化康德主義中的不可知論。他沒有與康德主義的不可知論（不可知論否認在感覺內被給與的東西之客觀的實在）作戰，但他努力於達到更純粹的不可知論，努力於排斥康德對物之本體的矛盾的容認，物之本體是不可認識的、容知的、彼岸的；甚至努力于否定對先驗的必然性和因果性的存在，這個先驗的必然性和因果性，康德主張是，我們的思惟給與我們的，不是從客觀的實在得來的。他不如唯物論者那樣從左方攻擊康德，但以懷疑論者和唯心論者的方法從右方攻擊康德。阿芬納留斯想像他自己正往前進，在他實際上只退却到對康德的舊批判的攻擊之策畫方面時。裴昔爾（Kuno Fisher）論及蘇爾日·愛利西德姆時，切適地在下面的言詞中表明他的觀點：『純粹理性的批判如使純粹理性被割離去，那就是懷疑論。純粹理性的批判，如使物之本體被割離去，那就是柏克勒的唯心論。』"Die Gesschichte der neuer Philosophie" 一八六九年出版，第五卷一一五頁。）

我們現在接近于馬赫主義的最珍奇的部分之一，即俄羅斯馬赫主義者對抗恩格斯和馬克思的爭戰。波格達諾夫、尤謝維齊和伐倫體諾夫這般高聲喊叫出的他們的最新發見」，是關繫着蒲列哈諾夫『不幸地企圖來和解恩格斯與康德這件事的，和解的居間物只是可認識的物之本體』（論集，六七和以下各頁）。我們的馬赫主義者的這樣的發見誘引他們陷入于聞所未聞的泥亂裏面，證明他們沒有理解康德及德國古典哲學的發展全部的意義。

康德哲學的主要形態，就是他企圖調停唯物論與唯心論，妥協兩者間的爭執，把龐雜的和對立的哲學的方向結合在一個體系內。康德在他承認在我們之外或種東西——物之本體——與我們的表象相照應時，他像似唯物論者。然而，在他主張這個物之本體是不可認識的、超絕的、『超理解的東西』時，他顯似唯心論者。因他視經驗爲我們的認識之唯一的泉源，他像似轉到感覺論的方向，並由感覺論在某某特殊的條件下轉到唯物論的方向。因他承認空間、時間、因果性、等等，他像似轉到唯心論的方向。徹底的唯物論者，徹底的唯心論者以及『純粹』不可知論者和休謨主義者都批評他的這種不徹底。唯物論者非難他的唯心論。他們（唯物論者——譯者）非難他的體系之唯心論的特色；證明物之本體的認識的可能性和此岸性，及物之本體與現象間根本的區別之不存在；主張必須只從客觀的實在推論因果性和類似的概念，不從先驗的思惟的法則推論牠們。唯心論者和不可知論者駁擊康德的『物之本體』，以爲主張物之本體就是對唯物論、『唯實論』或素樸唯實論讓步。不可知論者不僅排斥物之本體，並還排斥先驗性；但唯心論者不僅要求從純粹的思惟徹底地推論先驗的直觀形式，並還要求推論世界一般。（這是以擴大人類的思惟直到牠變成『抽象的自我』，或『絕對的觀念』，或『宇宙的意志』等等，而推論出來的。）在這裏，我們的馬赫主義者，因沒有『注意到他們是把那些曾從懷疑論和唯心論的觀點批評康德的人們做了自己的教師，在一旦看見異樣的人們從正反對的見解批評康德，排斥他的體系中一切可不知論、懷疑論和唯心論，證明物之本體是客觀地實在的、絕對可認識的，物之本體不是彼岸的，並且本質上與『現象』沒有差異，物之本體在人類的個人的和集團的意識之發展中每一階段顯明自己出來爲一種『現象』的時候；他們便開始撕裂自己的衣服，拿灰把自己的頭覆蓋着，喊叫：『幫助我們呀！幫助我們呀！在這裏有一個唯物論與康德主義的不法的混合物呀！』

當我知道馬赫主義者確信他們自己對康德的批評比較陳腐的唯物論者更爲徹底更爲決定的時候，我以爲他們好像一個蒲列昔維齊（Purishkevich, V. M.）（蒲列昔維齊生在一八七〇年，是一個極端反動的指導者和迫害猶太人的；是俄國國會議員。他的姓名與帝制時代最黑暗的反動同意義。——編者）突入我們的伴侶內，喊叫他比馬克思主義者還更徹底地、更決定地批評了『立憲民主黨』。（立憲民主黨是一個自由主義的政黨，在一九〇五年革命後成立，他的目的是在俄羅斯建設立憲的政制，他的有名的首領是寶龍·米留可夫教授（Prof. Paul Milyukov）。這個黨中留下來的從前的首領大半都是政治的國外亡命者，從事反對俄羅斯革命和蘇維埃政府的運動的。——編者）蒲列昔維齊先生，關于這件事沒有任何疑問，政治上徹底的人常常能夠、並且將要、從正反對的見解批評立憲民主黨，然而不要忘記你們批評他們太爲民主主義者的，我們批評他們太不是十分的民主主義者的呀！馬赫主義者批評康德太過于唯物論者的，我們批評他太不是徹底的唯物論者的。馬赫主義者從右方批評康德；我們從左方批評康德。

休謨主義者蘇爾日和主觀的唯心論者斐希特，可以拿來做德國古典哲學歷史上『右方的批判者』的標本。我們已說明過，他們企圖排除康德主義內『唯實論的』要素。恰如蘇爾日和斐希特批評康德一樣，休謨主義的經驗批判論者和主觀的唯心論者——內在論者——批評十九世紀後半期的新康德主義者。休謨和柏克勒表揚的同一方向，在一個幾許言詞上近代化的形式下顯露出來。馬赫和阿芬納留斯責難康德，不因他對物之本體的說明是不充分地唯實論的和唯物論的，只因他完全承認物之本體的存在。康德被責難，不因他不從客觀的實在推知因果性和必然性，只因他承認或者除『論理的』必然性之外，還有因果性和必然性。內在論者關于從休謨和柏克勒的見地批評康德，與經驗批判論者一致。例如一八七九年萊克雷，在他稱讚馬赫為卓絕的哲學家的著作上，責難康德，說他『不徹底及對唯物論縱容』，他的不徹底和對唯物論的縱容在物之本體的概念——『俗惡的唯實論之名詞上的殘滓』——內表現出自己("Der l'ealismus der Modernen Naturalismus",九頁)。

萊克雷說唯物論是『俗惡的唯實論』，企圖使他的批評更為強有力。萊克雷寫道，『依照我們的見解，康德學說中一切傾向於俗惡的唯實論的部份，都是不徹底的和不純粹的產物，應從唯心論方面排除開去（四一頁）。康德的理論中的矛盾和不徹底，從唯心論的批判與難排除的唯實論的獨斷論的殘滓之混合發生出來。』（一七〇頁）萊吉雷所謂唯實論的獨斷論也指的是唯物論。

另一個內在論學派的信從者，倫克，責難康德，因康德以物之本體這個唯實論的殘滓把自己與柏克勒隔離開來（Johannes Rehmke: "Die Welt als Wahrnehmung und Begriff"，一八八〇年柏林出版，九頁）。『康德的哲學的活動，本質上帶有論爭的性質：他藉物之本體指揮他的哲學攻打德國的唯理論（即攻打十八世紀舊信仰主義），並藉純粹理性指揮他的哲學攻打英國的經驗論。』（二五頁）『我欲拿康德的物之本體與放置在溝上的開閉自在的穽，比較一下：這個穽看起來極無害、安全，但你踏在牠之上，你便立即陷入「世界本體」的深淵裏面。』（二七頁）這就是康德不爲馬赫和阿芬納留斯的內在論者的戰友所喜歡的原由。康德在有些方面鄰近于唯物論的『深淵』呀！

從左方攻擊康德的例子，我們現且述說一下。費爾巴赫責難康德，不因康德的『唯實論』，只因康德的唯心論，他把康德的體系名爲『建立在經驗論的基礎上的唯心論』（"Werke"，第二册，二九六頁）。

我們還述說費爾巴赫對康德的另一重要的攷察：『康德說，設使我們承認——如我們所應承認——我們感官的對象爲單單的現象，那麼，我們以此承認在現象的根基上有物之本體。儘管我們不知道物之本體的內部構造，卻我們知道牠們的現象——知道那些未知的或種東西影響我們的感官的方法。所以，我們的悟性，在承認現象的存在時，也承認物之本體的存在；這樣，我們能夠說，假定在現象根基上橫着的、及爲感官印像的原因的、實體之存在，不特是可容許的，並還是必然的。……」費爾巴赫這樣選下了康德的論文的一段，在這一段中，康德視物之本體爲心理的概念，爲悟性上的實體，不視爲實在的東西；他的一切批評，都向着這段論文而發。他說道，『所以，感官的對象，經驗的對象，對於悟性是單單的現象，不是實在。……』如你們所察見，心理上的印像（感官的印像，悟性上的實體——譯者）沒有表現對于悟性的現實的客體呀！康德的哲學不可挽救地混亂主觀與客觀、實體與存在、思惟與實存。任何東西的『實體』，被給與于悟性，牠的存在，被給與于感官。但無實體的存在，無客觀的實在之『現象』的存在，是『單單的現象』，是感覺的物；但無存在的實體是純粹悟性上的實體，是「理體」（理想上的實體——譯者）。我們能夠、並且應當思惟、牠們，但牠們缺乏存在和客觀性——至少對于我們缺乏存在和客觀性。牠們是物之本體，是「眞實物」，但牠們不是「現實物」。把眞理與現實性分離開，把現實性與眞理分離開，眞是如何的矛盾啊！』（“Werke” 第二冊，三〇三頁。）費爾巴赫批評康德，不是因他承認物之本體，只是因他不承認牠的現實性，牠的客觀的實在，因他視牠爲一單單的思想，爲心理上的概念（即爲悟性上的實體——譯者），不視爲能被奠基在任何眞實的、現實的、存在的、東西上的一種實體。費爾巴赫攻擊康德離遠唯物論。

一八五八年三月二十六號，費爾巴赫寫信給波林（Polin），說道，『康德的哲學是矛盾的，牠或不可避地達到斐希特的唯心論或不可避地達到感覺論。』第一條歸結的路徑『屬于過去』，第二條屬於『現在和未來』（Grün: "Ludwig Feuerbach," 第一册四九頁）。我們業已述說，費爾巴赫擁護客觀的感覺論，即唯物論。甚至從費爾巴赫的觀點說來，從康德新回轉到不可知論和唯心論，即到休謨和柏克勒，這是無疑地反動的。費爾巴赫的熱烈的信徒亞博勒齊諾（Albrecht Rau），承繼了費爾巴赫的長處及馬克思和恩格斯後來改正的他（費爾巴赫——譯者）的短處，完全以他的老師的精神批評康德。

『康德的哲學是一個兩棲的動物；牠是唯物論，又是唯心論；對牠的本質的理解之關鍵，存在于牠的二重性質裏面。唯物論者的或經驗論者的康德，不能不承認在我們之外物的存在；但唯心論者的康德，却不能免除偏見，以爲精神不是本質上與可感覺的物相異。現實的物是有的，理解這些物的人類之心也是有的。心如何接近于與自己完全相異的物呢？康德對這個困難的回避方法就是：他主張，心具有若干先驗的認識形式，因這些形式，物必如牠們（物——譯者）顯現出來的那樣，顯現出來。所以，我們如我們理解物那樣去理解牠們，這個事實，應歸于我們自己的創造力；因爲在我們之內生活的心是神的心之部份，並且人心從某某東西創造出牠們自己沒具有的或種東西，恰如神從「無」創造出世界似的。這樣，康德對現實的物保證當作「物之本體」的物之實體性。精神，在康德看來，是一個必要的條件，因為他以為靈魂不滅是道德的教訓。紳士們，「物之本體」（亞博勒齊諾向新康德主義者一般地說，向偽造「唯物論史」的混亂的郎治特別地說）是把康德的唯心論從柏克勒的唯心論分別開來的東西；牠在唯物論與唯心論間架起一座橋梁。這是我對康德哲學的批評，且讓那些能反駁這個批評的人們批評牠。唯物論者以為先驗的認識與「物之本體」的區別是絕對多餘的；唯物論在任何地方都沒有破裂「自然」的連續性，都沒有視物質與精神為根本上相異的東西；他只視牠們兩者為同一物的兩面，所以他不需要使牠們兩者互相接近的策術。』（Albrecht Rau: "Ludwig Feuerbach's Philosophie, die Naturforschung und die Philosoplische Kritik der Gegenwart", 一八八二年萊蒲茲出版，八七到八九頁。）

我們已述說過，恩格斯批評康德，是因康德的不可知論，不是因他的**不徹底**的不可知論。恩格斯的弟子拉發格（Lafargue）在一九〇〇年這樣論駁康德主義者，在這些康德主義者中，那時有拉婆波特（Charles Rapporport）：

『在十九世紀的開始，我們的資產階級，已經完成了牠的革命的破壞之事業，就開始駁斥福祿特爾（Voltaire）的哲學。沙脫博利安（Chateaubriand）以浪漫的色彩描繪的天主教再變成流行的，麥舍（Sebastian Mercier）最後輸入康德的唯心論來撲滅百科辭典派者的唯物論，百科辭典派的有名的宣傳者，曾被羅伯斯庇爾（Robespierre）斬殺。』

『在歷史上名為「資產階級」的世紀之十九世紀的終結，智識分子企圖藉助于康德的哲學來打倒馬克思和恩格斯的唯物論。這個反動的運動，在德國發軔。我不欲冒犯我們的全體的社會主義者，這般社會主義者喜歡把一切榮譽歸于他們的學派的創始人，麥龍（Ma'on）。但麥龍自己實是在儲列齊着手改良馬克思主義的奧士卑格（Höchbery）、奔恩斯坦（Bernstein）、及笛靈格的其他弟子的學派之一個學生。（拉發格說七十年代的後半德國社會主義內有名的思想運動。）我們還應豫期，若雷（Gaurés）、佛尼爾（Fournier）和我們的其他智識分子以康德呈示我們，在他們已熟習他的術語時。拉婆波特，在對我們保證「觀念與實在」就馬克思說「是根本上同一的」時候，是錯誤了。第一我們決沒有使用這樣形而上學的語句。觀念與客體同是實在的，觀念是腦髓內客體的反映。……為着娛樂熟習資產階級的哲學的同志，我將說明這個使精神論者之心窘迫的有名問題的內容。』

『勞動者，食香腸而壯健，每日收入五佛郎的，很知道：掠奪他的雇主食豬肉；雇主是盜，香腸味美並滋養身體。資產階級的詭辯家答道，不對，不對；不問他是被叫做皮爾孫、休謨或康德。勞動者的意見是他的個人的意見，他的主觀的意見；他可以同一的權利主張，他的雇主是他的恩人，香腸內包含切碎的皮革，因爲他不能夠知道物之本體。……』

『這個問題沒有好好地提出，牠的困難在這裏。……爲着認識客體，個人首先應確知他的感官是否斯騙他。……但化學家還更進一步，——他們深入物體的內部，解剖牠們，分解牠們成爲原素；然後又實行相反的手續，卽從物體的原素再組成這個物體。人從「他能夠從這些原素造作物事供自已的使用」這個瞬間，可以如恩格斯樣主張，他知道物之本體。基督教的神，設使他曾存在並創造世界，那也決不能做任何什麼。』(Paul Lafargue: "Le Materia!i me de Marx et l'idéalisme de Kant", 載在"Le Socialisme", 一九〇〇年二月二十五號上。)

我們敢于引用這樣多的文句，爲的是表明拉發格如何理解恩格斯及如何從左方批評康德——卽不批評與休謨的哲學相異之康德主義的方面，只批評共通於康德和休謨的方面；不批評他承認物之本體，只批評他不以充分的唯物論的見解說明物之本體。

最後，攷次基在他的著作倫理學上，也從與休謨和柏克勒的觀點相反的一種觀點批評康德『我的視覺器官，只有使我意識着在一定形態上，卽在色的形態上的殊異之機能。……我看見綠、赤和白，這件事，在我的視覺器官上有牠的基礎。但綠與赤相異，這件事，實證在我之外存在着的或種東西，卽實證物與物間實在的殊異。……物與物的關係及牠們的區別（相異——譯者），因個個的空間與時間的表象被明示給我的，……是外部世界之現實的關係和區別，外部世界不被我的認識能力的性質限制着。……這樣，如果關于時間與空間的觀念性康德的學說是正確的，那麼，我們絕對不能知道關于在我們以外的世界之任何東西，甚至不能知道這個世界存在着。』(Karl Kautsky: "Ethics and the Materialist Conception of History," 一九〇七年芝加哥版，四四頁。)

這樣，費爾巴赫、馬克思和恩格斯的整個學派，從康德轉而進到極左方，完全否認種種唯心論和不可知論。但我們的馬赫主義者，追從哲學上反動的方向，即追從從休謨和柏克勒的觀點批評康德的馬赫和阿芬納留斯。固然，擁護一種反動的思想，是每一市民的神聖權利，尤其是每一知識分子的神聖權利。但與馬克思哲學的根本理論斷絕關係的人們，起首閃避、混亂、造作遁辭，進而告知我們：他們在哲學上的確『亦』是馬克思主義者，他們差不多與馬克思一致，僅不過『補足』他而已——這樣一種景色，是多麼使人不愉快。

## 第二節 『經驗象徵論者』的尤謝維齊怎樣嘲笑『經驗批判論者』的齊爾諾夫

尤謝維齊寫道，『看見齊爾諾夫怎樣欲把不可知論的、孔德派的(Comtean)和斯賓塞派的(Spencerian）實證論者米海洛夫斯基(Mikhailovsky)造成馬赫和阿芬納留斯的一個先驅者，這件事，是可笑的。』（前引書，七三頁。）

但最可笑的是，尤謝維齊的可驚的愚昧。他像所有渥洛昔諾夫一樣，以聞人的名字和博深的言詞的誇示掩蔽他的愚昧。上述的這段引用文，是從欲說明馬赫主義對馬克思主義的關係之一節摘錄下來。尤謝維齊雖從事攷究這個問題；却不知道，恩格斯和一切唯物論者都以爲休謨主義的信奉者和康德主義的信奉者同是不可知論者。所以，在馬赫承認自己是休謨的信奉者時，把不可知論與馬赫主義一般地對立的人是哲學上的盲目者。『不可知論的實證論』這個名稱，也是不合理的，因爲休謨的信奉者叫他們自己做實證論者。尤謝維齊既把培蘇德當做自己的教師，應該知道培蘇德直接把經驗批判論和實證論聯結一起。最後，對孔德和斯賓塞的姓名之單單的提舉，也是無意義的，因爲馬克思主義沒有非難區別這一個實證論者與那一個實證論者之點，只非難他們所共有之點，卽，使一個哲學家成爲一個實證論者、不成爲一個唯物論者之點。

爲着把讀者弄混亂，爲着以言詞的音響把讀者震聾，爲着使讀者對問題的本質之注意力轉而使用在問題的枝葉方面，這些混雜的言詞，對于渥洛昔諾夫都是必要的。問題的本質，存在於唯物論與實證論的廣大的潮流間之根本的分歧中，這個廣大的潮流中，牠的代表，有孔德、斯賓塞、米海洛夫斯基和一羣其他新康德主義者，以及馬赫和阿芬納留斯。恩格斯在他的著作費爾巴赫論上，曾完全地、明確地、說明問題的本質；在這個著作上，他把前世紀八十年代的康德主義者和休謨主義者放置在與可鄙的折衷主義者、『蚤蝨者』等等的壁壘相同的壁壘裏面。這樣的特徵，能適用于誰人——我們的渥洛昔諾夫們不能夠思攷着。因他們（渥洛昔諾夫們——譯者）不能夠實行任何思攷；在這裏，我們將呈出一個比較，使讀者能夠明瞭這個論題。事實上，恩格斯在一八八八年和一八九一年說及康德主義者和休謨主義者一般的時候，沒有舉出任何人名。在他的著作中惟一的引證，就是斯塔克（Starcke）對費爾巴赫的關係之引證。『斯塔克竭力擁護費爾巴赫，抵抗今日在德國矜誇自己是哲學家的大學講師之攻擊和學說。這件事，對于注意德國古典哲學的不肖的子孫之人們，眞是一件重大的事；牠對于斯塔克可以像似一件要事。但是我們爲讀者免除注意牠的麻煩。』（費爾巴赫論，七五頁。）

恩格斯欲『免除讀者的麻煩』，卽，使社會民主主義者勿須結識把自己叫做哲學家的墮落的饒舌者。目下誰是『不肖的子孫』的代表呢？

我們翻開斯塔克的著作（C. N. Starcke: Ludwig Feuerbach, 一八八五年斯圖加爾出版），我們發見他在這部著作上常常引據休謨和康德的信奉者。斯塔克把費爾巴赫從這般人領導的兩方向擯除開去。斯塔克引據萊爾、文德爾斑（Windelband）和郎治（三）一八到一九，一二七頁）。

我們翻開阿芬納留斯的八類世界概念，在第一版的一二〇頁上讀道：『我們的分析的最後結果奠基在「與其他研究家，例如納斯、馬赫、萊爾、溫德和學彭浩，所已達到的結論一致」之上，儘管這個一致不是絕對按照種種觀點間的差異。』

我們的渥洛昔諾夫，尤謝維奇嘲笑誰呢？

阿芬納留斯決不疑惑，不在經驗批判論的細目方面，實在牠的『最後的結果』方面，他與康德主義者萊爾和納斯及唯心論者溫德原理上接近。馬赫是與這兩個康德主義者一起被記述着。既然萊爾和納斯儘管是休謨的祖述者，却裝扮爲康德主義者，而馬赫和阿芬納留斯儘管是柏克勒主義者，却裝扮爲休謨的祖述者，那麼，事實上，他們不是同一件侶麼？

於是，八們不會驚訝着，『恩格斯欲免除德國勞動者的麻煩，使他們不必結識蚤蝨的講師們』這件事麼？恩格斯免除德國勞動者的麻煩，但渥洛昔諾夫不免除俄羅斯讀者的麻煩。

我們應注意着，康德和休謨或休謨和柏克勒能以各殊的成分形成一個折衷的結合——設使這樣的說話是不錯的，時而這個混合物當中這種要素相當地被著重，時而那種要素相當地被著重。我們曾察見，只有一個馬赫主義者克倫彼得公然承認他和馬赫是唯我論者——徹底的柏克勒主義者。但在別一方面，馬赫和阿芬納留斯的信奉者及其弟子當中許多，如培蘇德、威利、皮爾孫、俄羅斯經驗批判論者萊塞維齊、法國人德拉克樂(Henri Delacroit: "Bibliothéque du congrés international de la philosophie, David Hume et la philosophie critique," 第四卷。這個作者提及休謨的信奉者、阿芬納留斯和德國內在論學派的信奉者、及法國雷怒維爾〔Renouvier〕和他的一派新批判論者),都著重馬赫和阿芬納留斯的休謨主義的方向。我們在這裏且舉一個重要的科學家來做例子,這個科學家哲學上也把休謨和柏克勒結合一起,但著重這樣一個混合物的唯物論的要素。這個科學家是赫胥黎,有名的英國自然主義者,他製造過『不可知論者』這個術語,他是無疑地爲恩格斯所特別注意,在恩格斯述及英國的不可知論時。這種稱不可知論者,恩格斯在一八九一年叫他們做『害羞的唯物論者』。英國的精神論者華爾德在他的著作自然主義與不可知論(第二卷三一頁)上,首先攻擊『不可知論的科學的指導者』赫胥黎,他確證恩格斯的批評,在他這樣說時:『實際上,在赫胥黎的場合,對物理的方面(依據馬赫即「要素的系列」)認爲第一位的傾向非常顯著,殆難把他的學說叫做心物並行論。儘管他猛烈地拒絕唯物論者這個稱號,視牠爲對于他的清潔的不可知論之一種汚辱,却近代著述家偶然比他還更應領受這個稱號的,我只知道幾個。』(James Ward: Naturalism and Agnosticism", 一八九九年倫敦出版,三一頁。)

華爾德從赫胥黎引用一段文字來確證他的意見。『任何人熟知科學歷史的,將承認科學的進步在一切時代都指的是，並且現在比任何從前的時候更爲指的是，我們叫做物質和因果關係的領域之擴大，及相隨地漸次從人類思想的領域消滅我們叫做精神和任意的東西。」或者：「我們以精神的名詞表明物質的現象或以物質的名詞表明精神的現象，這在牠的本身都無足重輕，——每類敍述都有或種相對的眞理。但如以科學的進步爲目的，那麽，在每一方面都甯可採取唯物論的術語。因爲唯物論的術語把思想與宇宙的其他現象結合攏來，……反之，另一種術語，或精神論的術語，是全無內容的，除觀念的曖昧和混亂而外，決不引起任何什麽。這樣，人們決不能夠疑惑，科學愈進步，唯物論的公式和象徵愈擴大地、愈徹底地、表示自然的現象。」（一七到一九頁。）

這就是「害羞的唯物論者」赫胥黎如何論辯的情形，他拒絕接受他所視爲「形而上學」的唯物論，他以爲唯物論是「形而上學」，因爲牠超越「感覺的集團」。但赫胥黎又寫道：「如果我必得在絕對的唯物論與絕對的唯心論兩者中選擇其一，那麽，我覺着迫不得已只好選擇後一種（二一六頁）。……我們的惟一的確實是精神世界的存在。」（二一九頁）

赫胥黎的哲學，也是休謨和柏克勒的一個混合物，恰如馬赫的哲學是這樣一個混合物似的：但在赫胥黎的場合，柏克勒的文句稀少，不可知論是唯物論的無花果葉。就馬赫說，這個混合物的色彩是殊異的；同一的精神論者華爾德，雖猛烈地攻擊赫胥黎，却和藹地拍阿芬納留斯及馬赫的肩膀。

## 第三節　馬赫和阿芬納留斯的戰友的內在論者

我們說及經驗批判論時，不能不引證所謂內在論學派的哲學家，他們當中的主要代表，就是蘇博、萊克雷、倫克、蘇卑特・棱登。所以我們必須攷察經驗批判論與內在論的哲學——尤其是蘇卑特・棱登教說的內在論的哲學——之關係。

一九○二年，馬赫在感覺的分析第四版的緒論上，這樣寫道：

『今日我看見，一羣實證論的哲學家、經驗批判論者、內在論哲學的信奉者、若干孤立的自然科學者，縱然都不知道相互間的著作，却都走入差不多歸着一點的途徑，儘管有他們的個人的相異。』(一三頁) 在這裏，我們首應注意，馬赫眞誠地述說極少數的自然科學家屬于『休謨、柏克勒主義』的哲學之推想上新的(實在極舊的)學派。第二，在一種廣汎的潮流中，內在論學派的哲學家與經驗批判論者和實證論者並列一起，馬赫對于當作這種潮流看的那樣的『新』哲學之見解，極爲重要。『這樣，有一種共通的運動開始了。』(感覺的分析四頁，俄文譯本的序文。)『再者，我的立場極接近內在論哲學的代表的立場。這件事，在蘇博的場合尤爲眞確可信，蘇博的著作，在一九○二年，我纔知道；他的著作認識論和論理學的大綱，有豐富的思想並可不用特別的字典誦讀着的，特別引致我對牠的同情的和聲。』（同書，四六頁。）蘇畢特・羅曼也同致馬赫『對他的同情的和聲』；並且馬赫還把他的最後的總結的哲學著作知識與錯誤題獻給蘇傅。

經驗批判論的另一個創建人阿芬納留斯，在一八九四年寫道，他因蘇博對經驗批判論的同情而『喜悅』，『感奮』，他與蘇博的相異處『或者只暫時存在着』（"Vierteljahrsschrift für wissenschaftliche Philos›phie"，一八九四年，第十八部二九頁）。最後，培蘇德，萊塞維齊把他的學說視爲經驗批判論的最後的言詞，他公然宣言蘇博、馬赫、和阿芬納留斯爲三位一體之『新』方向的指導者。（純粹經驗哲學入門，一九〇四年出版，第二冊，二九五頁；"Die Welt problem," 一九〇六年出版，序文五頁，一四六頁。）在這一點上，培蘇德斷然反對威利（入門第一冊三二一頁）；威利或者是最有聲譽的馬赫主義者，他對于馬赫和阿芬納留斯與蘇博的這樣的近親關係，覺着可恥，並試在原理上把自己與蘇博區別開來，他爲這件事被他的親愛的教師阿芬納留斯叱責。阿芬納留斯在他對威利反對蘇博的論文之註釋內，寫上前面他關于蘇博的言論，並還附加道，威利的批評的『過火程度超出必要以上』。（Vier teljahrsschrift für wissenschaftliche Philosophie"，一八九四年，二九頁；威利反對蘇博的論文也載在那上面。）

我們既已知道經驗批判論者對內在論的代表之評價，將轉而論述內在論者對經驗批判論者的評價。我們已言及一八七九年的萊克雷的意見。在一八八二年，蘇卑特·梭登表述他『與老斐希特』（卽主觀的唯心論之有名的代表，他的兒子，如約瑟夫·狄茲根的兒子一樣，在哲學上是愚鈍的）部分的一致，『與蘇博、萊克雷、阿芬納留斯及部份地與倫克』部分的一致；同時他以特別的愉快引證馬赫，視馬赫爲反對『自然科學的形而上學』的（Dr. Richard von Schubert-Soldern: "Ueber Transcendenz des Objects und Subjects"，一八八二年出版，三七頁，第五節：參攷他的 "Grundlagen einer Erkenntnist heorie" 一八八四年出版，三頁）——這樣的用語是德國反動的講師和教授名『自然科學的唯物論』的。在一八九三年，阿芬納留斯的人類世界概念出版後，蘇博在他給阿芬納留斯的一封公開的信內，對這本著作，表示敬意，以爲他『確認』他自己擁護的『素樸唯實論』。蘇博寫道：『我的思惟的概念與你的純粹經驗一致。』（"Vierteljahrsschrift für wssenschaftliche Pbilosopbie"，一八九三年，第十七部三八四頁。）嗣後，在一八九六年，蘇卑特·梭登總述他『立脚』的『哲學上方法論的傾向』，這個傾向從柏克勒和休謨起源，經郎治下傳（『在德國我們的方向之發端從郎治起算』），然後再經納斯、蘇博和他們的一派，及阿芬納留斯和馬赫下傳；再經新康德主義者萊爾和法國人雷魯維爾等等下傳（蘇卑特·梭登："Das Menscheliche Glück und die Sociale Frage"，一八九六年出版，序文五到六頁）。最後，在刊登在內在論者的專門哲學機關雜誌創刊號內的綱領之緒言上，及在對唯物論宣戰的佈告文和對雷魯維爾的同情的表述文上，我們讀道：『甚至在自然科學家的壁壘中，少數思想家對他們的同事，固持着深入自然科學的非哲學的精神之傲慢，發出訓戒的言語。例如，馬赫，就是這樣一個人，他指摘自然科學缺乏必要的認識論的基礎。新勢力從各方面興起，並開始活動，來打破對自然科學的無誤謬性之盲目的信仰，開始在玄妙的深奧處探求新途徑，卽探求對眞理的界域之深邃的識見。』（"Z.itschrift für Immancte P hilosophie" 一八九六年，柏林出版，第一卷，六九頁。）

我們對于雷魯維爾應講幾句話。他是所謂法國有勢力的新批判論學派的首領。他的理論哲學，是休謨的現象論和康德的先驗論之一種結合他絕。對排斥物之本體。主張現象的關聯，秩序和法則是先驗的；以大字書寫法則，視牠爲宗教的基礎。天主教的僧侶，狂喜這種哲學。馬赫主義者威利憤然把雷魯維爾叫做『第二使徒寶龍』（Paul）、『高級曚昧主義者』、『意志自由之詭辯的說教者』（"Gegen die Schulweisheit"，一二九頁）。法國內在論哲學的『共同思想家』，歡迎馬赫的哲學。當他的力學翻譯成法文時，雷魯維爾的學徒和協作者皮龍主編的新批判論者的機關雜誌——L'Année Philosophique——上寫道：『馬赫的實證科學，就牠對實體、物、物之本體的批評說，在如何的範圍內與新批判的唯心論一致，這是不須言說的。』（第十五卷一七九頁）

說到俄羅斯馬赫主義者，他們恥與內在論哲學的代表有近親的關係。固然，對於無意識地追從斯特魯夫、孟雪苛夫和他們的一派之方向的人們，不能夠有別的期待。惟獨巴沙諾夫把『內在論學派的某某代表』叫做『唯實論者』。（『近代哲學的唯實論者——內在論學派的少數代表，從康德主義得到他們的起點的，及馬赫、阿芬納留斯派和對他們有密接關係的其他潮流，發見沒有任何根據來排斥素樸唯實論的出發點。』（論集，二六頁）。）波格達諾夫簡截地主張，『內在論學派只是康德主義與經驗批判論兩者的中間的形態』，這樣的說明，十分錯誤（經驗一元論第三卷序文一二頁）。齊爾諾夫寫道：『一般地說來，內在論者只在他們的學說之一方面接近實證論，在別的方面，他們遙遠地超越牠的範圍。』（哲學的和社會學的研究，三七頁（俄文）。）伐倫體諾夫說：『內在論者以無益的形式把這些（馬赫主義的）思想包裹起來，將自己陷入唯我論的窮境裏面。』（前引書，一四九頁。）如你所見，在這裏沒有缺乏任何東西——在這裏一攫就有唯實論和唯我論。我們的馬赫主義者，只不敢顯明地、眞率地、述說內在論的眞相。

事實上內在論學派的信奉者，是反動主義的巨魁，是信仰主義的公然說教者，是完全的曚昧主義者。他們當中沒有一個人不在認識的範圍內從事擁護宗教，或挺身爲這種或那種中世紀觀念辯解。萊克雷在一八七九年，擁護他的哲學，以爲牠滿足有『宗教情緒的人之一切要求』（"Der Realismus", etc. 七三頁）。倫克在一八八〇年把他的認識論題獻給新教的僧侶比德爾曼（Biedermann），並以一個篇言終結他的著作，這個箴言不是關于超感覺的神，是關于一個『實在的概念』之神（這是巴沙諾夫列貫內在論哲學的某某信從者在『唯實論者』中的理由呢？）；同時，『這個實在的概念之客觀化，是被實際的生活確立並解明』。同時，比德爾曼的基督教的獨斷論是被宣稱爲『科學的神學』的典型(Rehmke: Die Welt als Wahrnehmungu nd Begriff".柏林，一八八〇年，三一二頁)。蘇博主張，儘管內在論者否定超絕，卻超絕的概念不必然包含神和不死(Zeit Schrift für Immanete Philosophie",第二卷，五二頁)。在他的倫理學上，他辯護『道德法則……與一個人的形而上學的世界觀之關聯』，把『分離國家與教會』這個理論判罪，視爲『無意義的言詞』(Wilhelm Schuppe: Grundzüge der Ethik und Rechtsbilosophie",一八八一年博勒斯洛，(Breslau)出版，一八一，三二五頁)。蘇卑特·梭登，在他的認識論的基礎上，推論出在肉體生存以前自我的先在及在肉體生存以後自我的後在，以此擁護靈魂不滅說(八 頁)。在社會問題這個著作上，他反對伯伯爾(Bebel)，擁護階級選舉權及其他社會改良，說『社會民主主義者』忽視這個事實，即，『沒有「不幸」之神的賜物，那便沒有任何幸福』(二二〇頁)；他在這一點悲嘆這件事，即，『唯物論盛行』(二四二頁)，『在今日相信來世或相信來世的可能性的人，被視爲愚人』(同頁)。

這些德國孟雪苛夫者，智力上與雷恐維爾是一樣的蒙昧主義者的，和平地與經驗批判論者同居。

他們的理論上的親近關係，是無可爭辯的。在內在論的哲學中所含的康德主義，決不比在培蘇德或皮爾孫的哲學中所含的爲少。我們已察見他們自認爲休謨和柏克勒的徒弟，這種見解是在哲學文獻上一般地被承認的見解。爲着說明馬赫和阿芬納留斯的戰友之認識論上的前提是什麼東西，我們將從內在論者的著作引據幾個根本的學說。

在一八七九年，萊克雷尚未發明『內在的』這個字，這個字指『經驗的』，這個字正是一種與歐洲資產階級的政黨的口號和標語一樣活騙人的隱藏腐敗的標語。萊克雷在他的最初著作上，率直地、明白地、叫自己做『批判的唯心論者』（"Der Realismus",etc 一一，二一，二〇六和以下各頁）。我們已說明過，在這個著作上，他批評康德對唯物論讓步，並明確地指示出他自己從康德走到裴希特和柏克勒所採取的路徑。萊克雷攻擊唯物論一般，及大多數科學家對唯物論的偏向。蘇博、蘇卑特·梭登和倫克，也一樣攻擊牠們。

萊克雷說道：『我們且回到批判的唯心論的觀點那裏，且不以爲自然過程或自然全體有任何超絕的存在（即在人類意識外的存在）。物體和主體自身的肉體，在他（主體——譯者）看見並感覺牠和牠的變化的範圍內，將在那時顯現出來爲空間上配列的同時的存在和時間的繼起之直接的表象；「自然」的說明全部，將把自己歸納爲對這些同時的存在和繼起的法則之表述。』（二一頁）

反動的新康德主義者說道，回到康德呀！反動的內在論者要求，回到斐希特和柏克勒呀！萊克雷以爲存在與『感覺的綜合』是同一的(三八頁)；他以M表示在我們的感覺器官上惹起作用的一羣性質，以N表示在其他自然物上惹起作用的另一羣性質(一五○和以下各頁)。萊克雷以爲自然是人類的、不是各個的個人的、意識現象(五五頁)。萊克雷的著作，在蒲拉圭(Prague)出版，馬赫在蒲拉圭任物理學教授，萊克雷歡欣地單單引據一八七二年出版的馬赫的著作勞動的保存(Die Erhaltung der Arbeit)，這些事實，如果我們攷察一下，那麽，必然發生這樣一個問題：卽，我們不應視信仰主義者和公然的唯心論者，萊克雷，爲馬赫的獨創的哲學之實際的教父麽？

說到蘇博，據萊克雷的見解("Beitroge zu einer Monistischen Erkenntnistheorie"，一八八二年博勒斯洛出版，一○頁)，他達到『同一的結果』，而且我們業已說明過，他標榜自己擁護『素樸唯實論』；他在給阿芬納留斯的公開書信中悲痛『我們〔蘇博的〕認識論確然被附會爲主觀的唯心論』。內在論者蘇博所名爲唯實論的擁護之拙劣的欺詐的實質，從他對溫德的答辯看來，是充分顯明的，溫德不猶豫地把內在論者與斐希特主義者和主觀的唯心論者列爲一類("Philosophical Studien"，前記的卷數，三八六，三九七，四○七頁)。

蘇博對溫德答辯道，『在我個人的場合「存在是意識」這個命題暗指：無外部世界，意識是不可想像的；以此，前者屬于後者，並假定兩者之絕對的相互依存關係，這個事實，我曾屢次注意並說明，在這種相互依存關係上，兩者構成「存在」之單一的、本原的、全體。』（Wilhelm Schuppe: "Die Immanete Philosophie und Wilhelm Wundt", 載在 "Zeitschrift für Immanete Philosophie", 第二卷，一九五頁上。）

在這樣的『唯實論』中，沒有看見毫末搬假的主觀的唯心論，那便是極端素樸呀！試想一想看，外部世界『屬于意識』，並與意識有絕對的相互依存關係呀！事實上，這個可憐的教授，在他與主觀的唯心論被列爲一類時，遭受誹謗了。那樣的哲學與阿芬納留斯的『原理的同位』完全一致；齊爾諾夫和伐倫體諾夫想提出的任何辯解和抗議，決不能使牠們兩種哲學分離開來，牠們終歸要被放置在德國教授團製造的反動的陳列品之博物院裏面。伐倫體諾夫把蘇博叫做唯我論者（顯然蘇博堅決地主張他不是唯我論者，並關于這個問題撰就特別的論文，恰如馬赫、培蘇德和他們的一派這樣堅決地主張似的），並很喜歡在論集內的巴沙諾夫的論文，這件事，且把牠當作一件證明伐倫體諾夫的識見的珍聞注目着啊！我喜歡把巴沙諾夫的這個說明，『在我們之外存在着的現實是感官的表象』，翻譯成德文，轉寄給一個明日道理的內在論者。這個內在論者將誠心誠意地擁抱巴沙諾夫，恰如蘇博．萊克雷和蘇卑特．梭登誠心誠意地擁抱馬赫和阿芬納留斯一樣。因爲巴沙諾夫的這個說明是內在論學派的學說之

Alpha和Omega。

最後有蘇卑特·梭登：『自然科學的唯物論』，即在外部世界的客觀的實在之承認內含蓄着的『形而上學』，是這種哲學家的主要敵人（"Die Grundlage der wissenschaftstheorie" 一八八四年，三一頁；"Die Metaphysik der Naturwissenschaft"，第二章）。『自然科學從一切意識關係抽象』（五二頁）——這是牠的主要错誤處，（因爲牠〔代『這』，即指上文全句——譯者〕是唯物論的實質）——『因個人不能逃避他的感覺，以此不能逃避意識狀態』（三三，三四頁）。固然，在一八九六年蘇卑特·梭登承認，『我的觀點是唯我論』（"Social Frage" 序文十頁），但牠不是『形而上學的』，不是『實踐的』。『我們所直接經驗的是一種感覺或常常變化的感覺之綜合』（"Ueber Franscendenz des Objects und Subjects" 七三頁）。

蘇卑特·梭登說：『馬克思認物質的生產過程爲內部的過程和動機，恰如自然科學認共通〔於人類〕的外部世界爲個人的內部的世界之原因似的（馬克思這樣誤謬地承認，恰如自然科學這樣誤謬地承認似的）。』（"Social Frage" 序文一八頁。）關于馬克思之史的唯物論與自然的、史的、哲學的、唯物論之結合，馬赫的戰友決不疑惑。

『許多人，甚或大多數人都將以爲：從認識論的唯我論的觀點說，任何形而上學皆是不可能的，形而上學實是超絕的。這種見解，我透徹地思攷時，我不能同持牠。這裏有我的理由。……經驗之直接的基礎，是精神的（唯我論的）關聯，這個關聯的中心點，是有肉體伴隨的自我（個人的表象世界）。無這個自我，其餘的世界是不能想像的，無其餘的世界，這個自我也是不能想像的；所以，個人的自我破壞時，其餘的世界也必破壞。但這是不可能的。如果其餘的世界破壞，那麽，將沒有任何地方為個人的自我殘存着；因為個人的自我，只能在論理學上與其餘的世界分離開，不能在空間和時間上分離開。所以我的個人的自我，在我死後也應必然地存在着，因全世界不能與我同時消滅。』（同書，序文二三頁。）

『原理的同位』、『感覺的綜合』和其餘馬赫主義的囈語對于需要牠們的那般人，是有效用的啊！『……從唯我論的立場說來「彼岸」是什麽？是未來經驗之可能性（同上）。……固然，例如唯心論沒有證明彼岸的存在，但自然科學的唯物論也不能被提出來反對唯心論；因為，如我們所察見，這個唯物論只是在包括一切的精神的關係內的世界過程（「原理的同位」）之一方面。』（序文，二四頁。）

一切這些言詞，都在社會問題（一八九六年）之哲學的緒言上述說過的，在這個緒言上，蘇巴特·梭登表示他與馬赫和阿芬納留斯常常一致。惟有在俄羅斯馬赫主義者的場合，馬赫主義完全供知識階級的饒舌者之用，但在牠自己的國內，牠對于信仰主義執行奴僕的任務，這是公然被宣布着啊！

## 第四節　經驗批判論向什麼方向發展

我們且攷察一下馬赫和阿芬納留斯以後的馬赫主義的發展。我們曾證明他們的哲學是矛盾的、不相聯繫的、認識論的學說之一個混雜物。現在我們應探究這種哲學的發展的方向；這將帮助我們以參照若干『無可爭論的』歷史上的事實來解決『有爭論的』問題。事實上，我們討論這個學派的哲學上出發點之折衷性和支離性時，我們不能避免關于牠的方向的各種樣式的解釋及關于瑣細問題的無益的論爭。但經驗批判論，像每種思想上的潮流一樣，是一個生動的東西，這個東西生長並發展；在這一方向或那一方向的牠的生長的事實，能比繁多的討論更爲幫助我們較善地解決『這個哲學的固有的本質是什麼』這個根本的問題。我們常常不從一個人思想或述說自己的方面判斷這個人，只從他行爲的方面判斷。我們對于哲學家也應該不以他們自己標榜的名號（『實證論』、『純粹經驗』、『一元論』或、『經驗批判論』、『自然科學的哲學』、等等）來判斷他們；只按照他們對根本問題的解答、他們的戰友是誰、及他們所一般地教說的和他們所傳授給弟子和信從者的，來判斷他們。

最後這個問題，特別使我們現時感興趣。他們最根本的理論，差不多在二十年前已爲馬赫和阿芬納留斯所提示出來。在那時，欲理解『指導者』的、把自己（無論如何馬赫在他的同僚死後還生存着）視爲後繼者或祖述者的、人們，如何樣理解這些『指導者』，這個問題，應該已經答覆了。確切地說來，自視爲馬赫和阿芬納留斯的徒弟或信奉者的、馬赫自己也認爲是這樣的、人們，我們且拿來做一個實例。這樣，我們將獲得當作一種哲學上的潮流看的、不當作單單一種文獻上事件的蒐集看的、經驗批判論之肖像。

馬赫在感覺的分析的俄文譯本之序文上，推獎哥勒留（Han Cornelius）爲『少年的研究家』，哥勒留『如沒有採取同一的馬赫立場，那麽，至少必採取極與牠接近的立場』（四頁）。馬赫在感覺的分析的正文上一再『愉快地指述』哥勒留和其他的人們的『著作』、『他們會闡明阿芬納留斯的思想的本質、並還更進而發展這些思想（四〇頁）。在哥勒留的哲學入門（Einleitung in die Philosophie）這個著作上，我們察知牠的作者也表示他想追蹤馬赫和阿芬納留斯（序文八頁，和三二頁）。於是，我們看見一個人不特自稱爲一個老師的弟子，並且他的老師也承認他是一個弟子。這個弟子也以感覺的要素出發（一七，四二頁），斷然宣言他把自己的研究限定到經驗方面（序文六頁），並把自己的見解叫做『徹底的或認識論的經驗論』（三三五頁）。他決定地責難唯心論的『一面性』及唯心論者和唯物論者的『獨斷論』（一二九頁）；他猛烈地否定（一二三頁）從他的哲學必然發生這個『誤解』，即，世界在人類的頭腦中存在着，並與阿芬納留斯、蘇博或巴沙諾夫一樣，巧妙地逆媚給素樸唯實論（『一切視覺上的東西和在感官知覺中被給與的其他一切別的東西都有牠們的場所，在這個場所，我們發見牠們，這就是說，在這個場所虛僞的哲學所未感染的素樸的意識位置着牠們』，一二五頁），然而這個老師所承認的弟子，就到達於不死和神的理論方面。這個講壇的警官，『最新實證論者』的弟子，怒喊道，唯物論把人改變爲自動機械。『當意志自由的信仰消滅時，我們的行爲之道德的價值和責任也一同消滅，這是沒有疑問的；唯物論沒有爲死後生活的繼續之思想留下任何地步。』（一一六頁）這本書的最後標識就是：（這種科學者所欺騙的青年的）教育，對於活動的人生，不如『對於培植崇敬心那樣爲首先必要的東西，——這個崇敬心不是對於偶然的傳說之一時的價值的崇敬心，只是對于美和義務之不朽的價值的崇敬心，對于在我們之內和在我們之外的神性的崇敬心。』（三五八頁）

拿這種見解與波格達諾夫的主張，即，『既然馬赫的哲學否定「物之本體」，那麼，在牠之內爲神、意志自由和靈魂不滅之觀念「沒有留下任何地步」，並且「也不能」爲牠們「留下任何地步」』（感覺的分析，序文一二頁）的主張，比較一下。馬赫在同書（二九三頁）上明言『任何馬赫的哲學是沒有的』，並推奬內在論者及哥勒留，視爲曾闡明阿芬納留斯的思想之本質的人們。第一，波格達諾夫自己不熟悉『馬赫哲學』的發展——不知道牠隱伏在信仰主義的翅膀的下面，並且實際上還遵奉牠。第二，波格達諾夫不知道哲學的歷史；因爲把那些觀念的否定與物之本體的否定結聯一起，是侮辱哲學的歷史。波格達諾夫將要否定排斥物之本體之徹底的休謨信奉者仍爲那些觀念留下地步麼？他决沒有聽說，主觀的唯心論者雖排斥物之本體，却仍爲那些觀念留下地步麼？事實上，一種哲學，否定感覺構成唯一的實在，教說：世界是運動的物質，我們如此熟知的外部世界是唯一客觀的實在，——只在這種哲學內『沒有爲那些觀念留下任何餘地』啊！恰正因這件事，馬赫和他的弟子哥勒留及近代教授哲學全部所推獎的內在論者纔攻擊唯物論。

我們的馬赫主義者，在這種不堪聞聽的事件對他們指出時，纔開始排斥哥勒留。這樣的排斥，極少價值。佛勒德里·亞德勒爾，因事前沒有被警告，在社會主義的雜誌奮鬥（一九〇八年，第五號二三五頁）上推獎這個同一的哥勒留，他寫道：『這個著作（哥勒留的哲學入門——譯者）易讀並值得大推獎。』藉馬赫主義的媒介，哲學的反動者和信仰主義的傳教者，被輸入來做勞動家的教師。

培蘇德雖沒有被警告，却偵察出哥勒留的欺僞；他對哥勒留的攻擊方法是卓絕的。他這樣說道：『世界是表象這個主張（如我們所攻擊的唯心論（！）者所主張）有意義，只在一個人想說牠是一個提出這個主張的人、或一切提出這樣主張的人們、之表象時，在牠（這個主張——譯者）暗指世界的存在完全仰賴那一個人或那些個人的思惟時；在牠說，世界在某人思惟着牠的範圍內存在，設使那個人沒思惟着牠，便不存在時。反之，我們以爲世界的存在，不依靠一個單獨的個人或一切個人的思惟，甚或更妥貼地、更明瞭地、說來，不依靠思惟的行爲，不仰賴現實的思惟，只仰靠思惟一般，只仰靠對于牠唯一論理的思惟。唯心論者把這兩者混同一起，結果，我們得着我們在哥勒留的理論中看見的不可知論的「半唯我論」。』（"Einführung", etc.,第二卷三一七頁。）

斯脫里品（Stolypin）否認黑色官房的存在啊！（Stolypin P. A.（一八六二到一九一一年），他從一九〇七到一九一一年，任俄羅斯的首相；是反動的台柱和最可惡的專制的官僚；他因殘酷地壓迫革命的運動著名；他在一九〇七年解散第二屆國會並更改略微限制俄皇的權力的憲法；一九一一年在基維〔Kiev〕被暗殺。『黑色官房』〔Cabinet Noir〕，即路易〔Louis〕十五在位時在法國成立的一個官署；在這個官署內，嫌疑人的書信，在遞交給該收信人前，由官吏開拆檢閱。——編者）培蘇德完全否認唯心論者；但很奇異的就是：這個唯心論的否認結局成爲對他們提示的『怎樣以極狡猾的方法隱藏他們的唯心論』之忠告。說世界的存在依賴人的思惟，這就是曲解唯心論；但說世界的存在依賴思惟一般，這便是『最新實證論』，是批判的唯心論——一句話說來，是十二分資產階級的誇大的鬼話啊！如果哥勒留是一個不可知論的半唯我論者，那麼，培蘇德便是一個唯我論的半不可知論者。紳士們，你們搔癢咧！

我們且再往前論述。馬赫在他的知識與錯誤的第二版上說，『我根本上能夠贊同的對于我的見解之系統的說明，就是克倫彼得教授所提出的。』（"Die Erkenntnistheorie der Naturforschung der Gergenwart", 一九〇五年萊蒲玆出版。）我們現把克倫彼得當作第二個人物。克倫彼得教授，是檢定的馬赫主義宣傳者；他在德國和英國專門哲學雜誌上撰著許多關于馬赫的見解的論文，並翻譯馬赫所推薦的著作，在這些著作上馬赫曾寫下序文——總之，他是他的『老師』（馬赫——譯者）的右臂。他的見解就是：

『一切我的（外的和內的）經驗，一切我的思惟和我的努力，是當作心理的過程，當作我的意識之一部份，被給與于我（一八頁）。……我們所叫做物理的東西，是從心理的要素出來的一個構成物（一四四頁）。任何科學所能達到的唯一的鵠的是主觀的確信，不是客觀的確實性。（九頁，旁點是克倫彼得加的。他還說：『這實是康德在實踐理性的批判（"Kritik der Praktischen Vernunft"）上說過的。』）……他人的意識的認定，是經驗所決不能確證的一種認定（四三頁）。……我不知道……別的自我一般在我之外存在或否。』（四三頁）他的著作第五節題名爲關于意識的自發性（活動性——譯者）。在動物的自動機械的場合，表象的連續繼起，是純然機械的。說到我們，在我們幻想時，也是一樣。『在自發性內存在着我們正常狀態的意識之根本的性質。牠是那些自動機械（動物——譯者）所缺乏的特性。機械地或自動地說明個人之自發的活動性，無論如何是極困難的。每一個人都能區別他自己與他的意識狀態；他能統制牠們，能從焦點觀察牠們或從側面觀察牠們，能解剖並比較牠們，等等。一切這些，都是（直接的）經驗之事實。我們的自我，本質上與一切心理的狀態（意識的內容——譯者）之總合相異，不能拿來與這個單單的總合比較。砂糖由炭素、水素和酸素構成；如果我們賦與一個魂給砂糖，那麽，類推上牠必具有自發地指揮炭素、水素和酸素的分子的運動之能力。』（二九到三〇頁）次章第四節題名爲意識的行爲是意志的行動。……『我們應視「一切心理的經驗區別爲兩個主要部類，即任意的行爲之那些經驗和強制的行爲之那些經驗」這件事爲確定的事實。外部世界的印像，屬于第一類（四七頁）。……關于同一的事實領域，可以建立許多理論，這件事，是物理學者間周知的事實；所以主張只能有一個絕對的認識論之假定，這件事，顯然是不能承認的。這個事實關聯着我們的思惟之自由意志的性質，這樣的思惟性質又表示我們的意志沒有被外部狀態束縛着。』（五〇頁）

在馬赫自己推薦克倫彼得這樣一個人物時：『在馬赫的哲學內沒有爲意志的自由留下地步』，這個波格達諾夫的大胆的主張，現在試判斷一下呀！我們已察見克倫彼得既沒有隱藏他自己的唯心論，也沒有隱藏馬赫的唯心論。在一八九八到九九年克倫彼得寫道：『黑爾峙（Hertz），關于我們的概念之本質，與馬赫一樣，表示一種主觀的見解。……如果從唯心論的觀點說來，馬赫和黑爾峙（克倫彼得在這裏以什麼正當的理由祈求這個有名的物理學家，我們將要論述〕因著重一切我們的概念之主觀的起源和結合，不僅僅著重若干個人的概念之主觀的起源和結合，應得稱讚；那麼，從經驗論的觀點說來，他們因承認惟有經驗能夠解決（例如）概念——獨立于我們的思惟內對牠們（概念——譯者）的審察之外的——的確實之問題，也一樣應得稱讚。』"Archiv für Systematische Philosophie"一八九八到九九，第五卷一六七到一七〇頁。）在一九〇〇年他寫道：『儘管馬赫與康德和柏克勒相異，却他們接近他，比自然科學內流行的形而上學的經驗論（卽唯物論；教授不願呼這個惡魔的名字）接近他爲甚。』在一九〇三年，他寫道：『柏克勒和馬赫的出發點是駁不倒的。……馬赫完成康德所着手的東西。』（"Kantstudien"，一九〇三年，第八卷二七四，三一四頁。）

馬赫在感覺的分析俄文譯本的序文上說，金恩（Ziehen）『最少很接近地追隨他，如果沒有絲毫不差地追隨他』。我們從金恩教授的著作的序文（"psycho-Physiologische Erkenntnistheorie"，一八九八年汝納〔Jena〕，出版）看見他引據馬赫、阿芬納留斯、蘇博及其他等等的議論。在這裏又有老師承認弟子的一個實例。金恩的『最新』學說是：惟有『庸衆』纔能推想『現實的物是我們的感覺的原因』（三頁），『除開柏克勒主張的「外部客體不存在于自體內，只存在于我們的心內」這個命題而外，不能有任何其他命題來做認識論的基礎。』（五頁）『我們經驗着感覺和表象。兩者都是心理的過程。

「非心理的」這個字是無內容的字。」(一〇〇頁)自然法則不是物質的物體間的關係，只是『還元的感覺』間的關係(一〇四頁)。在這個『還元的感覺』的新概念內，存在着金恩的柏克勒主義的新思想全部。培蘇德遠至一九〇四年在他的入門第二卷(二九八到三〇一頁)上駁斥金恩，視他爲唯心論者。一九〇六年，他把哥勒留、克倫彼得、金恩和維爾渥恩(Verworn)列在唯心論者或心理的一元論者的名簿上("Das Weltproblem" etc., 【三七頁脚註)。就一切這些教授說，如你們所察見，他們關于對『馬赫和阿芬納留斯的見解』之說明，都有重大的『誤解』(同上)。

可憐的馬赫和阿芬納留斯呀！不特他們的敵人說他們是唯心論者(用波格達諾夫的言詞說)，甚至責難他們爲『唯我論者』，這樣誹謗他們；而且他們的眞正友人、弟子、信奉者、專門教授也誤解他們爲唯心論者。如果經驗批判論發展成唯心論，那麽，這決沒有證明他的混亂的柏克勒主義的基礎前提之根本的虛僞。啊呀，決沒有，決沒有！這僅是一個不重要的『誤解』，如果『誤解』這個字是在諾日德里阿夫的培蘇德(Nozdriov-Petzoldt)所謂『誤解』的意義上使用着。(諾日德里阿夫是哥格的小說死魂(Dead Souls)上的人物。是一個非常的撒謊者、無賴子和陰謀家；他常因欺騙受打擊，但是決不在意；甚至訛詐一個朋友，這件事，在他看來也是一件尋常事，他『對所訛詐的人並未抱有夙恨』。——編者)

最滑稽的事情，就是：經驗批判的純潔和無垢之保護者，培蘇德，首先以『論理的先驗』『補足』馬赫和阿芬納留斯，然後把他們與信仰主義的先進者，蘇博，結合一起。

如果培蘇德知道英國的馬赫信奉者，那麽，（因『誤解』）陷入唯心論的馬赫主義者的人數，會大大增加。我們已言及馬赫所讚揚的皮爾孫是徹底的唯心論者。兩個『誹謗者』同樣地說道！『皮爾孫教授的學說，是柏克勒的眞正偉大的學說之單單的回響。』（Howard Knox: "Mind", 一八九七年，第六卷，二〇五頁。）『皮爾孫是「道地」唯心論者，這是決無疑義的。』（Rodier: "Revue Philosophique", 一八八八年，第二卷，第二十六號，二〇〇頁。）英國唯心論者克里佛爾（W. K. Cliffors），馬赫以爲他『非常接近自己的哲學』，較切適地說來，我們應視他爲馬赫的教師，不應視爲弟子；因爲克里佛爾的哲學著作在七十年代出版。這裏的『誤解』，因馬赫自己一九〇一年在克里佛爾的學說內，『沒有看見』任何唯心論，克里佛爾的學說就是：世界構成於心的質素，世界是『社會的客體』，是『高度組織的經驗』，等等。（克里佛爾："Lectures and Easays", 一九〇一年倫敦三版，第二卷，五五，五八，六五，六九頁。『我贊成柏克勒，反對斯賓塞，』（五八頁）：『客體是我的心內變化的連續，不是或種心外的東西。』（五二頁）爲着表明德國馬赫主義者的法螺之特徵，我們只須注目這件事，即，克倫彼得在一九〇五年把這個唯心論者放置在『近代自然科學的認識論』之創始者的行列裏面呀！

在感覺的分析三五六頁上，馬赫舉出美國哲學家嘉祿（Cirus），他『傾向』佛教和馬赫主義。嘉祿自認爲馬赫的崇拜者和私友，在芝加哥主編一個專門討論哲學的雜誌一元論（Monist），及一個專門宣傳宗教的小雜誌公開的法庭（The Open Gourt）。公開的法庭之目的，是樹立宗教在科學的基礎上，並且牠將在牠與宗教的關聯上表示一元論的哲學。這個小雜誌的創設人，相信牠將使這樣一種宗教產生出來，『這種宗教擁護一切宗教上善的和美』（公開的法庭一八八七年，第一卷，十五頁）。

馬赫是一元論者這個雜誌上常川的投稿者，並在牠上面發表他的最新的見解。嘉祿從康德的觀點『略微』修正他的見解，宣言他『是唯心論者：或按照我的意見，是一個主觀主義者。……在馬赫的見解與我的見解間，無疑地有相異處，却我同時認他與我有一致的精神』（一元論者，芝加哥第十六卷，三三二頁）。嘉祿說，我們的一元論『不是唯物論的，不是精神論的，不是不可知論的；牠僅僅說一貫。……牠拿經驗做牠的基礎，使用經驗關係之系統的形態做方法』（這顯然剽竊波格達諾夫的經驗一元論呀！）。嘉祿的口號不是不可知論，只是實證的科學，不是神秘主義，只是明白的思惟，不是超自然主義，不是唯物論，只是世界之一元的解釋，不是獨斷，只是宗教，不是信條，只是信仰。並且爲着實行這個標語，嘉祿教說一種『新神學，卽科學的神學，視牠爲與根據奇僻的思想、臆測、和預言的夢、之舊神學對立的一般的科學』（同誌，第十八卷，二七頁）。我們應注意克倫彼得在上述的他的關于近代科學的認識論的基礎之著作上推奬嘉祿、歐斯特瓦爾德、阿芬納留斯和內在論者（一五一到一五二頁）。當海克爾發表他的一元論者的同盟之計劃時，嘉祿根據這樣的理由反對他，這樣的理由就是：第一，海克爾無益地企圖駁斥『與自然科學的哲學完全一致』的先驗性；第二，海克爾的決定論的學說『排除意志自由的可能性』；第三，海克爾『在著重自然科學家之一面的見解來反對教會之傳統的保守主義時』是錯誤了。『所以他顯似敵視現存的教會，不喜悅牠們因對牠們的獨斷的教理之新的、更眞切的、解釋達到的更高的發達。』（一元論者，第十六卷，一二二頁。）嘉祿自己承認，『在許多思想家看來，我顯似反動的，他們責我不加入他們的隊伍來排斥一切宗教爲迷信。』（三五五頁。）

顯然地，我們看見一羣美國的文字上的騙子，他們從事以鴉片麻醉人們。馬赫和克倫彼得因小小的『誤解』，也變成這一羣人們當中的分子。

## 第五節　波革達諾夫的經驗一元論

波格達諾夫關于自己寫道：『以我所知，在哲學文獻上，只有一個經驗批判論者——即某波格達諾夫。因我很知道他，我能保證他的見解與「自然的」對「精神的」之本原性的神聖公式完全一致。他視一切存在為發展之不斷的鏈鎖；鏈鎖的下方之環喪失在原素的混沌中，同時，我們所知的鏈鎖的上方之環表現人的經驗（傍點是波格達諾夫加的）——這個經驗組成於高度發展的心理的經驗與更高度發展的物理的經驗。這個經驗和牠所產生的對于牠的認識與我們所通常叫做精神的東西相照應。』（經驗一元論，第三卷，序文一二頁。）

波格達諾夫在這裏嘲笑的『神聖』公式，却就是波格達諾夫所婉曲地迴避的恩格斯之有名的命題啊！他與恩格斯沒有相異處，啊，沒有呀！

但是我們且察看波格達諾夫自身總述這個有名的經驗一元論和『代置』。物理的世界叫做人的經驗，並且被主張為在發展的鏈鎖中比心理的『高些』。但這個話是完全謬誤，是表明標準的唯心論的哲學之特徵的一種謬誤。波格達諾夫企圖把這樣一種『體系』也攝在唯物論之下，彷彿企圖述說，依照我，同樣地，自然是第一位的，精神是第二位的：這是有點滑稽。如果恩格斯的定義這樣應用起來；那麼，黑格爾也將變成一個唯物論者，因為，依照他，同樣地，心理的經驗（在絕對觀念的名稱下），前於物理的世界，前於自然，前於人類的認識，人類的認識經由自然而在全部過程的基礎發見『絕對的觀念』。任何唯心論者將、否定在這種意義上的自然之本原性，因爲牠決不是眞正的本原性，既然在這裏自然不是實際認爲直接的資料，不是認爲認識論的實際出發點。自然在這種意義上是認爲一種產物，爲從『心理的』要素實行的抽象之長的過程中最後的名稱。這些抽象，不問或名爲『絕對的觀念』，或『大我』，或世界意志，或其他等等，都是非物質的。這些名稱，區別唯心論的種種變種，這些變種的數目很多。但唯心論的本質就是：心理的東西被拿來做出發點；外部的自然從牠推論出，或從牠構造成；然後各個人的意識纔從自然推演出來。這個最初的心理的東西分析到最後，常常是隱藏着色彩淡薄的神學之死的抽象。例如，每人都知道人類的觀念是什麼東西，但在人類存在前的觀念，是獨立於人類外的觀念，是抽象的觀念，是絕對的觀念，——是唯心論者黑格爾的神學上的發見。每一個人都熟知人類的感覺，但獨立於人類以外的感覺，在人類存在以前的感覺，是無意義的，是死的抽象，是唯心論的妄想。波格達諾夫創立下列的階段時，恰正實行這樣的妄想：

（1）『要素』的混沌界（我們知道，要素這個術語，除開或種人類概念以外，沒有暗指任何別的東西）；

（2）人的心理的經驗；

（3）人的物理的經驗；

(4)『認識從物理的經驗發現出來』。

沒有人，便沒有(人類的)感覺。所以第一階段是死的唯心論的抽象。本質上，在我們之前，沒有普通的、熟知的、人類感覺，只有虛構的感覺，不屬於任何人的，只有感覺一般——神的感覺；人類的觀念，在與人和他的腦髓一度分離時，就變成神的觀念，例如在黑格爾的場合是。

第一階段是這樣被評價。

第二階段也應評論一下，因爲任何個人都決不知道心理的在物理的之前(及——就波格達諾夫的言詞說——第二階段比第三階段爲高)；自然科學也決不知道牠。物理的世界在心理的世界之前存在着，因爲心理的世界，是有機物質的最高發展的形態之最高的產物。波格達諾夫的第二階段，也是死的抽象，因爲牠將指無腦髓的思惟，與人類分離的理性。

僅僅在我們把前兩階段完全棄掉時，我們纔能夠得到眞正與自然科學和唯物論相符應的世界背像。即，(1)物理的世界獨立地存在于人類意識之外，在人類發生以前許久、在任何『人類經驗』以前許久、都已存在着；(2)『心理的』、意識、等等，是高度發展的物質之最高的產物，是叫做人類腦髓的特別複雜的物質之機能。

波格達諾夫寫道，『代換的範圍與物理現象的範圍一致；因爲我們所需要的心理的現象不替代任

何東西，因爲心理的現象是直接給與的綜合。』（序文三九頁）

這是唯心論；因爲『心理的』，卽意識、表象、感覺、等等，是視爲直接的，物理的從牠推論出來，然後被放置來代換牠。斐希特說，世界是自我創造的非我。黑格爾說，世界是絕對的觀念。學彭浩說，世界是意志。內在論者倫克說，世界是概念和表象。內在論者蘇博說，存在是意識。波格達諾夫說，『心理的』是『物理的』之代換。如果人不是瞎子，那麽，他不應該不看見這個穿上各種『言詞』的服裝的同一的唯心論者。

波格達諾夫在經驗一元論第一卷（一二八到二九頁）上寫道，『我們且向自己提起這個問題；有生的實體，例如人，是什麽？』他答道：『人本原上是直接的經驗之一定的綜合。』注意『本原上』呀！『其後，在經驗之更進的發展中人爲自己、爲別人、變成其他物質體的系列中一物質體。』

這是囈言的『綜合』全部，這些囈言僅僅可以利用來使靈魂不滅或神的存在以及其他從牠們推論出來。人本原上是直接經驗的綜合，在他的更進的發展之途程中變成一物質的肉體呀！這是說有『直接的經驗』獨立于物質的肉體之外，在物質的肉體之前存在着。這樣偉大的哲學，在我們的神學學校中尚未被採用，——在這些神學學校中，這樣的理論上的價值，是充分地被認識，——這件事，是可憐的。

『……我們承認：物理的自然自己是從直接的性質或要素的綜合（在這個綜合內包括着心理的同

位）派生的（傍點是波格達諾夫加的）；牠是類似這些綜合的綜合——最複雜的型式的綜合（在生物之社會地組織的經驗中的）——的反映。』（一四六頁）

一種哲學，教說物理的自然是派生的，是最純粹的僧侶哲學。這種哲學的特徵，絲毫沒有改變，即使波格達諾夫自己排斥一切宗教。笛靈格也是一個無神論者；他甚至提議在『社會主義化的』制度中禁止宗教，然而恩格斯，在證明笛靈格的體系，如無宗教，便不能貫徹牠的目的時，是絕對正當的。這件事，說到波格達諾夫，也是一樣確切的，只不過有這樣的根本上的差異，卽，上文引用的一段不是偶然的矛盾，實是他的經驗一元論和一切牠的『代換』之本質。如果自然是派生的，那麼，牠顯然只能從比自然更偉大、更廣、更豐富、更有力量的、或種東西，從業已存在着的或種東西，派生出來，因爲，爲使自然從這種東西『派生』出來，這種東西須獨立于自然之外而存在着。這是說，或種東西在自然之外存在着，這種東西產生自然。用明白地言語說來，這種東西就是所謂神這個東西。唯心論者繼續努力於把牠變換成一個相異的名稱，使牠更抽象，更曚朧，同時使牠現出來更似可信的，引牠更爲接近于『物理的』，表現牠出來爲一種『直接的綜合』，爲不須證明的直接經驗的或種東西。絕對的觀念、宇宙的精神、世界的意志、『物理的』對『心理的』之一般的代換，是同一思想之各殊的方式。每個人都知道觀念、精神、意志和『心理的』都是普通活動的人類腦髓的機能。自然科學的特別任務就是研究這個機能。把這個機能與用一定的方法組織的特別的結構分離開來，把這個機能改變爲普遍的、一般的、抽象，把這個抽象代換物理的自然全部，——這些都是祕密地侮辱科學之一種唯心論的妄想。

唯物論主張：生物之社會地組織的經驗是從物理的自然派生出來，是物理的自然之長久發展的產物，是從這樣的物理的自然之狀態逐漸發展的結果，在這樣的狀態中沒有這樣的東西，也不能有這樣的東西，如社會性或組織、或經驗、或生物。唯心論主張：物理的自然是從生物的經驗派生出來，牠在這樣主張時，至少對自然給與和神相同的地位，如果沒有把自然完全從屬於神。因爲，依據這種學說，神自己僅從生物之社會地組織的經驗派生出來。波格達諾夫的哲學，縱然隨你的高興把牠反轉來察看，卻除反動的混亂而外，你決不能看見他有任何東西。

波格達諾夫以爲談說經驗之社會的組織便是『認識論的社會主義』（第三卷，序文三四頁）。這是瘋狂的囈語。如果社會主義是這樣被判斷着，那麼，耶穌會員便是『認識論的社會主義』之熱誠的信奉者，因爲他們的認識論的出發點是當作『社會地組織的經驗』之最高形態看的神性。並且無疑地天主教是一種『社會地組織的經驗』；但牠沒有反映客觀的眞理，——客觀的眞理，自然科學對牠忠實，但波格達諾夫對牠反背——只反映某某社會階級對民衆的愚昧之利用。但我們爲什麼說及耶穌會會員呀！波格達諾夫的『認識論的社會主義』能在馬赫所喜愛的內在論哲學裏面完全被尋見着。萊克雷視自然爲『人類』的意識（"Der Realismus", etc.,五五頁），但不視爲各個人的意識。資產階級的哲學家將對我們提示這樣的斐希特主義的認識論的社會主義，使我們完全滿意。蘇博也著重意識之種屬的要素（參看 "Viertelj hrsschrift für Wissensachaftliche Philosophie"，第十七卷，三七九到三八〇頁）。以爲因把人類的意識代換個人的意識或把『社會地組織的』之經驗代換一個人的經驗，唯心論就消滅了，——這與『推想以合股公司內這一資本家代換那一資本家，資本主義就消滅了』是相同的。

我們的俄羅斯馬赫主義者，尤謝維齊和伐倫體諾夫，仿照唯物論者拉麥圖夫（Rakhmetov）重說波格達諾夫是唯心論者（在如此殘狠地凌辱拉麥圖夫以後）。但他們不能夠判定這個唯心論從何處發生出來。他們以爲波格達諾夫是一孤立的現象、一偶然事、一特殊的場合。這不是眞實的。波格達諾夫自己或許以爲他曾發明了一『獨創的』體系，但爲着覺察這樣一種要求的謬誤，只須拿這個體系與上述的馬赫的弟子之議論比較一下。波格達諾夫與哥勒留的相異遠比哥勒留與嘉祿的相異爲小。波格達諾夫與嘉祿的相異（誠然只就他們的哲學的體系之根本的綱領說，不是就那個體系包含的反動的結果之意識說）比嘉祿與金恩的相異爲小。波格達諾夫是證明馬赫主義發展成唯心論之『社會地組織的經驗』的現象當中惟一現象。波格達諾夫（我們在這裏專說哲學家的波格達諾夫）不能生在神的世界中，如果他的教師馬赫的學說不是柏克勒主義的『要素』。我所能夠想像的對波格達諾夫之『可怖的復仇』，莫過于把他的經驗一元論（姑說）翻譯爲德文，贈送萊克雷、蘇卑特．梭登、哥勒留、克倫彼得、嘉祿和皮龍（雷魯維爾的法國協作者和弟子）來請他們批評。馬赫的戰及和從者對這個新『代換』的稱讚，會比他們自身的議論更爲有意味些。

把波格達諾夫的哲學視爲完成的、固定的、體系，這恐不是正當的。從一八九九到一九〇八年的九年之間，就他的哲學上的漂流說，他曾經過四個階段。最初他是自然科學的唯物論者（卽仍半無意識地、本能地、忠實於自然科學的精神）。他的著作，史的自然觀之基礎的要素（俄文），帶有那個階段的跡印。前世紀九十年代，在第二階段，他是歐斯特瓦爾德的流行的勢力學（Energitics）——卽偏向唯心論的混亂的不可知論——之信奉者。從歐斯特瓦爾德（在他的自然哲學的講義之標題的一頁上我們看見『題獻給馬赫』這幾個字），波格達諾夫轉而擁護馬赫，採納主觀的唯心論——儘管是不徹底的和混亂的——之基礎的前提及馬赫的哲學一般。第四階段就是他努力於排除馬赫的矛盾當中有些矛盾，及創立一種外表的客觀的唯心論。『一般的代換的理論』表示波格達諾夫從他的原來的出發點動步，差不多在一個半圓周內旋轉。波格達諾夫的這個哲學階段，比他的從前的哲學階段更離遠辯證法唯物論呢？如果波格達諾夫留止在一個地點，那麼，他確然更離遠辯證法唯物論。如果他像前九年一樣在同一的曲線內行走着，那麼，他曾日益接近唯物論。爲着復回到唯物論，他只須踏一大步——只須完全掃除他的『普遍的代換』。這個普遍的代換，曾把半熟的唯心論之一切罪過，徹底的主觀的唯心論之一切弱點，編入一條中國人的髮辮內，恰如黑格爾的『絕對的觀念』（如果大的與小的比較是可容許的）總括康德的唯心論的一切矛盾和斐希特主義的一切弱點。爲着達到唯物論，只須踏一大步，即完全棄掉絕對的觀念，棄掉這個黑格爾的『心理的』對『物理的』之代換，這件事，是留待費爾巴赫做的。費爾巴赫剪斷絕對的唯心論之中國人的髮辮——並排除任何代換，把自然當作基礎。

將後我們要述說馬赫主義的唯心論之中國人的髮辮漲長好多。

## 第六節　象徵論（或象形論）和黑姆爾日(Helmholtz)的批判

爲着述完關于經驗批判論的戰友和後繼者所說的話，在這裏還應表明對于我們的文獻上討論的某某哲學的命題之馬赫主義的批判的特質。例如，我們的馬赫主義者，縱然欲做馬克思主義者，卻喜歡吹求蒲列哈諾夫的象形論的瑕疵，依據這個象形論，人類的感覺和表象不是現實物和自然過程的複寫，不是牠們的模像，只是牠們的單單習慣的記號和象徵。巴沙諾夫嘲笑這個象徵的（或象形的）唯物論；如果他駁斥這個唯物論，擁護非象徵的唯物論，那麼，他的嘲笑是正當的。但巴沙諾夫在這裏又再玩弄他的幻術；他在『象形論』的批判之旗幟下，祕密地輸入對唯物論一般的否認的理論，恩格斯沒有說及象徵，也沒有說及象形，只說及物的複寫、肖像、映像、反映。巴沙諾夫不指明出蒲列哈諾夫離背恩格斯的唯物論的公式之謬誤，無謂地驚擾於蒲列哈諾夫的謬誤，對于讀者隱晦恩格斯的見解所包含的眞理。

爲着表明蒲列哈諾夫的謬誤和巴沙諾夫的混亂，我們應引述『象徵論』的重要代表者黑姆爾日的言論（叫象徵做象形，沒有改變象徵的意義），並察視唯物論者和包括馬赫主義者在內的唯心論者怎樣斬截地批評他。

黑姆爾日，在自然科學上，是一個偉大的人物；但在哲學上，像今日大多數同時的自然科學家一樣，是不徹底的。他傾向于康德主義，但即就這件事而論，他也是不徹底的。從他的生理光學綱要（"Treatise on Pysiological Optics", J. P. C. Southal 編次的，第八卷，一九二四年美國光學研究社印行）我們引述關于觀念與客體的一致之幾段文字：『感覺被說明爲單單代表外部的世界內各關係的象徵。』（一八頁。）這個主張是不可知論，但我們往下再讀：『我們的表象和觀念，是這樣被理解、被想像的客體在我們的神經系統和意識上惹起的作用。』（一九頁。）這個主張是唯物論，但從他的另外的議論判斷起來，他顯然沒有明白地區別絕對的眞理與相對的眞理之關係。例如，他說道：『據我的意見，所以對于我們的觀念，除說及牠們的實踐的眞理以外說及牠們的任何其他眞理，這決不能有如何的意義。我們對于物的觀念只能是代表物的象徵，是我們學知怎樣利用來調整我們的運動和行爲之對物的自然的記號；不能是任何其他東西。我們正確地學知怎樣讀那些象徵以後，就能藉牠們的幫助調整我們的行爲來完成我們所期望的結果。……』（一九頁）這些說話不是眞實的。黑姆爾日溜向主觀主義那邊，陷入對客觀的實在和客觀的眞理之否定的途徑裏面。他遂到非常不眞實的地方，在他這樣收結他的文句時：『一個觀念和這個物——表象是這個物的表象——顯然屬于兩個全然相異的世界。』惟有康德主義者這樣分離觀念與實在，意識與自然。但是我們往下再讀，『次之，關于外部的世界內客體的性質我們稍稍思考時，察見歸屬於牠們（客體——譯者）的一切性質可以說單單是牠們在我們的感官上或在其他自然物上表現的作用。』（二〇頁）就此說來，黑姆爾日又回到唯物論的觀點。他是一個不徹底的康德主義者，時而承認先驗的思惟法則，時而傾向對空間與時間之『超絕的實在性』的見解（卽對牠們兩者之唯物論的見解），時而從在我們的感官上引起作用的外部的客體推論人類的感覺，時而主張感覺只是象徵，只是從有意義物之『全然相異的』世界分離出來的某某習慣的記號（參看Victor Heyfelder. "Ueber den Begriff der Erfahrung bei Helmholtz", 柏林，一八八一年）。

這是黑姆爾日怎樣在一八七八年講演『知覺的各事實』時表白出他自己的見解（如萊克雷所指明，

這在唯實論的壁壘內是一件重大的事情）：『我們的感覺是外部的原因在我們的器官上惹起的作用；這些作用如何表現自己的情勢，固然，極根本地決定於這些作用被惹起的器官（裝置的器官——譯者）的性質。因我們的感覺的性質，對于我們顯示產生這個感覺的外部的原因之性質的形跡，感覺所以可視為外部的原因的記號，但是不能視為牠的模像。既然從一模像能夠要求對被模寫的對象之一定的類似。……但從一記號不能夠要求對這個東西——記號是這個東西的記號——的任何類似。……』（『Vorträge und Reden』，一八八四年，第二卷，二二六頁。）如果感覺不是物的模像，只是對于『沒有任何類似』的記號或象徵，那麼，黑姆霍日的唯物論的出發點完全傾覆；外部的對象之存在成為有疑問的，因為象徵或記號很可以指想像上的對象，每個人都熟知這樣的記號或象徵的實例。黑姆霍日，追隨康德、企圖劃一條線，這條線就是『現象』與『物之本體』間原理上的境界線。他很偏見地反對直率的、明白的、公然的、唯物論。他在那部著作的後面又說道：『我不懂得我們如何能夠駁斥嗣視生活為夢之最極端主觀的唯心論的體系。我們能夠主張這個體系是很不能有的，是很不能使人滿足的，我自己欲最堅決地非難牠；然而首尾一貫地推論牠是可能的。反之，唯實論的假說信賴日常自我觀察的供述，依照日常的自我觀察，繼某某行為的知覺之變化，與以前的意志之刺激沒有任何心理的關係。這個假說相信：我們日常的知覺所確證為我們之外的物質世界的部分之每種東西，獨立于我們的觀念之外，而存在着。』（二三八到二三九頁）『無疑地，唯實論的假說，是可能推想的最單純的假說；牠在極廣汎的應用領域內，被試驗過、被實證過、牠就牠的主要部分說正確地被決定過，所以牠，當作行爲的基礎看來，是極有用的，是極有效果的。』（同上）黑姆爾日的不可知論也類似『害羞的唯物論』，但附有特著的康德主義的缺點，這個缺點與赫肯黎的特著的柏克勒主義的缺點有區別。

費爾巴赫的信奉者，亞博勒齊諾，以此極決定地批評黑姆爾日的象徵論，說牠是離開唯實論的不徹底的歪斜。亞博勒齊諾說，黑姆爾日的根本見解是唯實論的前提，依據這個前提『我們藉助于我們的感官理解物的客觀的性質』（Albrecht Rau: “Emfinden und Denken”，在基庶〔Giessen〕，一八九六年出版，三〇四頁）。象徵的理論不能夠與這樣十全的唯物論融和；因爲這個理論包含對感覺懷疑，對我們的感官的供述不信任的意味。無疑地，一個模像決不能全然與原型一樣；但模像是一個東西，象徵、習慣上的記號、又是一個東西。模像必以『所模寫的』客觀的實在爲先在的要件。『習慣的記號』和象徵是含有不可知論的絕對不必要的要素之概念。所以亞博勒齊諾說黑姆爾日以象徵的理論致敬于康德主義時，是完全正當的。亞博勒齊諾說，『如果黑姆爾日繼續不變地忠實於他的唯實論的見解，如果他一貫地固持這個原理，即，物體的性質表明物體自身間的關係及牠們對于我們的關係；那麽，他多半不需要象徵的理論；那麽，他能夠簡單地、明白地、說「物在我們之內惹起的感覺是物的本質的模像」。』(同書，三二〇頁。)

這就是一個唯物論者對黑姆爾日的批評。這個唯物論者以費爾巴赫的徹底的唯物論之名義駁難黑姆爾日的象徵的或象形的唯物論，或半唯物論。

唯心論者萊克雷（馬赫極親愛的內在論者的代表）也責難黑姆爾日不徹底，徘徊於唯物論與唯心論之間(“Der Realismus”,etc 一五四頁)。但萊克雷批評象徵的理論，不因牠缺乏唯物論的要素，只因牠含有過多的這樣的要素。萊克雷說道：『黑姆爾日以爲知覺對我們給與充分的支持點，使我們認識時間的繼起，認識超絕的原因之同一或相異。據黑姆爾日的意見，這足以證明超絕界（卽在客觀的實在之領域內，三三頁）法則的秩序之假定是正當的。』萊克雷詆斥『黑姆爾日的這個獨斷的偏見』。他呼喊道，『柏克勒的神，在扮演着我們的精神內觀念的法則的秩序之假說的原因的脚色時，是恰如外部的物的世界一樣，都能滿足我們所要求的因果關係之說明。』（三四頁）『象徵論之徹底的適用……是不可能的，如果沒有大量地混合俗惡的唯實論。』（卽唯物論，三五頁。）

這就是一個『批判的唯心論者』在一八七九年如何對黑姆爾日突攻他的唯物論。二十年過去後，馬赫的弟子克倫彼得——我們願意記着——爲他的老師所激賞，在他的論文馬赫和黑爾崻對物理的根本的見解上，用馬赫的『最新』哲學這樣駁難陳腐的黑姆爾日(“Archiv für Philosophie; II Systematische

Philosophie"，一八九九年，第五卷，一六三到一六四頁）。我們且暫丟開黑爾峙不講（黑爾峙恰如黑姆爾日一樣是不徹底的），攷究克倫彼得的馬赫與黑姆爾日的比較。克倫彼得從他們兩個的著作聯引幾段，特別著重馬赫的某某說明，即，物體是表現感覺的綜台之思惟的象徵；說道：

『如果我們追跡黑姆爾日的思想的進程，那麽，我們將發見下述的基礎的假定：

『一，有外部世界的對象。

『二，這些對象的變化是不可想像的，如果沒有當作實在看的或種原因之作用。

『三，「原因，依據這個字的原來的意義，是留存着不變的東西，是如留存或存在於變化的現象背後一樣的東西，即，素材和牠的作用之法則，力。」（這是克倫彼得從黑姆爾日引用的）。

『四，從原因以論理上嚴密的和無比地決定的方式推論出一切現象，這是可能的。

『五，這個鵠的的達到等于客觀的眞理之持有，這個客觀的眞理的獲得這樣被認爲可想像的。』

（一六三頁）

這些假定及其矛盾和難解的問題的引入使克倫彼得激昂起來時，克倫彼得評述道，黑姆爾日的見解不是嚴格地貫徹的，有時使用『這種的言詞，這種的言詞使人想起關于這樣的概念如物質、力、原因、等等之馬赫的純粹論理的見解』。

「如果我們回想馬赫的明白的和正確的言詞，那麼，我們不難發見我們對黑姆爾日不滿意的根源。質量、力、等等概念之謬誤的解釋是黑姆爾日的議論的病源。這些概念，僅僅是我們的幻想的產物，不是從我們的思惟之外存在着的實在得來的。我們決不能認識所謂這些實在。因我們的感覺的印像不完全，我們從牠們的觀察大都不能造作出的確而決定的結論。例如，我們決不能主張，我們讀一種度量法時，我們將得到確定的數；在某某限界內我們常能選擇將完全與觀察的事實一致的無數的數。認識在我們之外存在着的一種實在的東西，這是不可能的。我們且假定：這是可能的，我們能認識實在；在這樣的場合，我們不能以爲我們應該可以把論理的法則適用到這個實在之上，因爲論理的法則是我們的法則，是只可以適用到我們的概念之上，到我們的思惟的產物之上（克倫彼得的傍點）。在各事實間沒有論理的關聯，只有單純的連續繼起，對牠們（事實——譯者）下明白的斷定，這是不合理的。所以，因「這個事實是那個事實的原因」這句說話是不正確的，在牠之上建立的黑姆爾日的演繹法全部和各概念都傾覆了。最後，獨立於主體外存在着的客觀的眞理之獲得，是不可能的，這不特因我們的感覺器官的性質，還因我們既然是人，我們一般關于獨立于我們之外存在着的東西，決不能有任何想念。」（一六四頁）

如讀者所察見，我們的馬赫的弟子，重述他的老師所喜用的言詞及不自認爲馬赫主義者的波格達諾夫的言詞，非難黑姆爾日的哲學全部，卽從唯心論的觀點非難這個哲學全部。象徵的理論，唯心論者沒有視牠爲重要的理論，只視牠爲從唯物論偶然偏離的見解，未嘗特別著重牠。克倫彼得認黑姆爾日爲『大多數物理學家所固持的物理學的傳統的見解』之代表（一六〇頁）。

我們的討論的結局，就是：蒲列哈諾夫說明唯物論時，犯了明白的過錯；巴沙諾夫混淆唯物論與唯心論時，把『象徵的理論』或『象形論的唯物論』與『「感官」的表象是「在我們之外存在着的實在」』這個唯心論的囈語對立時，完全謬誤。唯物論者從康德主義者的黑姆爾日，如從康德自己一樣，離開往左方走，馬赫主義、離開往右方走。

## 第七節　對笛靈格的兩種批評

我們且注意在馬赫主義者對唯物論的難于置信的曲解裏面的另一特徵。伐倫體諾夫欲駁倒馬克思主義者，以他們比譬推測上與蒲列哈諾夫有許多共通點的畢齊勒爾，儘管恩格斯把自己與他區別開來。在別一方面，波格達諾夫論述這個問題，彷彿他被請求來擁護『自然科學家的唯物論』似的，這個唯物論『常輕蔑地被說及』（經驗一元論，第三卷，序文一〇頁）。伐倫體諾夫和波格達諾夫在這個問題方面是非常混亂着的。馬克思和恩格斯常常『輕蔑地談到』惡劣的社會主義者，因他們心中有正確的科學的社會主義的學說，這些學說沒有反映着『從社會主義的見解浮游地離背開去，走到資產階級的見解那裏』這件事實。馬克思和恩格斯常常非難俗惡的、反辯證法的、唯物論，但他們從更高的、更進步的、辯證法唯物論的觀點非難牠，決沒有從休謨主義或柏克勒主義的觀點非難牠。馬克思、恩格斯、約瑟·狄慈根為糾正俗惡的唯物論者的錯誤注目他們時，纔說及他們。至對于休謨主義者和柏克勒主義者，他們沒有談及，對于馬赫和阿芬納留斯，他們也沒有談及；因他們覺得，一度輕蔑地評論他們的趨勢之一般的方向，就可以滿足了。所以我們的馬赫主義者對達爾巴齊、畢齊勒爾和他人冷笑、做歪面，這不過指明他企圖把沙子擲在公衆的眼目裏面，企圖掩蓋『馬赫主義根本地離背唯物論的基礎的理論』這個事實，企圖避開對恩格斯的直接的明瞭的評述。

恩格斯在他的著作費爾巴赫論第二章末尾可以說比任何人都更明白地表示自己對于十八世紀法國的唯物論及畢齊勒爾、渥特和摩勒哥特這兩方面的意見。如果人們沒有對他故意曲解，那麼，他們就不能夠誤解他。恩格斯說明唯物論的各學派與唯心論的各學派間根本的區別之後，說道：『馬克思和我自己都是唯物論者。』恩格斯非難費爾巴赫，因費爾巴赫輕浮，缺乏勇氣，為唯物論的特別學派的謬誤的原故，在唯物論一般的立脚地之一處擯棄唯物論。費爾巴赫『不該把惡劣的「巡回說教者」(畢齊勒爾、摩勒哥特和他人)的學說與唯物論一般混同起來』(六八九頁)。只有那些人，因誦讀德國反動的哲學家的學說並輕易地相信牠們而致于墮落的，纔能夠誤解恩格斯對費爾巴赫的責難的性質。恩格斯極明白地說，畢齊勒爾和他的一派沒有越過他們的教師——十八世紀唯物論者——的限界。僅因這件事，恩格斯責難畢齊勒爾和他的一派；他責難他們，不是如無識者所推想，因他們的唯物論，只是因他們沒有使唯物論前進，——『迄至那時沒有想使唯物論的理論發展開來』。

獨因這件事，恩格斯責難畢齊勒爾和他的一派，指明出十八世紀德國唯物論的三種根本的『狹隘性質』，這些狹隘的性質，馬克思和恩格斯離脫了，但畢齊勒爾和他的一派沒有離脫。第一種狹隘的性質，存在于這個事實裏面，即，舊唯物論者的見解，就『他們相信「機械學對化學的和有機的性質之過程的絕對的適用」』這種意義說，是太『機械的』（六六六頁）。次章我們將要論述對恩格斯的言詞之誤解，如何使有些人因新物理學的學說陷入唯心論。恩格斯沒有據『新』唯心論的（馬赫主義的）方向之物理學家歸罪于他的理由，非難純粹機械的唯物論。第二種狹隘的性質，在舊唯物論者的形而上學的見解裏面，即在『他們的哲學之反辯證法的方向』裏面，能夠發見出來。這個狹隘性，是畢勒齊爾和他的一派及我們的馬赫主義所共有的，我們的馬赫主義者，上文已說明過，不能理解恩格斯的辯證法對認識論（例如關于絕對的眞理與相對的眞理）的適用，第三種狹隘的性質，存在于『社會性質的問題方面「從上方」的社會的唯心論之固持』這個事實裏面，並能夠被追溯到對史的唯物論之誤解方面。

恩格斯明白地、詳盡地、指出並說明這些狹隘的性質以後，再說道，他們（畢齊勒爾和他人）『決沒有逃出那個學說的限界』。

僅因這三種缺陷，並完全在牠們的範圍內，恩格斯排斥十八世紀的唯物論和畢齊勒爾的學說呀！在其他含有明白的眞理的性質之唯物論的問題方面，縱然馬赫主義者曲解，却在一方馬克思和恩格斯與他方其餘的唯物論者間，既沒有任何相異處，也不能有任何相異處。只有俄羅斯的馬赫主義者混亂這個十分明白的問題，因爲在他們的西歐教師和共同思想家看來，在馬赫和他的一派的一般的見解與唯物論的基本的學說之間，極明顯地有根本的相異處。我們的馬赫主義者，爲着離背馬克思主義和逃走到資產階級的哲學的壁壘那裏，首先須託詞小小地修正馬克思主義，把問題弄混亂呀！

拿笛靈格來講。任何人都沒有比恩格斯更爲輕蔑他。在恩格斯輕蔑他時，萊克雷還批評這個同一的他，並讚揚馬赫的『革命的哲學』。在萊克雷看來，笛靈格是唯物論的『極左派』，這派唯物論『率直地主張感覺及意識和理知的現象一般是動物有機體的分泌、機能、總效果、最高之花、等等』（"Der Realismus", etc., 一八七九年，二三到二四頁）。

恩格斯因這個理由批評笛靈格呢？不是，在這一點，他與笛靈格，如與每個其他唯物論者一樣，完全一致。他從正反對的立場批評笛靈格，卽因他的不徹底的唯物論，因對信仰主義留下逃路的他的唯心論之特質，而批評他。

『自然在有表象的生物內動作，也在他之外動作；自然動作來「合法則地」產生出相關聯的印像，來引起關于事物的經過之必要的認識』。萊克雷引用笛靈格的這些言詞，猛烈地攻擊『最生硬的形而上學』、『自己欺瞞』、等等、的唯物論（一六〇到一六二頁）。

恩格斯因這個理由批評笛靈格呢？不是。他嘲笑一切誇張；但關于承認意識所反映着的自然之客觀的合法則性，他與笛靈格，如與每個其他唯物論者一樣，完全一致。

『思惟是其他的實在之最高的種類……哲學的基石存在于物質的世界與在這個世界內出現的和知覺這個世界的意識的現象羣之區別裏面，存在于物質的世界對這些意識的現象羣的獨立裏面。』萊克雷引述笛靈格的這些言詞及他對康德等等的一序列的駁論，並因這個理由責難笛靈格承認『形而上學』（二一八到二二二頁），贊成『形而上學的獨斷』等等。

恩格斯因這個理由批評笛靈格呢？不是。世界獨立于意識外而存在着，康德主義者、休謨主義者、柏克勒主義者以及其他從這個觀點的任何離背都是錯誤的，關于這樣的主張，恩格斯與笛靈格，如與一切其他唯物論者一樣，完全一致。如果恩格斯看見萊克雷及馬赫從如何樣的方面攻評笛靈格，那麼，他輕蔑這些哲學的反動主義者必遠比輕蔑笛靈格爲甚。萊克雷以爲笛靈格是可憎惡的唯實論和唯物論的化身（"Beiträge Zu einer Monistischen Erkenntnistheorie"，一八八二年，四五頁）。馬赫的教師和戰友，蘇博，爲着報復笛靈格對一切唯心論者加上夢幻的唯心論者的稱號，非難笛靈格，說他是夢幻的唯實論者 Dr. Wilhelm Schuppe: "Erkenntnistheoretishe Logik"，一八七八年笨恩〔Boon〕出版，五六頁）。反之，在恩格斯看來，笛靈格不是十分徹底的和明白的唯物論者。

馬克思、恩格斯和狄慈根，在唯物論一般地在進步的知識界、特別地在勞動界、佔優勢的時代，踏入哲學界。所以，他們不注意於再主張確立的原理，只注意於理論上眞誠地展開唯物論並把牠應用到歷史上面，卽，只注意於完成唯物論的哲學的建築物上方：這件事，是十分自然的。他們只在認識論的領域內訂正費爾巴赫的謬誤，嘲笑唯物論者笛靈格的粗陋，批評畢齊勒爾的錯誤（參照約瑟·狄慈根），著重在勞動界有名的著述家特別缺少的東西，卽辯證法，這件事，也是十分自然的。馬克思、恩格斯和約瑟·狄慈根，對于俗惡化的巡囘說教者在許多出版物內宣述的唯物論的眞理，不很注意。他們竭全神來使這些眞理不成爲俗惡化的，不成爲過分單純化的，不趨向沉滯的境地（『下方唯物論、上方唯心論』的境地），不導引唯物論者棄卻唯心論的體系的寶物——黑格爾的辯證法，這個寶物是畢齊勒爾派和笛靈格派（以及萊克雷、馬赫、阿芬納留斯和他人）都不能夠在絕對的唯心論的灰渣裏面辯識出來的。

如果人們記憶着恩格斯和狄慈根的哲學的著作被寫成的歷史的背景，那麼，他們便能明白地了解爲什麼他們不與俗惡的唯物論者聯結，增厚力量，却把自己與這般唯物論者區別開來。馬克思和恩格斯不擁護政治的民主主義的根本要求，寧可把自己與這些要求的俗惡化隔絕開來。

惟有哲學的反動主義者的弟子『不會注目』這個事情，能夠對于問題表示出這樣的見解給讀者們，這樣的見解使他們以爲馬克思和恩格斯沒有理解『成爲一個唯物論者』這件事有什麼意義。

## 第八節　約瑟·狄慈根如何能使反動的哲學家喜悅呢？

上文從黑爾風引用的實例，已包含對這個問題的解答：我們將不攷察這些衆多的實例，在這些實例方面，我們的馬赫主義者同樣地處理約瑟·狄慈根。爲着表示約瑟·狄慈根的弱點，從他的著作引述幾段文字，這是更利便的。

約瑟·狄慈根在他的著作哲學的實果上說道，『思惟是腦髓的一機能』。『當作我的思想中一個背像看的我的書棹，與我對于牠的思想是同一的。但在我的頭腦之外，我的書棹是一個另自的對象，與我的思想，判然不同。』（六二頁）然而約瑟·狄慈根，對于這些極明白的唯物論的命題，這樣補足牠們：『我們區別感官知覺的客體與牠的思惟的印像。但是不能觸覺的觀念也是物質的、實在的（六二頁）。……腦髓的機能與眼的機能，花的香、火爐的熱、或椅子的接觸，同是一「純粹」的過程。」（六四頁）這顯然不是眞實的。思惟與物質都是『現實的』，即牠們都存在着，這是正確的。但把思惟叫做物質的，是踏錯了一步，是混同唯物論與唯心論。然而事實上，這不過是約瑟·狄慈根的表現語不精確而已，約瑟·狄慈根在別處極正確地述說。『意識與物質兩者都存在着，這件事，共通於牠們兩者。……思惟是生理的過程；如無素材，他與任何其他勞動過程都不能存在着，不能產生任何東西。我的思惟需要能被思惟的素材。這個素材是自然和生活的現象供給的。……物質是精神不能超越的限界。精神是物質的一產物，但物質是在精神的一產物以上。……』（七四頁（馬赫主義者回避分析唯物論者的約瑟·狄慈根，提出這些唯物論的攷察呀：他們寧願吹求他的不精確的言句和混亂的文句之瑕疵。譬如，他說，自然科學者『在他們的專業以外，可以是唯心論者』（一一四頁）。說到他爲什麼如此云云，馬赫主義者便沉默了。但在一二二頁上，約瑟·狄慈根承認『唯心論的積極的方面』和『唯物論的原理的缺陷』（一二三頁），這是馬赫主義者應該歡喜的事件。約瑟·狄慈根的不正確的表白之根源，存在于這個說明裏面，即，『物質與精神的區別是相對的，不是絕對的』（一二三頁）。這個說明是正確的，但結果從牠沒有發生出唯物論一般的缺陷；卻發生出形而上學的、反辯證法唯物論的、缺陷。

『世俗的或科學的眞理，沒有置基在個八上。牠置基在外部的材料上；牠是客觀的。……我們把自己叫做唯物論者。……那些思想家，把現實的世界置放在他們的研究的始點的，即在最前面的，把觀念或精神爲後事和結果的，是哲學的唯物論者；他們的反對論者遵循正反對的方法。』("Philosophical Essays"，一三六到一四〇頁。)馬赫主義者忽視對客觀的眞理之這樣的承認及恩格斯對唯物論的定義之反復述說。但是，約瑟·狄慈根說：『我們也可以叫自己做唯心論者，這是一樣正確的，因我們的體系置基在哲學的總結果上，在觀念之科學的研究上，在我們對精神的性質得到的明白的知識上。』(同書，一四一頁。)在他這樣說時，爲着否認唯物論，不難吹求這個不精確的字句的瑕疵。實際上，在約瑟·狄慈根的場合，言詞的表白，比他的根本的思想更不精確。他的根本的思想，可歸約爲這個主張，即，傳統的唯物論，如不藉助于史的唯物論，便不能夠科學地探究並理解觀念。

約瑟·狄慈根反對傳統的唯物論的言論就是：『唯物論，像經濟學一樣，是科學的果實。恰如我們區別現代社會主義者與烏託邦的社會主義者一樣，我們也區別現代唯物論與十八世紀唯物論。我們與十八世紀的唯物論者。只有這樣一個共通點，即，我們認物質爲觀念的前提，爲觀念的根源。』二二〇頁。)只這個字，是極堪注目的一個字呀！牠包含與不可知論、馬赫主義和唯心論判然各別的唯物論之一切認識論的基礎。但約瑟·狄慈根在這裏努力的目標，是區別自己與俗惡的唯物論者。

但是再下幾頁，另一不正確的表白，又出現了：『物質的概念應認為有更廣汎的意義。實在之一切現象，包括我們的理解能力在內，都屬於這個概念。』（二二二頁）這個雜亂語，在『擴大』物質的意義之假託卜，混同唯物論與唯心論。吹求這樣的『擴大』的瑕疵就是忘記約瑟·狄慈根的哲學的基礎，即，承認物質爲第一位，爲『精神的限界』。更下幾行，約瑟·狄慈根訂正自己，說道，『全體支配部分，宇宙的物質支配精神。在這種意義內我們可以視物質的世界爲最高的存在，爲一切原因的原因，爲大地的創造者。』（二二二頁）約瑟·狄慈根在他的著作進擊上屢屢述說，物質的概念也應包括『思想』，這是一種混亂；因爲，如果有這樣的包括，那麼，物質與精神間、唯物論與唯心論間、的認識論上的對立，即約瑟·狄慈根自己固持的對立，便沒有任何意義了。這樣的對立不應被擴展、伸張，或視爲形而上學的絕對物，這是不可爭論的；約瑟·狄慈根的辯證法唯物論的偉大功績，就存在于『他對這點著重』這件事裏面。這樣相對的對立之絕對的必然性、和絕對的眞實性、的限界，恰是決定我們『獲得認識』的過程之方向的限界（認識論的研究方向的限界——譯者）。以物質與精神的對立，物理的與心理的之對立，或以任何其他絕對的對立，超越這些限界，這是一大錯誤。

約瑟·狄慈根與恩格斯顯有分別，他含混地、不明白地、表現他的思想。但把他的表白的缺點和常有的誤謬丟開不說，他却有效地擁護『唯物論的認識論和辯證法的唯物論』。『唯物論的認識論等于這樣的主張，卽，人類的認識器官沒有放出任何形而上學的光，是描寫「自然」的其他部分之「自然」的一部分。』（三〇九頁）『我們的認識能力，不是超自然的眞理的源泉，只是反映世界的物事、或自然、的類似于鏡的器具。』（三三一頁）我們的有思想的馬赫主義者不肯分析約瑟·狄慈根的唯物論的認識論之各個的命題，只吹求他的含糊和混淆、及他對他的基礎的見地的離背、之瑕疵。約瑟·狄慈根使反動的哲學家歡喜，恰是因他混亂，如果有一混亂 我們便發見馬赫主義者吹求牠呀！這是很明白的。

一八六八年十二月五號，馬克思致函給苦哲爾曼，說道：『前好久約瑟·狄慈根送給我他的思惟能力的性質原稿，這個原稿縱然在牠的裏面有若干混亂的觀念和過多地重述的言詞，却包含許多卓異的思想；並且當作一個勞動者的獨立的思想之產物看來，是值得稱讚的。』伐倫體諾夫引述這個評語，但他沒有攷究馬克思所視爲約瑟·狄慈根的混亂的觀念是什麼。這個混亂是：約瑟·狄慈根接近馬赫，或與馬赫對立呢？伐倫體諾夫對于這個問題沒有問問自己，因爲他讀約瑟·狄慈根和馬克思的著作，如哥格的小說上的英雄培特爸謝讀文字一樣。對於這個問題，不難發見一個回答：馬克思常把自己的觀點叫做辯證法唯物論；恩格斯的反笛靈格論，馬克思在出版前曾完全讀過的，精確地闡明這個觀點。從此看來，甚至伐倫體諾夫也應明白約瑟·狄慈根的混亂只存在于『他沒徹底地適用辯證法唯物論』，卽『他離背徹底的唯物論』，這個事實裏面。這件事，尤其在反笛靈格論中可以十分明白地推測出來。

伐倫體諾夫決不懷疑馬克思單把約瑟·狄慈根的著作裏面接近於那些不從康德走向唯物論而只走向柏克勒和休謨的馬赫的要素當作混亂的東西挑取出來呢？不然，唯物論者的馬克思或者視約瑟·狄慈根的唯物論的認識論爲混亂的，讚賞他離背唯物論呢？或者讚賞恩格斯以他的協助撰著的反笛鹽格論所不讚賞的呢？

冒充馬克思主義者的我們的馬赫主義者，在告知世間『他們的』馬赫讚賞約瑟·狄慈根時，欲欺騙誰呢？他們不疑惑馬赫讚賞約瑟·狄慈根，只因他的著作裏面有馬克思所認爲混亂的那些要素呢？

拿約瑟·狄慈根的理論全部來評論一下，他不應該受太多的責難。他十分之九是唯物論者，決沒有以獨創者自居或誇示一種與唯物論相異的特別哲學。他屢稱道馬克思，並終始如一地視馬克思爲他們的哲學方向的首領。（一八七三年在他的哲學論文集第八二頁上，一八七六年在一七三頁上，他加勁地說，馬克思和恩格斯『具有必要的哲學的鍛鍊』。一八八六年在二六五頁上，他說馬克思和恩格斯是『他們的哲學方向之有盛名的創立者』。）約瑟·狄慈根是一個馬克思主義者，他的兒子歐璦·狄慈根實在沒有闡揚他的見解。不幸地！說到道哲（P. Dauge）同志，也是這樣的，道哲同志發明『自然一元論』、『狄慈根主義』、等等。『狄慈根主義』，當作與辯證法唯物論判然各別的看來，是完全的混亂的言詞，是退後向反動的哲學走近一步的東西，是從約瑟・狄慈根的弱點、不從他的實在偉大的見解（以自己的方法發展辯證法唯物論的勞動者、哲學家之偉大的見解）、創造一種哲學方向的企圖。同志道哲和歐瑾・狄慈根怎樣急轉直下地滑落到反動的哲學方面，這些實例，著者將僅舉出兩個啊！

道哲在哲學的成果（Aq iisit）二七三頁）第二版上寫道：『甚至資產階級的批判指示出約瑟・狄慈根的哲學與經驗批判論和內在論學派的思想之近親關係；』又寫道：『牠指示出特與萊克雷的思想之近親關係。』

道哲敬重約瑟・狄慈根，這件事，是無疑的。但是，一個資產階級的塗鴉者，把信仰主義的大仇人與教授們、與資產階級之『學位的奴僕』、特與信仰主義的眞正反動的和公然的傳教者萊克雷並列一起的，他的見解，道哲引述牠而不提出抗議，以此侮辱了約瑟・狄慈根，這件事，也是無疑的。道哲自己雖不熟知這些反動主義者的著作，却屢述內在論者和萊克雷方面某個人的見解，這是可能的。但是拿這句話來警戒他：從馬克思——經約瑟・狄慈根的特殊的迷誤——到馬赫和內在論者的道路，是引人沼澤裏面的道路。不特與萊克雷的接近，甚且與馬赫的接近，這都是區別着混亂者的約瑟・狄慈根與唯物論者的約瑟・狄慈根。

我將擁護約瑟・狄慈根，反對道哲。我主張，不應把約瑟・狄慈根與萊克雷並列一起，使他受辱。我關于這個問題，舉出這樣一個最有權威的人來做證人：即、蘇卑特·梭登，他如萊克雷自己一樣，是一個反動的哲學家、信仰主義者和『內在論者』。在一八九六年，他寫道：『社會民主主義者以多少（通常較少）的道理有意地追隨黑格爾，但他們把黑格爾的哲學唯物論化。在這一點，參照約瑟·狄慈根。依據約瑟·狄慈根「絕對的」變成宇宙，——宇宙即物之本體，即絕對的主體；絕對的主體的賓位就是特定的現象。約瑟·狄慈根變換純粹抽象物爲具體的過程，這件事，他固然不比黑格爾自身稍多注意一點。……黑格爾、達爾文（Darwin）、海克爾自然科學的唯物論，在約瑟·狄慈根的著作裏面混合成一塊。』（"Die Social Frage"，序文三三頁。蘇卑特·梭登比稱讚一切人——包括耶穌撒冷在內——的馬赫更敏銳地辨識哲學的色彩和方向。

歐瑾·狄慈根非常素樸，致對公衆愁訴『褊狹的』俄羅斯的馬赫主義者曾汚辱約瑟·狄慈根的思想。他把蒲列哈諾夫和道哲爾于約瑟·狄慈根的論文翻譯爲德文（Joseph Dietzgen; Erkenntnis und Warheit，"一九〇八年斯圖加爾出版，附錄）。這個可憐的自然一元論者的愁訴，就是向自己頭腦攻打。黑林（Mering），多少理解馬克思主義的哲學，在他的評論內寫道，蒲列哈諾夫反對道哲根本上是正當的（新時代，一九〇八年第三十八號四三二頁）。約瑟·狄慈根，在他離背馬克思和恩格斯的場合，就陷入窮境。這件事，在墨林看來，是無疑的。歐瑾·狄慈根在以一通長的、涕泣以道的、覺書答覆墨林，在這個覺書內他說道，約瑟・狄慈根對于『調解相爭的正統派的同志與修正派的同志可以是有裨補的』（新時代，第四十四號，六五二頁）。

同志道哲，還有另一句話警戒你：從馬克思到『狄慈根主義』和『馬赫主義』的路徑，是一條陷入沼澤裏面的路徑；這不僅對一些人如約翰（Jones）、斯密、等等，並還對于全方向都是一條陷入沼澤裏面的路徑。

你們馬赫主義者，勿叫喊，說我依仗『權威者』；你們對于從權威者引用的議論的喧囂，只是在隱藏這個事實，即，你們以資產階級的權威者（馬赫、培蘇德、阿芬納留斯、和內在論者）替代社會主義者的權威者馬克思、恩格斯、拉發格、墨林、攷次基。頂好，你們不要提起『權威者』和『權威萬能主義』的問題呀！

# 第五章 自然科學內最近的革命和哲學的唯心論

一年以前，在新時代（一九〇七年，五十二號）上登載約瑟・底勒德恩（Joseph Diner-Dénes）的一篇論文：馬克思主義和自然科學內最近的革命。這篇論文的缺點，就是牠的作者忽視『新』物理學的認識論上的結論，這個結論是我們現在特別感興味的一個問題。但是使作者的立場和結論對我們有意味 正是這個缺點。約瑟・底勒德恩，像本文的作者一樣，抱持我們的馬赫主義者所如此大大輕蔑的『單純的馬克思主義者』的見地。例如，尤謝維齊寫道，『通例一個尋常的、單純的、馬克思主義者，把自己叫做證辯法唯物論者。』（他的著作一頁）現在這樣一個單純的馬克思主義者，約瑟・底勒德恩把科學內、特別物理學內、最新的發見（X光線、白克勒爾放射線、鐳）與恩格斯的反笛靈格論直接對照。這樣的對照，使他到達什麼樣的結論？約瑟・底勒德恩寫道，『在自然科學的各種領域內，都有新知識的獲得，一切這些知識，都確證恩格斯特別著重的這個命題，即，自然內「沒有不可調和的對立，沒有固定的境界線和區別」，即，如果某某對立和區別被發見，那麼，牠們的固定性和絕對性獨被我們解釋為自然。』例如光和電氣被發見為僅僅同一的自然力之相異的表現。化學的親和力可被還元爲電氣的過程，這件事，日益成爲蓋然的。化學的外表上不可破壞的、不可分解的、元素，牠們的數目曾繼續增大，好似嘲笑宇宙統一性的觀念一樣；但牠們現在被證明爲可破壞的、可分解的。科學家有成效地變化鐳的元素爲氦的元素。『恰如一切自然力被還元爲一力，各種「自然」的素材也可被還元爲一素材。』這個作者引述認原子爲『以太』的凝縮的著述家中一人的意見後，叫喊道：『「運動是物質的存在之一樣式」，這個主張，如何光輝地確證恩格斯的言詞。』「自然」的一切現象，是多種類的現象之結果，牠們的相異，存在于這個事實裏面，即，我們人類，在種種形態內知覺着這個運動。……物質是恰正如恩格斯所說明。自然，像歷史一樣，被辯證法的運動法則支配着。』

在別一方面，你們讀馬赫主義者的著作及關于馬赫主義者的著作時，你們必遭遇着推想上否定唯物論等等的新物理學（這個否定有人相信）的引證。這些引證，果有如何根據，這是另一問題；但新物理學、或較切適地說新物理學的某一派、與馬赫主義和近代唯心論的哲學的其他變種之關聯，是決無疑義的。分析馬赫主義而忽視這樣的關聯——如蒲列哈諾夫那樣——就是未能重視辯證法唯物論的精神，即，爲恩格斯的這個或那個文字的緣故犧牲他的方法全體。恩格斯明白地說，『自然科學（「且不講人類歷史」）的領域內凡有劃時代的發見時，唯物論都必須改變牠的形態。』（費爾巴赫論，六五頁。）所以，在恩格斯的唯物論方面形態的修正，他的自然哲學的命題的修正，不應視爲在普通意義上的『修正主義』，只應視爲這樣一種『修正主義』，這種修正主義是馬克思主義的必不可少的部分。我們非難馬赫主義者，不因這樣的修正，只因他們的純粹『修正主義的』方法——這一種方法就是他們假託批評唯物論的形態；變更唯物論的本質。我們非難他們，因他們採用反動的資產階級的哲學的命題，毫沒有試來直接地、坦白地、決定地、注意關于那個問題的這樣根本的、重要的、恩格斯的命題，即，『……無運動的物質是不可思惟的』（反笛靈格論，八六頁）。

我們分析新物理學家的一派與唯心論的復興間的關聯之問題時，我們甚至未嘗想略微地硏討物理學的特殊學說，這件事，應該是明顯的。我們完全關注從若干一定的命題和一般已知的發見產生出的認識論上的結論，這些認識論上的結論，似像直接地茶入主題內，所以許多物理學家業已硏討牠們。再者，在物理學家間已有各種方向，若干一定的學派正在這個基礎上被形成着。于是我們的任務，是在明白地解釋這些方向間分歧的見解，並攷察牠們對哲學上根本的方向的關係。

## 第一節　近代物理學的危機

有名的法國物理學家潘加爾在他的著作（"The Value of Science"，一九〇七年紐約科學印刷所出版，九六頁）上說道，物理學中有重大危機的徵候，並特以一章（第八章）專討論牠。這個危機不是限到這個命題方面，即，『偉大的革命家，鐳』，顛覆了勢力不滅的原理。『其他科學也一樣在危險中。』（九六頁）例如，納瓦西爾原則，或質量不滅的原理，曾被物質電子論顛覆。依據這個理論，原子組成於叫做電子的充滿陽電氣或陰電氣之最小的微分子，並『浸入於我們叫做以太的媒質裏面』。物理學家的實驗，供給材料來計算電子的運動速度及其質量（或牠們的質量對牠們的充電量的關係）。這個運動速度，證明爲可與光的運動速度（每秒三〇〇，〇〇〇啓羅米突）相比較，即，事實上達到光的速度三分之一。在這樣的情況下面，我們應當按照制勝（1）電子自身和（2）以太兩者的慣性之必要，攷察到電子的兩樣質量。第一質量，將是電子之現實的或機械的質量，第二質量，將是『表示以太的抵抗之電氣力學的質量』。並且在這裏第一質量證明爲等于零。電子的全質量，或最少陰電子的全質量證明在牠們的根原上全然地、絕對地、爲電氣力學的。質量消滅。機械學的基礎被傾覆。紐登的法則，作用和反作用的均衡，全破壞。

在我們的面前，有物理學的舊原理之『廢墟』，『原理之一般的崩壞』。誠然，他訂正他自己，說道：對原理的一切例外屬于無限小量的領域；我們或尚不知有其他抵消舊原理的動搖之無限小。再者，鐳是仍然稀少。但無論如何，我們已達到『疑惑時期』，我們已從這個『疑惑時期』知道作者的**認識論上的結論。『自然對于我們沒有給與或強定空間與時間的概念，但我們對于自然却給與這些概**

念；任何沒有被思想着的東西，都是最純粹的無。』這都是唯心論的結論。基礎的原理的崩壞性證明這些原理不是『自然』的模寫，不是『自然』的反映，不是人類意識外或種東西的模像，只是這個意識的產物（這是潘加爾的思想過程）。潘加爾沒有徹底地展開那些結論，沒有關注問題的根本上哲學的方面。法國哲學的著述家亞博·芮（Abel Rey）詳細地討論這個問題 Abel Rey: La théorie physique chez les physens cantemporains", 一九〇七年巴黎出版）。誠然，這個作家自己是一個實證論者，即，錯亂者和半馬赫主義者，但在那個場合，這是較佳，因爲他不會被疑有『誹謗』我們的馬赫主義者的偶像之意願。當一個問題關於哲學上概念的精確的定義，並特別是關于唯物論的精確的定義時，亞博·芮不能被信賴；因爲他也是一個大學教授，以此感染着輕蔑唯物論的習氣（他對唯物論的認識論之無知是絕頂的）。這個『科學人』，不知人間有馬克思或恩格斯，這是無疑義的。然而亞博·芮却精細地、意識地、參攷着關于這個問題的非常豐富的法國、英國和德國的文獻（尤其是歐斯特瓦爾德和馬赫的著作）。我們將常利用他的引證。

這個作者說，哲學家一般，特別是那些爲這種或那種理由欲批評科學一般的哲學家，現時注意物理學。『在討論物理學的認識的限界和價值時，事實上所討論的就是實證科學的根據，即客體的認識之可能性。』（序文一到二頁）從『近代物理學的危機』，我們急于推定懷疑的結論（一四頁）。但這個危機，存在于什麽東西裏面？在十九世紀前三分之二的時期，物理學家都已同意於根本的概念。『從前，他們相信對自然之純粹機械的說明；以爲物理學不過是複雜的機械學，即分子機械學。除關于使用來把物理的還元爲機械的而外，即關于「機制」的詳細之點而外，他們的意見並不相異（一六頁）。……現在，「物理化學」呈示給我們的景色完全改變了。極度的不一致，替代以前的一致，這些不一致，不是不常見的，不是在詳細之點，只是在指導的和根本的思想方面。即使，每個科學家有他的特殊的傾向，這個說話，是言過其實；却是我們應該承認，科學，尤其是物理學，像藝術一樣，也有衆多的學派，這些學派的見解，常是互相離遠，有時甚至正相反對。……』

『從此說來人們可以判斷所謂近代物理學的危機的廣大的意義及其範圍的大小。』

『迄至十九世紀中期，傳統的物理學，曾經確信物理學的熟知的方法之單純的擴展，足以說明「物質」的形而上學。這個物理學，以爲牠的理論有實體論的意義。並且這些理論是完全機械論的。傳統的「機械論」（亞博·芮在把物理學還元爲機械學的各見解之一體系的特別意義上，使用「機械論」這個字）這樣提示超越經驗的結果的限界，即物質世界之眞實的知識。這不是經驗之假設的說明——這是一個獨斷。』（一一六頁）

我們應在此中斷這個可尊敬的『實證論者』的話頭。顯然他論述傳統的物理學之唯物論的哲學，不欲呼這個惡魔（唯物論）的名字。在一個休謨主義者看來：唯物論是形而上學，是獨斷，是超越經驗的限界。休謨主義者亞博．芮既不知道唯物論實際上是什麼，自不能想像到辯證法及恩格斯正式陳述的辯證法的唯物論與形而上學的唯物論之區別。所以，例如，在亞博．芮看來，絕對的眞理與相對的眞理之關係，是絕對地不分明的。

「在十九世紀後半期表現出的對傳統的機械論之批判的考察，削弱了機械論的實體論的實在性之假定。在這些批判的基礎上確立着物理學之一哲學的見解，這個見解在十九世紀末與哲學同成爲差不多的傳統的。科學僅僅不過是象徵的公式，是標識（repérage）的一方法；既然標識的各方法隨學派而殊異，那便立卽達到這個結論，卽，惟一能被表示的（被標識的——譯者）就是人預先計畫的當作能以標識看的東西。科學成爲涉獵藝術者的技巧的工作，成爲功利主義者的技巧的工作——這樣一種見解，隱示對科學的可能性之否定。當作純粹「人工製作物」看的科學，當作單單功利主義的技術看的科學，沒有權利來把自己叫做科學，如果不曲解這些言詞的意義。說科學除是這樣一種人爲的手段而外，不能是任何別的東西，這就是在科學這個字的本來的意義上否認科學。」

「傳統的機械論的崩壞，或較確切地說來，牠所遭受的批評，包含這個命題在裏面：卽，科學自身是在危急的狀態中。依據固持單純的傳統的機械論之不可能的理由，科學被斷定爲不可能的。」

（一七頁）並且作者提起這個問題：『物埋學之現實的危機，是科學發展中一個暫時的和外部的偶然事件；或科學自身曾有急激的轉變並放棄牠迄至現時所遵循的途徑呢？』（一八頁）

『如果在歷史上是解放者的這些科學遭遇一種把牠們歸約爲僅僅有價值的、技術上有用的、處方，如果牠們被奪去他們的意義全體；那麼，從自然的認識的觀點說來，結果應該是觀念之論埋上和歷史上分析的方法之完全的推翻。於是物埋學喪失一切教育的價值；物埋學代表的實證科學的精神成爲虛僞的和危險的。』除實用的處方而外科學不能提供任何眞實的認識。『「實在的」之認識，應以別的方法尋求。……我們應採取別一條途徑，回到主觀的直覺，回到實在之神祕的感情，一句話說來，回到神祕的，回到我們曾以爲科學所曾大大打擊的東西方面。』（一[illegible]頁）

實證論者的這個作家，以爲這樣一種見解是錯誤的，物理學的危機是暫時的。我們將論述亞博·芮如何辯護馬赫、潘加爾和他們的一派使他們免受這樣的誹謗。現在我們只陳說『危機』的事實及其意義。從我們引用亞博·芮的最後言詞說來，利用這個危機的和使牠更尖銳化的就是反動的要素，這件事，是十分明白的。亞博·芮在他的著作的序文上直截地說道，『十九世紀末年信仰主義的和反理知主義的潮流，在近代物理學的一般的精神內尋求立脚點。』（二一頁）在法國那些對于信仰與理知兩者較爲重視前者的人們，是叫做信仰主義者。反理知主義指的是否定理知的權利或要求的學說。所以從這個事實，即舊物理學視物的理論爲「物質世界之眞實的認識」，爲「客觀的實在之反映」，就近代物理學的哲學上形態說，發現出「近代物理學的危機」之本質。物理學中的新潮流，只在科學的理論內看見象徵、記號和實用的標識；牠否定獨立於我們的意識外、和反映在意識內、的客觀的實在之存在。如果亞博・芮固持着正確的哲學上的用語，那麽，他將說道：傳統的物理學曾本能地接受的唯物論的認識論，被代換爲唯心論的和不可知論的認識論；信仰主義，不問唯心論者和不可知論者的意思，利用了這個代換。

但亞博・芮沒有說明這個構成危機的變化，彷彿一切近代唯物論者都與傳統的物理學者對立一樣。更有甚者，他表示，按照近代物理學家的認識論的傾向，這些物理學家分爲三個學派：勢力論的或概念論的（從指純粹觀念的概念這個字來的）學派；大多數物理學家固持的機械論的或新機械論的學派；立在這兩者的中間的批判的學派。馬赫和杜衡（Duhem）屬于第一學派；潘加爾屬于第三學派；古物理學家克爾曲夫、黑姆爾日、湯姆孫（爵士克耳文 Kelvin）、墨克魏耳（Maxwell）、新物理學家拉爾摩（Larmor）和洛倫峙（Lorentz）屬于第二學派，兩個基礎的方向（第三學派實際沒有獨立的立場，是其他兩者間的中間的方向）間的區別是什麽，這是可從亞博・芮的言詞來判斷的：

「傳統的機械論建設物質世界的一體系。傳統的機械論，就牠的物質的構造的學說，藉助于要素的概念，「這些要素品質上是齊一的相同一的」，是應當視為「不變的、有礙性的」、等等。物理學「以實在的材料和實在的水門汀構造一個實在的建築物」。物理學家以為他知道物質的要素，這些要素的有作用的原因，這些要素活動的方法，以及牠們之作用的眞實的法則（三三到三九頁）。……這個物理學的見解，大體曾有變更、因物理學的理論之實體論的效力現被排棄；現象論的意義格外被重視。概念論的見解，須處理「純粹的抽象」。牠尋求務在除去物質的假說之純粹抽象的理論。……「勢力」的概念、成為新物理學的基礎的構造，並且以此在馬赫看來，概念論的物理學，就許多事例說，可叫做勢力學。』（四六頁）

亞博・芮混同勢力學與馬赫主義，這固然是不正確的；恰如他的保證，即，新機械論學派儘管與概念論者極相殊異，却接近于物理學之概念論的見解，是不正確的一樣（四八頁）。亞博・芮的新術語，沒有闡明問題，只使問題隱晦；但我們為着對讀者報知關于物理學的危機之『實證論者』的見解，不能夠迴避這個用語法。『新』學派與舊學派間爭論的問題之本質，如讀者所能確知，是與上述的對黑姆爾日和克倫彼得的批判所明示的相同。亞博・芮介紹各個物理學家的見解時，在他們的記述中，反映着他們的哲學的態度之曖昧和不確定。近代物理學的危機之本質，存在于舊法則和根本原理的崩壞裏面，存在于意識外存在着的客觀的實在之排棄裏面，即，存在于『從唯物論改變到唯心論和不可知論』這個事實裏面。『物質已消滅了』——即・惹起這個危機的各問題中根本的和典型的難點如何可被表記出來。我們將攷察這個難點。

## 第二節 『物質已消滅了』

『物質已消滅了』，這一句話，可以在關于最新的發見之近代物理學家的記述中，例如，在虎勒維鳩（Houlevigue）的著作科學的進化（L'evolution des Sciences）中，找尋出來。『原子非物質化，物質消滅。』（L. Houlevigue: "L'evolution des Sciences"，一九〇八年巴黎出版六三，八七，八八頁，；參照他的論文："Les idé.s des phys ciens sur la matiere"，載在一九〇八年"Année psychologique"，上的。）爲着看見馬赫主義者如何容易地推論出根本的哲學的結論，我們且講一講伐倫體諾夫。伐倫體諾夫寫道：『世界之科學的說明，只從唯物論獲得堅固的基礎，這個主張，不過是一種杜撰，不過是唯物論的一種荒謬的虛構。』（六七頁）有名的意大利的物理學家奧古斯都・列斐（Augusto Righi），他們，馬赫主義者，稱他做這個荒謬的虛構之破壞者，他說：電子說，『與其說是關于電氣的學說，不如說是關于物質的學說，新體系僅僅以電氣替代物質。』"Augusto Righi: Die Moderne Theorie der physikalischen Erscheinungen"，一九〇五年萊蒲兹出版，一三一頁。）伐倫體諾夫引述了這些話（六四頁）以後，便叫喊道：『奧方斯都・列斐自己爲什麼冒犯神聖的物質？因他或者是一個唯我論者，不然，是一個唯心論者，一個資產階級的批判論者，又不然，是一個經驗一元論者，或是遠比這個經驗一元論者爲惡的東西呢？』

這個敍述在伐倫體諾夫看來，雖好像是對于唯物論者的一個致命的打擊，却牠顯示出他完全不知唯物論的實際問題是什麼。唯心論與『物質消滅』間實際的關聯是什麼？——這個問題，伐倫體諾夫決不理解。並且他在效法近代物理學家時所屢說的『物質的消滅』，對于唯物論與唯心論的認識論上的相異處，沒有任何關係。爲着使這點明白起見，我們講一講最顯明的和最徹底的馬赫主義者之一，皮爾孫。他以爲物理的世界構成于感官知覺羣。他以下列的圖解說明『對物理的世界的我們的認識模型』，這個圖解顯然沒有攷慮到大小的關係（"Grammar of Science"，二八二頁）：

以太單位　第一原子　化學原子　分子　微分子　物體

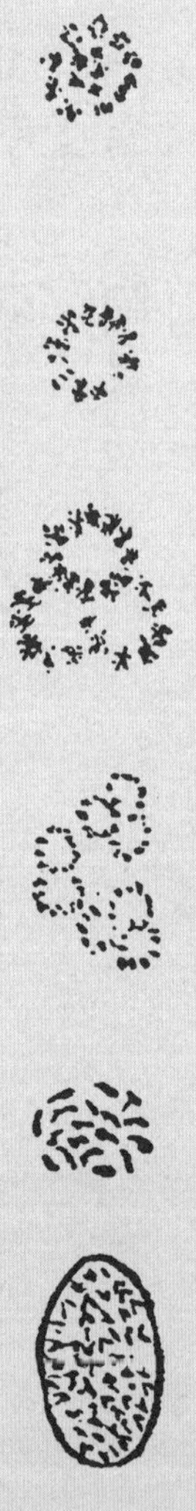

皮爾孫爲着單純化他的圖解，排開以太與電氣或陽電子與電子的相互關係之問題。但這並不重要。

重要的是：依據皮爾孫的唯心論的見解，『物體』是感官知覺；於是微分子的這些物體的構成、微分子的分子的構成、等等，與物理的世界的模型的變化有關係；與這個問題決無關係，卽，物體是否感覺的象徵，或感覺是否物體的模像。唯物論與唯心論，因牠們對于我們的認識之泉源、和認識（或一般『心理的』）與物理的世界之關係、的問題，解決各異，而有區別；物質的構造的問題，原子和原子的問題，是只關涉着『這個物理的世界』之或種問題。在物理學家說『物質消滅時』，他們以爲這指的是：迄至現在自然科學會把牠對物理的世界之測量還元爲三個究極的概念，卽物質、電氣和以太；現時只有最後兩個存留着，因爲他們結局有成效地把物質還元爲電氣。原子被說明是無限小的太陽系之類似物，在這個太陽系中，陰電子以一定的（和不可計量地大的）速度繞陽電子而運轉。如物理學家培拉(Pellat)所說（前引書，二九四到二九五頁），陽電子與陰電子構成『兩種本質上相異的素材』，在這樣的範圍內，他們結局有成效地把物理的世界不還元爲多數的要素，只還元爲兩三個要素。所以自然科學到達『物質的統一性』（同上）（參照Oliver Lodge："Electrons"，一九〇六年倫敦出版。『物質電氣論』，卽認電氣爲『根本的實體』這是『一種與哲學家所常努力的目標，卽物質的統一性，相近的理論之完成』；參照奧古斯都·列斐："Ueber die Struktur der Materi"，一九〇八年萊蒲玆出版；湯姆孫："The Corpuscular Theory of Matter"，一九〇七年倫敦出版；P. Langevin: "La physique des electrons"，載在一九〇五年"Revie generale des sciences". 上，二五六到二五七頁。）；這是把如此多的人弄混亂了的『物質消滅』、『物質轉化爲電氣』、等等文句之眞實的意義。『物質消滅』的意思，即是說，物質在我們迄至今日已知的限界之形態下而消滅，因我們的知識透入益深；物質的性質，從前像似絕對的、不變的和本原的（如礙性、慣性、質量、等等），如今消滅而變成相對的，只屬于物質的某某狀態。因爲，物質的唯一的『性質』——哲學上的唯物論與牠的承認有根本的結合——是客觀的實存之性質，是在我們的認識外的存在之性質。

馬赫主義一般和馬赫主義的新物理學之錯誤是：牠們忽視唯物論的基礎，及形而上學的唯物論與辯證法的唯物論之區別。不變的要素之承認，『物的不變的本質之承認』，不是唯物論，只是形而上學的、反辯證法的、唯物論。所以約瑟·狄慈根著重這一點，即，『每一科學的對象是無限的』；不特『無限』、並且『最小的原子』、都是不可測量的、結局不可知的、不可窮盡的（"Plilo:opicae Essays"，三一七頁）。所以，恩格斯援引關于煤黑油中丹的發見他的實例，並批評機械論的唯物論。爲着從惟一正確的觀點，即從辯證法唯物論的觀點，提出問題，我們應問：電子、以太、等等，是當作在人類意識之外的客觀的實在存在着麼？科學家應不猶豫地回答這個問題，而這個回答應是一個肯定的回答，因爲他們不猶豫地承認自然在人類和有機物質出現以前存在着。這樣，問題是依據唯物論的立場被決定着，因爲物質的概念，如我們所已述說，在認識論上除開獨立于人類意識而存在的、和人類意識所模寫的、客觀的實在以外，沒有指着任何新東西。

但是辯證法唯物論主張關于物質的構造及其性質之每一科學命題的近似的、相對的、性質；主張自然內沒有絕對的限界；主張運動的物質從這一狀態變化爲那一狀態，這個變化，從通常的觀點說，明白地顯現着爲不能一致的、等等。儘管無重量的以太變化爲有重量的物質，這件事、從『常識』的見地看來是奇妙的，並且反之，是恰如在電子內除開電磁的質量以外任何其他質量的缺乏，從常識的見地看來可以似奇妙的一樣，此外尙有不可思議的發見，卽，在一方面，機械的運動法則被限到僅僅自然現象的一領域，別一方面其他的領域遵從深遠的電磁學的法則，以及其他等等；却是一切這些，在辯證法唯物論看來，只是牠的眞理之另一確證。新物理學陷入唯心論的沼澤裏面，大率因物理學家不知道辯證法。他們攻擊『形而上學的』（在恩格斯的這個字的意義上，不是在實證論者或休謨主義者的這個字的意義上）唯物論和『機械論的一面性』，並且，這樣做的時候，他們非但從浴盆潑水出來，而且還把小兒拋擲出來。他們因爲否定迄至現時已知的原素的不變性及物質的性質，終竟否定物質，否定物理的世界之客觀的實在。他們因爲否定最重要的、最根本的、法則之絕對的性質，終竟否定每一客觀的法則，主張自然法則爲單單的因襲、『豫想的制限』、論理的必然性和其他等等。他們因爲堅持我們的認識之近似的、相對的、性質，終竟否定獨立于認識外存在着的客體，這個客體以近似的眞實反映在認識裏面。他們因爲，否定……。

關于『物的不變的本質』之一八九九年波格達諾夫的議論，關于『實體的』之伐倫體諾夫和尤謝維齊的議論——這些都是因爲不懂辯證法所產生的結果。從恩格斯的觀點說來，只有一件東西是不變的——即，人間意識（在人間意識存在時）對于獨立于牠之外存在的和發展的世界之反映。在馬克思和恩格斯看來，任何其他『不變性』、任何其他『本質』或任何其他『絕對的實體』，在無價值的御用哲學所描繪牠們三者的意義上，決不存在着。物的『本質』或物的『實體』，也是相對的，牠們僅表現對客體人的深知和認識之力的程度；並且即使昨天的深知只達到原子的程度，今天的深知只達到電子和以太的程度，而辯證法唯物論却執持着由人間進步的科學在『自然』的認識的道途上所發見的一切這些里程碑的暫時的、相對的、近似的、性質。電子像原子一樣，同是無窮盡的，自然是無限的，但牠無限地存在着，並且惟有這個對牠在人類意識和感覺外的存在之斷然的、無條件的、承認，把辯證法唯物論與相對主義的不可知論和唯心論區別開來。

我們且引述在資產階級的學者現仍不知道的辯證法唯物論與伴隨着不可避地主觀主義的（和明白地信仰主義的）結論的『現象論』之間的新物理學本能地、無意識地、游移着的兩個實例。

同一的奥古斯都・列斐，伐倫禮諾夫不能向他質問使他有興味的問題，即唯物論的問題，他在自己的著作的序文上寫道：

『那些電子和電氣原子本來是什麼，這迄至現在還是一種神祕；但不管這件事，却新理論，在牠關于有重量的物質的構造達到着全新的假定並努力於把外部世界的一切現象還元爲一個共通的原素之範圍內，或終可以得到哲學的意義。』

『從現代實證論的和功利主義的傾向說來，這樣的優越——設使你喜悅——不是不重要的，並且可以首先承認那個理論爲關于引入秩序和比類事實、關于指導探求以外的現象、之一種便宜的手段。但是如果從前對于很易擁護一切物的最後原因之人間精神和思想的能力太爲信賴，那麼，現時却有陷入相反的謬誤裏面的趨勢。』（前引書，三頁。）

爲什麼奥古斯都・列斐把他自己與實證論的和功利主義的傾向分離開來？因他顯然沒有任何一定的哲學上的見地，本能地主張着外界的實在性和對新理論的接受；這個接受不僅因爲新理論是『便宜的』（潘・爾），不僅因爲牠是『經驗象徵的』（尤謝維齊），不僅因爲牠『調和』經驗（波格達諾夫），或其他從類似的主觀主義的妄想所產生的任何名稱，只因爲牠是在客觀的實在之認識中前進的一階段。如果這個物理學家通曉辯證法唯物論，那麼，關于舊形而上學的唯物論的錯誤，他的判斷或要成爲一種正確無誤的哲學的出發點。但像他那樣的一等人生活着的環境全體使他們離遠馬克思和恩格斯，把他們投在俗惡的御用哲學的懷中。

亞博·芮也不通曉辯證法。但他也迫而陳說，在新物理學家中有一些被認爲『機械論』的傳統之承繼人。『機械論』的途徑追隨着克爾曲夫、黑爾峙、波爾峙滿、墨克魏耳、黑姆爾日及爵士克耳文的方向。『純粹機械論者，及在那些代表極端機械論的人們，例如那些信從洛倫峙和拉爾摩的人們當中許多人，創立物質電氣說，以此否定質量的不變，認牠爲運動的一機能。他們一切都是機械論者，因爲他們拿實在的運動做他們的出發點。』（亞博·芮的傍點，二〇九到二九一頁。）『……設使，例如，洛倫峙、拉爾摩和朗哲文的新假說因經驗的一致被確證着，並爲物理學的體系化得到充分堅固的基礎，那麼；誠然，現代機械學的法則，何依賴電磁學的法則，牠們會只在嚴密限定的範圍內形成一特殊的事例。質量的不變和慣性的原則，會只適用於物體的中等速度，「中等」這個字在牠與我們的感覺和構成我們的一般「經驗」的現象之關係上被使用着。機械論的一般改造，會成爲必然的，並且以此，體系化的物理學的一般改造也會成爲必然的。』

『這是說機械論的放棄呢？決不是。純粹機械論的傳統將繼續維持着，機械論將遵循牠的正常的發展途徑。』（二九五頁）

『電子的物理學，從牠的一般精神看來，應列入機械論的理論內的，趨于強使物理學最高地體系化，牠的精神是機械論的，儘管物理學的主要原理不是機械論、而是電氣理論之實驗的資料、所供給的。這因為（1）牠使用物質的和具象的材料來敘述物理的性質及其法則；牠以知覺的言詞表現自己。』

『（2）如果牠不把物理的現象視為機械的現象之特殊的事例，那麼，牠把機械的現象視為物理的現象之特殊的事例。機械學的法則常與物理的法則有直接的關聯；並且機械學上的概念仍然與「物理·化學」上的概念是同一種類的概念。傳統的機械論內這些概念，是比較上緩慢的運動之複寫，這些運動被視為一切可能的運動的典型，因為惟有牠們是直接可觀察的。新實驗表示：擴大關于一切可能的運動的我們的表象，是必要的。傳統的機械論仍然完全殘存着，但牠僅被適用到比較上緩慢的運動方面。……關于大速力，諸運動法則是相異的。物質被還元為電氣的微分子，即原子之究極的要素。……』

『（3）運動，即空間內的移動，仍然是物理學的理論之惟一典型的要素。』

『（4）最後，從物理學及其方法的一般精神之見地說，關于物理科學及其方法、與關于理論及其對經驗的關係、之這個考慮、依然比任何其他考慮都更為與機械論的見解及在文藝復興時引入的物理學說是絕對地同一的。』（四六到四七頁）

從亞博·芮引述這樣多的文句，這是因為他既然不斷地害怕『唯物論的形而上學』，要以別的方法說明他的主張那便是不可能的。但儘管他所述及的物理學家可以摒棄唯物論；却傳統的機械學是中等速度的運動之複寫，而新物理學是非常大的速度的運動之複寫，這件事，是十分確實的。認理論爲複寫，爲客觀的實在之近似的反映，這是唯物論。當亞博・芮說在新物理學家間對概念論的（馬赫主義的）和勢力論的學派有一種反動時，當他把電子論的物理學家認爲這種反動的代表時（四六頁），對于這個事實，即，根本的鬥爭是在唯物論的傾向與唯心論的傾向之間，我們得到所能希望的最好的確證。但我們不應忘記：除開一切受過教育的俗物對唯物論抱持的共通的偏見而外，就最有名的理論家的事例說，牠是與對辯證法的絕對的盲昧相關聯着的。

## 第三節　無物質的運動是可推想的呢？

唯心論對新物理學的利用、及從新物理學推演出唯心論的結論的趨勢，不是新種類素材和力、物質和運動、的發見之結果，只是推想無物質的運動的企圖之結果。根本上，我們的馬赫主義者，未能理解這個企圖之無用。他們不肯攷究恩格斯的命題，即，『無物質的運動是不可推想的』。一八六九年約瑟・狄慈根在他的著作人間頭腦的活動之本質（"Nature of Human Brain Work"）上，如恩格斯一樣，陳述相同的思想；誠然，在他的這樣的陳述裏面可以察見他有『調停』唯物論與唯心論之特著地混亂的企圖。這些企圖，約瑟·狄慈根對畢齊勒爾的反辯證法唯物論之論戰，足以充分說明牠們，我們且擱開不講，專來攷察關于現在使我們感興味的問題的約瑟·狄慈根所抱持的見解：他說：『他們（唯心論者）希望有無「個個的」之「一般的」，無物質的精神，無素材的力，無經驗或材料的科學，無「相對的」之「絕對的」。』（前引書，一二四頁。）

從此看來，約瑟·狄慈根認定分離物質與運動、力與素材、的企圖為唯心論，把這樣的分離和思惟與腦髓的分離列入同一的範疇內。他繼續說道，『萊比苹(Liebig)特別喜歡離開他的歸納的科學，走入思辨的領域，在唯心論的意味上說道：「力不能被看見」（一二五頁）。……精神論者和唯心論者信仰精神力，精神力的性質是類似妖怪的，不可說明的（一二六頁）。……力與物質的對立，和唯心論與唯物論的對立，是一樣陳舊的（一二七頁）。……誠然，沒有無物質的力，也沒有無力的物質。無力的物質和無物質的力是「非實體」。如果有唯心論的自然科學家相信非物質的力之存在；那麼，我們說就這一點說他們不是自然科學家……是幻覺者。』（一三〇到一三一頁。）

從此我們察見：四十年前也有自然科學家欲承認無物質的運動是可能的，約瑟·狄慈根以為就『這一點』說他們是幻覺者。這樣，唯心論與物質從運動的分開，與素材從力的隔離，牠們兩方面間的關聯是什麼？這不是存在于『思考無物質的運動實際上是更經濟的』這件事當中麼？

我們且想像一個徹底的唯心論者，他主張世界是他的感覺或表象（如果我們不把這個感覺或表象認爲任何人的感覺或表象，那麼，只唯心論的種類將有變化，牠的本質實無變化）。唯心論者的思想不會否定，世界是運動，即他的思惟、表象和感覺的運動。『什麼正被運動着』，這個問題，唯心論者將要擯斥，視爲不合理。他將要說，實際上發生出的，就是：我的感覺變化，我的表象起伏，只此而已。在我以外，沒有任何別的東西。『牠運動着』——並且，只此而已。人們要想像出一種更『經濟的』思惟方法，這差不多是不可能的。唯我論者，如果一貫地抱持着這個見解，那麼，要以任何證據或三段論法或定義駁倒他，將是不可能的。

唯物論者與唯心論者間根本的區別，是唯物論者認感覺、知覺、表象和一般說來人類的意識爲客觀的實在之模像。世界是在我們的意識內被反映的客觀的實在之運動。在我們之外的物質的運動與表象、知覺、等等的運動相照應。物質的概念沒有表示任何別的東西，只表示在感覺內給與于我們的客觀的實在。所以，物質從運動的分離，與思惟從客觀的實在的分離，與感覺從外部世界的分離，將是同一意義的——換一句話說來，將等于移入唯心論的壁壘裏面。『爲着更有效力地否定唯物論而承認無物質的運動』這樣的策略，只在關于物質對思惟的關係保持着緘默的場合，纔是可能的。人們將以爲，好像那個關係不存在着，但實際上牠是祕密地被輸入，在考察的肇始留下未被說明，繼後多少不覺地浮現出來。

他們告訴我們物質消滅了，並欲從這個前提推演出認識論上的結論。我們反問，『思惟自身殘存着麼？』如果沒有殘存着，如果物質消滅時，思惟也消滅，如果腦髓和神經系統消滅時，我們的表象和感覺也消滅；那麼，這便是說，每一個東西都消滅了。這樣，你們的攷察與在攷察內任何『思惟』——或『不思惟』——都消滅了啊！如果思惟殘存着，如果你假定物質消滅時，思惟、表象、感覺、等等沒有消滅，那麼，你們祕密地擁護唯心論的立場。這件事是這般人所做的，這般人爲『經濟』的緣故欲想像無物質的運動；因爲從『他們繼續他們的談論』這個事實，他們暗默地承認物質消滅後思惟的存在。這是說極單純的或極複雜的唯心論的體系被認爲根底；牠是極單純的，如果這樣的立場被歸約爲唯我論（我存在着，世界只是我的感覺；牠是極複雜的，如果一個生人的思惟、表象和感覺不被假定着，只死的抽象物被假定着，即，任何特定的思想、任何特定的表象、任何特定的感覺、沒有被假定着，只思惟一般（絕對觀念、宇宙意志、等等）、當作不確定的『要素』看的感覺、代替物理的自然全體等等之『心理的』被假定着。在唯心論的變種中，可以有一千特殊的色彩和種類，並且常常能以造作出一千零一個色彩和種類。在這第一千零一個傀儡的體系（例如經驗一元論）的作者看來，牠與其他一切體系的相異將像似極重大的。但從唯物論的觀點看來，這樣的相異完全是不重要的。重要的只是出發點。重要的只是想像無物質的運動之企圖，祕密地輸入與物質分離的思想——這是唯心論。

所以，例如英國馬赫主義者皮爾孫，即最顯明的、最徹底的馬赫主義者，反對言詞的欺瞞，直截地以題名為『一切物運動——但只在概念內運動』的一節開始他專論『物質』的著作第七章。『所以從知覺的領域說來，問什麼運動及為什麼牠運動，這是無謂的。』("The Grammar of Science"，二四三頁。)

所以，就波格達諾夫說，他的哲學上的諸不幸，在他熟識馬赫以前開始。牠們開始，在于他相信那個雖為大化學家、却是可憐的哲學家、的歐斯特瓦爾德關于想像無物質的運動之可能的言論。在這裏，我們回顧波格達諾夫的哲學上的發展之長的、過去的、插話，特是因為我們說及唯心論與新物理學內某某傾向之間的關聯時，不能夠忽視歐斯特瓦爾德的勢力論。

一八九九年，波格達諾夫寫道：『我們既已述說十九世紀對于「物之不變的本質」的問題未能有適當的終局的解決。在「物質」的名稱下，這個本質，甚至從這世紀最進步的思想家的見解說來，也執行重要的任務。』("Fundamental Elements of the Historical Outlook"，俄文，三八頁。)

我們業已說過，這只表現混亂而已。在這裏，外部世界的客觀的實在之承認，在我們意識外永遠運動的、永遠變化的、物質的存在之承認，與物之不變的本質混同一起。一八九九年波格達諾夫常然把馬克思和恩格斯兩人算入他所謂『最進步的思想家』裏面。但他顯然沒有理解他們的辯證法唯物論。

『……在自然過程中常有兩種要素，即物質和運動，應區別開來。但是不能說物質的概念是極明瞭的。物質是什麽，這個問題，要滿意地回答起來，是不可能的。物質被解釋爲「感覺的原因」或爲「感覺之恆久的可能」，但在這裏，顯然把物質與運動混同一起。……』

從此說來，波格達諾夫不正確地論議着，這是明白的。他不僅把唯物論對感覺的客觀的源泉（感覺的原因沒有充分明白地表明這個言詞）之承認與彌勒關于物質之不可知論的定義，即感覺之恆久的可能，混同一起。並且他斷達到『我們的感覺的客觀的源泉之存在或不存在』這個問題，便中途而止，放棄牠不再討論，飛越到另一問題，即，無運動的物質是可能的或是不可能的。唯心論者可以視世界爲組成於我們的感覺之運動（不問牠是『社會地組織的』或最高度『調和的』）；唯物論者視世界爲客觀的源泉之運動，我們的感覺是這個運動之客觀的模型。形而上學的、即反辯證法的、唯物論可以假定無運動的物質之存在（不問牠是『暫時的』第一衝擊或『先於』第一衝擊，等等）。但辯證法的唯物論者不僅視運動爲物質之不可分離的性質，並且排斥對運動之單純化的見解。

『……「物質是運動的東西」，這樣的定義或將證明着最爲正確；但這與說物質是一文句——這個文句的客語運動着——的主語同一可笑。事實是：在靜力學肇始的時代人們見慣扮演着主語的脚色之必然地凝固的一種東西——某一物事；而從靜力學的限光看來如此不合宜的「運動」的現象，他們一致默認爲客語，爲物質的屬性之一。』

這有點像亞克摩夫（V. P. Akimov）對火花（註一）派的非難，即，在他們的綱領中他們沒有使無產階級這個名詞爲主格！我們說『世界是運動的物質』或『世界是物質的運動』，這將不改變事態。

（註一）火花即Iskra。是俄羅斯社會民主勞動黨在形成期的祕密機關雜誌的題名。這個雜誌一九〇〇年創立，最初在法國刊行；迄至一九〇三年這個黨的第二次大會，牠繼續代表這個黨的革命的馬克思主義的翼。列寧是創立那個刊物的主動人，並在這個期間是指導那個刊物的主要人；信奉這個刊物的政策的人們，叫做火花派。早年代的俄羅斯馬克思主義者當中有許多人是一九一七年革命的首領，他們在火花出版時，列寧的思想的指導下養成。因一九〇三年大會的決議，這個黨分裂爲兩派——多數派（布爾托維克派）和少數派（孟雪維派）；其後列寧退出那個雜誌的編輯部，那個雜誌在蒲列哈諾夫的指導下轉入少數派之手。一九〇五年牠在瑞士停止刊行。

亞克摩夫，即Makhnovetz。他是一個俄羅斯社會主義者，是主張勞動者的經濟鬥爭而反對他們的政治鬥爭之所謂『經濟主義的』傾向的代表之一。——編者。

『……那些信奉物質的人們說，勢力應有一基體。歐斯特瓦爾德合理地反問道，爲什麼？自然應該必然地由主語和客語而成立呢？』（三九頁）

一八九九年使波格達諾夫非常喜歡的歐斯特瓦爾德的答語，不過是昭明的詭辯罷了。我們可以照樣反問歐斯特瓦爾德，『我們的判斷應該由電子和以太而成立呢？』實際上當作『主語』看的物質僅能被意識從『自然』中排除開去，只是因爲當作『主語』（當作第一位，當作獨立于物質外）看的思想被承認爲哲學上的出發點。不是主語被排除，只是感覺之客觀的源泉被排除；感覺成爲『主語』，即，哲學不可避免地成爲柏克勒主義，儘管『感覺』這個名詞極被重視。歐斯特瓦爾德企圖由『勢力』這個名詞的含糊的應用避開這個哲學上必然的『兩者擇一的途徑』——唯物論或唯心論，但這個企圖與類似的策畫，恰是一樣無用的。如果勢力是運動，那麼，你不過把困難從主語推移到客語，你不過把『物質運動呢？』這個問題替換爲『勢力是物質的呢？』那個問題。在我的意識外勢力之這樣的轉化，獨立於人間和人類外而發現出來；不然，這些只是觀念、象徵、便宜的標識、等等呢？這個僅以『新』術語避免舊認識論的錯誤之企圖，證明爲對勢力論的哲學是最不幸的。

勢力論的哲學家歐斯特瓦爾德如何成爲混亂的，這有幾個例證。在他的著作（"Vorlesungen über Naturphilosophie", 一九〇二年萊蒲茲二版，序文八頁）的序文上，他主張：『設使如何把物質與精神的概念結合起來這個舊問題』單純地、自然地、被排除，設使這兩個概念被包攝在『勢力』的概念下；那麼，他將『視爲一大利益』。但這不是一種利益，只是一種損失，因爲認識論上的研究（歐斯特瓦爾德未明白地理解，他提起一個認識論上的問題，沒有提出一個化學的問題）是被引導到唯物論的方向或被引導到唯心論的方向，這個問題，不因任意地使用『勢力』這個術語得到解決，反因牠益形混亂。固然，如果我們把物質與精神包攝在『勢力』這個概念下，那麽，這種對立之言詞上的消滅是無有疑義的；但是『山精和家靈』的教義之妄誕，不因牠被稱為『勢力論』而消除。在自然哲學講義三九四頁上，我們讀道：『我們的意識之過程自身，是勢力的，牠們把這樣一種性質印刻在一切外部的經驗（現象——譯着）上，——這個事實能夠表出外部的事象，如同能夠最單純地說明勢力的過程一樣。』這是純粹唯心論：我們的思想沒有反映外界勢力的轉化，但外界反映我們的意識之一種性質啊！美國哲學家，希奔（Hibben）指出這個講義上這一段和類似的幾段。適切地說道：『歐斯特瓦爾德打扮成康德主義者——即，外界的現象只可以由思惟印刻在牠們上的根本的形態來說明（Hibben: "The Theory of Energetics and its Philosophical Bearings"，載在一九〇三年四月"The Monist"，第十三卷，三二九頁）。……所以，如果勢力之本源的概念如此解釋來包容心理的現象，那麽，我們決沒有在科學界甚或在勢力論者自己間、被理解的並被承認的「勢力」之單純的概念：這件事，是顯明的。』（三三〇頁）勢力的轉化被自然科學本身分析為獨立於人間意識和人類經驗外之一客觀的過程，即以唯物論方法分析。並且歐斯特瓦爾德在許多場合，或者在大多數的場合，說勢力只是運動的物質而已。

於是一稀奇的事件發生了啊！歐斯特瓦爾德的弟子，變成馬赫的弟子後，因爲歐斯特瓦爾德將被認爲主張唯物論的勢力觀（勢力有時被作爲唯物論的見解之根據），不因爲他不徹底地傾向這樣的勢力觀，而開始非難他。唯物論者批評歐斯特瓦爾德，因爲他陷入唯心論，因爲他企圖調和唯物論與唯心論。波格達諾夫從唯心論的見地批評歐斯特瓦爾德。一九〇六年他寫道：『反對原子論的、但在其他各點很接近舊唯物論的、歐斯特瓦爾德的勢力論，最初喚起我的熱烈的同情。但是不久，我發見他的自然哲學內重要的矛盾。他常常置重「勢力」的概念之純粹方法論的意義，在多數場合，他沒有徹底地固持他自己的見解。從經驗上事實之相互關係的純粹象徵，勢力被變化爲「經驗」的實體，爲世界之物質的素材。』……（經驗一元論，第三卷，序文中一六到一七頁。）

勢力是一純然的象徵啊！據此，波格達諾夫能夠隨他的高興與『經驗象徵論者』尤謝維齊、與『純粹馬赫主義者』、與經驗批判論者、等等爭論。從唯物論的觀點說來，這些爭論，是一個相信赤鬼的人與一個相信青鬼的人之爭論。波格達諾夫與馬赫主義者的相異並不重要，但他們所共通的纔極爲重要。他們以唯心論的見解說明『經驗』和『勢力』，否定客觀的實在——人間的經驗由順應這個客觀的實在發生出來，否定『唯一的科學的「方法論」和科學的「勢力論」由客觀的實在之模寫而成立』這件事。

『世界的材料對于牠（歐斯特瓦爾德的勢力論）是無足重輕的。舊唯物論和汎心論完全與牠一致。』（序文一七頁）並且波格達諾夫不從『混亂的勢力論』改而向唯物論的壁壘前進。『如果勢力被說明爲實體時，那麽，這不過是減去絕對的原子之舊唯物論——即，在「存在」的永續之意義上訂正過的唯物論。』（同上）是的，波格達諾夫沒有從『舊』唯物論，即從自然科學家的形而上學的唯物論．走到他在一九〇六年如同在一八九九年那樣所些微理解的辯證法唯物論，只從牠走到唯心論和信仰主義；因爲近代信仰主義之開明的代表當中沒有一人，內在論派者當中沒有一人，『新批判論者』當中也沒有一人，反對勢力之方法論的概念，反對牠被解釋爲『經驗上事實的相互關係之純然的象徵』。拿我們已述說過的嘉祿來說，你們將看見這個馬赫主義者以波格達諾夫的態度批評歐斯特瓦爾德：『唯物論與勢力論屬于同一的範疇』（'The Monist'，一九〇七年出版，第十七卷，五三六頁）。『當我們聽說：每一東西是物質，肉體是物質，思惟只是物質之一機能時，唯物論極鮮幫助我們；當歐斯特瓦爾德的勢力論告訴我們：物質是勢力，精神也只是勢力之一要因時，牠毫不比唯物論爲優。』（五三三頁）

歐斯特瓦爾德的勢力論是『「新」術語如何迅速地成爲流行的』這件事之一實例；並一樣迅速地證明些微不同的表現方式決沒有掃除根本的哲學上問題和方向間的區別。藉勢力論這個用語（固然能夠多少徹底地）表現唯物論與唯心論，恰如藉經驗這個用語和其他類似的用語能夠如此似的。勢力論的物理學是新唯心論推想無物質的運動的企圖之源泉。牠曾把捉着迄至那時被說是不能夠分解的物質微分子之分解的機會，並把捉着前此不可看見的物質的運動形態之發見。

## 第四節　近代物理學內兩種方向和英國精神論

爲着具體地表明當作從新物理學發生出的幾個結論之結果看的近代文獻中正實行的哲學的論爭，我們將要讓要直接參加戰爭者爲自己發言，且先拿英國的戰鬥員來講。物理學家魯克爾（Arthur W. Rücker）從自然科學的立場擁護一種方向；哲學家華爾德從認識論的立場擁護另一方向。

一九〇一年英國自然科學家的大會在革拉斯哥（Glasgow）舉行時，物理學部長魯克爾挑選物理學說的價值的問題，關于原子、尤其是關于以太、的存在發生的疑惑的問題，做他的開會時講演的題目。講演者論及那些曾提起這個問題的物理學家，潘加爾、婆引庭（Poyn ing 英國的象徵主義的或馬赫主義的信從者哲學家華爾德，並論及魯克爾的有名的著作，最後說出他自己的見解。（一九〇一年在革拉斯哥舉行的不列顛協會。魯克爾教授的主席的講演，載在一九〇一年"The Scientific American Suppleinent"，一三四五和一三四六號。）

『爭論的問題是，現在一般承認的做科學理論的基礎之假說應該視爲對于環我們的宇宙的構成之的敍述，或僅爲便宜上的假構。』（一三四五號——這就是說，據對于波格達諾夫·尤謝維齊和他們的一派爭論的問題之言詞講來，物理學的理論是否客觀的實在、運動的物質、之模寫，或牠只是『方法論』、『純然的象徵』、僅僅的『經驗之組織形態』。）魯克爾承認，實際上在這兩種理論間可以沒有任何差別發生出來；河流的方向，一個只攷察地圖上藍線條的人能夠決定牠，恰如一個知道這個藍線條代表實際的河流的人能夠決定牠一樣。從便宜上的假構之見地說、可視爲『對記憶的助力』，可視爲『因爲依據人爲的體系編制着觀察的事實和法則從混亂產生出外表的秩序、並這樣把我們的知識歸納在比較上少的項目下、之一手段』。我們能夠只解釋熱爲運動或勢力的一形態。『因爲使用這樣的語法，我們把運動的原子之生動的概念替換爲熱的勢力之乾燥無味的敍述，這個勢力的眞實性質，我們沒有企圖斷定牠的意義。』魯克爾完全承認在這個方面大科學的進步之可能時，『冒險地主張這樣一種戰術體系的說明，不能視爲求眞理的鬥爭中科學的最後言詞。問題尙須我們研討：我們能夠從物質表露的現象追溯地推論到物質自身的構造呢；我們是否有理由來相信科學已繪畫的眞理的概略在某種範圍內是眞理的模寫，不是眞理的單單的圖表呢？』

魯克爾分析物質構造的問題時，拿空氣做一個例子，說空氣由氣體成立，科學『分解基本的氣體爲原子和以太的混合物。……有一般人叫喊「等待着」；分子和原子不能夠被知覺着；牠們是單單的概念，這些概念有牠們的用處，但不能夠視爲實在。』

魯克爾應付這個異論，援引科學歷史中無數實例之一：土星之環，在由望遠鏡窺見時，顯現着是相續的質量。數學家以計算證明這是不可能的，分光景的分析確證據計算達到的結論。還有另一種異論：原子和以太被賦與着這些性質，這些性質，我們的感官沒有把牠們當作普通物質所具有的性質顯示出來。魯克爾引證氣體和液體的擴散的現象來答復這個異論。一序列的事實、觀察和實驗證明物質由個個的微分子和微粒成立。這些微分子和原子是否是投入圍繞的以太中的物質之單單的碎片，或者牠們是否是在特殊的狀況下這個媒體的部分，這迄今是一個未決的問題，並與原子存在與否的理論沒有關係。與普通物質（原子和以太）相異的『準物質的實體』存在着，這個事實，沒有任何理由來反對實驗上的證據而先驗地否定牠。特殊的謬誤是不可避免的，但科學的事實之總體對于原子和分子的存在沒有留下任何疑惑的餘地。

然後，魯克爾指出關于原子和充滿陰電氣的微分子（電子）的構成之新實驗的資料，並確證計算分子的大小之各種結果的相互接近：『第一的近似值』計直徑約一公釐的百萬分之一。我們省略他對新活力論的評述和批判，引用他的結論：

『那些輕視最近支配科學理論的進步之思想的人們，也常臆斷在這樣兩個對立的主張間沒有任何更替的主張：卽原子和以太是科學的想像之單單的虛構，反之，現被認爲不完全的原子和以太之機械論的學說將要對我們充分地、十足地、描寫着做基礎的實在，如果牠能夠是完全的。說到我，我相信有一中間之道（前引刊物一三四六號）。……一個窺視暗屋的人可以不明瞭地辨識物事，但是他如果不爲傢俱所絆倒，不把一面穿衣鏡當作一間屋子走進去，這卽是他正確地看見。所以我們不應輕視鑽進自然的深奧處的要求，也不主張我們已完全顯露出環我們的世界之祕密。

『我們尙未描繪出原子的性質或以太——原子在以太中存在着——的性質之一貫的畫像，這是可以承認的；但我曾試來表示，儘管我們的理論當中有些理論的性質是摸索的，儘管有許多顯明的困難，却是原子學說統一化非常多的事實，單純化很多複雜的東西的結果，我們應當主張——無論如何迄至同一明白的敵對的假說產生出來時應當主張——我們的理論的主要結構是眞實的，原子不單救助困惑的數學家，且還是物理的實在。』（同上）

這是魯克爾如何終結他的講演的情況。讀者看見，講演者沒有任便研討認識論，但他以多數自然科學家的名義堅強地擁護本能的唯物論的立場。他的立場的實質，就是物理學的理論是客觀的實在之模像——這個模像日益成爲正確的。世界是運動的物質，在時間的進程中我們益深地認識牠。魯克爾哲學，因牠無條件地擁護『機械論的』（爲何不是電滋氣的？）學說及以太，不理解相對的眞理與絕對的眞理之關係，是不正確的。魯克爾這個物理學家缺乏辯證法唯物論的知識（我們在這裏不考察使英國教授們把自己叫做『不可知論者』的環境）。

我們現在且看一看唯心論者華爾德如何批評這個哲學：

『自然主義決不是科學；自然之機械論的學說，用來做自然主義的基礎的學說，也不是科學。……但是，縱然自然主義與自然科學，宇宙之機械論的理論與科學的機械論，兩者論理上是各別的，却是一見之下極爲類似，並且在歷史上極密接地相關聯着。在自然科學與唯心論的型式之哲學間實際沒有混同的恐懼；因爲一切這樣的哲學必然含有對于科學所無意識地作成的認識論上的假定之批判。……』（James Ward: "Naturalism and Agnosticism", 一九〇六年出版第一卷，三〇三頁。）眞的呀！自然科學無意識地主張牠們的學說反映客觀的實在，並且惟有這樣一種哲學可以與自然科學一致啊！『……以自然主義說便不是這樣，自然主義如同科學自己一樣，沒有任何認識論。事實上自然主義，像唯物論一樣，僅是視爲形而上學的物理學。……自然主義，無疑地，因關于究極的實在之性質牠的不可知論的保留，沒有唯物論那樣獨斷；但牠著力地主張牠的「不可知的」之物質的方面的優先性。』

唯物論者把物理學當作形而上學啊！這是熟聞的議論，形而上學指人間外客觀的實在之承認；唯心論者在這樣非難唯物論時，與康德主義者和休謨主義者一致。這是不待明述的；因爲，如果人人所周知的物、物體、和對象、之客觀的實在不被否認，那麽，開闢倫克之流的『眞實概念』的道路便不可能啊！

『……在如何最好地把經驗全部統系化（這剽竊波格達諾夫的說話呢？）』，這個本質上哲學的問題，發生出來時；如我們所察見，自然主義者主張我們應該從物理學的方面開始。於是惟有事實是精確的、確定的、嚴密地聯結的：每種會激動人類心情的思想……——牠主張——能夠被追溯到物質和運動之完全確定的再分布。……這樣的哲學的概說和範圍之命題是物理科學之正當的推論，這件事，我們近代物理學家當中——如果有其人——只不多幾個是有率直地主張牠的充分的勇氣。但他們當中許多以爲，那些謀求暴露宇宙之機械論的理論所依據的形而上學、即物理學的唯實論、的人們，攻擊他們的科學自身。……在前記的講義內這個理論的批評是被（魯克爾）如此看視着。……事實上我（關于在馬赫主義者看來也是可憎的這個「形而上學」）的批判完全依據物理學家的這一學派之說明，這個學派的物理學家——如果人可以這樣叫他們——穩定地在數目上日更增多，在勢力上日更增強，他們完全排斥差不多中世紀的唯實論。……這個唯實論繼續着許久未被責問；現在要向牠挑戰，許多人以爲這像似招來科學的無政府狀態。然而推想像眞對牠挑戰的克爾曲夫或潘加爾——從許多有名的人物中只說說這兩個——的人們正謀求「使科學的方法無效」，這却似乎太過啊！爲着把他們與我們可以斷然叫做物理學的唯實論者的舊學派區別開來，我們可以把新學派叫做物理學的象徵論者。這個名詞不是非常適切，但牠最少可以使用來加強現在特別使我們關心的兩學派間一種差異。爭論中的問題是極單純。固然兩個學派都從同一的知覺上的經驗出發，牠們都用抽象的概念體系，只詳細之點相異，在質本上是同一的；都利用同一的說明方法。但是一派以為牠日益接近究極的實在，把單單的外觀留在背後；別一派以為牠僅以理智上可以處理的概括記述的圖式替代具體事實的複雜。……依據兩者的見解，當作物之體系的知識否的物理學的價值，都沒有被影響着；牠的將來擴大和實際應用之可能性，在兩者的場合，都是同一的。但兩者間思辨上的相異極大，並且在這一點正當的問題成為重要的問題。……』（三〇四到三〇五頁）

這個直率的、徹底的、唯心論者提起的問題，非常明白，且得要領。事實上近代物理學方面兩學派間的相異只是哲學的，只是認識論的。事實上根本的相異，就是：一派承認我們的理論反映着『究極的』（應叫做客觀的）實在，其他一派否認牠，以為理論只是經驗之體系化，只是經驗象徵的體系，等等。新物理學發見物質的新種類和牠的運動的新形態，便在舊物理學的概念崩壞時提起舊哲學的問題。並且如果『中間的』哲學方面（『實證論者』、休謨主義者、馬赫主義者）之信奉者不能明確地提起爭論的問題，那麼，公然的唯心論者華爾德曾經完全把牠顯示出來。

「……魯克爾的開會詞專在擁護物理的唯實論，反對潘加爾、婆引廷和我自己最近辯護的象徵論的解释（三〇五到三〇六頁；在他的著作的別處華爾德還加上杜衡、皮爾孫和馬赫三八」。（見第二卷，一六一，六三，五七，七五，八三等頁。）魯克爾不斷地談及「心的畫像」，同時又不斷地主張原子和以太應是在畫像以上。這樣的論辯法，實際上等于說：在這個場合我不能夠造作任何其他畫像，所以實在應當是像牠。……他承認一相異的心的畫像之抽象的可能。…… 更有進者，他還承認「我們的理論當中有些理論之摸索的性質」；他認有「許多顯著的困難啊」！於是結局，他只是擁護一個實用假說，並且擁護這樣一個實用臆說，在最近半世紀間已經大大[illegible]權威的。但是如果關於物質的構成之原子說和其他理論不過是實用假說，和嚴密地限到物理的現象方面的假說；那麼，一種理論，主張機械學的作用在一切場合都是根本的，並把生命和心的事實歸約爲從屬的現象，即把牠們作爲比物質和運動爲富於現象而缺乏實在的——這種理論，沒有理由來證明牠。這樣的理論是機械論的宇宙學說。除關因他非故意地贊許這個學說而外，我們與魯克爾沒有任何爭論。」（三一四到三一五頁）

所謂唯物論應該主張意識之『較少的』實在，或應該必然地堅持着運動的物質之『機械論的』『世界畫像』，不堅持着電磁氣的世界畫像，甚或一種非常複雜的世界畫像，這話當然完全是荒謬的。但彰明的、坦直的、唯心論者華爾德，以眞正資解的方法，比我們的馬赫主義者實在更遠爲能幹地發見

『本能的』自然科學的唯物論當中的弱點，卽，牠不能夠說明相對的眞理與絕對的眞理之相互關係。華爾德，在他宣言因眞理是相對的，是近似的，僅向物之本質『摸索』的，眞理不能反映實在時；他利用詭辯啊！但是唯心論者極明白地提起當作『實用臆說』看的原子的問題。近代的、文化的、信仰主義（從這個主義，華爾德直接推論出他的精神主義）決不欲把自然科學上的概念認爲『實用假說』以上的任何東西。我們將要把科學讓與你們自然科學家，如果你們把認識論和哲學讓與我們——這是『先進的』資本主義的國家內生活着的神學家和教授們之同居的條件。說到華爾德的認識論中表露出『新物理學的勢力的其他各點，我們應當論及他對物質的決定的鬥爭。華爾德嘲笑過多的假說和牠們間的抵觸，問道，什麼是物質？什麼是勢力？牠是一個以太或多數以太呢？——或者不然，是一種新的『完全的流動體』，這個流動體隨意地被賦與着新的和未必有的性質。華爾德的結論是：『除運動以外，我們沒有發見任何明確的東西遺留着。熱是運動的一樣式，彈力也是運動的一樣式，光和磁氣也是運動的樣式。更有進者，質量自身，終極還被推想爲僅不過某一東西的運動之一樣式，這個東西不是固體，不是液體，不是氣體，自身不是一物體，不是物體的聚合體，卽不是現象的並應該不是本體的，牠實是我們能夠以我們自己的用語說明的眞實的 'aperion'。』（希臘哲學的用語，指經驗所不能到達、所不能知道、的東西——譯者）（第一卷，一四〇頁。）

精神主義者不違背自己的性格，把運動從物質分離開來。自然的物體之運動，結局成爲分析上沒有一定不變的質量的東西之運動，即變化爲一種不知的以太當中的不知的電氣之不知的充電物的運動。在實驗室和工場中，發生的這種物質的變化之辯證法，以唯心論者的眼光看來（如以世間一般和馬赫主義者的眼光看來一樣），不可以用來確證唯物論辯證法的眞理，只可以用來做反唯物論的證據：『當作 世界之自稱的說明看的機械論的理論，由于機械論的物理學自身的進步，遭受致命的打擊。』（一四三頁）我們答道，世界是運動的物質；物質運動的法則，在速度較慢的運動的場合被反映在機械學內，在速度較大的運動的場合，被反映在電磁學內。『擴大的、凝固的、不可破壞的、原子，常常是宇宙之唯物論的見解的城堡，但是硬的、擴大的、原子不能夠副漸增的知識對牠提出的要求，這對于那樣的見解是不幸的。』（一四四頁）原子的不可破壞性、原子的無盡藏性、一切物質形態的變動性和物質運動的變易性，業已是唯物論辯證法的城堡。自然中的一切限界，都是有條件的、相對的、可變的，並且表明我們的理知日漸接近物質的認識。但是這決沒有證明自然，即物質自身，是一象徵，——即我們的理知的產物。電子比原子，如書中一點比一六〇尺長、八〇尺寬．四〇尺高．的一個建築物的體積；電子的運動速度每秒二七〇，〇〇〇基羅米突，牠的質量是牠的速力的一作用，牠每秒迴轉五〇〇，〇〇〇，〇〇〇，〇〇〇，〇〇〇，〇〇〇，〇〇〇——一切這些遠比舊機械論爲複雜，但是牠們還是空間和時間中物質的運動。人間的理知在自然中已經發見許多可驚的物事，並且將要發見更多的這些物事，以此擴大牠對自然的支配力。但這不是說自然是我們的理知或抽象的理知、華爾德的神、波格達諾夫的『代換』、等等、的創造物。

『那個理想（機械論的理想——譯者），在當作實在世界的理論嚴格地被貫徹時，將要使我們到達虛無主義：一切變化是運動，因爲運動是我們能夠理解的惟一的變化，並且以此，運動着的東西，不待言明，自身應該是運動（一六六頁）。……如我所已試來表明，並如我所相信，物理學的眞正進步被證明爲對物質和運動之愚昧的信仰是最有效的救治，這個信仰就是寧視物質和運動爲最眞的實體，不視爲存在之總和的最抽象的象徵。……我們單由機械論決不能夠達到神。……』（一八〇頁）

是了，這恰正是摹倣馬克思主義哲學的論集的樣子呀！華爾德先生，你現在應該傾向于晉納察斯基、尤謝維齊、巴沙諾夫和波格達諾夫；儘管他們比你是更『害羞的』，卻他們教說同一的理論。

## 第五節　近代物理學內兩種方向和德國唯心論

一八九六年有名的康德主義的唯心論者，可亨，以非常得意的態度發表對于郎治僞造的唯物論史第五版他的緒言。可亨叫道（緒言一、六頁），『理論的唯心論業已開始動搖自然科學者的理論的唯物論之基礎．並將不久或者把牠撲滅。……唯心論滲透新物理學。……原子論應該讓位于力學。……可驚的轉換點以化學上素材問題的性質之更深的覺察開始，使這些問題能夠克服唯物論的物質見解。恰如退利斯(Thales)完成素材之最初的抽象，並把牠結聯到日後發展爲電子的概念之思辯上一樣；電氣學說依次注定要惹起物質的見解方面最大的革命，並且因爲物質以此變化爲力，促成唯心論的勝利。』(緒言，二一九頁。)

可亨以華爾德那樣明白的和決定的態度，記述根本的哲學上的方向，沒有(像我們的馬赫主義者那樣 埋頭于各種勢力論的、象徵論的、經驗批判論的、經驗一元論的、以及其他的、唯心論間之微小的區別。可亨採取現在與馬赫、潘加爾和他人的姓名相結合的那個物理學中學派的根本的哲學方向，並正確地把牠認爲唯心論的。『可亨以爲「物質變化成力」』那件事是唯心論之主要的利益，恰如一八六九年約瑟·狄慈根所言明的那些『精神論的』科學家以爲牠是如此似的。電氣被主張爲唯心論之科學的支柱，因爲牠破壞物質構造的舊理論，分解原子爲牠的要素，發見物質的運動之新形態；這些新形態，極不像舊形態，完全超越迄至現時曾調查或研究過的任何東西，而又非常奇特和『神妙』，人因此能夠關于不合條理地解釋自然爲非物質的(精神的、思想的、心理的、)運動找尋出辯護的理由。昨日知識的限界，關于物質之無限小的微分子的，已消滅了——唯心論者斷言，以此，物質已消滅了（而思想留存着）。每一物理學家和每一機械師都知道電氣是（物質的）運動，但是任何人都不能夠合理地說明正被運動的是什麽；所以，唯心論者斷言，我們能夠以這個誘惑的『經濟的』提議，即『且讓我們推想：無物質的運動』，來欺騙無哲學上的教養的人們。

可亨試欲把有名的物理學家黑爾峙引爲他的同調。黑爾峙是我們的黑爾峙——可亨說道，他是康德主義者，他有時承認先驗的推理。黑爾峙是我們的黑爾峙——在另一方面，馬赫主義者克倫彼得主張，他是馬赫主義者，因爲我們發見他『對于概念抱持着同一的主觀的見解，如同我們發見馬赫是這樣似的』（"Archiv für Systematische Philosophie"，一八九八到九九年出版，第五卷，一六七頁）。關于黑爾峙究屬于誰，這個奇妙的論爭，是唯心論者爲着辯明他們對信仰主義的擁護爲正當，如何吹求有名的自然科學家的表白方面極細微的錯誤和極細微的曖昧之一良好的實例。事實上，黑爾峙對他的力學（Heiurich Hertz: "Gesammelte Werke"，萊蒲玆出版，第三卷，一，二，四九頁）之哲學的序文，表露出對唯物論的『形而上學』教授們的咆哮所威嚇的自然科學家之通常的立場，但是却又明示黑爾峙不能夠排除對外界的實在之本能的確信。克倫彼得自己承認這件事；克倫彼得在一方面關于自然科學的認識論爲廣大的讀書界寫下一些虛妄的通俗小册子——在這些著作內，馬赫與黑爾峙是視爲同一的，別一方面在專門的哲學論文中，他承認『與馬赫和皮爾孫顯然有區別的黑爾峙，仍然固執這個偏見，即能夠以機械學的方法說明全物理學』（"Kantstudien,"一九〇三年，第八卷，三〇九頁），他仍然抱持着物之本體的概念和『物理學家之通常的見地』，即，他『仍然固守着世界自體之存在的見解』。（"The Monist", 一九〇六年，第十六卷，第九號，一六四頁；關于馬赫的一元論之論文。）

記述黑爾時自己對勢力的理論的見解，這是有興味的。他寫道：『如果我們問自己現時物理學寧願以勢力的用語表明自己的眞實理由，那麼，我們的答覆將要是，牠以這樣的方法最好地迴避談說牠知道極少的事物。……誠然，我們現在確信有重量的物質由原子而成立；並且關于這些原子的大小和在某某場合牠們的運動、我們有明確的表象。但是原子的形態、原子的結合、以及在最多數場合原子的運動——一切這些，都是對我們隱藏着的。……所以，儘管關于原子我們的表象，就牠自身說，是今後研究之重要的和有興味的目標，却是牠無論如何，決不特別地適宜於用來做數學的理論之既知的和安全的基礎。』（二一一頁）黑爾時期待從今後的研究闡明『舊來的物質之本質及其慣性和引力』（第一卷，三五四頁）。

顯然，從此論來，黑爾時決沒有思攷到勢力之非物質的見解的可能性。在哲學家看來，勢力論可以用·辯解以唯心論替換唯物論這件事。科學家視勢力論爲在這樣的時候的一種說明運動的物質的法則之便宜的方法，在這樣的時候，物理學家已經從原子出發，但是尙未達到電子，如果那種說明是可以容許的。這樣的狀態今日仍然大部份繼續着；一假說被另一假說替代；關于陽電子沒有任何確定的物事是已知道的。但三月前（一九〇八年六月二十二號）柏克勒爾（Jean B que:el）對法國科學學院報告他曾經有成功地發見『物質之新構成部分』（"Comptes rendus der séances de l'Académie des Sciences"，一三一一頁）。固然，唯心論者決不會失掉證明『物質』只是人間的精神所搜求的或種東西之機會，因爲如是物質實際上將不要過是『象徵』而已。

另一個比可亨更反動的德國唯心論者，哈爾特滿，以一本書專論新物理學的世界觀（"Die Weltanschuung de Modernen Physik"，一九〇二年萊蒲茲出版）。確然，我們不關注作者對于辯護他的特種唯心論之特別的攻擊。且說一說這個唯心論者實質地陳述事實，如同亞博·芮、華爾德和可亨如此似的。哈爾特滿說，『近代物理學在唯實論的土壤上發生起來，並且惟有我們的時候之新康德主義的和不可知論的潮流曾經使物理學的最後結果在唯心論的意義上被解釋着。』（二一八頁）依據哈爾特滿的見解，三個認識論的體系橫伏在新物理學的基礎上——即，物質運動論（hyl-kinctics（這個術語從希臘 hyle＝物質和kinesis＝運動派生出來，即認物理的現象通過運動的物質）、勢力論和物力論（認無物之力）。唯心論者哈爾特滿擁護『物力論』，並從物力論推論自然法則是『世界思想』的一種表現，這是不待言的；一句話說來，他以『心理的』『代換』物理的自然。但是他迫而承認：物質運動論有最多數物理學家擁護牠，這個體系更常常被應用（一九〇頁），牠的重大的缺點是『威脅純粹物質運動論的唯物論和無神論』（一八九頁）。作者十分正當地把勢力論認為一中間的體系，叫牠做不可知論（一三六頁）。固然，牠是『純粹物力論的同盟者，因為牠排除素材』（序文六頁，九二頁）；但是哈爾特滿不喜悅牠的不可知論，因為他相信牠是一種『英國狂』，與德國貴族（反動主義者——譯者）的基本的唯心論不一致。

察視這個有黨派的不妥協的唯心論者（哲學上無黨派的，是非常的愚物，恰如政治上無黨派的是如此一樣）向物理學家說明『追從這一認識論上的方向或那一認識論上的方向』這件事有什麽意義，這是很足資教訓的。

關於物理學的最近的成果之唯心論的解釋，哈爾特滿寫道，『那些追隨這種方法的物理學家當中只極少數完全認知這樣一種解釋之莫大的重要性和充分的影響。他們沒有覺察，物理學在牠的特殊的法則被關繫着的範圍內，保持着牠的獨立，恰如物理學家，儘管他們採取唯心論，却固執着牠們的唯實論的假定，即物之本體的存在、物之本體的現實的時間上的變化、現實的因果關係。……因為惟有承認這些唯實論的假定（即因果性、時間性、三次元的空間之超絕的唯實論的解釋），即承認自然——物理學家說及「自然」的法則——與物之本體的領域一致……而後能夠說自然的法則與心理的法則判然各別。惟有依據「自然的法則在獨立于我們的思惟領域外之一領域內而活動着」這個假定，自然法則纔能夠用來說明：我們的映像之論理上必然的結論，證明是這些映像在我們的意識內模寫着或象徵着的未知物之自然地和歷史地必然的結論的映像。』（二一八到二一九頁）

哈爾特滿正當地感覺着新物理學的唯心論只是一個時髦物，不是在哲學上眞正離開自然科學的唯物論。所以他正確地對物理學家說明，爲着把他們的時髦物變爲一貫的眞正的唯心論，必須根本地改造他們的關於時間、空間、因果性和自然法則之客觀的實在的學說。我們不能夠獨視原子、電子、和以太爲單單的象徵，爲單單的『實用假說』，還須主張時間、空間、自然法則和外界全體也是『實用假說』。只有唯物論，不然，只有以心理的普遍地代換物理的——然而有一羣人欲『把這兩種東西混合一起』，但我們與波格達諾夫都決不屬于這類人。波爾峙滿是系統地攻擊馬赫主義的潮流（他在一九〇六年曾這樣做）的德國物理學家中第一人。我們業已指出他拿『新認識論的獨斷之風尙』與『把馬赫主義單純地、明白地、歸約爲唯我論』這件事相對照着（見本書，第一章，第六節）。固然，波爾峙滿害怕自稱爲唯物論者，甚至明言他不反對神的存在(Ludwig Boltzmann: "Populäre Schriften", 一九〇五年萊浦茲出版，一八七頁）。但是他的認識論，本質上是唯物論的，並且如十九世紀自然科學的歷史，鞏德爾（S. Günther）所明認（Siegmund Günther: "Geschichte der inorganischen Naturwissenschaften im 19 Jahrundert",一九〇一年柏林出版，四九一，四九二頁），牠表現出大多數自然科學家的見解。波爾峙滿說，『我們單從一切物在我們的感官上引起的印像推論他們的存在。』(二九頁)理論是自然、是外界、的『模像』(或複寫)(七七頁)。對於那些主張物質僅僅是感覺之綜合的人們，波爾峙滿指示，在這樣的場合，其他的人們僅不過是講述者的感覺能了(一六八頁)。這些『觀念學者』，波爾峙滿有時所稱爲唯心論者的，對于我們提示出『主觀的世界肖像』(一七六頁)。這個作者擇取一個『較單純的、較客觀的、宇宙肖像』。『唯心論者拿「物質與我們的感覺一樣存在着」這個主張比照小兒的這樣的觀念，即彼敲的石子 着痛。唯實論者拿這樣的主張——據這樣的主張，想像心理的從物質的甚或從原子的活動現出來，這是不可能的——比照一個無教育的人之見解，這個人主張太陽與地球的距離不會有二千萬英里之遠，因爲他不能夠想像牠。』(一八六頁)波爾峙滿不否認表示精神和意志爲『物質的各部分的複雜作用』之科學的究極理想(三九六頁)。

波爾峙滿很常常從物理學的立場攻擊歐斯特瓦爾德的勢力論，證明：歐斯特瓦爾德不能夠反駁、不能夠排除、運動勢力的公式(以速度的自乘所乘的質量之半分)，他在一個錯誤的圓圈內迴轉着，最初從質量推論勢力(因承認運動勢力的公式)，後又解釋質量爲勢力(一一二，一三九頁)。在這樣的時機，我回想着波格達諾夫在他的著作經驗一元論第三卷上關于馬赫的說明。波格達諾夫述及馬赫的力學時寫道，『在科學上、在力學的方程式上、物質的概念被還元爲質量之投射的係數，這個係數之大，嚴密地分析起來，被證明是兩個物理的合成體的加速度之反數。』（一四六頁）固然，如果某一物體將被視爲單位，那麼，其他物體之（機械的）運動能被單純的加速度之關係表明出來。但是『物體』（物質）決不因牠消滅，決不因此不獨立於我們的意識之外而存在着。在全世界將被還元爲電子的運動時，從一切方程式除去電子，這將是可能的；因在每一場合這將被假定，並且電子的集團或聚合體的關係將被還元爲牠們的相互的加速度；如果運動的形態證明爲與力學上的形態是同樣的單純。

波爾峙滿反對馬赫及其一派之『現象論的』物理學，主張『那些提議以微分方程式除去原子論的人們，不夠能知道森林爲樹木（一四四頁）。……如果我們不欲關于微分方程式的意義容納任何幻想；……那麼，無疑地，（微分方程式所代表的）這個世界肖像應該必然地在本質上是原子論的，即，按照一定的法則配列在三次元的「複寫」中的大量的物將要被推想爲時間的變化，這將要是一種總括的記述。這些物，固然，能夠是同樣的或相異的，是不變化的或可變化的』（一五六頁）。波爾峙滿在慕尼克（Munich）自然科學家大會演說時，說道，『現象論的物理學，只不過穿上微分方程式的衣裳，但實際上牠還是從原子的單位出發，這是十分顯明的。並且因我們必須想像着就各異的現像羣論這些單位時而具有這一性質，時而具有那一性質，更單純的和更統一的原子論將立即需要着（二二三頁）。

……電子學說發達而成爲全電氣學的原子論。』（三五七頁）『自然』的統一性，在適用到種種現象領域的微分方程式間『可驚的和遠彼的類似』裏面顯示出來。『以這些同一的方程式，我們能夠解決水力學上的問題，並表明電位的理論。波體漩渦的理論和氣體摩擦的理論顯示出對電磁氣論的理論等等之最可驚的類似。』（七頁）那些承認『普遍的代換之理論』的人們，不能避開這個問題：誰能如此統一地『代換』物理的自然呢？

波爾峙滿，好像答覆那些把自己與舊學派的物理學分別開來的人們，詳細地敍述某某『物理化學』的專門家如何採取反對馬赫主義的認識論的見地。一九〇三年（據波爾峙滿的意見）關于這個題目最好的著作之一的作家，渥卑爾（Vaubel），『對于常常被稱道的現象論的物理學採取斷然露骨的態度』（三八一頁）。『他努力於提示出原子和分子的性質及在牠們間和在牠們內活動的性質之更具體的和似可信的說明。這樣的提示適合於這個領域內最新的經驗（離子、電子、鐳、芝滿的效能〔Zeeman's effects 等等。〕作者嚴格地固持着物質與勢力的二元論（波爾峙滿願意說作者沒有企圖推想無物質的運動。在這裏談二元論是可笑的。哲學上的一元論和二元論存在于唯物論或唯心論之徹底的和不徹底的推究裏面。）主張有這個共通點，即，牠們兩者是勢力保存的法則之別樣的說明。關于物質，作者復固持着有重量的物質與以太間的二元論，却是在最嚴密的意義上，視以太爲物質的。』（三八一頁）在他的著作（電氣理論）第二卷，作者『開頭就採取這個見地，卽，電氣現象被原子的實體、卽電子、的相互作用和運動產生出來』（三八三頁）。

所以，就德國論，我們業已確證精神論者華爾德所承認為在英國的場合是的當的，卽，確證：唯實論派的物理學家與象徵論派的物理學家一樣，有效地體系化近年的事實和發見，及他們兩者間本質的相異『只』存在于相異的認識論的見地裏面。（白齊爾的著作"Philosophische Voraussetzungen der exacten Naturwissenschaften"，一九〇七年萊蒲玆出版，我在本書撰就後纔讀過牠，牠確證本節所述說的。作者接近黑姆爾日和波爾峙滿的認識論的見地，卽接近沒有究極地被推論出的『害羞的唯物論，以他的著作專來辯護並解釋物理學和化學的基礎的前提。這個辯護，自然變成與哲學上流行的馬赫主義的方向之一種鬥爭，對這個方向的反動力繼續增大（參照九一頁及其他各頁）。白齊爾精確地指明這個方向為『主觀主義的實證論』（序文三頁），並把與牠鬥爭的中心點歸約為外部的世界的『假說』之證明（第三到第七章），為『外部的世界獨立於人間知覺外的存在』（von Wahrgenommenwerden unabhängige Existenz）之證明。馬赫主義者對這個『假說』的否定，結局引導他們走到唯我論（七八到八二頁及其他各頁）。馬赫以為科學之惟一的研究對象，顯然是『感覺和感覺的綜合，不是外部的世界』（一三八頁），這樣的見解，白齊爾叫牠做『感覺一元論』，把牠與『純然意識論的方向』並為一類。這個笨的、可笑的、用語從拉丁語"Conscientia"造成的，不過指唯心論而已〔參照一五六頁〕。在同書的最後兩章上，白齊爾很妥當地比較舊的機械論的世界觀與物質之新電氣理論的『世界肖像』。〔如作者自身所述說，比較『運動彈力的』自然觀與『運動電氣的』自然觀。〕後一種的自然觀，奠基在電子說上，是向世界的統一性之知識前進一步，在世界統一性內，『物質世界的要素是電荷』〔Ladungen 二二三頁〕。『每一純然運動的自然觀，不過是說有若干運動的物，不拘牠們被叫做電子或其他別的東西；每一後來的瞬間這些物的運動狀態，被先前的瞬間牠們的運動之地位和狀態完全合法則地決定着。』〔二二五頁〕白齊爾的著作之主要的缺點，就是他完全不知道辯證法的唯物論。這層使他陷入混亂和荒謬裏面，此處却不能夠詳論這件事。〕

## 第六節　近代物理學內兩種方向和法國信仰主義

法國唯心論的哲學，一樣斷然捉牢馬赫主義的物理學之動搖。我們已論述過新批判論者如何反應馬赫的力學，他們從起頭便注意着他的哲學的根柢之唯心論的性質。法國馬赫主義者潘加爾在這一點還更爲有大效果。於是，最反動的唯心論的哲學家，有決定的信仰主義的傾向的，立卽捉牢着他的理論。這種哲學方向的代表，勒·樂義（Le Roy）主張，『科學上的眞理，是純然便宜上的記號，是僅僅象徵的。你們提出的荒謬的形而上學的要求，大旨就是你們認識客觀的實在。你們應該是論理的，與我們一致承認科學只在人類行動的一領域內有實際的意義，宗教在人類行動的另一領域內一樣有眞實的意義。「象徵論的」馬赫主義的科學，沒有權利來否定神學。」潘加爾覺着這些結論是可恥的，在他的著作科學的價值上，他特別地攻擊牠們。但我們應當注意他爲着棄絕勒・樂義式的同盟者，迫而採取的那種認識論的立場。他寫道：『他（勒・樂義）視理性爲非常無能力的，牠僅能夠對知識的其他源泉，例如對心情、情緒、本能、信仰、給與較高的地位（一一三頁）。……我不進而說，科學的法則是純然便宜的，是單單象徵的。……所以，如果科學的「處方書」是有一種當作行動之規則的價值，那麼，這是因我們知道至少牠們大體有效果。但知道這件事，就是知道一種東西；那麼，爲什麼說我們決不能知道任何東西？』（一一四頁）

潘加爾立脚在實踐的基準上。但因此他只把問題支吾開，却沒有解決牠；因爲這個基準，可以在主觀的和客觀的意義上被解釋着。勒・樂義在產業上的科學的場合，也承認這個基準；他只否認牠足以用來做客觀的眞理之基準。這樣一種否認，在他看來，對于承認與科學之主觀的眞理（即依賴人類而存在的眞理）並存的宗教之主觀的眞理，眞正開闢了一條路徑。潘加爾明白，引證實踐來駁難勒・樂義尙還不足；他進而研討科學之客觀性的問題。『科學之客觀性的基準是什麼？這恰與對于外在的客體的我們的信仰之基礎是同一的。外在的客體是實在的，因為牠們所惹起的我們的感覺對於我們顯是不因當時的機會、而因我所不知的不可破壞的黏接物、與牠們彼此互相結合一起。』（一三九頁）

這樣一種評語的作者，可以是一個偉大的物理學家，這件事，是極可惜的，但是，只有渥洛昔諾夫・尤射維齊纔會眞誠地把牠視為哲學家，這件事，也是不可爭辯的。

唯物論被說為在這樣的『理論』中被絕滅了，這樣的理論，在信仰主義的最初攻擊時逃避在唯物論的翅膀下面啊！因為，實在的對象在我們內惹起感覺，及對科學的客觀性之『信仰』等于對外部的對象的客觀的存在之『信仰』，這樣的假定，是最純然的唯物論。

『……例如，可以說以太與任何外部的物體是一樣實在的。』（一三九頁）

這句話如果從唯物論者口裏說出來，那麼，我們的馬赫主義者要如何怒號呀！關于『以太的唯物論』要下好多陳腐的諧評呀！但是最新的經驗象徵論的創始者，在稍後幾頁上宣言，『非思想的東西是純粹的「無」，因為我們只能夠思惟着思想。』（一四二頁）

潘加爾先生，你錯誤了；你的著作得到容認，這證明有能思惟『妄誕』的人們。這類人當中有馳名的混亂者喬治・蘇芮爾（George Sorel），他主張，潘加爾的著作頭兩篇論科學的價值，是以『勒・樂義的精神』撰述的，所以這兩個哲學家能夠這樣被『調和』着：確定科學與世界的一致之企圖是一種幻想；我們不應提起『科學是否能認識自然』這個問題，因爲我們所創造的科學與機構的符合是很充分的（George Sorel: "Les préoccupations metaphysiques des physiciens moderues"，一九〇七年出版，七七，八〇，八一頁）。

但是，如果只須攷察潘加爾的哲學並從牠往前研討；那麼，詳論亞博・芮的著作，是十分必要的。我們已指明過，近代物理學內兩種根本的方向，亞博・芮叫做概念論的與機械論的，可以歸約爲唯心論的認識論與唯物論的認識論之相異。我們將要察見實證論者的亞博・芮如何用一種與精神論者華爾德及唯心論者可亨和哈爾特滿所遵循的方法相殊異的方法來解決問題，即，不以利用近代物理學之哲學上的謬誤及牠向唯心論的偏倚，僅以訂正這些謬誤並證明唯心論者和信仰主義者從近代物理學推演出的結論之不當，來解決問題。

在所有亞博・芮的著作中，都可以發見他承認，信仰主義（一一，一七，二二〇，三六二頁等）、哲學的唯心論（二〇〇頁）、主觀主義（三一一頁）、以及關于理性的權利和科學的權利有疑問的懷疑論、等等利用『概念論者的』（馬赫主義的）新物理學說。所以亞博・芮止當地視『物理學家關于物理學的客觀的價值之意見』爲他的著作之中心的問題（二頁）。這種分析的結果是什麼樣的？

我們將以這個根本概念，即經驗之概念，開始。亞博・芮向我們斷言，對馬赫之主觀主義的解釋

（我們爲簡[illegible]和直[illegible]見，且把馬赫視爲亞博·芮所稱爲概念論者的學派的代表），是完全誤解馬赫的眞實的見地。十九世紀末哲學的顯著的特徵中，有『經驗批判論，經驗批判論就牠的各種色彩說日益微妙、豐富，牠最後到達信仰主義，卽到達信仰之無上——經驗批判論從前是懷疑論對抗形而上學的主張之有力的武器。這件事（經驗批判論最後達到信仰主義——譯者）發生出來，因爲字義由牠們的難覺察的漸變，徐徐地離開「經驗」的眞意義呢？實際上，如果經驗在牠的存在之條件方面被理解着，卽在使經驗更正確和更明瞭的經驗的科學之意義上被理解着；那麼，經驗便引導我們到必然和眞理』（三九八頁）。無疑地，廣義的馬赫主義不是別的東西，只是『經驗』這個字的眞實意義之曲解（這個曲解是因字義之不可覺察的漸變）啊！但是僅僅責難信仰主義者的曲解、不責難馬赫自己、的亞博·芮，訂正這個曲解麼？在這裏，他說道：『經驗的定義，就是對客體的認識。這個定義，在物理科學方面，比在其他場合爲適當些。……經驗是我們的精神沒有支配的東西，是我們的願望，我們的意志不能夠改變的東西，是被給與的（既定的——譯者），是我們自己沒有造作出的。經驗是「在主體前面」的客體。』（三一四頁）

這是亞博·芮擁護馬赫主義的一個實例呀！恩格斯以『害羞的唯物論者』這個言詞表明哲學的不可知論和現象論之最新式信奉者的特徵，他的眼光是如何樣的銳利。實證論者和熱烈的現象論者亞博·芮，是這些最新式信奉者當中一個優秀的楷模。如果經驗指『對客體的認識』，如果『經驗指在主體前面的客體』，如果經驗指『或種外部的東西存在着並必然地存在着』；那麽，牠顯然把自己歸納爲唯物論呀！亞博·芮的現象論，他的熱烈的和堅強的主張，卽除感覺外沒有東西是被給與的（既定的、存在的——譯者），他的說明，卽客觀的等于有一般妥當性的，等等，——一切這些只不過是唯物論之無花果葉，卽唯物論之無益的空言的防護物，因我們聽說：『客觀的是從外部被給與我們的，是經驗強使我們容納的；客觀的是我們所沒有造作出的，只是獨立于我們之外被造作出的和大半造作我們的。』（三二〇頁）亞博·芮在擁護『概念論』時，却破壞概念論呀！反駁馬赫主義的唯心論的結論，須把馬赫主義解釋爲『害羞的唯物論』。亞博。芮儘管承認近代物理學內兩種方向的區別，却是竭力于爲唯物論的方向以辯說抹殺一切區別。例如，關于新機械論學派，亞博·芮說牠決沒有絲毫懷疑物理學之客觀性（二三七頁）：『在這裏（卽依據這派的學說），你覺着遠離一切從其他物理學理論的見地說來爲達到這個客觀性的主張你必須遍歷的迂迴的道路。』（二三七頁）

亞博·芮所藏蓋的，在他的一切敍述中所隱蔽的，就是這個馬赫主義的『迂迴的道路』。唯物論的根本的特質，存在于這樣的事實裏面，卽，唯物論從科學的客觀性出發，從科學所反映的客觀的實在之承認出發；反之，唯心論需要這些『迂迴的』道路來用種種方法從精神或意識、從『心理的』、

『推論』出自然之客觀性。『物理學方面新機械論學派、卽流行的學派，相信外部的世界的實在。』（二二四頁）在這個學派看來，『理論欲成爲客體之相似物』（le decalque）（客體之模寫——譯者）（二三五頁）。誠然，並且新機械論學派的這個根本的特徵，不是別的東西，只是唯物論的認識論之根柢。亞博·芮對唯物論的棄絕，他的這樣的保證，卽，新機械論者也是現象論者，決不能夠削弱這個根本的事實。新機械論者（多少害羞的唯物論者）與馬赫主義者的區別是：馬赫主義者較堅決地離背那個認識論，並必然地投降于信仰主義。

把亞博·芮對于馬赫的『自然』的因果性和必然性之學說的關係攷察一下。僅僅初看起來，亞博·芮對我們保證，馬赫顯似『接近懷疑論』和『主觀主義』（七六頁）。這樣的『曖昧』（一一五頁），如果我們把整個的馬赫學說拿來攷察一下，便消失了。亞博·芮攷察他的學說全體，從熱論和感覺的分析引用一串的文句，並特別詳論熱論上專研討因果性的一章；但是他非常小心，決沒有引證一切論述當中最決定的論述，卽，沒有任何物理的必然性，只有論理的必然性，這樣的馬赫的主張啊！這樣一種說明的方法，我們只能說，牠不是在解釋馬赫，是在文飾他，是抹殺新機械論和馬赫主義的區別。亞博·芮的結論是：『馬赫繼續分析並接受休謨、彌勒和一切其他現象論者——依據他們的見解因果關係沒有任何實體性，只是一思惟的習慣——的結論。他接受現象論的根本命題，從這個命題發生出這樣一個結論，卽除感覺外任何東西都不存在着。但是馬赫以純然客觀的意義附加地說道，「科學，分析感覺，發見着感覺的恆久的和一般的要素，這些要素，縱然是抽象，却與感覺自身有相同的實在性，因爲牠們是藉感官的觀察從感覺被造作出的。並且這些恆久的和一般的要素，如勢力及其各種形態，是物理學的體系化之基礎」。』（前引書，一一七頁。）

這是說馬赫採取休謨的主觀的因果說，而以客觀的意義解釋牠呀！亞博·芮規避以指出馬赫的不徹底而爲他辯護之煩難的任務，並且使這個任務成爲幾許像這樣的說明：在經驗之實在的解釋的場合，我們被導引到『必然』。如果經驗是從外部被給與于我們的，如果自然及其法則之必然性也是從外部或從客觀上存在的自然被給與于人類的；那麼，顯然，馬赫主義與唯物論間一切的區別都消滅了。亞博·芮用這樣的方法擁護馬赫主義來對抗『新機械論』，這樣的方法就是使馬赫主義完全投降于新機械論的方法。『現象論』這個字被保留着並被擁護着，但這個學說的核心丟開了。例如，潘加爾以馬赫的精神推論出包含空間的三次元之自然法則；但這樣的推論是依據『便宜』的理由。亞博·芮慌張地『訂正道』，這不容許有任何『不決定』的地步。更有進者，在這裏『便宜』指『對客體的適合』（亞博·芮的傍點，一九六頁）。事實上，這是何等奇絕的兩學派的區別呀！何等樣的唯物論的反駁呀！……『如果潘加爾的理論在論理上以一條不可越的深淵把自己與機械論學派之實體論的解釋（卽與「理論是客體的模像」這個學說」分離開來……如果牠用來做哲學的唯心論之支柱；那麼，無論如何，在科學的基礎上，牠與古典的物理學思想之一般的發展應該一致，與視物理學爲客觀的知識之傾向，與視物理學爲如同經驗、卽經驗所從造成的感覺、一樣是客觀的知識之傾向，應該一致。」（二〇〇頁）

在一方面，我們應否認；在別一方面我們應容認。在一方面，一條不可超越的深淵把潘加爾與新機械論隔絕開，儘管潘加爾站立在馬赫的概念論與新機械論的中間；因爲潘加爾站立在牠們的中間，結局馬赫顯然是沒有被一條不可超越的深淵把他與新機械論隔絕開。在別一方面，依據抱持『機械論』的觀點的亞博·芮的見解，潘加爾與古典的物理學完全一致。在一方面，潘加爾的理論能夠用來做哲學的唯心論之一支柱，在別一方面，牠與『經驗』這個字之客觀的解釋一致。在一方面，那些惡劣的信仰主義者，藉助于不可覺察地乖離『經驗是客體』這個正確的見解之說明，曲解經驗的意義；在別一方面，經驗的客觀性僅指經驗是感覺，這個主張，柏克勒和斐希特完全同意啊！

亞博·芮陷入于混亂裏面，因他承担『調和』新物理學內唯物論派與唯心論派的對立之不可完成的任務。他企圖使那種把自己的理論看做客體的模像之物理學家的見解成爲現象論，以便從事於推倒新機械論的唯物論。（『調停人』的亞博·芮不僅隱瞞關于爭辯中的問題的唯物論的陳述，並且還棄置法國物理學家之非常重要的唯物論的主張。例如，他沒有提說亞勒弗烈·哥魯〔Alfred Cornu〕〔一九〇二年死〕這個物理學家，以對于問題之誇大的新聞記者的討論所加的輕蔑的評語，應付歐斯特瓦爾德之流對『科學的唯物論的推倒或征服』〔參看"Revue générale des sciences"，一八九五年，一〇三〇到三一頁〕。在一九〇〇年巴黎國際物理學家大會亞勒弗烈．哥魯說：『……我們愈益認識自然現象，關於世界機構之大胆的笛哈爾的見解愈益發展，愈益明確：在物理世界，除開物質和運動而外，沒有任何東西。在十九世紀末，各大發見出現以後，物理的力之統一性的問題，顯明地重被提起。我們的近代科學首領法拉第〔Faraday〕、墨克魏耳、黑爾峙〔只舉巳死的有名的物理學家〕大半注意于更精確地解釋自然，及闡明無重量的物質、宇宙勢力的基體、之性質。……笛哈爾的思想之復歸，這件事，是彰明的。』〔國際物理學大會提出的報告，一九〇〇年，第四卷，七頁。〕潘加爾在他的著作近代物理學〔"La Physique Moderne"，一九〇六年出版〕上正當地指明，十八世紀百科辭典派接受並發展這個笛哈爾的思想〔一四頁〕。但這個物理學家和亞勒弗烈．哥魯都不知道，辯證法唯物論者馬克思和恩格斯曾經如何從十八世紀機械論的唯物論之一面的性質純粹化唯物論之基礎的前提。〕

亞博．芮還試以排除概念論學派的信奉者之最特著的唯心論的主張及從害羞的唯物論的觀點解釋其餘的主張，來使這個學派的唯心論的色彩淡化。例如，對墨克魏耳和黑爾峙的微分方程式之理論的意義，亞博．芮的評價，明示他對唯物論的否認多少是虛偽的、拙劣的。在馬赫主義者看來，這些物理學家把他們的理論局限於方程式的體系方面，這件事，就是對唯物論的否認——只有方程式，沒有物質，沒有客觀的實在，只有象徵。波爾峙滿反對這個見解，他十分明瞭是反對現象論的物理學。亞博·芮反對這個見解，這在擁護現象論。他說：『我們對于墨克魏耳和黑爾峙，不能夠佛因他們把自己的理論局限於與拉革蘭治(Lagrang`)的力學的微分方程式相類似的方程式，便否認他們是「機械論者」。依據墨克魏耳和黑爾峙的見解，方程式不能防止我們從實在的要素創立機械論的電氣學說。反之，我們能以這樣一種學說表明電氣現象——這種學說的形態與古典的機械學的一般形態是同一的，這個事實，就是那個可能性的證明。』(二五二到二五三頁)『問題的現在不確定的狀態在入於方程式中的當作要素看的量之性質將成爲更正確的時候，將要多少削減。』(二五三頁)對物質的運動之這些形態和別的形態未曾研究，這件事，亞博·芮不以爲是否定運動的物質性之一理由。『物質的齊一性』不被認(二六二頁)爲一公準，只爲經驗、和科學的發達、之一結果；『物理學的對象之齊一性』現出來爲計量、和數學的計算、之可能性的條件。

對認識論的實踐標準，亞博·芮的判斷是這樣：『與懷疑論的前提相反，我們有權利說科學之實踐上的價值是從牠的理論上的價值得來的。』(三六八頁)這個懷疑論的前提，是馬赫、潘加爾和他們的學派全體所明白地採用的，這件事，亞博·芮不欲談及。……『理論的價值與實踐的價值。是客觀的價值之不可分離的和絕對平行的兩面。說自然法則有實踐的價值，就是說牠有客觀的價值……。對客體生作用，暗指客體的變更，暗指對客體的部分之反作用，這個部分與先示的豫期相合，包含在命題裏面，我們藉牠對客體生作用。』

『所以這些豫期或這個先示，包含客體和我們的行爲統制着的要素。……這樣，在這幾種理論內有一客觀的部分。』（三六八頁）這是完全的唯物論呀！一切其他認識論，特別是馬赫主義，否定客觀的，否定實踐標準獨立於人間和人類外而存在着。

結果是：儘管亞博．芮沒有從華爾德、可亨和他們的一派接觸問題的方面去接觸問題，却是他達到同一的結果，即，承認在近代物理學內兩個主要學派的分裂的根柢上存在着唯物論的觀點與唯心論的觀點之區別。

## 第七節　俄羅斯的『唯心論的物理學家』

我因在慘憺的情況下迫而撰就我的著作，差不多不能得見關于這個問題的俄羅斯的文獻。（列寧因參加革命運動被放逐到西比利亞，其後從西比利亞歸來，在歐洲各處過亡命的生活。唯物論與經驗批判論是一九〇八年在倫敦寫完的。他在大不列顛博物院能夠得着德文、英文、法文、的材料。但不能夠得到關于這個問題的一切最近的俄羅斯的文獻。列寧對于這個事情，大爲遺憾，他知道一個俄羅斯人寫來批評俄羅斯的作家之著作，曾因此有若干缺點。——編者）所以我將只攷察『黑色百人組』當中有名的哲學的會員洛巴廷（Lopatin）所寫的一篇極重要的論文（唯心論的物理學家上哲學和心理學的問題，俄文，一九〇七年九月十月號 。這個『眞正俄羅斯人同盟』在哲學的唯心論者與當代歐洲唯心論者有關係，如同比方說『俄羅斯國民同盟』與西歐反動的各黨派有關係一樣。（『眞正俄羅斯人同盟』，『俄羅斯國民同盟』，『黑色百人組』；都是極端反動的和專制主義的團體，爲對抗日盛的革命運動而組織成的。儘管牠們有代表在『國會』，卻是牠們願意國會消滅，俄皇的絕對權力恢復，俄皇的特權當中有些特權被一九〇五年的革命把牠們取消。——編者）如果我們看一看同一種類的哲學傾向如何在一般的文化和生活習慣全然不同的環境中把自己表現出來，那麼，我們更可以得到豐富的教訓。洛巴廷的論文；如法國人所說，是對于一九〇六年死去的俄國物理學家謝新（Shishkin）的頌詞。這個有學識的人？關注黑爾峙和物理學一般的，不僅是右翼民主黨員，並且還是弗拉第米·蘇洛維夫（Vladimir Soloviov）等等的哲學之有力的信仰者和崇拜者（三三九頁）。但是，洛巴廷儘管非常『注目』於哲學與警察間的事業，卻是貢獻了若干標明着唯心論的物理學家之認識論的見解的特徵之材料。他寫道：『從他不怠地、果決地、批評科學的研究方法及其慣用的假說和事實之價值來發見建設統一的完全世界之手段和材料說來，他是眞實的實證論者，就這點說，謝新是與許多同時代的學者正相反對。在這個雜誌上從前刊載的我的論文內，我常常試來顯明出科學的見解所由構成的龐雜的和往往不相合的材料。在那樣的科學的見解中，鑽入確立的事實和多少冒險的概論——這些概論在這一科學或那一科學領域中暫時被證明是便利的，又鑽入假說和科學上純然補助的虛構。並且一切這些，都被升高到充當不可爭辯的客觀的眞理之地位；依據這個眞理的見地，一切其他包含哲學的及宗教的性質之思想和信仰，在牠們不與那些被確述的眞理所表明的相一致的範圍內，應被裁判，應被棄斥。我們的極有天才的思想家，唯物論的維納斯基（V. I. Vernadsky）教授，非常明白地表示這些要求，即，以爲曾證明一定的歷史時期之科學上的見解是不可動的、一般必須的獨斷的、體系，是如何淺薄，如何不適當。對這樣一種信仰（即相信這種證明——譯者），廣汎的讀書界應負責任（洛巴廷的脚註：爲這些讀書界曾寫下許多通俗的書籍，這些書籍的任務，是在充當一册確定地解答一切問題的科學問答書 典型的著作就是畢齊勒爾的力與物質〔Force and Matter〕或海克爾的宇宙之謎〔Riddle of the Universe〕），與他們一起的自然科學的特定部門的各個科學家，也應負責任；同時，更奇怪的，就是御用的哲學家自身，也應負責任；因爲他們竭力于證明，除開各種科學的代表者從前業已說過的而外，他們沒有說及任何事件，他們只以自己的語言表述牠。」（從前說過的——譯者）

『謝新沒有任何獨斷論的偏見。他是一個自然現象之機械論的說明的熱心戰士，但他以爲這個機械論的說明，只不過是一種研究方法。』

是了，這些就是很熟鬧的鬧乎咁！『他決沒有推想機械論的理論曾經闡明研究的現象之本質；在機械論裏面，他只看見爲統一科學起見創立的最便利的、最基礎的、有效方法，及用來做實現科學的目的工具之這樣的有效方法。所以，在他看來，自然之機械論的說明與唯物論的見解決不一致。……』這在馬克思主義哲學的論集的作者看來，恰是一樣啊！『……反之，他主張，在高級種類的問題的場合，機械論的理論，應當取一種極謹慎的和極調和的態度。』

以馬赫主義者的言詞說來，這便克服了唯物論與唯心論間陳腐的和狹隘的對立之主張。『……物的起原和終結的問題、我們的精神之內的本質的問題、意志自由或靈魂不滅的問題、等等，以牠們的實際上深長的意義說，不能屬于機械論的範圍——因爲機械論的理論，當作一種研究方法看來，只限定到自然的適用之範圍和物理的經驗之事實上面。……』（三四二頁）最後二行，確然剽竊波格達諾夫的經驗一元論。

謝新在他的論文（即從機械論的觀點看見的心理的·物理的現象；哲學和心理學的問題，俄文，第一卷，一二七頁）上寫道，『光可被視爲素材、運動、電氣、感覺。』

洛巴廷把謝新算入實證論者裏面是正當的，謝新完全屬于近代物理學的馬赫主義的學派，——這兩件事，是差不多確實的。謝新，關于光的攷察，這樣說道，研究光之性質的種種方法，構成『經驗的組織化』（根據波格達諾夫的用語）之種種方法——這種種方法，從不同的觀點看來，都一樣是正當的；不然，那些研究的方法代表種種『要素的結合』（根據馬赫的用語），物理學家的學說無論如何不把光之理論視爲客觀的實在之模像。但是謝新的攷察方法極爲惡劣。他說，『光可被視爲素材、運動、……。『但在自然內，沒有無運動的素材，也沒有無素材的運動。謝新的第一『對立』，是不合理的。『光可被視爲電氣……。』電氣是一種素材的運動，所以從這裏說，謝新也錯誤了，關于光的電・磁氣論的學說，表明光與電氣是同一素材（以太）的運動形態。他結束地說道，『光可被視爲感覺』。感覺是運動的物質之模像。除由感覺而外，我們不能夠知道素材形態或運動形態之存在；感覺是被在我們的感官上發生作用的運動的物質喚起的。這是自然科學的見解呀！赤色感覺，反映這樣的以太的振動，這樣的以太的振動之周波數一秒間約等于四五〇，〇〇〇，〇〇〇，〇〇〇，〇〇〇，〇〇〇，〇〇〇。青色感覺，反映這樣的以太的振動，這樣的以太的振動之周波數一秒間約等于六二〇，〇〇〇，〇〇〇，〇〇〇，〇〇〇，〇〇〇，〇〇〇。以太的振動獨立于我們的視覺外而存在着。我們的視覺，依存于在我們的視官上以太的振動作用。我們的感覺，反映客觀的實在，即反映獨立于人類和人間感覺外存在着的一種東西。這是自然科學的見解呀！謝新的反對唯物論的攷察，是最無價值的詭辯。

## 第八節　唯心論的物理學的本質和意義

我們業已論述，近代物理學引起的認識論的問題，曾在英國、德國、法國、的文獻上，從各種見地討論過。無疑地，在我們面前，有一種國際的觀念上的潮流，這個潮流，不依存於這一哲學的體系或那一哲學的體系，只是在哲學以外的某某一般原因的結果。上述的事實之概觀，無疑地顯示馬赫主義與近代物理學『相關聯着』，但同時也顯示我們的馬赫主　者所廣佈的這個關聯的思想是根本上不正確的。在物理學上，如在哲學上一樣，馬赫主義者奴隸般追從時尚，不能夠從他們自己主張的馬赫主義的見地概括地觀測並評判物理學內周知的當代的潮流。

一切以為馬赫的哲學是『二十世紀自然科學的哲學』和『最新科學的實證論』等等（波格達諾夫在感覺的分析的序文一〇頁、一二頁上這樣說過；參照尤謝維齊、伐論體諾夫及他們一派的言論）的說話，顯然有兩重的錯誤。第一，馬赫主義只與近代科學的一派觀念地結合着。第二，並且主要的，就是：結合馬赫主義與這一學派的，不是把馬赫主義從唯心論的哲學之一切其他的傾向和偏僻的體系分離開來的東西，只是與唯心論一般所共有的東西。為着明白理解這個說明的真相，我們只須看一看討論中的觀念上的潮流全體。拿這派的物理學家，德國人馬赫、法國人潘加爾、比利時人杜衡、英國人皮爾孫來講一講。他們有許多共通點；如他們所正當地承認，他們立在同一的基礎上並走着同一的方向。但是經驗批判論的學說一般，及特別關于『世界要素』的馬赫的信仰，都與這個共通點沒有關涉。這些學說，是潘加爾、杜衡和皮爾孫所完全不知道的。他們所有的惟一的共通點，是哲學的唯心論，他們無例外都多少意識地、多少決定地、傾向於牠。你們且轉而攷察這些哲學家，這些哲學家將自己的學派的根據，建置在這個新物理學的學派上，並努力於確立牠的（這個學派——譯者）認識論的基礎，發展牠的結論；在這裏你們將要再看見除開惟一的經驗批判論者波格達諾夫而外，尚有內在論者、馬赫的徒弟、法國新批判論者和唯心論者、英國精神論者、俄羅斯人洛巴廷。他們只有一共通點，卽，他們都多少意識地、多少決定地、擁護唯心論，不問牠急激地、露骨地、轉向牠的潛伏的信仰主義，不問有對于牠的個人的嫌惡（例如在波格達諾夫的場合）。

我們已分析的新物理學的學派之根本的思想，就是否定或懷疑在我們的感覺內被給與于我們的、及在我們的科學的理論內反映着的客觀的實在。在這一點，這個學派與唯物論（不正確地叫做唯實論、新機械論、物質運動論，牠們當中沒有一種曾被物理學家意識地發展開去）相分離。與那種爲一般所承認的，流行于物理學家之間的哲學相分離。於是牠把牠的出發點，當作『唯心論的物理學』的一學派。

爲着說明這個奇怪的用語，必須回顧新哲學和新自然科學的歷史中的一段插話。一八六六年，費爾巴赫攻擊新生理學的有名的創始人約翰・慕勒爾（Gohannes Müller），把他名爲『生理學的唯心論者』（"Werke", 第十卷，一九七頁）。這個生理學家的唯心論存在于這樣的事實裏面，即，一方面他研究在感覺關係上我們的感官的機構的意義——例如指明光之感覺是被影響於眼的特種勢力惹起的，別一方面他傾向于據此斷言我們的感覺不具客觀的實在之模象。費爾巴赫極適切地認這個傾向爲『生理學的唯心論』的一傾向，爲生理學上某某發見之唯心論的說明的一傾向。生理學與唯心論（大率康德派的唯心論）的關聯，已久被反動哲學所利用。郎治爲着康德主義的唯心論，利用這些生理學的材料來反駁唯物論。並且在內在論者（波格達諾夫不正確地把他們算入在馬赫與康德的中間的戰鬥行列裏面）當中，倫克在一八八二年特別出陣來反對關于生理學的臆斷的確證康德主義所提出的無稽的要求（Johannes Rehmke: "Philosophie und Kantiasnismus", 一八八二年愛森納赫〔Eisenach〕出版，一五和以下各頁）。當時許多大生理學家傾向于唯心論和康德主義，與今日許多大物理學家傾向于唯心論，同是不可爭辯的事實。『物理學的』唯心論，即十九世紀和二十世紀初物理學家的某一學派的唯心論，與郎治和『生理學的』唯心論者，一樣『反駁』唯物論，建立唯心論——或經驗批判論——與自然科學的關係。在自然科學的一部門內，自然科學的一學派偶然表現出的對反動哲學的偏向，是自然科學的歷史上一疾病的時期中暫時的復發，——是確立的舊思想之急激的崩壞惹起的發育病之結果。

上文已指示過，近代『物理學的』唯心論與近代物理學的危機之關聯，是各方面一般承認的。亞博・芮，與其說他的心目中有懷疑論者，勿寧說有信仰主義的公然信奉者，他像博倫勒迪爾（Brünetiere）一樣，寫道：『對近代物理學之懷疑論的批評的議論，根本上能夠被歸約爲一切懷疑論者的一般的議論——即能夠被歸約爲〔物理學家間〕意見的相異。』但是這些相異『沒有反證物理學的客觀性。在物理學的歷史上，如在任何其他歷史上一樣，人能區劃出牠的理論的某一形態和一般性質所表明的大時期。……一種發見，影響于物理學的一切範圍的，確立迄至當時未知的或未被重視的根本事實的，在牠被完成時，物理學的全部景象被變更，一個新時期開始。在紐登的發見後，在汝耳麥爾（Joule•Meyer）和加洛克洛蘇（Carnot-Clausius）後，是這般樣的。……顯然，（鐳等）放射能的發見，也有同一的結果。……歷史家，能夠以必要的距離觀察事象的，將易辨識出進化的連續，這樣的進化的連續，我們的同時代的人，只看見牠是各種學派的衝突、對立和分裂。近年物理學經歷的危機，似屬于同一的範疇（儘管有哲學的批判論從這個危機推演出的結論）。這是偉大的新發見喚起的標準的自然發育上的危機。這個危機，將要引致物理學的改造，這件事，差不多是無疑義的；沒有危

機，决不能夠有發達和進步，但牠確然不會變更科學的精神。』（三七〇到三七二頁）

調停者的亞博·芮；努力于團結近代物理學的一切學派來對抗信仰主義啊！這個錯誤，是善意的，但實是一個錯誤；因爲馬赫、潘加爾、皮爾孫對唯心論（只是一精緻的信仰主義）的偏向，是决不可爭辯的事實。並且這個物理學的客觀性，與信仰主義的精神對立的，是科學的精神的根柢，亞博·芮所如此熱誠地擁護的，不是別的東西，只是唯物論的『害羞的』公式。物理學之根本的唯物論的精神，當作近代自然科學全體的這樣的精神看的，將要克服一切種類的危機，如果出現『形而上學的唯物論必然地轉變爲辯證法唯物論』這件事。

調停者的亞博·芮，極靜默地看過這個事實，即，近代物理學的危機存在于『牠對於自己的理論之客觀的價値未明白地、决定地、確實地、承認』這件事裏面。但事實比他的一切調停的企圖有力。亞博·芮寫道，『一種科學，牠的對象，至少外觀上被科學家的心所創作、或至少牠的具體的現象未被參入研究中，這樣的科學，數學家習于研討牠；他們把數學的一般的理論應用到物理學上，以此表明出物理學的抽象的概念，並努力于把物理學化爲數學。……一切實驗家都排斥數學的精神侵入判斷並理解物理學的方法當中。並且關于物理學的客觀性的不定的和猶豫的思想，以及客觀性所由被達到的迂迴的道路和爲證明牠須克服的障礙，三者不是因那種侵入的影響——這種影響，雖被隱蔽，仍然

有力——而發生呢？……』（二二七頁）

這話很貼切。物理學的客觀性的問題中的『猶豫的思想』——這裏存在着流行的『唯心論的物理學』的本質。

『……數學之抽象的假構，像似在物理的實在與數學家理解這個科學（這個實在——譯者）的方法間，建築了一道牆壁。他們曖昧地覺着物理學的客觀性。……他們，在從事研究物理學時，不希求別的，只希求是客觀的；他們努力於立脚在實在上，但是他們的舊習慣發展自己的力量。所以勢力論，欲以比舊機械論的物理學所用以建造世界的假說更少的假說建造世界，並滿意於模寫感覺的世界而不再造這個世界的，在達到並包含牠的最近科學理論的進展中，我們常須攷察數學家的理論。……數學家曾竭力拯救物理學的客觀性，因為他們很理解，沒有客觀性，決不能談及物理學。……但是他們的理論的複雜，他們的迂迴的方法，使人感覺不快。他們是太人工、太附會、太虛構，實驗家沒有覺得由不斷地與物理的實在相接觸引起的對他們的本能的信賴。這是一切物理學家，即原來就是物理學家的人們和絕對是物理學家的人們，所根本地斷言的；這是新機械論學派全體所斷言的。……物理學的危機，因數學精神的透入，曾被增劇。一方面十九世紀物理學的進步，別一方面數學的進步，使這兩種科學密切地結合着。……理論的物理學成為數學的物理學。于是形式物理學的時期開始，即數學的物理學的時期開始，數學的物理學成爲純粹數學的，不是物理學的一部門之數學的物理學，只是數學的一部門之數學的物理學。在這樣的新情勢下，數學家因習于使概念的（純粹論理的）要素構成他的研究的惟一材料，覺得自己在粗硬的物質的要素前被拘束着，這些要素，他發見不是很柔軟能以形式地把牠們分析起來。所以他不得不從這些物質的要素儘可能地抽象，並且願意假定牠們爲全非物質的、純然論理的，甚或完全忽視牠們。實在的、客觀的、資料之要素，即物理的要素之要素，完全消滅。只殘存着微分方程式所代表的形式的關係。……如果數學家沒有被自己建設的工事欺騙，那麽，他將能夠尋見理論的物理學與實際的經驗之關聯；但是無學識的人，一見之下，以爲這個物事（數學家的工事——譯者）全部是隨意的理論的構造。……概念，觀念，隨處替代實在的要素。……這樣，物理學的疾病、危機及其外形上與客觀的事實之隔離，因理論的物理學容受的數學的形態，在歷史上被說明着。」（二二八到二三二頁）

這是『唯心論的物理學』的第一原因。被提出的反動的主張，實在是科學的進步之結果。自然科學的偉大成功，即牠的一樣的和單純的物質要素——這些物質要素的運動法則服從數學的公式——之發見，使物質被數學家忘懷。『物質消滅』，惟有方程式殘存着。在新的發展階段並好像用新的方法，我們得到這個舊的康德主義的觀念：即，理性命令自然的法則。我們已說明過，可享很喜悅新物理學的唯心論的精神，他甚至進而主張將高等數學編入中學的課程，來把現在唯物論的時代恐被滅絕的唯心論之精神灌入中學生的腦筋內(A. Lange:"Geschichte des Materialismus",第五版，一八九六年，序文四九頁)。固然，這是反動者的可笑的夢想，並且除極少數專門家對唯心論迷戀而外，唯心論實際不是任何有價值的東西，也不能夠是任何有價值的東西。但最爲特著的事件就是：這些唯心論的溺者如何攀草求救，有學識的資產階級的代表以如何的狡猾人爲地謀護持信仰主義並欲爲信仰主義覓得一地盤，信仰主義在下層民衆的根據是因他們的愚昧無知，因資本主義的社會之不合理和劇烈的矛盾。

唯心論的物理學的另一原因，是相對主義的原理，即科學的相對性；這個原理，在舊理論之急激的崩壞時期，以特殊的力量逼迫物理學家，並因他們不知辯證法被引導到唯心論的方向。

相對主義與辯證法的關係之問題，關于說明馬赫主義的理論上的不幸，極爲重要。例如，在這個場合有亞博·芮，亞博·芮，像其餘的歐洲實證論者一樣，決不知道馬克思主義的辯證法。他完全在唯心論的思辨的意義上使用辯證法這個字。所以，他在覺得新物理學困惑在相對主義的問題裏面時，絕望地輾轉於謀區別適度的相對主義與極端的相對主義。固然，『極端的相對主義鄰接理論上眞實的懷疑論，如果不是鄰接實踐上眞實的懷疑論』(二一五頁)但是，如你們所察見，就潘加爾說，沒有『極端的』相對主義。人以爲，僅僅以藥衡秤的一撮相對主義附加到一塊雜糅物上面，馬赫主義的立場不能夠被改善啊！

理論上設定相對主義的問題之惟一正確的方法，被馬克思和恩格斯的辯證法唯物論表明過。不知辯證法唯物論，必然從相對主義被引導到唯心論的方向。白爾曼因不理解這件事，他的小書，從近代認識論的立場看見的辯證法（俄文），以此毫無價値。白爾曼，關于他完全不理解的辯證法的哲學，重複地述說陳舊的囈語。我們已察見過，一切馬赫主義者，在每一步驟，暴露出對認識論之同樣的無知。

物理學上的一切舊眞理，包含視爲最堅固地確立的和不可爭辯的眞理在內，曾經被證明是相對的眞理，這是說沒有『獨立于人類外的客觀的眞理』這樣的東西。這個判斷，不僅馬赫主義的信奉者，並且唯心論的物理學的擁護者一般，都確信牠。絕對的眞理，在相對的眞理的發展程途中，從相對的眞理成立；相對的眞理，代表獨立于人類外存在着的客體之近似的模寫；這些模寫，不絕地接近眞理；在每一科學的眞理內，不拘這個眞理的相對性，都有絕對的眞理之一要素——一切這些命題，在曾經熟讀恩格斯的反笛靈格論的人們看來，是自明的命題，但對于『近代』認識論還是嚴密封固的東西。

馬赫特別推奬的杜衡之著作（P. Duhen. "La théorie physique, son objet et sa structure"，一九〇六年巴黎出版），或斯他洛（Stallo）的著作（J. B. Stallo: "The Concepts and Theories of Physics"，一

八八二年倫敦出版），極明白地表示這些『唯心論的物理學家』最重視我們的科學之相對性的假定，並多半在唯心論與辯證法唯物論間徘徊着。這兩個作家，雖屬于不同的時代並於相異的觀點接觸問題（杜衡是專門的物理學家，在物理學方面，他有二十年的研究；斯他洛，先前是熱烈的黑格爾主義者，其後摒棄（在一八四八年出版的）關于自然哲學他以舊黑格爾的精神所撰述的著作），却都最精悍地攻擊自然之原子·機械論的見解。他們確證這樣一種見解的狹隘的性質，主張把牠認爲我們的知識的限界是不可能的，並指出關于物理學固持着這樣的見解的許多著述家之陳腐的、硬化的、學說。舊唯物論當中這種缺陷，是不能否認的；牠對一切科學理論的相對性未能辨識，對辯證法的無知，對機械論的見地之過大的評價——這些是恩格斯非難初期唯物論的說話。但恩格斯不是像斯他洛，他能夠棄掉黑格爾的唯心論；並還保留着黑格爾的辯證法內健全的慧識之核心。恩格斯爲着辯證法唯物論；不是爲着協助主觀主義的相對論，拒斥舊形而上學的唯物論。斯他洛說道：『機械論的學說與一切形而上學的理論一起，把部分的、理想上的、（可以是）純然便宜上的，屬性羣或個個的屬性本質化；並把牠們視爲客觀的實在之種類。』（一五〇頁）這是很對的，如果你承認客觀的實在之原來的事實，並攻擊與辯證法相反的形而上學。這一點，斯他洛沒有把牠顯明出來。他決沒有理解唯物論的辯證法，以此從相對主義陷入主觀主義和唯心論裏面。

說到杜衡，也是一樣。杜衡費莫大的勞力，從物理學的歷史，引據的許多有趣的和有價值的實例（這樣一種研究，在馬赫的場合八們也屢看見）來證明，『一切物理學的法則，都是一時的和相對的，因爲牠們是近似的。』（二八〇頁）這個馬克思主義者在誦讀關于這個問題的長的論文時，想到，是了，他正努力於強迫通過一道開放着的門。但杜衡、斯他洛和潘加爾的不幸，是：他們沒有看見辯證法唯物論業已打開這道門。所以，他們因不能夠正確地說明相對主義，陷入于唯心論裏面。杜衡寫道，『嚴密地說來，物理學的法則既不是正確的，也不是錯誤的，只是近似的。』（二七二頁）在『只是』這個字裏面，已潛伏着誤謬的萌芽。牠也標識出，『在近似地模寫客體、卽接近客觀的眞理、之科學的理論與任意的、幻想的、純然便宜上的、理論例如宗教的理論和統系化的將棋規則間』的境界線之試行滅除的發端。

杜衡的錯誤很大，他主張『「物質的實在」是否與感覺相照應』這個問題是形而上學的（一〇頁）。廢棄關于『實在』的一切問題；我們的觀念和假說是單單的象徵、『任意的』（二七頁）構造、等等。從此到唯心論，到杜衡以眞正康德主義的精神教說的『信仰者的物理學』，只須走一步（參照亞博・芮的著作，一六二頁；還參照一六〇頁）。温厚的亞德勒爾（佛里日），也是一個自稱爲馬克思主義者的馬赫主義者，不過提出這樣的『修正』：卽，杜衡排除『隱匿在現象背後的實在的觀念，這個實在只當作理論的對象，沒有視爲實在的對象』（杜衡的德文譯本的讀者註解，一九〇八年萊蒲茲[illegible]版）。這從休謨和柏克勒的觀點提出的熟知的康德主義的批判。

固然，不能說杜衡自己明白自己是一個康德主義者。他如馬赫一樣，僅僅徘徊着，不知道如何維護他的相對主義。在許多地方，他很密切地接近辯證法唯物論。他說，我們知道音響，因爲『牠在牠與我們的關係上面存在着，不是因爲牠存在于自體之內，即發出音響的物體之內。這個實在，我們的感覺，只顯露出牠的外部的、虛浮的、作用，牠能夠使我們設定音影學的理論。音響學的理論教示我們，在我們的知覺記錄着我們叫做音響的作用的場合，實際上存在着急速的、定期的、震動（七頁）。物體不是感覺的象徵，感覺倒是物體的象徵（較切適地說來倒是物體的模像）。物理學的發展，惹起不斷地獻出新材料的自然與不斷地企圖認識牠的理性間的連續的鬥爭』（三二頁）；自然是無限的，牠的小最的部分，電子，也是無限的；理性從事於無限地變化『物之本體』爲『我們的物』。『實在與物理學的法則間的鬥爭，將要無限地延續着；每有一個物理學將設定的法則，遲早實在便將以難說明的事實嚴酷地反駁牠；但是物理學將要繼續地改善、變更、修正、被反駁的法則。』（二九〇頁）這會充分地闡明辯證法唯物論，如果作者堅定地固持着獨立於人類外存在着的實在之概念。『……物理學的理論，不是純然人爲的體系，今日便利，明日無用；牠是日益適合于自然的分類，是實驗的方法不

能覿面的實在之日益明瞭的反映。』（四四五頁）

這個馬赫主義者，杜衡，以最後的這一句送媚給康德主義的唯心論；他以爲好像除開『實驗的』方法以外尚爲另一方法開闢了一條道路，好像我們不能直接地、面對面地、認識『物之本體』。但是物理學的理論如果是日益適合自然的，那麼，這個理論反映的『實在』和『自然』獨立于我們的意識外而存在着——這正是辯證法唯物論的見解。

一句話說來，今日『物理學的』唯心論，恰像昨日生理學的唯心論一樣，僅僅指在自然科學的一部門內自然科學家的一學派降落爲反動哲學，不能夠直接高出形而上學的唯物論之上，達到辯證法的唯物論。（有名的化學家威廉·拉姆則（William Ramsay）說：『我曾經屢被質問：「電氣不是一種震動呢？無線電報如何能以小微分子或微粒的移轉說明牠呢？」牠的答覆是：「電氣是一物，是這些小的微粒；但是當牠們從任何東西飛去時，像光波一樣的波動就由以太傳播，這個波動是被無線電報利用着啊！」。』（William Ramsay: "Essays, Biographical and Chemical", 一九〇八年出版，一二六頁。）威廉·拉姆則談述鐳變化爲氦後，說道：『至少一個所謂元素不復能被視爲究極的物質，但牠自己正經受「物質」的單純形態之變化。』（一六〇頁）『陰電氣是「物質」的一特殊的形態。這在今日差不多是確實的；陽電氣是被取去陰電氣的物質——即，減除這個電氣的物質。』（一七六頁）

『然而電氣是什麼？從前，人們常以爲有兩種電氣，一種叫做陽電氣，另一種叫做陰電氣。當時固不能答覆那個問題。但是近時的研究證明，所常被叫做陰電氣，恐怕實在是一實體。事實上，牠的微分子的相對重量，已被測定；每一微分子，約爲「水素」的一原子之質量的七百分之一。……電氣的原子，名叫「電子」。』〔一九六頁〕如果我們的馬赫主義者關于哲學的題目寫書和論文時，有思攷的能力；那麼，他們會懂得『物質已消滅』、『物質能被還元爲電氣』、等等的說明、只是這種眞理之無意義的認識論上的說明，這種眞理就是：科學已有成功地發見物質的新形態，物質運動的新形態，已有成功地把舊形態和熟知的形態還元爲新形態。〕近代物理學已開始這個超越形而上學的唯物論來達到辯證法唯物論的工作，並且將要繼續從事這個工作；但牠不是直接地、只是由蛇行的進步，不是意識地、只是本能地，不是因明白地知道牠的最終鵠的、只是因繼續日益接近這個鵠的，由摸索、徘徊、甚至退後，達到這個惟一眞正的方法和自然科學的惟一眞正哲學。近代物理學是在坐蓐的狀態中：牠正產出辯證法唯物論。分娩是痛苦的。除養下一個活物外，牠必然地帶出一些死的產物，即一些廢物，應遣送到牠們所屬的地方去的。『唯心論的物理學』整個學派、經驗批判論的哲學全部、以及經驗象徵論、經驗一元論、等等，都屬于這樣的廢物的範疇。

# 第六章　經驗批判論和史的唯物論

前面已論述過，俄羅斯馬赫主義者分為兩個營壘：齊爾諾夫和俄羅斯的富（"Russkoye Bogatstvo"，是一個俄羅斯的月刊，從一八八〇年到一九一四年在聖彼得堡發行的，有國民社會主義者的傾向之急進的知識分子的機關雜誌。）之協力者，在哲學和歷史上，是真正徹底反對辯證法唯物論的人們。其他一團馬赫主義者，我們更為關心，他們把自己叫做馬克思主義者，努力以種種方法向讀者保證馬赫主義與馬克思和恩格斯之史的唯物論一致。但這些保證不過留存着只是保證罷了，因為沒有一個欲被視為馬克思主義者的馬赫主義者曾經些微努力以綱要的形式說明社會科學的領域內經驗批判論的建設者的實際傾向。這個問題，我們將簡截地攷察一下，首先研討在有關聯的文獻上發見的德國經驗批判論的言論，然後進而研討他們的俄羅斯的弟子的言論。

## 第一節　德國經驗批判論者向着社會科學領域的進擊

一八九五年，阿芬納留斯還活着的時候，在他主編的哲學雜誌上，刊載了他的弟子博萊(F. Blei)

撰著的一篇論文，題名爲國民經濟學的形而上學（"Vierteljahrsschrift für Wissenschaftliche Philosophie". 一八九五年，第十九卷，三七八到三九〇頁）。既然一切經驗批判論的建設者不僅曾攻擊明白的、意識的、唯物論之『形而上學』，並且還攻擊本能地一樣固持着唯物論的認識論的觀點的自然科學之『形而上學』；以他們的弟子便從事于攻擊政治經濟學的形而上學。這個戰爭是向政治經濟學的各種學派而實行的，但是現在我們只注意經驗批判論對馬克思和恩格斯的學派的議論之特質。

博萊寫道，『現在研究的目的，是在于表明：近代政治經濟學全部，在牠對經濟生活的現象之說明上，以形而上學的假定生出作用；牠從牠的主題之「自然」推演出「經濟」的「法則」，在這裏，人類在他對這樣的「法則」之關係上，出現爲或種偶然的東西。……政治經濟學及其一切近代的理論，奠基在形而上學之上，一切牠的理論，是非生物學的，所以是非科學的，以此就認識說，沒有價值。……理論家不知道他們樹立他們的理論在什麼基礎之上，不知道這些理論的果實是從什麼土地產生出來。他們自以爲，是不要任何假定而工作的唯實論者，因爲他們在想像上研攷「冷靜的」、「實際的」、「可觸知的」、經濟現象。他們都有與生理學上許多傾向密近地類似的傾向，這些類似被視爲同一的父母（形而上學和思辨）之孩子（卽，在我們的場合的生理學家和經濟學家）的血親的特徵。經濟學家當中的一學派，分析「政治經濟學」的「現象」（阿芬納留斯和他的一派，對通常的言詞加上引用符，好像這暗示他們這般眞正哲學家看穿對于未被「認識論的分析」所精練的言詞的這樣俗鄙的使用之本質地「形而上學的性質」」，沒有把牠放置在個人的行爲所顯示的活動狀况的關係裏面：生理學家在他們的研究中，除却個人的行爲，視牠爲「靈魂的作用」；同時，這樣的方面的經濟學家，說明個人的行爲在牠對「內在的經濟法則」之關係上是可以忽視的（三七八到三七九頁）。在馬克思方面，理論從這些推演的過程進步到經濟的法則，儘管這些法則被假定在生命系列的最初的時期已存在着，而經濟過程在最後的時期始發生出來。……政治經濟學被經濟學家變化爲超越的範疇，在這個範疇內，他們發見「資本」、「勞力」、「地租」、「工資」、「利潤」、的法則。人類也被他們變化爲「資本家」、「勞動家」、等等、的柏拉圖流的概念。社會主義對「資本家賦予利潤慾」的特性；自由主義對勞動家賦予「放恣慾」的特性；兩種法則都被說明爲「資本作用的法則」的結局。」（三八一到三八二頁）

「馬克思以社會主義的世界觀，着手研究法國社會主義和政治經濟學，他的目的，是在爲這個世界觀供給理論的基礎來「確保」牠的創始的價值。」

「馬克思從里嘉圖（Ricardo）那裏發見價值的法則，……但法國社會主義者從里嘉圖推演出的結論，不能夠使馬克思對于確保創始的價值之努力得到滿足，這個價值，因不平等地分配着，曾惹起生活的相異。——那些結論，業已形成當作「對勞動者的掠奪之憤激」情形看的他的創始價值概念當中一構成的部分。牠們曾被駁擊，視爲「在經濟的意義上是形式地不眞確的」，因爲牠們單單是「道德對政治經濟學的適用」。但是在形式的經濟的意義上是不眞確的，那件事，在歷史的意義上却可以是眞確的。如果羣衆的道德意識宣言或種經濟的事實是不正當的，那麽，這證明這個事實自身已衰老了，其他經濟的事實業已現出來，因此這個事實不能維持，失却了根據。所以在形式的經濟的不正背後，「可以潛伏」眞實的經濟內容。』（恩格斯對哲學的貧困的序文）

博萊繼續從恩格斯引證：『在上述的引用文內，特在這裏使我們感興味的依存的系列之中間的部分，被取去了（'abgehoben'——阿芬納留斯的術語，指「達到意識」）。在「經濟的事實」可以隱伏在「不正的道德意識」背後的這個「認識」之後，接着就是最後的部分（Finalabschnitt: 馬克思的理論是這個供述，即E、價值，即通過三階段，即頭首、中間、最後、三部分，的生活的相異），即「經濟的事實」之「意識」。或者，換些話說來，現在的任務，是在「再發見」創始的價值，即再發見「確保」這個創始的價值之「經濟的事實」當中的世界觀。依存的系列的這個一定的變化，業已包含馬克思主義的形而上學，不問所被「認識」的是否出現在最後的部分之中。因此，當作一個獨立的E、價值看的、即當作「絕對的眞理」看的、社會主義的世界觀，藉馬克思的經濟學體系和唯物論的歷史理論，奠基在「特殊的」認識論上。依據剩餘價值的概念，馬克思的理論中的「主觀上眞實的東西」，在「經濟的範疇」之認識論中，發見牠的「客觀的眞理性」。——所以創始的價值之確保是成就了，並且形而上學以增補的途徑被認識的批判所制服了。』（三八三到三八六頁）

我們如此詳細地引述這個極愚蠢地卑劣的言詞上的幻術，即在阿芬納留斯式的術語的化裝下這個準博識的小丑的滑稽戲，讀者恐怕要嫌惡罷。但是，想要知道敵人，必須走進敵人的境地。阿芬納留斯的哲學雜誌，是馬克思主義者所要冒險走進的眞實的敵地。我們請讀者暫時克制他對資產階級的科學方面的小丑之合理的嫌惡，並分析阿芬納留斯的弟子和協力者的議論。

第一議論：馬克思是一個『形而上學者』，他沒有把握着認識論的『概念的批判』，他沒有精細地研究一般的認識論。他偸竊地把唯物論引入他的『特別的認識論』裏面。

在博萊的議論中，沒有任何東西是獨創的。我們已述說過數百囘，一切經驗批判論的建設者和一切俄羅斯馬赫主義者，都非難唯物論是『形而上學』，即，他們重述康德主義者、休謨主義者和唯心論者對唯物論的『形而上學』的印版式的議論。

第二議論：馬克思主義，與自然科學（生理學）一樣，都是『形而上學』。博萊對於這個議論，不是應該負『責任』的人。較切適地說來，馬赫和阿芬納留斯應該負責任，因爲他們對『自然科學的形而上學」宣戰，把（依據他們自己的供認和略微通曉問題的人們之判斷）最大多數的自然科學家所固持的本能地・唯物論的認識論，叫做「自然科學的形而上學」。

第三議論：馬克思主義主張「個性」是可以忽視的東西，是偶然的從屬於某某「內在的經濟法則」；牠顯然對直接所給與的東西不加分析。這個議論，完全重述經驗批判論的「原理同位」的思想，即阿芬納留斯的理論當中一套唯心論的廢話。博萊完全是對的，在他這樣述說時：在馬克思和恩格斯的理論當中找不出這種唯心論的混亂之些微的痕跡，從這樣混亂的觀點說人應該在開頭就對馬克思主義完全排斥牠的最根本的哲學的前提。

第四議論：馬克思的理論是「非生物學的」，是免除了構成反動教授阿芬納留斯的「科學」之「生活的相異」和類似的搗亂的生物學的術語。從馬赫的觀點說，博萊的議論是正當的，因爲隔離馬克思的理論與阿芬納留斯的「生物學的」遊戲之深淵，事實上是非常顯明的。我們將要察見那些非常欲被稱爲馬克思主義者的俄羅斯馬赫主義者在事實上追踪着博萊。

第五議論：說到馬克思理論的偏執和他的有成見的解決。經驗批判論全部，不獨博萊那個牌子的經驗批判論，都僭稱在哲學和社會科學方面是不偏不黨的；牠們也不膠執社會主義，也不固持自由主義。牠們的工作，不是在顯明唯物論的哲學與唯心論的哲學間根本的、不可調和的、差別，而是在努力於超出牠們兩者之上。我們已追跡着在許多討論認識論的問題方面的這種馬赫主義的傾向；在社會學方面我們遇逢着這種傾向，這是不應當驚詫的。

第六議論：對『客觀的』眞理之嘲弄。博萊立刻、並很正當地、覺得，史的唯物論和馬克思的經濟學說全部，徹頭徹尾地承認客觀的眞理。博萊正當地表白馬赫和阿芬納留斯的教義的傾向；在他從開始全因馬克思主義著重客觀的眞理之思想而排斥馬克思主義時，在他一下便宣言馬克思主義的學說的背後除馬克思的『主觀的』見解以外實際上沒有任何別的東西時。

並且，如果我們的馬赫主義者拋棄博萊（他們確將這樣），那麼，我們將要告訴他們：『你們不應該責難鏡子，如果鏡子顯出一副歪面孔。』博萊是鏡子，這面鏡子忠實地反映着經驗批判論的根本的傾向；可能有的馬赫主義者的否認只將證明他們結合馬克思與阿芬納留斯之善良的意圖和不合理的折衷主義的努力。

我們將要從博萊進而論述培蘇德。如果博萊僅是一個學徒，那麼，這樣一個有名的經驗批判論者，尤謝維齊，却宜稱培蘇德是『先生之一』。如果博萊直接提起馬克思主義的問題，那麼這個未謙遜地注目于馬克思和恩格斯的培蘇德，便在社會學方面闡明經驗批判論的積極的見解，以此提供出拿他們與馬克思主義來比較的機會。

培蘇德的著作純粹經驗的哲學入門的第二卷，標題爲『到恆常的東西的道路』。作者把恆常的傾向作爲他的研究的基礎。他說：『人類之最後的、恆常的、狀態，就牠的主要點說，在牠的形式方面能把牠顯露出來。這樣，我們獲得倫理學、美學、和形式的認識論、的基礎。』（序文三頁）『人類的發展在自身內有牠的目標』；牠傾向於『完全的恆常狀態』（六〇頁）。對這事件的表徵，是夥多的、各樣的。例如，多數熱心的急進主義者的見識與年齡俱長，他們達到情緒的平靜之一階段，這兩件事不是眞實的呢？誠然，這樣『早熟的安定』（六二頁）是俗物的特性。但俗物不是由『密集的多數』而作成呢（六二頁）？

我們的哲學家的結論是：『一切我們的思惟和創造的活動之根本的特徵，就是恆常。』（七二頁）說明如下：『許多人看見壁上排的畫歪曲或棹子上的鍵斜置着，便不能忍。這樣的人，不必然是道學先生。他們有一種感想，以爲或種東西不是整然有序。』（七二頁，培蘇德的傍點。）換一句話說來，『安定的傾向，就是向究極的、性質上最後的、狀態之努力。』（七三頁）一切這些都是從第二卷第五章，題名爲『安定之心理的傾向』的，引錄下來。這個傾向的確證，事實上，是最有力的啊！例如，『在根源的、空間的、意義上達到極點、最高點、的衝動，在喜爬上山的人們方面表現出自己。常常驅使他們這樣做的，不是觀看遙遠的景色之欲求，不是因登山入於廣闊的天空和淸鮮的空氣中可以得到的身體鍛鍊之快活，只是追求曾從事的活動的方向直待達到自然的目的時之貪慕，這個貪慕是每個有機體所深深濡染着的。』（七三頁）還有一個例子：爲着完成郵票的蒐集，人們付出何等巨的金錢呀！『人們一看郵票商的價格表，便呆然若失。……然而任何東西，沒有能夠比這個安定的衝動更爲自然的和更爲想像上可以得到的。』（七四頁）

哲學上未受教育的人們，不能理解安定的原理和思惟經濟的全意義。培蘇德爲愚人詳明地展開他的『理論』。他在第二十八節說，『同情是對恆常的狀態之直接的欲求之表現。……同情不是觀察的苦惱之反覆，複製，只是因這個苦惱所生的苦惱。……同情的直接性，應大大地被着重。如果我們承認牠，那麼，我們就容認別人的幸福如同一個人自己的幸福一樣都能眞正地、自然地、使這一個人關心。這樣我們排棄道德之一切功利主義的和快樂主義的基礎。人性，正因他的恆常和平靜的欲求，根本上不是惡的，是富於慈悲。』

『同情的直接性，屢在直接的援救中表現出來。人們爲援救他人，屢屢自己投身水中來拯起溺者，不攷慮到他們自己投水的行動。與死相拚的人的模樣，是不可忍的，牠是逼迫援救的人爲着保存某墮落的醉漢之無益的生命而忘懷自己的義務，使自己的生存和近親的生存蒙受危險；同情在某某情勢下，能夠激起從道德的觀點說不能認爲正當的行動。……』

屢千百頁的經驗批判論的哲學，都充塞着這樣至愚的俗論。

道德從『道德的恆常持續』的概念推論出來（第二卷第二篇，心情的恆常持續，第一章，倫理的恆常持續）。『恆常狀態，甚至在牠的任何構成分子中，沒有包含任何變化的條件。從此，不須其他的議論，便可以推斷他的狀態不會遺留下戰爭的任何可能性。』（二〇二頁）『經濟的和社會的平等，從究極的、安定的、狀態之概念推論出來。』（二一三頁）這個恆常的狀態，不從宗教生出來，只從『科學』生出來。如社會主義者所推想『多數者』不能實現牠，社會主義者之力也不能『幫助人類』（二〇七頁）；不能，『自由的發展』、將使理想的狀態成立。事實上，資本的利潤沒有低落麼？工資沒有不絕地增高麼（二二三頁）？一切關于『工資奴隸』的主張，都不真確（二二九頁）。奴隸常被打擊，而他們的主人沒有遭受任何懲罰；但是現在呢？更有進者，道德的進步是無容疑的；試看一看英國的大學 Settlements、救世軍（二三〇頁）、德國的『倫理協會』。（第二篇第二章）以『美學的恆常持續』的名義排斥『浪漫主義』。並且一切尊在不當地擴大自我的方向，即唯心論、形而上學、神秘主義、唯我論、利己主義、『對少數者之多數者的強制的多數支配』、『關於國家對勞動的組織之社會民主主義的理想』，都屬于浪漫主義（二四〇到二四一頁）。（馬赫以同一的精神，表示他同情於保證『個人自由』的婆培爾〔Popper〕和孟革爾〔Menger〕之官僚主義的社會主義，但是在以他的意見論來沒有有利地與別人有區別的社會民主主義者的學說中，他看見『這樣一種奴隸制度，這種奴隸制度比牠在君主制的或寡頭制的國家中甚至更爲普遍，更爲壓制。』參看知識與錯誤八〇到八一頁。）博萊、培蘇德和馬赫的社會學的進擊，可以歸約爲俗物之無限的愚鈍，俗物在『新經驗批判論的體系化和術語的裝飾』下嘔吐出最惡劣的廢話。一句話說來，他們的議論，在社會學方面，正如在認識論方面一樣，是論辯的發狂的胡說，是穿鑿的三段論法的造作物，是欺騙的煩瑣哲學——即在同一的誇大的名稱下同一的反動的言詞。

我們現且攷察俄羅斯馬赫主義者。

## 第二節　波格達諾夫如何改良並發展馬克思

波格達諾夫，在他的論文自然和社會中生命的發展（"Psychology of Society"，三五和以下各頁）引用經濟學的批判的序文一節，在這一節中，這個『最偉大的社會學家』馬克思說明史的唯物論的根本。波格達諾夫引用馬克思的言論之後，宣言道：『史的一元論的舊公式，大概還不是不眞確的，但是不能十分使我們滿足。』（三七頁）所以作者拿馬克思的這個理論的根本做出發點，欲對牠有所訂正，並欲發展牠。作者的主要結論是這樣：

「我們已明示社會的形態屬於生物學的順應之更廣汎的「屬」。但是我們沒有以此決定社會形態的範圍；因爲在定義上，不僅屬必須確定，而且種亦必須確定。……人們在他們的生存競爭中，不能夠聯合起來，如果他們未被賦予意識：沒有意識，便沒有任何共同體。所以社會生活在牠的一切表現方面，是意識地心理的生活。……社會性與意識是不可分離的。社會的存在與社會的意識，在這些字的精密的意義上是同一的。」（五一頁，波格達諾夫的傍點。）

這個結論與馬克思主義毫不相涉，這個事實，阿索脫克斯(Orthodox)已指明過("Outline of Philosophy",〔俄文〕，一九〇六年聖彼得堡出版，序文和一八三頁)。但波格達諾夫單單謾罵地答辯，吹求引用文的謬誤——說阿索脫克斯沒有『在他的言詞的精密的意義上』引用牠們，只是『在完全的意義上』引用牠們。那樣的錯誤是彰明的，作者有完全的權利來訂正牠；但因『曲解』、『僞造』、等等而吶喊（經驗一元論，第三卷，序文四四頁），這純是以極拙劣的言詞隱晦論辯中的問題。不管波格達諾夫可以說『社會的存在』與『社會的意識』這些字有任何什麼『精密的』意義，却無疑地我們所用的他的命題是錯誤的。社會的存在與社會的意識，不是同一的，恰如存在一般與意識一般不是同一的一樣。從『人們充當作意識者進入社會的關係內』這個命題，決不能推論出『社會的意識』與『社會的存在』是同一的。在進入社會關係裏面時，人們沒有意識着正形成的社會關係，或社會關係依據什麽法則正發展着；這在任何複雜的社會形態下面，尤其是在資本家的社會形態下面，是如此的。……比方說，一個農夫售賣穀物時，與世界市場上世界小麥生產者進入『社會關係』裏面；但是他沒有意識着牠，也沒有意識着在交換的基礎上正形成的社會關係。社會的意識反映着社會的存在——這是馬克思的學說。這個反映，儘管是『被反映的』之近似的複寫，却可以是正確的複寫；但說牠們兩者是同一的，這是不合理的。意識一般反映着存在——這是唯物論全體的一般的命題。人們不會不看見這個命題與史的唯物論的命題，即社會的意識反映着社會的存在，是直接地不可分離地結合一起的。

波格達諾夫努力以『他的根本的思想之精神』訂正並發展馬克思主義，這顯然是以唯心論的精神曲解這些唯物論的根本的理論。這件事，如要否認，那便是笑話了。我們且回想巴沙諾夫的經驗批判論的敍述（不是經驗一元論的敍述，因爲這是不可能的，既然在這些『體系』間有這樣大大的區別啊！）：『感官表象是在我們之外存在着的表象。』這是明白的唯心論，是意識與存在的同一之明白的主張。我們且再回想內在論學派的首領蘇博的公式（蘇博正如巴沙諾夫及其一派一樣，斷言他不是唯心論者，並像波格達諾夫一樣，特別著重他的言詞的『精密的』意義）：『存在是意識』。拿這個公式來比較內在論哲學者蘇卑特·棱登對馬克思的史的唯物論的評駁：即，『每一物質的生產過程，常常是在物的觀察者的關係上意識的現象。……在認識論的關係上，外部的生產過程不是第一位的，這個主體或多數主體纔是第一位的；換些話說來，純粹物質的生產過程，不引導我們到意識之一定不變的關聯之外。』（看"Das Meuschlichte Glüch und die Social Frage",二九三，二九五，二九六頁。）

波格達諾夫可以隨他的高興咒罵唯物論者『曲解他的思想』，但是任何咒罵，將決不能變更單純明白的事實。經驗一元論者波格達諾夫想像上以馬克思的精神對馬克思的理論的改良和對馬克思的發展，與唯心論者和認識論的唯我論者蘇卑特．彼登對馬克思的評駁，沒有毫末不同處。波格達諾夫對我們保證他不是唯心論者；蘇卑特．彼登對我們保證他是唯實論者（巴沙諾夫甚且相信他）。在今日哲學家不能不說自己是唯實論者和『唯心論之反對者』。馬赫主義者的紳士們，你們終要理解這件事情呀！

內在論哲學者、經驗批判論者和經驗一元論者無謂地爭論瑣細點，爭論唯心論的公式；反之，我們從起始便駁斥這個哲學的三位一體所共有的一切根本的哲學理論。且讓這個有善良意圖的和接受馬克思的一切結論的波格達諾夫教說社會的存在與社會的意識是同一的；我們將說：波格達諾夫，如果減去他的經驗一元論（較切適地說來減去馬赫主義），那便是馬克思主義者。因爲這個社會存在與社會意識的『同一』的理論，是完全荒謬，並確然是反動的理論。如果有人把牠與馬克思主義、與馬克思主義的態度、結合起來，那麽，我們可以承認這些人，就自身說，比了他們的理論是要善良些，但我們不能夠承認對于馬克思主義之荒謬．理論的曲解是正當的。

波格達諸夫融和他的理論與馬克思的結論，爲這個緣故，致犧牲牠的基本的一貫。在世界經濟內，各個的生產者意識着他引入一種變化在生產的技術裏面，每個商品所有者知道他以某某產品交換別的產品；但這些生產人和商品所有者，不知道他們這樣做時，變化社會的存在。在資本主義的世界經濟的一切分歧交錯裏面，這些變化的總計，雖七十個馬克思也不能夠無餘蘊地理解。馬克思所能夠成就的，只是：發見這些變化的法則，大綱地表明這些變化的客觀的論理及其歷史的發展。這不在『意識者的社會，即人們的社會，能夠獨立於意識者的存在之外而存在並發展』這個意義上，是客觀的（波格達諸夫在他的『理論』中著重這些瑣事），只在『社會的存在是獨立於人們的社會意識之外』這個意義上是客觀的。你們吃飯，住房子，生兒，製造並交換產品，——一切這些由獨立於我們的社會意識之外社會發展中的事件之客觀地必然的連鎖而成立，我們的社會意識，決沒有充分地理解這些事件。人類最高的任務，是在于通曉經濟的進化（社會的存在之進化）之客觀的論理，是在于通曉最一般的根本的要點來使牠的社會的意識和一切資本主義的國家內先進階級的意識明白地、的確地、批判地、順應牠。

一切這些，波格達諸夫完全承認。這件事，有什麼意義？這是說：波格達諸夫實際上把他的理論『社會的存在與社會的意識之同一』，投入海中，他的這個理論不過是煩瑣哲學的附屬物，與『普遍的代換』或『要素』和『投入』的學說以及其餘的馬赫主義者的囈言同是一樣死的、空虛的、無價值的、東西。但是『死的捕捉生的』，死的煩瑣哲學的附屬物，反乎波格達諾夫的意志並獨立於波格達諾夫的意識之外，把他的哲學變化爲蘇卑特·梭登和其他反動者的適用的工具，這些反動者以千種的方法從累百的教壇上宣傳這個死的學說——好像牠是生的一樣——來謀撲殺生的。波格達諾夫是種種反動、特別是資產階級的反動、之大敵，却是他的『代換』和他的『社會的存在與社會的意識之同一』的理論，供應這樣的反動。這是悲慘的事實，但眞是一事實。

唯物論一般地承認客觀地實在的存在物（物質）獨立於意識感覺、經驗、等等而存在着。史的唯物論承認社會的存在獨立于人類的社會的意識之外。意識，在這裏和在唯物論的場合，只不過是存在之反映，最多不過是存在之近似地眞實的（適合的觀念上正確的）反映。你們不能夠排除這個馬克思主義哲學（這個哲學好像一條堅實的鋼一樣）的一基礎的前提，即一本質的部分；如果你們沒有放棄客觀的眞理，沒有墜落到資產階級的、反動的虛僞裏面。

唯心論之死的哲學如何捕捉生的馬克思主義者波格達諾夫，尙有其他幾個例證。

波格達諾夫在他的論文唯心論是什麼（一九〇一年發表，一一和以下各頁）上說道：『我們達到這個結論：即，在人們在他們對進步的判斷方面一致的場合，和在他們不一致的場合，進步觀念之根本的標準，依然是同一的；卽意識生活之增大的充實及調和。這是進步概念之客觀的內容。……如果我們現在比較進步觀念之心理的表現與先前說明的生物學的表現（『生物學的進步叫做生活總量的增加』，一四頁），那麼，我們將要容易確信前者與後者完全一致，並能夠從後者被推論出來。……因爲社會生活被還元爲社會的構成員之心理的生活，在這裏，進步觀念的內容，也仍然是同一的——卽，生活之增大的充實及調和；但是我們只應該附加人們的社會的生活。並且固然，社會進步的觀念，決沒有任何其他內容，也決不能夠有任何其他內容。』（一六頁）

『我們發見……唯心論表現社會性較多的人間精神對社會性較少的人間精神之勝利，進步的理想是唯心論的心理學方面的社會地進步的傾向之一反映。』（三二一頁）

在這個生物學和社會學的遊戲全部當中，未曾含有一粒馬克思主義，這是不待言的。在斯賓塞和米海洛夫斯基的著作中，我們隨便都可發見很多這樣的定義，這樣的定義不比那些定義爲壞，這樣的定義沒有說明什麼東西，只說明作者之『善良的意圖』，並表明出對唯物論與唯心論是什麼一屑全無理解。

作者在他的論文社會的淘汰（經驗一元論，第三卷，一頁）上，以非難『郎治、費理（Ferri）、渥爾特曼（Woltm nn）和他人之折衷的社會的·生物學上的企圖』開始，在一五頁上，我們發見下記的『研究』的結論：『我們能夠把勢力論與社會淘汰間根本的關聯，建立如次的公式。』『每一社會淘汰的行爲，被牠所與關聯的社會合成體的勢力之增加或減少，標識出來。在第一種場合，我們得到積極的淘汰，在第二種場合，我們得到消極的淘汰。』（作者的傍點）

這樣極愚蠢的妄語，是當作馬克思主義被提示出來啊！人們能夠想像出任何東西比這樣生物學的和勢力論的言詞的雜列——關于社會科學的領域決沒有述說任何東西——更死板、更無益、更煩瑣的哲學的麼？在那裏，沒有具體的經濟的研究之跡印，沒有馬克思的方法，即與唯物論相接合的辯證法之方法的微影；只有單純的定義網，只有把現成的馬克思主義的結論強行放入這些定義裏面的企圖。『資本主義社會的生產力急速的增大，無疑地標識出社會全體的勢力之增大』。這一句的後半，無疑地只是前半的重複，是以無意義的言詞表達出來，這些言詞，好像使他的說明『更爲深遠』，但實際上與郎治及其一派的折衷的生物學的"社會學的企圖，絲毫無相異處呀！『但是這個過程的不調和性的終結，釀成『恐慌』和生產力的莫大的浪費和勢力的急激的減少；積極的淘汰，被變換爲消極的淘汰。』（一八頁）

這不使人回憶郎治麼？一個生物學的•勢力論的標籤，黏貼在現成的關于恐慌的結論上面，沒有呈獻出任何具體的材料，沒有說明恐慌的性質。一切這些，確然都是以極善良的意圖表示出來，因爲作者欲證實並擴大馬克思的結論；但是實際上他以不可忍地勤苦的和無生氣的煩瑣哲學把這些結論稀薄化。波格達諾夫的言詞中僅有的『馬克思主義』，存在于他對以前確立的結論之反覆裏面；反之，一切他樹立馬克思主義的基礎的『新』方法，他的社會的勢力論(三一四頁)和社會的淘汰，只不過是饒舌，只不過是對馬克思主義的實在的侮辱罷了。

波格達諾夫決沒有從事于馬克思主義的研究，只從事于穿着這種研究在以前獲得的結果、及生物學和勢力論的裝飾的術語、之衣服。他的企圖全體，從起頭到末尾，是無用的；因爲在社會科學的領域內，關于『淘汰』、『勢力的同化和分散』、勢力論的平衡、等等的概念，實沒有有益地被適用着的地方。牠們不過是空虛的文詞。實際上，以這些概念的助力，研究社會現象，闡明社會科學的方法，都是不可能的。任何事件，都決不比把『勢力論』的標籤或『生物學的・社會學』黏貼在(且說)恐慌、革命、階級鬥爭、等等的現象上，更爲容易；但任何職業都不比這種貼籤的職業，更爲無益，更爲無生命，更爲煩瑣哲學的。波格達諾夫願把一切或『差不多』一切他的成果和結論(我們已述說過他對於社會的存在與社會的意識之關係的問題提示的『修正』)與馬克思的學說調和起來，這件事，不是重要的。但認明他的調和方法——『社會的勢力論』——是完全誤謬的，原則上與郎治的方法沒有不同處，這纔是重要的。

一八七〇年六月二十七號馬克思寫信給苦晳爾曼，說道，『郎治非常稱贊我，……他欲自尊爲一個偉大的人物。事實是郎治有一大發見。一切歷史，能被包攝在一個單一的偉大的自然法則之下。這個自然法則構成于「生存競爭」這個短語（達爾文的表明語在這樣的使用上成爲空虛的言詞），這個短語的內容，包含馬爾薩斯（Malthus）的人口法則，或較切適地說，包含人口移徙的法則。所以，對生存競爭——牠在種種的社會形態下面歷史地表現自己出來——既不解剖，便沒有留存着任何可做的事件，除開把每個具體的鬥爭改變爲「生存競爭」的言詞，把這個言詞改變爲關于人口的馬爾薩斯的幻想而外。人們應當承認這在自尊爲科學家的誇大的、驕慢的、無智和無批判的人們看來是極能夠使人信服的方法。』（"Briefe an Kugelmann"，一九二四年，七五到七六頁。）

馬克思對郎治的批評的本質，不是郎治試行強迫地使人信服社會學的領域內馬爾薩斯的主義之特別的解釋；只是生物學的概念一般地移入社會科學的領域，這只能夠產生出無意義的空語。絕聘的這樣移入，是否出於善良的意圖，或爲的是著重虛僞的社會學上的結論，這件事，不使空虛的言詞減少空虛。並且波格達諾夫的『社會的勢力論』，即他藉社會的淘汰的學說對馬克思主義的改良，例證那種空語。

在認識論方面，馬赫和阿芬納留斯沒有發展出一種新的唯心論，只是用虛飾的術語的胡言（『要素』、『原理的同位』、『投入』、等等）覆被着舊唯心論的謬誤；同樣，在社會學方面，經驗批判論，卽使牠誠實地同情於馬克思主義的結論，仍是終由虛飾的、淺薄的、冗贅的、勢力論的和生物學的詭辯曲解史的唯物論。

近代俄羅斯的馬赫主義（或較適切地說來，表記社會民主主義的一部份之馬赫主義的瘟疫）之歷史的特殊性，能夠被追溯到下述的事情方面。費爾巴赫『裏子上是唯物論者，面子上是唯心論者』；在一定範圍內，說到畢齊勒爾、渥特、摩勒哥特和笛靈格，也是一樣，不過有這樣的根本的差別，卽，一切這些哲學家，與費爾巴赫比較起來，都是侏儒，都是可憐的塗鴉者。

馬克思和恩格斯業已成長得離開費爾巴赫，在與凡庸的學者鬥爭中，更增加了勇敢，自然更注意於從上而下發展唯物論的哲學，卽，他們不從唯物論的認識論的基礎，只從唯物史觀，取得他們的出發點。馬克思和恩格斯，在他們的著作中，與其說着重辯證法的唯物論，不如說着重辯證法的唯物論。他們與其說堅持史的唯物論，不如說堅持史的唯物論。我們的馬赫主義者，縱然想做馬克思主義者，却是以與歷史的時期支配的精神完全相異的精神接近馬克思主義；他們接近牠，在資產階級的哲學業已特在認識論方面專門化，並且縱在一面的和歪曲的形態上（例如相對主義）採取辯證法的若干構成部分，却從下而上比從上而下更爲注意於防衛並復興唯心論的時候。無論如何，一般的實證論和特別的馬赫主義繼續地從事于巧慧地贋造認識論；把他們的唯心論隱藏在摹倣的唯物論的術語下，並比較上不甚注意歷史哲學。我們的馬赫主義者不理解馬克思主義，因爲他們從別方面偶然接近牠，他們採取或較切適地說來默誦馬克思的經濟理論和歷史理論，而未曾明曉牠們的根本，即沒有把握着哲學的唯物論。所以波格達諾夫和他的一派，應當被叫做反裏爲面的俄羅斯的畢齊勒爾和笛靈格。他們欲從上方成爲唯物論者，但是他們不能從下方脫離開混亂的唯心論啊！『上方』，在波格達諾夫的場合，指他的史的唯物論，儘管他的唯心論曾把牠俗惡化並大大地影響牠；『下方』指他的唯心論，曾被模倣的馬克思主義的言詞掩飾着的。『社會地組織的經驗』，『集合的勞動過程』——這些都是馬克思主義的言詞，但牠們只是言詞能了；在這些言詞背後隱藏着唯心論的哲學，這個哲學宣言物是『要素』或『感覺』的綜合，視外部世界爲人類的『經驗』或人類的『經驗象徵』，主張物理的自然從『心理的』導引出來等等。

在經濟學的範圍內，在戰術的各問題方面，在哲學全部，在牠的（哲學的——譯者）認識論和社會學的形態上面，對馬克思主義有狡猾的和繼續的贋造，對穿上馬克思主義的衣服的反唯物論的學說，有詭詐的和不斷的傳佈——這是近代修正主義如何應被表記出來。

## 第三節　蘇佛洛夫的『社會哲學的基礎』

馬克思主義哲學的論集，以上述的蘇佛洛夫的論文終結，牠好比一個因這書的集合的性質有非常強烈的效果之花球一樣。巴沙諾夫說依照恩格斯『感官表象是在我們之外存在着的實在』，白爾曼宣言馬克思和恩格斯的辯證法是神祕主義，魯納察斯基甚且談說宗教，尤謝維齊把『「宇宙精神」(Logos)引入經驗之非合理的流』，波格達諾夫把馬克思主義的哲學叫做唯心論，黑爾風滌除約瑟·狄慈根哲學的唯物論，最後蘇佛洛夫有他的論文『社會哲學的基礎』；當我們得知他們這般人的時候，卽開始感覺着新戰線的『精神』。量已變化爲質。迄至那時個個地和在個別的論文、書籍裏面探求的『探求者』，明示一眞實的宣言。對馬克思主義哲學的集合的攻擊之事實，消除他們間各個的意見之相異；當作一種潮流看的馬赫主義之反動的特徵，業已顯現出來。

在這些情勢下，蘇佛洛夫的論文是更有興味的，因爲作者既非經驗一元論者，又非經驗批評論者，只單單是『唯實論者』。所以使他與他們結合的，不是巴沙諾夫、尤謝維齊和波格達諾夫的哲學上的特點，只是對辯證法唯物論的共同的反對。這個『唯實論者』的社會學的理論與經驗一元論者的理論之比較，將要幫助我發見他們的共通的傾向。

蘇佛洛夫寫道：『在規定世界過程的諸法則的階梯內，特殊的和複雜的法則被還元爲一般的和單純的法則，牠們一切都從屬于進化之普遍的法則——卽力之經濟的法則。這個法則的本質是在力之每個體系內消費愈少，那麼，這個體系愈適於保存和發展；牠的蓄積愈大，那麼，消費所供應的這個大蓄積愈有效能。不安定的均衡之各形態，早就喚起客觀的合目的性之觀念的（太陽系、地球上現象的循環、生命過程），因屬于牠們之勢力的保存和蓄積，藉牠們的內的經濟被作成、被發展。力之經濟的法則顯現出來爲非有機的、生物的、和社會的、發展當中每一發展之統一的和規制的原理。』（二九三頁，作者的傍點。）

我們的『實證論者』和『唯實論者』很容易地『烹調』普遍的法則呀！這些法則不比笛靈格所一樣容易地、迅速地、『烹調』的法則稍勝一點，這是惟一堪抱憾的事件。蘇佛洛夫的『普遍的法則』，與笛靈格的普遍的法則，正是一樣淺薄空虛的詞句。試把這個法則適用到作者自己指出的三領域當中第一領域上面，卽適用到非有機的進化上面。你們將要察見無勢力之保存和變化的法則，任何『力的經濟』在這裏都決不能夠被適用；你們將不能有成功地把牠們普遍地應用起來。並且作者業已挑出『勢力保存』的法則（二九二頁），視牠爲一特別的法則。（蘇佛洛夫以爲勢力保存和變化的法則之發見，『確立勢力論的基礎的原理』，這是一獨特的事件〔二九二頁〕。我們的『唯實論者』，想要做馬克思主義者，却不知道俗惡的唯物論者畢齊勒爾和他的一派，以反辯證法唯物論者恩格斯，業已以爲這個法則確立了唯物論之基礎的諸原理呢？我們的『唯實論者』省察牠們的相異之意義麽？事實上，他不知道，他沒有省察過，他只追逐時髦，重述歐斯特瓦爾德的說話。不過如是而已。並且這就是投降時髦的『唯實論者』們的紛擾；反之，例如，恩格斯對勢力這個字採用一新術語，在一八八五年〔反笛靈格論第二版的序文〕和一八八八年〔費爾巴赫論〕開始適用，但把牠和『力』及『運動』的概念一同適用：當時恩格斯能因採用新術語豐富他的唯物論。『唯實論者』和其他混亂者，縱然捉牢這個新術語，却是吞落了唯物論與勢力論的相異處。）於是在非有機的發展的領域內，除這個法則而外，什麽留存着呢？加添資料、複雜化、新發見或新事實，使作者有權力來變化（『來完成』）勢力保存和變化的法則爲『力之經濟』的法則的，在那裏呢？決沒有這樣的事實或發見，蘇佛洛夫也沒有打算談起牠們。爲着看起來似極重要的，他讓他的筆飛過紙上，並以此創造『實在的・一元論的哲學』之一新『普遍的法則』（二九二頁）。全世界知道我們是誰呀！我們不比笛靈格爲劣啊！

我們且講一講第二領域，即生物學的領域，在這個領域內發展被推想曾出現。力之經濟法則或力之浪費法則，藉有機體的發展、生存競爭和淘汰的機械作用，在這裏被證明出來呢？這決無任何煩難呀！普遍的法則之『意義』，能夠在這一領域內被『實在的・一元論的哲學』以這一方法解釋，在那一領域內以那一方法解釋。例如，在這個生物學的領域內，牠被解釋爲高級有機體從低級有機體的發展。在『一元論』的法則被遵奉時，如果普遍的法則因這樣一種解釋成爲空虛的言詞，那麼，這有什麼關係呢？說到第三領域（社會的領域），『普遍的法則』，能夠以牠的第三種意義把牠解釋爲生產力的發展。這就是牠所以成爲『普遍的法則』的原由；牠可以拿來解釋任何我們所欲解釋的東西。

『儘管社會科學仍是幼弱，却牠已具有堅實的基礎和若干明確的概論；在十九世紀，牠發達到牠的理論的高點，並且這件事構成馬克思主要的功績。他把社會科學抬高到社會理論的水準。……』恩格斯說，馬克思把社會主義從烏托邦的理論轉變爲科學的理論，但是這在蘇佛洛夫看來猶爲不足。他相信如果我們區別科學（在馬克思前有社會科學呢？）與理論，那將要是更偉大的。如果這個區別是不合理的，那麼，這也沒有關係呀，

『……已經樹立社會的力學之根本的法則，因這個法則，生產力的進化出現爲一切經濟的和社會的發展之決定的原理。但是生產力的發展與勞動的生產能力之增大相照應，與費消的相對的低減和勢力的蓄積的增加相照應（看一看『實在的．一元論的哲學』自身是有怎樣的效果，馬克思主義的新基礎曾藉勢力論被確立起來呀！）……這是經濟的原理。這樣，馬克思把力之經濟的原理放置在社會理論的基礎裏面。……』

這個『這樣』，眞正沒有前詞呀！因爲在馬克思的著作中能夠尋見經濟學這個言詞，所以我們且咀嚼『經濟』這個字，並把咀嚼的產物叫做『實在的・一元論的哲學呀！』

馬克思決沒有把力之經濟的原理放入他的理論基礎裏面。這放入的說話是以爲笛靈格的桂花冠還是青葱的人們所發明的囈言。對于生產力的增大的概念，馬克思，在研究這個增大之具體的過程後，有一個完全正確的定義。並且爲着表明馬克思曾經分析的這個概念，蘇佛洛夫發明一個新字。結局，這個發明極爲不幸，因爲牠只混亂事情而已。『力之經濟』有什麼意義？牠如何能被計量呢？這個概念如何能夠適用呢？什麼正確的和限定的事實適合於牠？——這些問題，蘇佛洛夫沒有說明，牠們也決不能夠被說明，因爲這是最蔓延開的混亂。我們且繼續地引述：

『……這個社會經濟的法則現出來不僅是社會科學的內的統一之原理（讀者們，在這裏你們得知何事？），並且是社會理論與存在之一般的理論間結合的環。』（二九四頁）

是了，是了，『存在之一般的理論』，在煩瑣哲學的衆多代表在種種形態下發見牠以後，蘇佛洛夫又發見牠，我們對俄羅斯的馬赫主義者因他們的新的『存在之一般的理論』且慶祝他們啊！我們且希望着他們的未來集合的工作，將要完全專在闡明並發展這個大發見啊！

我們能夠從下述的這樣一個例子，判斷我們的唯實論的或『實在的・一元論的』哲學代表對馬克思理論的敍述之性質：『即，一般人類的生產力，形成發生的階梯(！)並且，由人間勞動的精力、被約束的始基的自然力、及文化和勞動工具或生產技術所改變的自然而成立。……在勞動過程的關係上，這些力完成純然經濟的機能；牠們節省勞動的精力，並增高牠的消費之生產力。』(二九八頁)生產力在勞動過程的關係上，完成經濟的機能呀！這好像說，生活力在生活過程的關係上完成生活的機能。這決不是說明馬克思，只是以汚穢的言詞塡塞他的思想之淸流。

蘇佛洛夫的論文當中的穢物，眞不能夠計最。『階級的社會化，在對于人及其財產牠的集合的力之成長中，被表現出來（三一三頁）。……階級鬥爭，是在樹立社會的各勢力間均衡的形態（三二二頁）。……』社會的爭奪、敵對和鬥爭，本質上是消極的、反社會的、現象。『社會的進步；就牠的根本的內容說，是社會性的成長，是人們間的社會關係的成長（三二八頁）。……』我們蒐集這樣的愚論，能夠以牠們充滿無數的卷帙，而資產階級的社會學的代表實際以這些愚論充滿他們的篇頁；但拿這些東西出來做馬克思主義的哲學，這是太稀奇了！如果蘇佛洛夫的論文是在把馬克思主義通俗化，那麼，可以不很嚴酷地批判牠；每一個人都將要承認作者的意圖是善良的；但他的努力是失敗了，這將要是這件事的終結。但是當一羣馬赫主義者在社會哲學的基礎的標題下對我們提示牠時，當我們看見在波格達諾夫的哲學著作內有馬克思主義之同樣的『發展』時，我們不可避地到達這個結論，卽，在反動的認識論與社會學上反動的見解間，存在着不可分離開的關係。

## 第四節　哲學上的「黨派」和哲學上的癡漢

我們現在還須攷察馬赫主義對宗教的關係的問題。但這擴大成更大的問題，卽，一般地說來是否有哲學的『黨派』，及哲學上『不偏不黨』的意義是什麼？

在以上的敍述全部當中，就所討論過的每個認識論上的問題說，就新物理學提起的每個哲學的問題說，我們都曾追跡唯物論與唯心論的鬥爭。在新術語的策略的背後，在準博學的煩瑣哲學的糟粕背後，我們曾經無例外地發見在哲學的問題的解決方面兩個主要的戰線，兩個基礎的方向——卽，或視自然、物質、物理的、外部世界爲第一位的，或以意識、精神、感覺（卽與今日流行的術語相合的經心理的，等等出發。這是仍然分劃哲學家爲兩大營壘的根本的問題。在這個領域內累千的誤謬、和巨驗）大的混亂、之源泉正是這個事實，卽，因術語和定義之任便的性質，因煩瑣哲學的策術和詭辯的區別，忽略這兩個根本的方向。（例如，波格達諾夫不肯公然承認自己的唯心論，因爲他採用『經驗的』，卽物理的和心理的，以牠們替代『自然』和『精神』之『形而上學的』概念。這僅僅是言詞的變換呀！）

馬克思和恩格斯的創作力，存在于這個事實裏面，卽，亘長久的期間，差不多半世紀，他們兩個發展唯物論，擁護哲學上一個根本的方向。他們沒有耗費時間來重述業已解決的認識論上的問題之解決，只徹始徹終地發展牠們，並指示如何把唯物論輸入于社會科學的領域內，把『發見』哲學上一『新的』路道、發明一『新的』方向、等等之無數的企圖當作塵芥、無意義和傲慢的囈言，嚴厲地掃除開去。這樣的企圖之詭辯的性質、新哲學上的『主義』之煩瑣哲學的遊戲、以人爲的區別對問題的本質之淆混、對兩個基礎的認識論上的方向的鬥爭之不能理解及明白地呈示——這些都是馬克思和恩格斯亘他們的畢生的活動時間所與戰鬥的東西。

我們說，『差不多半世紀』。事實上，遠至一八四三年，在馬克思正纔成爲馬克思的時候，卽正纔成爲科學的社會主義的創建人，近代唯物論（近代唯物論比一切從前的唯物論的形態，內容上無限地豐富且有不可比擬地優良的基礎）的創建人的時候，馬克思已經非常明白地劃出哲學上基本的區別線。革倫（Karl Grün）引述一八四三年十月三十號馬克思寫給費爾巴赫的信，馬克思以這封信邀請費爾巴赫在『德法年報』（Dentsch-Französische Jahrbücher）上撰一篇反對謝靈的論文。馬克思寫道，這個謝靈是一個淺薄的誇大者，他妄欲包羅並超越一切從前的哲學的方向。

『對于法國浪漫主義者和神祕主義者，謝靈說，自我代表哲學與神學的綜合；對于法國唯物論者，他說，自我是內體與精神的結合；對于法國懷疑論者，他說，自我是獨斷論的破壞者。』(Karl Grün: "Ludwig Feuerbach in seinem Briefwechsel und Nachlass, sowie in seiner philosophischen Characterentwicklung", 一八七四年萊蒲茲出版，第一卷，三六一頁。)『懷疑論者』，不問他們被叫做休謨主義者或康德主義者（或二十世紀的馬赫主義者），反對『獨斷論』、唯物論、唯心論，這個事實，馬克思雖在那時，業已認明；並且他沒有使自己陷入累千的可憐的、細小的、體系之一的裏面，因為他能夠超越費爾巴赫而採取反唯心論的唯物論的立場。三十年後，在資本論第一卷第二版的跋文上，馬克思明白地、完全地、把他的唯物論與黑格爾的唯心論，即一切唯心論當中最徹底的和最發展的典型的唯心論，對立起來。他輕蔑地排斥孔德的『實證論』，宣言現代哲學家都是可憐的人們；他們設想着，當他們在實際上復蹈康德和休謨的『前赫格爾的』錯誤時，他們已經撲滅了黑格爾。馬克思在一八七〇年六月二十七號寫給苦哲爾曼的信函上，也輕蔑地對待畢齊勒爾、郎治、笛靈格、費齊勒爾(Fechner)，這是因為他們既不能理解黑格爾的辯證法，反而輕視牠。（至對實證論者畢斯勒(Beesley)，馬克思在一八七〇年十二月三十號他的信上這樣說道：『孔德主義者的他，不能不有奇想。』比較這個評語與恩格斯一八九一年對赫胥黎式的實證論者的評語。）

最後，拿資本論和其他著作中各個的哲學的論述來攷察一下，你們將要看見同一不變的根本的思想——即唯物論的主張和他對一切曖昧、一切混亂及一切唯心論的偏向之輕蔑的嘲笑。馬克思哲學的論述全部，都奠基在這兩個根本的方向之對立上。從教授的哲學的見地看來，馬克思哲學的論述的缺點，存在于這樣的『狹隘』和『一面性』裏面。實際上，繼續沿着極確定的哲學路道前進的馬克思之最偉大的功績，就是：他不欲注視從調和唯物論與唯心論的企圖所產生出的不合理的東西。

恩格斯在一切他的哲學著作中，完全以馬克思的精神及與馬克思密切的協作，簡明地在一切問題方面，把唯物論的戰線與唯心論的戰線對立起來。他在一八七八年、一八八八年或一八九一年，都沒有嚴重地注視無數的努力去『克服』唯物論與唯心論的『一面性』，或宣布可以是流行的任何『實證論』、唯實論或其他教授的欺瞞爲新方向。恩格斯完全在唯物論之一貫的實行的口號下，指導對笛靈格的鬥爭。他責難唯物論者的笛靈格，以他（笛靈格——譯者）的用語，即以他的有對唯心論讓步和逃向唯心論的意味之攷察方法，詭辯地滑混問題的本質。反笛靈格論每一段文句，都提起這個『兩者當中選擇其一』的問題，即徹始徹終的唯物論與唯心論的虛僞和混亂；只有被反動的御用哲學家所腐蝕的人們纔能夠不注意到這件事。並且到一八九四年最後對修訂的、增補的、反靈笛格論寫就最後的序文時，恩格斯既不斷地追跡近代的哲學和自然科學的最近發展，並且還以他的往日的堅決態度固持他的明白的和確定的立場，掃蕩輓近傀儡的體系之塵芥。

恩格斯追跡近代哲學的發展，這件事，從他的費爾巴赫論能夠明瞭。在一八八八年的序文上，甚至說起英國和斯干底拉維亞（Scandinavia）各國中古典的德國哲學的復興之現象。以恩格斯的自己著作中述及的流行的新康德主義和休謨主義的方向來講，他對牠們（在費爾巴赫論的序文和本文上）只極端輕侮而已。但是恩格斯目擊流行的德國和英國的哲學家重蹈康德主義和休謨主義之舊的前黑格爾的錯誤時，他期望（在英國和斯干底拉維亞）轉向到黑格爾，可以生出一種善果。他期望這個偉大的唯心論者和辯證法論者，將要幫助哲學家發見眇小的唯心論的和形而上學的謬誤。

恩格斯沒攷察德國的新康德主義和英國的休謨主義之無數的色彩，從開始就非難牠們對唯物論的根本的隔離。他宣言這兩學派的全方向是『從科學後退一步』。他如何評判新康德主義者和休謨主義者——例如，他們當中、顯然有赫胥黎在內——的無疑地『實證論的』（從流行的用語的見地說實證論的）和無疑地『唯實論的』傾向呢？溫和地講來，那個誘惑無數混亂者的『實證論』和那個誘惑無數混亂者的『唯實論』，恩格斯宣言，在最好的場合是祕密地輸入他們所繼續公然排斥並否認的唯物論之俗物的方法罷了！為着想像恩格斯將要以如何輕蔑的態度看待一羣自稱的馬克思主義者對『最新實證論』或『最新唯實論』等等之現時的狂熱，我們只須略微默察他對于比馬赫、阿芬納留斯和他們的一派更遠為實在論的實在論者和更遠為實證論的實證論者，這個卓絕的自然科學家赫胥黎的評價。

馬克思和恩格斯，在哲學上徹始徹終是『有黨派的』，在每一『新』方向內，他們都能看破對唯物論的離背及對唯心論和信仰主義的無理由的讓步。所以他們絕對從唯物論之徹底的遵依的見地評判赫胥黎。所以他們責難費爾巴赫沒有徹始徹終追從唯物論，責難他因各個的唯物論的謬誤拋棄唯物論，責難他為着更新宗教或建設新宗教與宗教鬥爭，責難他在宣稱自己是唯物論者時不能離脫唯心論的文句。

約瑟・狄慈根，儘管在他對辯證法唯物論的說明當中有各個的謬誤，却是他尊重並採用他的先生遺留下來的這個最偉大的和最寶貴的傳授。他笨拙地離遠唯物論時，犯了許多過誤；但是他決沒有企圖把自己與唯物論『原理分割開來，決沒有企圖揭起一『新』旗幟。在決定的瞬間，他常常確然、斷然、宣言：『我是一個唯物論者，我們的哲學是唯物論的。』我們的約瑟・狄慈根正當地說道：『論到一切黨派，惟有中間的黨派是最卑劣的。』他又說道：『恰如在政治上，我們看見一國國民分為兩大集團一樣……在科學上分為兩個一般的部類——卽一方形而上學者與他方物理學者或唯物論者。（這是他的表白上不正確的一樣本：他不說『唯心論者』，而說『形而上學者』。在別的地方他把形而上學者與辯證法論者對立起來。）……有種種名號——精神論者、感覺論者、唯實論者、等等——的中間的方向和妥協的江湖道友被潮流冲去了。我們正前向確定的、明白的、方而駛行。純粹唯心論者（注意瑟約・狄慈根訂正他自己，更正確地說明唯物論的敵人屬于何黨派。）是吹奏退却號聲的人們，辯證法唯物論者是努力於從一切形而上學的魔術解放人類的精神的人們之名稱。我們把兩黨派比擬固體和液體的物時，看見漿糊體的東西是中間的東西。」（"Philosophical Essays"，二一四到二一六頁；參照這篇論文社會民主主義的哲學，一八七六年寫的。）

這話完全不錯。『唯實論者』等等，包括『實證論者』、馬赫主義者、等等在內，都是惡劣的漿糊體的東西，都是哲學上卑鄙的中間的黨派，他們在每個問題上面都混亂唯物論的方向與唯心論的方向。對哲學上這兩個基礎的方向試行逃避，這不過是『妥協的江湖道友的行爲』罷了。

唯心論的哲學之『科學的僧侶主義』，是眞實的僧侶主義的前階梯，關于這件事，約瑟·狄慈根決沒有疑惑。『這件事我們必須記着，既然科學的教士團，援助並煽動宗教的教士團的，業已發生出來（一二八頁）。對顯明的迷信之破壞，是一件容易的事情，如果二元論的混亂者不留心尋求科學的罅隙，來在那裏下他的蛋。這樣的罅隙，特在認識的領域內被發見着。』

『學位的奴隸，利用他們的虛僞的唯心論來愚惑民衆（一三〇頁，這就是約瑟·狄慈根怎樣看待哲學教授們）。恰如神尋見他的對蹠者是惡魔一樣，虔誠的教授尋見他的敵對者是唯物論者（一三〇頁）。……唯物論的認識論是反對宗教的信仰之萬能的武器（一三二頁）。並且不特形式的、凡庸的、僧侶的宗教反對社會主義，而酣醉的唯心論者之最純粹的和最崇高的教授的宗教，也反對社會主

義。』（一三五頁）

約瑟・狄慈根在自由思想的教授之『中途半端的』方向與『宗教的誠實』兩者當中，寧願選擇後者（一三七頁）；因爲在那裏，最少有一體系，最少人們是眞誠的，因爲他們沒有把理論與實踐分離開來。在教授們看來，『哲學不是科學，哲學只是對社會民主主義的防衛手段』（一八六頁）。『一切那些自稱哲學家、教授、大學講師的人們，儘管他們自命爲自由思想者，却尙沒有從迷信和神祕主義解脫自己。……從社會民主主義的見地說來，應把他們視爲無教育的反動者的堅固的集團（一八八頁）。……現在爲着能沿正道前進，不被任何宗教的或哲學的迷路所誤，必須研究一切邪道當中最邪的道，卽研究哲學。』（一八三頁）

我們現且從哲學上『黨派』的見地來觀察馬赫、阿芬納留斯和他們的學派。哦，這些紳士們矜誇他們的不偏不黨；如果他們有一個對蹠者，那麼，這必是這個惟一的東西——唯物論者。一切馬赫主義者的著作全體，都充滿着這樣的愚笨的欺僞——卽，『超越』唯物論與唯心論，及『克服』這個陳腐的對立；但實際上所有這些紳士們，繼續地偏向唯心論，對唯物論實行不屈不撓的鬥爭。一個阿芬納留斯之狡猾的認識論上的特點，不過是教授們的虛構，不過是創立一個『自己的』哲學的宗派之企圖；實際上在近代社會內各觀念和各方向的鬥爭之一般的環境中，這些認識論上的策略之客觀的職分，就是這樣一件事情，——卽，淸掃到唯心論和信仰主義的道路，及供應牠們兩者。英國的精神論者，如華爾德是，法國的新批判論者，贊揚馬赫而攻擊唯物論的，以及德國的內在論哲學者，他們都歡呼經驗批判論者的小學派——這件事情，實在不單單是一偶然的事情。約瑟·狄慈根的慣用語，『信仰主義之學位的奴隸』，是馬赫、阿芬納留斯和他們的一派之最適當的稱號。（反動的資產階級的哲學之廣播的潮流如何利用馬赫主義，這有一個實例。最近美國哲學當中『最時新的樣式』是『實用主義』（這個字從希臘字"Pragma"，卽行動，來的；這個哲學就是行動哲學）。哲學雜誌，多論述實用主義，少談說其他別的東西。實用主義嘲笑唯心論與唯物論的形而上學，只讚賞經驗，並認實踐爲眞理之惟一的標準。牠指明一般的實證論的潮流，牠特別依據歐斯特瓦爾德、馬赫、皮爾孫、潘加爾、杜衡、的主張，卽，科學不是『實在之絕對的複寫』；並且……牠以便宜的方法爲實踐的目的推尋出神，沒有利用任何形而上學，沒有舍棄經驗的根據（參照Willian James: "Pragmatism", A new name for ome old ways of thinking"，一九〇七年紐約出版，五七，一〇六頁）。馬赫主義與實用主義的區別，從唯物論的觀點看來，和經驗批判論與經驗一元論的區別，同是細微的、附屬的、事件。比較波格達諾夫的眞理的定義與實用主義的眞理的定義：『在實用主義者看來，眞理是對于經驗上限定的實用價值（Working Value）的一切種類之種屬概念。』（同書，六八頁）。）

俄羅斯馬赫主義者，欲『調停』馬赫主義與馬克思主義的，他們的不幸從這樣一種事實發生出來，卽，他們因信賴反動的哲學教授，以此日益往下墮落。他們爲着謀發展並改良馬克思所使用的方法，不是很巧妙的。他們時而誦讀歐斯特瓦爾德的著作，相信他的說話，重述他的學說，並把牠叫做馬克思主義。時而又誦讀馬赫的著作，相信他的說話，重述他的學說，並依次把牠叫做馬克思主義；他們對潘加爾，也是一樣。凡是能夠在化學、歷史、物理學、的特殊領域內做出最有價值的貢獻的敎授們當中的就是僅僅一個人，當他一度談到哲學問題時，就是僅僅一句話也不能相信。這件事的原由是如何呢？牠與這樣一種原由是相同的，這種原由，說明爲什麼凡是能夠在事實的、特殊的、研究領域內做出最有價值的貢獻的教授們當中經濟學的就是僅僅一個人，當他談到經濟學的一般理論時，就是僅僅一句話也不能相信。因爲在近代社會中經濟學，恰和認識論一樣，是黨派的一科學。大體說來，經濟學的教授，不過是資本家階級的學術販賣人，哲學教授不過是神學的學術販賣人。

在哲學和經濟學上，馬克思主義者的任務，是在了解並精煉那些『販賣人』所得到的成果（例如，你們如不利用他們的著作，那麼，在你們對新經濟現象的研究方面，你們將不能夠踏進一步），然後排除他們的反動的傾向，追隨自己本來的方向，攻擊與我們敵對的各勢力和各階級的全戰線。因這樣的批判的行動的缺乏，我們的馬赫主義者成爲萎靡無力，奴隸般追隨反動的御用的哲學家。魯納察斯基以論集的作者的名義寫道，『或者我們迷誤，但我們是探求者。』然而，探求者不是你們，你們是被探求者，這是一不幸的事件。以你們的馬克思主義的（因為你們欲做馬克思主義者）見地，與資產階級的哲學的時髦之每一變化接近的不是你們，但接近你們的，是這樣的時髦；牠強迫你們聽從那種帶有今日歐斯特瓦爾德式、明日馬赫式、後日潘加爾式、的唯心論的味道之新贋造物。你們所素樸地信仰的這些愚劣的『理論的』欺瞞物（有『勢力論』、『要素』、『投入』、等等味道的），是留存在狹隘的小學派之限界內。但是說到這些欺瞞物之觀念形態的和社會的傾向，華爾德流、新批判論者、內在論者、洛巴廷流、實用主義者，為自己的目的立即把牠們捉牢。經驗批判論和『唯心論的物理學』之狂熱，如同新康德主義和『生理學的』唯心論之狂熱一樣，都急速地逝去；而信仰主義以千種的方法為唯心論運用這些策術（即上述的欺瞞物——譯者），從每一狂熱獲取利益。

宗教與自然科學的關係，適切地說明資產階級方面對經驗批判論的事實上的階級的利用。

拿第一問題來講。你以為這只是偶然的，如果在對抗馬克思主義的哲學之集合的著作中魯納察斯基甚至說及『最高的人間能力的神化』和『宗教的無神論』等等。（論集，一五七，一五九頁。在"Zagranichnaya Gazetta"上，同一的作者『在宗教的意義上說及科學的社會主義』〔第三號，五頁〕；在"Obrazovaniye"一九〇八年第一號一六四頁上，他明白地寫道：『一個新宗教在我之內久已成熟』。）

如果這是被視爲偶然的，那麽，這件事只是因爲俄羅斯馬赫主義者沒有正確地對公衆報告歐洲全馬赫主義的潮流和這個潮流與宗教的關係。不僅在這一點，沒有任何東西與馬克思、恩格斯、約瑟·狄慈根甚至費爾巴赫的態度相類似，而且實際的事件，是正反對的。我們首先看一看培蘇德的宣言，即『經驗批判論既不抵觸有神論，也不抵觸無神論』；然後再看一看馬赫的宣言，即，『宗教的意見是私事』；再看一看哥勒留的赤裸裸的信仰主義或赤裸裸的反動的見解，他讚揚馬赫，又被馬赫讚揚；最後看一看嘉祿和一切內在論者。在這個問題上，哲學者的中立，業已是屈從信仰主義的標識，馬赫和阿芬納留斯，因他們的認識論的出發點的緣故，沒有超過中立以上。

如果你們否認客觀的實在是由感覺給與於我們，那麽，你們已把自己的武器交付給信仰主義，因爲你們已歸依于不可知論或主觀主義；這正是信仰主義所欲求的。如果感官世界是惟一的客觀的實在，那麽，對于任何其他的實在或準實在（想着巴沙諾夫如何相信說明神是『實在的概念』的內在論者之『唯實論』），一道開闢的門戶被關閉了。如果世界是運動的物質，那麽，在牠的這個運動，即在這個物質的運動之無限複雜的和細微的現象及分歧方面，我們能夠並應當無限地研究牠；但在牠之外，在物理的之外，在任何人都熟知的外部的世界之外，不能夠有任何東西。對于唯物論的敵視，是文明的和民主主義的歐洲今日的常事。一切這樣的事，曾繼續被實行着直到現在。一切這樣的事，俄羅斯馬赫主義者，曾經把牠隱藏起來，使公衆不能夠看見；他們甚至沒有一次打算要比較馬赫、阿芬納留斯、培蘇德、及其一派對唯物論的攻擊與費爾巴赫、馬克思、恩格斯和約瑟・狄慈根擁護唯物論的主張。

但是對馬赫和阿芬納留斯與信仰主義的野合的關係之這樣的隱蔽，將無濟於事。事實要爲自己說話。華爾德、新批判論者、蘇博、蘇卑特・梭登、萊克雷、實用主義者、等等的接吻，把這些反動的教授釘附到枷鎖上，世界中的任何努力將決不能把這些教授從枷上解脫下來。華爾德等這般哲學家和教授的影響，在『有修養的』、即資產階級的、公衆間的他們的思想之普及，以及他們創作的特殊文獻——比馬赫和阿芬納留斯的特別的小學派十倍廣大，十倍豐富。這個小學派，供應那些需要牠的人們，並充分地被利用着。

魯納察斯基陷入裏面的恥辱的事件，不是偶然的，只是俄羅斯和德國經驗批評論的自然的產物。作者的『善良的意圖』，他的言詞的『特別的意義』，都不能夠辯護牠們；因爲，如果牠們有一種明白的、通常的、意義，即一種直接地信仰主義的意義，那麽，我們對作者將沒有論爭，因爲不會有一個馬克思主義者不認可那樣一種宣言是顯明魯納察斯基與斯特魯夫間的近親關係。如果這樣一種意義尚沒有存在着（牠實在尚沒有存在着）；那麽，這是完全因爲我們看見那種『特別的』意義之可能性，並在同志的鬥爭仍有實行的根據時，我們鬥爭。在魯納察斯基的宣言中，最可恥的事件，就是他能夠把牠們與他的『善良的』意圖結合起來。他的『理論』的毒害，就是牠在善良意圖的實現上，容許這樣的手段和這樣的結論。不幸的事件就是『善良的』意圖在最好的場合仍祇是湯姆（Tom）、狄克(Dick)和哈勒(Harry)的主觀的事件；而類似的各說明之社會的意義是無論議的餘地，任何解說和特別的保留都決不能夠幫助來緩和牠們。

人們如不是瞎子，自能看見魯納察斯基的『最高人間能力的神化』與波格達諾夫的『心理的對物理的之普遍的代換』間之思想上的近親關係。牠們兩者是同一的學說，在一種場合，從美學的見地被表現出來，在他種場合，從認識論的見地被表現出來。暗默地接近其他見解的『代換』的學說，由于把『心理的』從人類分離，並由于以無限擴大的、抽象的、死一樣的神的、『心理的一般』代換『物理的自然全體』，業已神化『最高人間的能力』。並且這與那種從上引入于『經驗之非合理的流』的尤謝維齊的『宇宙精神』("Logos")有如何關係呢？

捕捉到一爪，為便休矣。我們的馬赫主義者，業已被網羅在唯心論裏面，在緩和的及洗練的信仰主義裏面。他們從認定感覺不是外部世界的模像而只是特別的『要素』的瞬間，已經墜落在唯心論和這樣的信仰主義裏面。不屬於任何人的感覺一般、心理一般、精神一般、意志一般，——那些不承認人類意識反映客觀的實在的外部世界之唯物論的理論的人們，必然地陷入牠們的裏面。

## 第五節　海克爾和馬赫

我們且攷察當作一種哲學潮流看的馬赫主義對自然科學的關係。全馬赫主義徹頭徹尾與自然科學之『形而上學』鬥爭，牠用『形而上學』這個名稱，指自然科學的唯物論，卽，指關于我們的意識所反映的外部世界的客觀的實在之存在最大多數自然科學家所抱持的本能的、無意識的、和無定型的、哲學的確信。我們的馬赫主義者，羞愧地、沉默地、看過這個事實，隱晦或混亂自然科學家的本能的唯物論與當作一種方向看的哲學的唯物論間之不可分離的關聯，卽馬克思和恩格斯所久已知道和累百次確證的一種關聯。

拿阿芬納留斯來講。在一八七六年出版的他的第一部著作據最小力量的原理之世界思惟的哲学中，他攻擊自然科學的形而上學（第七九節，一一四和以下各頁），卽攻擊自然科學的唯物論，並且如他在一八九一年所自認（沒有『訂正』他的意見），他從認識論的唯心論的立場攻擊牠。

拿馬赫來講。從一八七二年，或者還要早一點，迄至一九〇六年，他曾經不折不撓地攻擊自然科學的形而上學。他很光明地承認『一羣哲學家』、『內在論』的哲學的信奉者、以及某某『孤立的自然科學家』都與他一致（感覺的分析，序文一三頁）。在一九〇六年，馬赫也正直地承認『大多數科學家擁護唯物論』（"Erkenntnis u.d irrtun"，第二版，四頁）。

拿培蘇德來講。在一九〇〇年，他宣言『自然科學完全濡染着形而上學』。『牠們的「經驗」的概念還應純化』（'Einführung in die Philosophie", etc.，第一卷，三四三頁）。我們知道阿芬納留斯和培蘇德從給與于感覺中的客觀的實在之承認，把經驗『純化』。

在一九〇四年，培蘇德宣言『近代自然科學家的機械論的世界觀，本質上不比古代印度人的爲優。如果我們推想在巨象或原子和分子這兩種東西當中任何一種在認識論的意義上、不僅僅在比喻上、是現實的，那麼，世界乘在巨象之上或原子和分子之上，這是沒有關係的』（第二卷，一七六頁）。

拿威利來講，他是馬赫主義當中一個還覺得他與內在論者的近親關係是可恥的一個人。在一九〇五年，他宣言：『自然科學在許多要點被表示得使我們應該視牠們爲我們所從而應當解放自己的權威者。』（"Gegen die Schu.w.isheit"，一五八頁）

但這是純粹矇昧主義和最可厭惡的反動。相信原子、分子、電，是物質之實在的客觀的運動之近似地正確的反映，等于相信世界所乘的象啊！人們應該期待着，這個矇昧主義者，穿上流行的實證論之滑稽的衣服的，內在論學派的信從者要喜悅地歡呼迎迓他。內在論哲學者當中沒有一人不兇猛地攻擊自然科學的『形而上學』和自然科學家的『唯物論』，這正是因爲牠們和他們承認物質之客觀的實在性——即時間、空間、自然的合法則性、等等之客觀的實在性。在物理學內的新發見使『唯心論的物理學』出現以前許久，萊克雷已立脚在馬赫上，與『流行的唯物論』鬥爭，這個流行的唯物論是『近代自然科學的特著的形態』（第六節的標題實在論等等，一八七九年）；蘇畢特・梭登攻擊『自然科學的形而上學』（第二章的標題認識論的根本，一八八四年）；倫克討伐自然科學的『唯物論』、『街頭的形而上學』等等（"Philosophie und Kantianismus"，一八八二年，一七頁）。

內在論學派的信從者，很正當地從自然科學的唯物論的『形而上學的性質』之馬赫主義的觀念推論出他們的直接的和公然的信仰主義的結論。如果科學的理論沒有描敍客觀的實在，只是由隱喻、象徵、人間經驗的形式、等等而成立；那麽，無疑地，人類以同一的權利能夠爲自己在別的領域內造作出一個『不比神等的實在的概念爲劣的實在的概念』。

科學家的馬赫的哲學對於科學，與猶太使徒（Judas）的接吻對于基督正同。馬赫究極地向唯心論的營壘移動，把科學售賣給信仰主義。馬赫對自然科學的唯物論之否認，就每一點說，都是反動的現象；這件事，我們十分看得明白，在討論到唯心論的物理學家對固持舊哲學的見地的多數自然科學家之鬥爭時。我還將更把這件事看得明白，在比較有名的自然科學家海克爾與（在反動的俗物當中）有名的哲學家馬赫時。

宇宙之謎（"The Riddle of the Universe"）在所有文明各國內惹起的暴風，十分明白地表示：在一方面近代社會中哲學之黨派的性質，及在別一方面唯物論對唯心論和不可知論的鬥爭之社會的意義。這書刊印數十萬册。各國立即翻譯，並以特別的普及版發售。這十分明白地確證牠深入民衆，所有讀者大衆被海克爾一舉而贏服。這部通俗的小册子，成爲階級鬥爭的武器。世界上一切國家的哲學和神學教授，開始來詆斥並『消滅』海克爾。有名的英國物理學家羅治，着手防衛神，來對抗海克爾。俄羅斯的物理學家，曲爾孫（Chwolson）特別旅行到德國來出版一本反對海克爾的矇昧主義者的小書，來對有身分的俗物保證不是一切自然科學家都是『素樸實在論』的信奉者（O. D. Chwolson: "Hegel Haeckel, Kossuth und das Zwölfte Gebot"，一九〇六年出版，八〇頁）。無數的神學家，討伐海克爾。御用的哲學教授們，盡量地誹謗他。（亨利・謝米特（Heiarich Schmidt）的著作"Der Kampf über das Welträstel"，一九〇〇年笨恩出版，牠透徹地描寫神學和哲學教授們對海克爾的攻擊。但這本書現已過時。）人們看一看，死的煩瑣哲學弄乾枯了的蠟屍之眼如何開始閃爍，牠們的頰或者第一次在牠們的生存時期，因海克爾的精神上的批擊，如何變成赤色——這却是一件快活可喜的事。純粹科學的僧侶和最抽象的理論的祭司開始怒吼，在哲學的畸人（他們當中有唯心論者鮑爾孫（Paulsen）、內在論者倫克、康德主義者亞迭克斯(Adickes)以及惟有神知道的其他的人們)的一切這樣的怒吼中，有一種基本的動機，顯明地表露出來：即，反對科學的『形而上學』；反對『獨斷論』；反對『自然科學的意義和價值之誇張』；反對『自然科學的唯物論』。海克爾是唯物論者；打倒他這個唯物論者呀！他欺騙大衆，不把自己叫做唯物論者呀！他不叫自己做唯物論者，這件事，惹起有身分的教授們特別的暴怒。並且海克爾自己棄絕唯物論，否認這個名稱，這件事，十分顯明這個全悲歡劇（悲劇的瞬間發生在一九〇八年的春天企圖暗殺海克爾時。在許多相繼地寫給海克爾的匿名信中稱他爲『狗』、『猿』、『無信心者』、等等後，某個『眞正的德國人』投一巨石在汝納的海克爾的研究室內。）的特徵。更有進者，他不特不非難宗教全體，且還以布爾加可夫的『無神論的信仰』和魯納察斯基的『宗教的無神論』的方法，發明他的獨特的宗教；並在原理上辯護宗教與科學的聯合。在這裏發生了什麼事件？什麼『最不幸的誤解』惹起了這個大論爭？

我們的答覆是：海克爾的哲學的素樸、他的決定的黨派的動機之缺乏、他對反唯物論的流行的俗物的偏見之顧慮的欲望、以及他對宗教的妥協的傾向和提議，——一切這些，都幫助着使他的書之一般的精神更爲顯著，並證明顛覆自然科學的唯物論之不可能及自然科學的唯物論與御用的哲學和神學全體間究極的不可調和性。在個人方面，海克爾不欲與俗物斷絕關係；但是他以這樣不可動搖的素樸的信念所闡明的見解，决不能夠與任何色彩的流行的唯心論相調和。一切從哈爾特滿的粗笨的反動的學說到自稱爲最進步的和最卓絕的實證論者的培蘇德及經驗批判論者馬赫的那些粗笨的反動的學說之各色彩的唯心論，都一致以爲：自然科學的唯物論是『形而上學』，依據科學的理論和結論對客觀的實在之承認是最『素樸的唯實論』、等等 海克爾的書，每一頁都批擊全御用哲學和神學的『神聖的』學說之兩類。這個自然科學家，表明十九世紀末和二十世紀初最大多數自然科學家的雖無定型、却最堅固、的意見、心情、傾向，一舉而容易地、簡單地、顯露出御用哲學所試行隱蔽的東西。他表示有一個基石，日更廣大，日更堅固，在牠的重力下，唯心論、實證論、唯實論、經驗批判論和其他混亂主義的一千零一個小學派的努力，都壓碎爲微塵。這個基石，就是自然科學的唯物論。我們的感覺是客觀地實在的外部的世界之模像，這個『素樸唯實論者』（較適切地說來全人類）的確信，是在自然科學家大衆間日益強固化的確信。

新哲學的小學派、和新認識論的『主義』、的創始者的事業，歸于失敗；這個失敗，是永遠沒有恢復的希望。他們可以用他們的『獨創的』小體系掙扎；他們可試以『首先叫喊出"Eh"的是誰』——是經驗批判論者博靖斯基（B b:hinsky）抑是經驗一元論者杜靖斯基（Dobchinsky）——這個有趣味的論爭，引起少數讚賞者的注意。（博靖斯基和杜靖斯基是哥格的喜劇『檢察官』中兩個笨的、小的、脚色，每個人在他們聽說僞檢察官到來時，都稱自己是第一個發出"Eh"聲音的人。——編者）他們甚至可用"內在論者"的方法造作出浩瀚的『特殊的』文獻。但是自然科學的發展，不管有動搖和躊躇，有自然科學者的唯物論之無意識的性質，有昨日『生理學的唯心論』的狂熱或今日的『物理學的唯心論』的狂熱，却是完全掃蕩一切小體系和欺瞞，並給自然科學的唯物論之『形而上學』開闢大道。

我們且從海克爾的著作生命的不可思議（Die Lebenswunder）挑取一個可當作上文的實例看的說明，在這個著作中他比較一元論的認識論與二元論的認識論。這個比較的最有興味之點，我們引述如下（'Die Lebenswunder'，一九〇四年斯圖加爾出版，表一及四一頁）：

| 一元論的認識論 | 二元論的認識論 |
|---|---|
| …………………… | …………………… |
| 三　認識是生理學的過程，有腦髓做牠的解剖的器官。 | 三　認識不是生理學的過程，但是純粹精神的過程。 |
| 四　人間腦髓的部分，認識完全在牠之中生起來，牠是大腦皮層的一定的和局限的部分，即Phronema。 | 四　人間腦髓的部分，像似如認識的器官一樣有作用的，實際只是容許精神的過程顯現的工具。 |

Phronema 是最完全的動力機，牠的構成部分之 Phroneta 是數百萬物理的細胞。在這個器官內，恰如在身體的其他器官內一樣，腦髓的一定部分的（精神的）機能是牠的構成細胞的機能之最後結果。

五 理性的器管之 Phronema，不是自主的；但和牠的構成部分（Phroneta 細胞）一起現出來，僅爲非物質的精神與外部世界間的媒介者。人間的理性，與高等動物的理性和低等動物的本能絕對不同。

從這個典型的引用文，我們看見：海克爾沒有從事于研究精微地哲學的問題，他不能夠把唯物論的認識論與唯心論的認識論對立起來。他從自然科學家的見地嘲笑一切唯心論的哲學，尤其是『特殊的』學派的一切欺瞞，沒有承認除自然科學的唯物論的認識論以外尚能夠有任何其他的唯物論。他從唯物論者的見地嘲笑哲學家，不知道自己抱持唯物論者的見地啊！

哲學家對有力的唯物論之無力的憤怒，能夠容易地被說明。我們已引述過『眞正俄羅斯人』洛巴廷的意見。而且在這裏，還有不妥協地反對唯心論（！）的最進步的『經驗批判論者』威利的意見。他說海克爾的見解『爲某某自然科學的法則，例如勢力保存法則，及關于實體和物之本體之一序列的煩瑣哲學的傳說……』（"Gegen die Schulweisheit", 一二八頁）。

什麼東西激怒了這個最有身分的『最新實證論者』（威利——譯者）？哎呀，一個人眞知阿芬納留斯（威利的先生）的一切最偉大的學說——即，腦髓不是思惟的器官，感覺不是外部世界的模像，物質（實體）或『物之本體』不是客觀的實在，等等——從海克爾的見地看來只是純然唯心論的囈言時，他如何會不被激怒呢？海克爾沒有用這些言詞談說牠，因他沒有從事於精微的哲學，沒有把『經驗批判論』當作經驗批判論來研究。但是威利不能不覺察海克爾的幾十萬讀者向馬赫和阿芬納留斯的哲學咳吐幾十萬口痰。威利以洛巴廷的方法預先拭他的面孔，因為洛巴廷和威利所提出來反對一般的唯物論和特別的自然科學的唯物論之論證，在本質上是完全同一的。以馬克思主義者的眼光看來，洛巴廷與威利、培蘇德、馬赫和他們的一派間的相異，不比新教的神學家與舊教的神學家間的相異為大。

對海克爾的『戰爭』證明我們對那個潮流全體的解釋與客觀的實在相照應，即，我們的解釋反映近代社會之階級的性質和牠的觀念的傾向之階級的性質。

尚有另一個小的實例。馬赫主義者克倫彼得，把英國很有名的斯萊德（Karl Snyder）的著作，從英文翻譯成德文，標題為近代自然科學的世界肖像（一九〇五年萊蒲茲出版）。這部著作、明白地、通俗地、解說一系序列的物理學和其他自然科學領域內最近的各發見。但馬赫主義者克倫彼得以一序文補足牠，在這個序文內，他說斯萊德的認識論『有缺陷』（五頁）。為什麼他這樣說？這僅因為斯萊德不懷疑世界肖像是物質如何運動和物質如何思惟的肖像（二八八頁）。在世界機器（一九〇七年倫敦出版）這部著作內，斯萊德說道（這部書隱隱地專來紀念約在紀元前四六〇到三六〇年降世的亞博德拉的地摩克列達。）：「地摩克列達常被稱爲唯物論的始祖。這是今日不甚流行的一個哲學學派；但在這個世界我們的思想上一切近代的進步實際上奠基在他的概念上，這件事，是值得注意的。實際上說來，唯物論的假定，是物理學的研究上純然不可逃避的東西。」（一〇四頁）

「……如果他喜悅，那他可以與善良的僧正柏克勒一同夢到一切東西都是夢。但是，理想化的唯心論的戲法，縱使可以是愉快的，然而這些人，關于外部世界的問題不問可以如何推想着，却懷疑着自己的存在的，在我們當中是稀有的；並且一個人，爲着對自己保證在心氣平和的瞬間我們臆斷我們自己有一人格和一存在，及我們延入從感官的六門進來的現象的全系列，是決不須長久地追跡我與非我的鬼火。星雲說、煤介光的以太、原子論以及一切類似的理論，都可以只是便宜的「實用假說」，但是須記憶着，在反對的證據不存在時，牠們與「你叫你做一存在」這個假說多少站立在同一的基礎上；哦，寬大的讀者們，詳察這些文句。」（三一到三二頁）

一個馬赫主義者，當他那種把科學的範疇歸約爲單單的實用假說的愛好的、複雜的、巧妙的、犒造被大西洋兩岸的自然科學家嘲笑爲純然的荒謬時，你們想像一下他的痛苦的命運啊！一九〇五年，威利攻擊地摩克列達、好像地摩克列達還是一個活在人間的敵人，以此確證哲學之黨派的性質並暴露在這個黨派的鬥爭中他的眞實的地位，——這件事，不是應該驚怪的呢？他寫道：『固然，地摩克列達不理解原子和眞空只是供工具上補助之用的虛擬的概念，牠們只在牠們能被利用時爲便宜的理由被承認着。地摩克列達不充分地明白理解這件事；但我們的近代自然科學家，除開少數的例外，也不充分地明白理解牠。地摩克列達的信仰，是我們的自然科學家的信仰。』（五七頁）

事實上，眞有絕望的理由呀！『經驗批判論者』以『新方法』證明空間與時間是『實用臆說』，但是自然科學者却嘲笑這個『柏克勒主義』，而追從海克爾。經驗批判論者叫喊道我們不是唯心論者；這是誹謗我們；我們僅（與唯心論者一起　努力於反駁地摩克列達的認識論的方向；我們努力這樣做了二千多年，但一切都是徒然呀！給我們的首領馬赫留下可以做的事件只是：把他的最後的著作，他的生涯的結果和他的哲學，——知識與錯誤——奉獻給蘇博，並在本文內哭泣怨說多數自然科學家是唯物論者，『我們也』同情於海克爾……和他的『自由思想』（一四頁）。

在這裏，他完全表現自己是一個反動的鄙俗的理論家，追從曚昧主義者的蘇博，却又『同情』於自由思想的海克爾的。一切歐洲人道主義的俗物，有自由思想的同情及對于蘇博思想上（政治上和經濟上）奴隸化的，都是那樣的理論家。（蒲列哈諾夫攷察馬赫主義時，與其說他留心於論駁馬赫，不如說他注意於促進多數派主義內分派的紛爭。因爲他對根本的理論上的爭執的問題利用這樣小的、可哀的、論辯方法，有馬赫主義的少數派者的兩本書充分地懲罰過他。）哲學上的不偏不黨，只不過是對于唯心論和信仰主義的服役之可憐的假託。

最後，參照墨林對海克爾的意見。墨林不特想做一個馬克思主義者，並且實際上還是一個馬克思主義者。在宇宙之謎出現，迄至一八九九年末的時候，墨林直截地指明：『海克爾的著作，有牠的短處，也有牠的長處，爲着明瞭我們的黨內在一方面關于史的唯物論是什麼、和在別一方面史的唯物論是什麼、之某一些混亂的見解，牠是極有價值的。』（Franz Mehring: "Die Welträtsel", 載在新時代，一八九九到一九〇〇年四一八頁上。）海克爾的缺點，是他全不知道史的唯物論是什麼，以此關于政治和『一元論的』宗教等等，惹起許多混亂。『海克爾是唯物論者和一元論者，但不是史的唯物論者，只是自然科學的唯物論者。』（同書）

那些人，願理解自然科學的唯物論而無能力解決社會問題的，願知曉在自然科學的唯物論能發展爲史的唯物論前、在牠能夠利用來在解放人類的大鬥爭中做一個眞實地不可抵抗的武器前、必須把牠發展並改善到什麼程度的，且令他們讀一讀海克爾的著作。

『但是，不僅爲着這個目的讀一讀海克爾的著作，是適當的而已。他的非常弱的方面是與他的非常強的方面，卽與他對十九世紀自然科學的發展之直截的和明白的敍述（構成範圍上和意義上他的著作的最大部份），或換些話說來與他對自然科學的唯物論的凱旋行列之說明，不可分離地關聯着的。」

（同書，四一九頁。）

# 結論

馬克思主義者，從四個觀點來評判經驗批判論的價值。

第一，我們須比較經驗批判論這個哲學的理論的基礎與辯證法的唯物論的理論的基礎。最初三章所敍述的這樣的一種比較，表示出沿着認識論的全線，有一種徹底的反動的方向，這個方向以新的欺瞞手段及新術語和詭辯的策略，來隱蔽唯心論和不可知論的舊誤謬。惟有完全不懂得唯物論一般是什麼、不懂得馬克思和恩格斯辯證法的方法是什麼、的人，纔會說起經驗批判論與馬克思主義的『結合』。

第二，我們須得決定經驗批判論，即教授的哲學家的一個極小學派，在其他近代哲學學派中佔有的地位。馬赫和阿芬納留斯都從康德出發，他們不向唯物論前進，反向休謨和柏克勒後退到對立的方向（唯心論的方向——譯者）。阿芬納留斯自以爲曾『純化經驗』一般，但事實上却只從康德主義純化（提凈——譯者）不可知論。馬赫和阿芬納留斯的全學派，確定地向唯心論進行，與唯心論學派當中最反動的一學派，即內在論學派，密接地聯合着。

第三，我們應攷察馬赫主義與近代自然科學的一部門內發展的某一學派間無疑的關聯。在唯物論之側，站立着在一般領域中和特殊領域卽物理學中的最大多數自然科學家。但是少數近代物理學家，在舊理論的崩壞（因近年的大發見）的影響下和在新物理學的危機（這明白地表示我們的知識之相對性）的影響下，因爲完全不知辯證法，從相對論墜入唯心論裏面。現在流行的唯心論的物理學，正如最近的過去流行的唯心論的生理學一樣，同是反動的和一時的。

第四，在經驗批判論的認識論的煩瑣哲學背後，必然明白地看見哲學上黨派的鬥爭，卽究極地表現近代社會內互相敵對的各階級的傾向和觀念形態的鬥爭。最近的哲學是黨派的，恰如兩千年前的哲學是黨派的一樣。鬥爭的黨派，大率是唯物論與唯心論，儘管牠們的性質可以隱蔽在僞博學的術語的蒙混下或在笨拙的不偏不黨的假託下。唯心論只是信仰主義之一狡猾的和精煉的形態，信仰主義充分地武裝着，有龐大的組織在牠的支配下，並因利用哲學思想上最少的動搖不變地繼續影響大衆。經驗批判論的客觀的、階級的、職分，能夠完全被歸約爲在信仰主義者一般地對唯物論和特別地對史的唯物論的鬥爭之中牠對信仰主義者的服役。

# 補論

## 第一部　第四章第一節的補足

### 齊爾尼謝夫斯基(Chernyshevsky)從什麽側面接近康德主義的批判？

在第四章第一節，我們詳細地表示了唯物論者從一種與馬赫和阿芬納留斯批評康德的見地正相反對的見地批評他。我們現還可以最少簡單地指明出偉大的俄羅斯黑格爾學徒和唯物論者的齊爾尼謝夫斯基之認識論的態度。

在費爾巴赫的德國弟子亞博勒齊·諾批評康德以後不久，費爾巴赫的俄國弟子，大著作家齊爾尼謝夫斯基，在俄國首先宣布他對費爾巴赫和康德的關係。齊爾尼謝夫斯基爲費爾巴赫的信奉者，在五十年代俄羅斯的論壇上，是一個生動的人物，但俄國的檢查制度甚至不容許他提說費爾巴赫的名字。一八八八年，齊爾尼謝夫斯基在他的藝術與生活之美學的關係（俄文）第三版之完備的序文上，企圖直接論及費爾巴赫，但一八八八年檢查制度甚至不容許對他（費爾巴赫——譯者）這樣一番的論及啊！

這個序文，在一九〇六年纔印行（"Collec'ed Works"，第十卷，第二篇，一九〇到一九七頁）。在這個序文上，齊爾尼謝夫斯基以半頁專來批評康德和在哲學的綱領上追從康德的自然科學家。

一八八八年，齊爾尼謝夫斯基的堪注目的議論就是：

「那些自命爲「包羅一切的」理論的創造者的自然科學家，實際上依然是曾經推論出某某形而上學的方法之古代思想家和大概這樣的思想家——他們的體系在一定範圍內已被謝靈和赫格爾破壞——的弟子，並還常是他們的愚鈍的弟子。我們只須順便提說，企圖在人間思惟活動的法則的基礎上建設偉大的理論的多數自然科學家，反覆陳述在我們的認識的主觀性上的康德的形而上學的理論。……（爲着注意混同一切的俄羅斯馬赫主義者，我們說：齊爾尼謝夫斯基不及恩格斯，因爲他的用語，明示他有所混同，沒有明白地從形而上學的思惟與辯證法的思惟的對立辨識出唯物論與唯心論的對立；但是他不非難康德的唯實論，只非難康德的不可知論和主觀主義，不非難康德承認「物之本體」，只非難康德不能從這個客觀的源泉推引出我們的認識，單就這一點說，他與恩格斯立在同一的水準。）……依據康德的言詞，他們主張：我們的感官知覺的形態，不近似於對象之眞實的存在之形態；……（爲着注意混亂一切的俄羅斯馬赫主義者，我們說：齊爾尼謝夫斯基對康德的批評與馬赫和阿芬納留斯及內在論哲學者對康德的批評，是正相反對的，因爲在齊爾尼謝夫斯基看來，如同在每一唯物論者看來一樣，我們的感官知覺的形態近似於實在的對象之形態，即客觀上存在的對象之形態。）以此實在的存在的對象，在牠們的實在的性質和實際的相互關係上，對於我們是不可認識的；……（爲着注意混亂一切的我們的俄羅斯馬赫主義者，我們說：在齊爾尼謝夫斯基看來，如同在每一唯物論者看來一樣，對象，即以康德的虛飾的言語說來，「物之本體」，實際上存在着，並在牠們的存在上、在牠們的性質上和在牠們的實際關係上、對於我們是充分可認識的。）即使牠們是可認識的，却牠們殆也不是把知識的材料轉寫爲以實際的存在之形態完全相異的形態之我們的思惟的對象，所以思惟法則只有主觀的意義；……（爲着注意馬赫主義的錯亂者，我們說：在齊爾尼謝夫斯基看來，如同在每一唯物論者看來一樣，思惟法則不特有主觀的意義，並且牠們還充分地反映牠們所近似的對象之實在的存在之形態，並不與這些形態相異。）所以，實際上沒有任何東西，對於我們似像是原因與結果的聯結的，曾現出來，因爲既不會有先行的，也不會有後續的，既不會有全體，也不會有部分，等等。（爲着注意馬赫主義的混亂者，我們說：在齊爾尼謝夫斯基看來，如同在每一唯物論者看來一樣，有客觀的因果性或「自然」的必然性，有原因與結果間客觀的聯結。）……在自然科學家停止講說這樣的形而上學的荒唐話時，他們將要能夠在自然科學的基礎上造成（或者他們現正造成）概念的一體系，將比費爾巴赫提出的概念的體系更爲正確，更爲完全的。……（爲着注意馬赫主義的錯亂者，我們說：齊爾尼謝夫斯基把一切對唯物論的離背及對唯心論和不可知論的偏向，叫做形而上學的荒謬。）並且當時在所謂知識慾的根本問題上面科學的概念之最上的說明，是費爾巴赫所已提出的。」（一九六頁　齊爾尼謝夫斯基以知識慾的根本問題，指在近代言語上所名爲認識論的根本問題或認識理論。齊爾尼謝夫斯基是惟一偉大的俄羅斯著述家，他從五十年代到一八八八年，能夠立在徹底的唯物論的水準上面，擯斥新康德主義者、實證論者、馬赫主義者和其他錯亂者的惡劣的混淆。但是齊爾尼謝夫斯基不能夠進而發展馬克思和恩格斯的辯證法的唯物論，或者較適切地說來，因爲俄羅斯生活的落後，沒有取得發展這個辯證法的唯物論的機會。

## 第二部　對講演者提出的十個質問（註一）

（一）講演者承認馬克思主義的哲學是辯證法的唯物論麼？

如不承認，那麼，爲何不分析關於牠的恩格斯的衆多的說明之一？

如是承認，那麼，爲何馬赫主義者把他們的辯證法唯物論的『修正』叫做『哲學的馬克思主義？』

（見馬赫主義者的論集，二三四頁（註二）。）

（二）講演者承認恩格斯把哲學的體系根本地區分爲唯物論與唯心論麼？他與恩格斯一致，認近代哲學內休謨的方向是在唯物論與唯心論間的中間的方向，叫牠做『「不可知論」』並宣言康德主義是不可知論的一變種麼？

（三）講演者認定辯證法唯物論的認識論的根柢是在於承認客觀的世界，及人間的頭腦對牠的反映麼？

（四）講演者把『「物之本體」轉化爲「我們的物」』這個恩格斯的見解（費爾巴赫論一五，六五頁）（註三）認爲正確的麼？

（五）講演者把『「世界的實在統一性存在於牠的物質性內」』這個恩格斯的主（張反笛靈格論，一八八六年版，六頁，第一篇第三節，先驗主義，三一頁）認爲正確的麼？

六）講演者把『「無運動的物質和無物質的運動同是不可想像的」』這個恩格斯的主張（反笛靈格論，四五頁，第六節，自然哲學、宇宙論、物理學、化學，五〇頁）認爲正確的麼？

（七）講演者承認因果性、必然性、合法則性、等等的概念是人類頭腦中的外部世界和自然法則的反映麼？不然，恩格斯的這樣的主張是錯誤麼？（同書，第三節，先驗主義，二〇到二一頁；和第十一節，自由與必然，一〇三到一〇四頁。）

（八講演者知道馬赫表示他與內在論學派的頭目蘇博一致，甚至把他的最後和最重要的哲學著作題獻給蘇博麼？講演者怎樣說明馬赫與僧侶主義的擁護者和一般哲學上公然的反動者，蘇博，之直率的牠明白的唯心論的哲學接合着麼？

（九）講演者對於今日（仿照拉麥圖夫）宣言波格達諾夫是唯心論者之他的昨日同志（論集上的）和少數派者，尤謝維齊，的『冒險事』爲什麼沉默？講演者知道培蘇德在他的最後著作上把許多馬赫的弟子算入唯心論者裏面麼？

（十）講演者承認：馬赫主義與多數派主義沒有任何共通點麼？列寧曾經許多次對馬赫主義抗議麼？少數派者尤謝維齊和伐倫體諸夫是『純粹經驗批判論者』麼？

（註一）十個質問是向講演者提出的，講演者是現在俄羅斯社會主義聯邦蘇維埃共和國掌管敎育的人民委員魯納察斯基。一九〇八年秋天，魯納察斯基豫告他將在日內瓦公開地講演一個哲學問題。讀者從本書可以知道，魯納察斯基是波格達諾夫的哲學方向的追從者，他與波格達諾夫只在宗敎的色彩之濃淡上有相異處。列寧那時正從事撰著唯物論與經驗批判論，但以爲在這部書出版前，對經驗批判論必得要表明自己的意見。這件事是更爲必要的，因少數派者（蒲列哈諾夫）正非常努力於在政治上與多數派者的苦鬥中利用那時多數派的中央委員會的委員波格達諾夫和魯納察斯基的哲學上的迷失。

列寧因多數派的機關雜誌無產階級編輯部編輯員杜博洛文斯基（I. F. Dubrowinsky）同志與自己的哲學的意見相

風，囑託他答覆晉納察斯基的講演。爲這個目的，列寧起草上述的十個質問。在晉納察斯基講演後，杜博洛文斯基沉痛地攻擊講演者，這個攻擊又喚起波格達諾夫的猛烈的抗辯。日內瓦俄羅斯多數派的亡命者繼續活潑地討論問題，以此，關於根本的論點，卒能撥開雲霧：即，多數派斷然排斥某一些主要的黨員之哲學上的思辨。

（註二）列寧心目中指馬克思主義哲學的論集，以巴沙諾夫、日爾曼、晉納察斯基、尤謝維齊、波格達諾夫、黑爾風、蘇佛洛夫的論文構成的，一九〇九年出版。——編者）

（註三）這段文句表示，列寧對於『指明康德的認識論爲一種不可知論』這件事認爲非常重要。列寧關於這個問題和『反映』的問題必與恩格斯的見解一致（參照第七問），這些見解是考驗任何哲學學徒是否馬克思主義者的試金石。這件事，應特別著重，因爲數年前又有人努力於沿着俄羅斯馬赫主義者的方向建立自稱的共產主義的哲學。恩格斯的這些言詞和我們正在這裏談及的他的反映的理論，有人（如盧咯(Lukacs)和柯昔(Horsch)）爲着闡明與辯證法唯物論的認識論對立的自稱的共產主義哲學起見，曾經從露骨的唯心論的見地批評他們。他們與馬赫主義者的一致甚至及於細微點。所以，例如，盧咯且否認康德是不可知論者，即否認康德曾主張達到客觀的世界的承認爲不可能。

# 第三部　辯證法的問題（註一）

『統一』的分裂及其矛盾的構成部分的認識（見拉薩爾(Lassalle)的著作"Die Philosophie Heracleitus des Dunken", 第三篇"Lehre Vom Erkennen", 的冒頭上，從斐洛〔Phi o〕關于黑拉克勒遂斯〔Heracleitus〕的記述引用的文句（註二））是辯證法的本質（是存在的『本質』方向之一，即使不是那根本的特徵，也是根本特徵之一）。這正是黑格爾如何提出問題的情況。亞里斯多德（Aristotle）（註三）在他的形而上學上常常與牠苦鬥，並繼續從事與黑拉克勒遂斯鬥爭（關于黑拉克勒遂斯的觀念）。

辯證法的內容之這個方面的正確，必須由科學的歷史來試驗牠。辯證法的這個方面，普通不為人們（例如蒲列哈諾夫）充分地注意着：即，對立物的同一性，被視為實例的總計（例如『一種子』，和據恩格斯的見解，例如『原始共產主義』）（註四）。但這是為通俗化的理由，不是當作認識的法則（和當作客觀的世界之法則）。

在數學方面：正號與負號。微分與積分。

在力學方面：作用與反作用。

在物理學方面：陽電氣與陰電氣。

在化學方面：原子的化合與分解。

在社會科學方面：階級鬥爭。

對立物的同一性（或者，更正確地說來，牠們的統一性，儘管在這裏『同一性』與『統一性』這兩說明語間的相異不是極重要的。在或種意義上，兩者都是正確的〔註五〕，就是在自然（包括精神和社會在內）的一切現象和過程中互相排除的和對立的傾向之承認（發見）。在『自己運動』中的、在自發的發展中的、在躍動的和生存的形態上面被推想的、世界之一切過程的認識的條件，是牠們的對立物的統一性之認識。發展是對立物的『鬥爭』。發展（進化）之兩個根本的（或是兩個可能有的，或是兩個歷史上被觀察的？）見解是：縮小與增大的發展、反覆的發展；及對立物的統一之發展（統一物的分裂爲相互排除的對立物，和對立物的相互關係）。

第一見解是死的、貧弱的和乾枯的；第二見解是生動的。惟獨這個第二見解是理解每一存在物的『自己運動』之關鍵；惟獨牠是理解『跳躍』、『漸次的繼續之中絕』、『變化成對立物』、『舊的東西之破壞和新的東西之成立』的關鍵。

對立物的統一（合一、同一、合成力）是條件的、一時的、過渡的、相對的。互相排除的對立物之鬥爭，如同運動和發展一樣是絕對的。

注意——在其他方面主觀主義（懷疑主義、詭辯、等等）與辯證法的相異，存在于這個事實中，即，就客觀的辯證法說，相對的與絕對的之相異，是相對的。依據客觀的辯證法，絕對的也是包含在相對的裏面。依據主觀主義和詭辯，相對的是惟一相對的，並排除絕對的。

據『運動』的第一見解，自己運動，及牠的推進力、牠的泉源、和牠的動機，依然留在陰影內（或那個源泉被移在外邊，成爲主觀，等等）。據第二見解，主要的注意力是向着『自己』運動的泉源之認識。

馬克思在他的資本論上，首先分析最單純的、最普通的、最根本的、最日常的、東西，分析在資產階級的商品社會中數十億次被觀察着的關係：即分析商品交換。那個單純現象（資產階級社會的細胞）的分析，暴露出近代社會的矛盾全體（和這些矛盾的胚芽）。繼續的敍述，從起頭到末尾，在資產階級社會的根本的構成部分之總計上面，表示那些矛盾和這個社會的發展（生長和運動）。

這也應是辯證法一般（因爲資產階級社會的辯證法，在馬克思看來，只是辯證法一般的特殊的例證）的敍述（和研究）的方法。……從你們所喜悅的任何命題，如『樹葉是綠的，約翰是一個人，一尨犬是一條狗，等等』，以最單純的、最普通的、最日常的、概念開始。甚至在這個場合（如天才的黑格爾所認識），我們得到辯證法的一實例：即個別的是一般的。（參照亞里斯多德的形而上學，謝威格勒爾翻譯的，第二册，八，四〇，三，第四卷第八章和第九章：因爲推想在眼見的家之外，存在着家一般，這自然是不可能的。）

因此，對立物（與一般的對立之個別的）是同一的：即，個別的只在引導到一般的之關聯上存在着。一般的只在個別的之中和依着個別的而存在着。每個個別的（在一種方面或他種方面）是一般的。

每個一般的（就形成個別的之斷片或一方面或一本質說）是個別的。每個一般的，僅僅近似地包括一切個別的物。每個個別的，是一般的之一不完全的部分，等等。每個個別的，由數千的徑路與其他種類的個別的（物、現象、過程）、等等關聯着。在這裏，已發見自然之客觀的關聯的必然性之要素、之萌芽的概念．等等。偶然的與必然的，現象與本質，在這裏已是存在着的。因爲我們說『約翰是一個人，小犬是一條狗，這是一個樹葉，等等』的時候，我們不注意當作偶然的看的一序列的標識；我們區別現象的與本質的，並把牠們互相對立着。

這樣，人能夠（並應該）在任何供述（命題——譯者）內，如在一細胞內，發見辯證法的一切要素的萌芽，以此表明辯證法一般地是一切人類認識的特性。

並且從牠的方面，自然科學對我們表示具有個別的變化爲一般的、偶然的變化爲必然的、過渡、移行、對立物的交互的關聯、之同一特質的客觀的自然（並又在這裏牠應在任何單純的實例中被確證出來）。辯證法是（黑格爾和）馬克思主義的認識理論。這正是蒲列哈諾夫，且不說其他馬克思主義者，所決未注意的問題之這個『側面』（在這裏這不僅是問題的『側面』，且還是問題的本質）。

在黑格爾方面（參看他的論理學（註七））並在這個自然科學的近代的『認識理論家』、折衷主義者、和黑格爾主義（他不理解牠）之敵，佛爾克曼（Paul Volkmann）方面（參看他的"Erkenntnistheoretische Grundzüge der Naturwissenschafte.ı”，〔註八〕），認識在一系列的循環之形式上面現出來。

年代記是必要的麼？不是呀！

這些是哲學的循環：即，

古代——從地摩克列達到柏拉圖和黑拉克勒達斯的辯證法。

文藝復興期——笛哈爾（Descartes）對嘉孫底（Gassendi）（斯賓諾塞？〔Spinoza〕）。

近代——經柏克勒、休謨、康德到達爾巴齊-黑格爾，黑格爾-費爾巴赫-馬克思。

辯證法，充當作有無數的種種色度和對實在的近似（有從這些種種色度和近似發展爲一全體的哲學體系）之生動的、多面的（永遠增加側面的數的）、認識的，牠的內容與『形而上學的』唯物論比較起來是無限地豐富，『形而上學的』唯物論的根本的弊病是在牠無能力應用辯證法到理論的建立上，到認識的過程和發展上。

哲學的唯心論只從粗陋的、單純的、形而上學的、唯物論的見地看來是無意義的。反之，從辯證法唯物論的見地看來，哲學的唯心論是：認識的一特質、一側面或一限界，一方地、誇張地、膨脹地、發展（狄慈根）爲與物質、與自然、分離的或稱東西、即神化的絕對物。唯心論指僧侶主義。眞的呀！但哲學的唯心論（更『正確地』說明起來並另外地說來），是經由人間的（辯證法的）無限複雜的認識的種種色度之一達到僧侶主義的一條途徑。

人類的認識，不遵循一條直線，只遵循一條曲線，這條曲線，無限地接近圓之一體系，即接近螺旋。這條曲線的每一斷片、每一破片、每一小片、都能變化（一方地變化）爲獨立的、完全的、直的、線，這條線使我們陷入沼澤裏面，陷入僧侶主義（支配階級的階級利益鞏固着這個僧侶主義）裏面，如果我們看見樹木，不看見森林（看見一面的，不看見全體的——譯者）。直線的和一方的，僵硬和強直，主觀主義和主觀的盲目——這些是唯心論的認識論的根柢。僧侶主義（哲學的唯心論）握持着自然的認識論的根柢，這不是不能說明的。這不是無依據的；這無疑地是一朶無性花，却還是在結子的、眞實的、有力的、萬能的、客觀的、絕對的、人類認識之有生氣的樹上長出的花。

（註一）辯證法的問題是現在莫斯科列寧學院保存着的列寧的迄至現時未發表的哲學筆記之一部分，列寧的筆記包括許多討論自然科學及哲學的節略和選抄。筆記的這一部分恐怕是在一九一二年與一九一四年間某一時候寫的。牠第一次在一九二五年莫斯科雜誌多數派主義五號和六號上刊布出來。

（註二）這個引用文是錄在一九二〇年奔恩斯坦（Eduard Bernstein）編纂的拉薩爾的"Gesammelte Reden und Schriften"，四〇〇頁上，明記如下：『因爲一是由二對立物構成的一全體，所以在牠兩分後，對立的部分可被認識。』

黑拉克勒達斯（紀元前五四四到四七五年）也叫做『曖昧者』，他的最盛時期是在他住在小亞細亞愛費棗(Epheesos)這個商業城市的時候，他是古代最有名的辯證法論者之一。依據他的見解，轉化（becoming）的過程，是從有限不斷地變化到無限，和從無限不斷地變化到有限；是不可分解的和無盡窮的過程，是在兩極間運動的；是有與非有的統一，是宇宙的本質。在萬物的這樣無常中，在『萬有』的一無止息的變化中，黑拉克勒達斯看見宇宙的一般法則。萬物在流動中；決無永久不變的東西，結果，『我們不能兩次踏入同一的水流中』。他以為世界是戰爭與和平、夏與冬、流動與時間、飽與餓、等等。依據黑拉克勒達斯的見解，宇宙的支配的原理，即對立，是萬物所固有的；結果，一切存在物實際上構成對立物的統一。』『萬在一內有他的起原，一在萬內有牠的起原。』

〔註三〕亞里斯多德（紀元前三八四到三二二年）不能夠承認辯證法的觀點，他不斷地駁擊黑拉克勒達斯；黑拉克勒達斯的哲學，因為牠的辯證法的特性沒有全然被理解，顯現出來，很為曖昧。在亞里斯多德看來，對立物只在相繼的序列中是能有的，排斥的。一物存在或不存在，一人生或死，一物不能同時是這個東西又是那個東西。在任何場合一物決不能是對立物的統一。這樣，亞里斯多德反對黑拉克勒達斯，說道，黑拉克勒達斯的原理，主張有與非有是同一物的，與矛盾的法則相反。在另一段上，他說，根據黑拉克勒達斯的哲學，與其說『每一物全在』為真，不如說『任何物都不在』為真。最後，他以下面的言詞，批評黑拉克勒達斯：『那些說有與非有能同時存在的人們，將被發見與其主張每一物在運動中，不如主張每一物在靜止中；因為，某一物發展成的那一物尚未在存在中，既然每一物究極地是任何物的一屬性。』亞里斯多德指的是黑拉克勒遂斯主張每一物有與每一物無，換些話說，每一物包含對立的兩原素在自身裏面，每一物構成牠們的統一，所以從一對立運動到那一對立，是決不可能的。

（註四）潘列哈諾夫在他的著作一元的歷史觀之發展的問題（俄文）上，解釋從恩格斯的反笛靈格論引用的兩段言論。其一段明述：

『我們且拿麥粒來講。數百萬麥粒被搗碎，被煮，被釀，然後被食。但是，如果這樣的一麥粒得在正常的條件下來發展自己，即，如果牠落在適宜的土壤上，那麼，溫度與濕度的影響，將要在這個種子內，實現一特有的變化。牠發芽；本來的麥粒（這樣發芽的種子——譯者）消滅，被否定，並且由麥粒生的植物，即麥粒的否定，代牠而出現了。但是這個植物的正常的生涯是什麼？牠成長，開花，結實，最後產生其他麥粒；並且在這些麥粒成熟時，莖枯死，依次被否定。但否定之這個否定的結果，又是我們開始的麥粒，並且不單單是一麥粒，還又增多十倍、二十倍、三十倍。』（反笛靈格論，一三八頁。）

在另一段上，恩格斯引用盧梭（Rousseau）的思想做辯證法的思攷方式之一實例，表示依據盧梭的見解，社會的發展，因對立而進行：『在自然和未開化的狀態下面，人們是平等的；並且因為盧梭甚至認語言為自然狀態的一種變遣，在一種類的動物間的平等可以盛行的範圍內，他把這個平等還適用到海克爾在假說上近頃分類為無言語的一種類的獸人之上，這是完全正當的。但這些平等的獸人，具有一種其他動物所無的特性：即完成性，即繼續他們的發展之能力；這形成不平等的原因。所以盧梭認不平等的發生爲一進步。但這個進步有牠的矛盾：牠同時是退步。……每一文明的新進步，同時是不平等的一新進步。社會的一切制度，與文明同時發生的，遲早要服役於與牠們的原來的目的相反對的目的。「人民建立君主來保存並維護他們自己的自由，不是來破壞牠，這是無疑的事，並還是我們的國家政權的基本法則。」然而這些君主必然地成爲壓迫人民者，甚而實施他們的暴虐，使因此產生的不平等成爲不可容忍，再變爲牠的反對物，再一度成爲平等的根據：在專制君主前，一切人平等，即一樣等于零。……並且這樣，平等再變化爲平等，不是變化爲無言語的原始人之舊的原始的平等，只是變化爲社會契約的高級平等。』

蒲列哈諾夫辯護這兩段言論，抵抗主觀的社會學者米海洛夫斯基的攻擊。

（註五）對立物的『統一性』，也可以視爲對立物的『同一性』。在這是事實時，列寧關于這點加以說明。把這個同一性解釋爲指：原來統一的、非對立的、現象，首先供給對立物的次第展開的機會，這些對立物旋又消滅在『綜合』裏面，——這是錯誤的。列寧再使與這個見解相反的黑拉克勒達斯的見解囘復到牠的正當的地位，依據黑拉克勒達斯的見解，每一現象包含對立物的統一在自己裏面（參照對這一段註二的引用文），却是對物立始能認爲是對立物，直到如黑拉克勒達斯所說現象『兩斷』後；即在對立物勢將破裂辯證法的統一時。迄至這樣的階段，『在或種意義上』可以說對立物的同一，如果沒有進而認對立爲全然無有。

在這個場合，我們應特別指出列寧在這裏明白地擴展辯證法來含蓄自然、和自然的認識、之範圍，但某一些採取唯心論的方向的『馬克思主義者』否認這個擴展。

(註六)黑格爾：“Enzyklopadie der philosophishens Wissenschaften”,二版，一六二頁：

『關于判斷，普通人的第一印象，是主辭與賓辭兩極的獨立性。我們拿主辭做本有的一物或本有的一特性，拿賓辭做主辭以外和在我們的頭腦中某一處的一般的特性，我們把後一特性與前一特性結合，以此形成一判斷。……抽象的命題在這樣一個命題中可以表明出來：即，個別的是一般的（普遍的）。這些是主辭與賓辭在彼此的關係上所獨有的形態，當概念的各原素在牠們的直接的內涵上或在牠們的第一抽象上被受取時。……在每一判斷中提出的這樣一個命題，如，個別的是一般的，或更確定地說來主辭是賓辭(例如，神是絕對的精神)，——這個事實在任何論理學書中都沒有陳述過，這表明在這些書當中觀察的缺乏是可驚的。無疑地，個別性、一般性、主辭、賓辭、的概念是十分相異的；但每一判斷實際上是同一之一陳述，這件事，依然是一般地眞實的。』

(註七)黑格爾：“Logik”，第二卷，五〇三頁：

『所以結果，在繼續的限定之進行中的每一步，在牠離遠不限定的發端時，也構成對牠一復歸的接近；兩個外表上相異的要素，即確立發端之逆行的過程與確立發端之前進的繼續的限定，實際上一致，並是同一的。……』

『因上述的方法的性質科學構成繞自身的一圈；在圈之發端，即在單純的基礎，牠的終末又被過者，因牠從其他方向而返：再者，這個圈是衆圈之一圈；因為每一個別的部分，因牠是方法之活動狀態，是反射自體；這個反射自體間到發端的階段，同時構成一新部分的發端。』

（註八）佛爾克滿是普魯士闊尼斯堡(Konigsberg)大學理論物理學教授，是一個從物學理家的見地寫了許多認識論的書的著作者。在上述的他的著作（二版，一九一〇年萊潑茲印行）內，關于列甯的『認識之圓周運動』，應攷察下記的幾段言論：

『所以我欲把內的順應與這個攷察所與關聯的外的順應（卽，主體對客體的順應——編者）對立起來。如果振動的過程可以比喻地表現外的順應，那麽，振動的過程也可以比喻地表現內的順應，卽，循環的過程可以表現內的順應。在這個意義上，萊比革宣言：進步是有伸長的半徑之圓周運動』；在這個意義上，萊比革描繪一個螺蠻並在牠之下書了幾個字：卽，'inclinta re urgit'（傾斜而上）（二五頁）。

又在另一段上，說道：『認識過程是、並常常將是、振動的和漸近直接的過程。在俗人看來，最後分析起來，其基在演繹與歸納之繼續的消融上的這樣的研究或似是惡劣的循環論。無疑地，在許多場合，進步的自然科學的認識，實在循環中運轉着——却這個說明的意義包含這個事實，卽，認識之每一新的循環，是與許多充分的精確和訂正相結合着。』（三五九頁）

關于列寧說佛爾克滿為折衷主義者，我們應該述說佛爾克滿最後發展成一個道地惟我論者。他現在是"Als-Ob"哲學家費新格爾(Hans Vaihinger)刊行的"Annalen der Philosophie"的副編輯，在這個刊物上，他擁護資產階級的唯心論之崩潰的體係內最新的潮流，『擬制論』(Ficlionalism)。

# 辯證法的唯物論與死的反動之哲學

萊夫斯基（V. N.vsky）述

在目下『勞動階級的主要任務是在變革世界』的時候，從事於惹厭地復述理論的領域內已充分證明的舊眞理；這像似不合時宜的。事實上，有許多實際的事件應該做，並迫切地需要決定的和根本的變革，所以實際上沒有餘時可以消耗在愉快的理論的談論和研究上面。然而馬克思在費爾巴赫論上他的第十一論綱內述及的根本的世界變革之眞正大業的利益，要求一切對革命的成功不淡漠視的共產主義者，最少一度從事于攷察久已解決的和尚未被任何人反駁的那些理論的問題。

甚至在無產階級與資產階級間空前未有的鬥爭的時候，從事於詳究表面上抽象的哲學問題之必要，是從這樣的情勢發生出來，卽，反動的行將死滅的階級及其意識的和無意識的擁護者和理論家不立刻降伏在新階級及（全生活領域內，包括科學的領域在內）新見解和新形態之前。

那些外觀上已與新世界調和的行將死滅的階級，實際上正企圖從內爆裂牠。在他們當中，有一些人正這樣做並充分知道自己的行爲，這些人在有學識的、有經驗的和『不可少的』專門家之假託下，參加新制度和新組織，來出賣無產階級。在他們當中，別一些人，儘管無意識地、却是充分地、確信他們爲新事業服役，把他們的落後的和反動的見解掩藏在科學的形態下面，以此把腐屍的毒浸透鬥爭的大衆之意識。

兇暴的資產階級，拙劣地企圖來在新秩序之最忠實的信奉者的假託下而加入于敵人的營壘，或善意地企圖來對大衆證明反動的觀念論是無產階級在與階級的敵人之鬥爭中握持的最良武器；在他們的這兩種方法當中那一種對于勞動階級是最爲有害的，這是很難說的。

波格達諾夫及熱誠地擁護這個「著作豐富的」哲学家的追從者，就是這一種類的人當中的分子，這一種類的人，正努力於對勞動階級保證死的、腐朽的、反動哲學是科學之最後的言詞。

列寧在他的著作，唯物論與經驗批判論的結論中發表如下的言論時，是實在正當的：

「在經驗批判論的認識論的煩瑣哲學背後，必然明白地看見哲學上黨派的鬥爭，即究極地表現近代社會內互相敵對的各階級的傾向和觀念形態的鬥爭。最近的哲學是黨派的，恰如兩千年前的哲學是黨派的一樣。鬥爭的黨派，大率是唯物論與唯心論，儘管他們的性質可以隱蔽在僞博學的術語的蒙混下或在笨拙的不偏不黨的假託下。」（見第六章結論第四項）

在一組新名詞的掩護下，這樣一種唯心論的哲學包含在波格達諾夫的思想裏面和在他的各種單行本上出現的、或散見各雜誌上的、一切他的夥多的『著作』裏面。

在他發表他的著作，自然之史的見解之基礎的各要素，從史的見地看的認識和有名的經驗一元論三卷以後，又出現了這些非常的著作，如組織形態學（或一般組織學第一篇和第二篇）；社會意識的科學；觀念形態科學的捷徑問答；社會主義的問題；題名爲新世界的新舊論文集；科學之社會主義（無產階級的科學的問題）；生的經驗之哲學；通俗論文集；唯物論、經驗批判論、辯證法唯物論、經驗一元論——未來的科學；在作者的協力下脫拉崎基新訂正的和補足的經濟科學捷徑版本（第十版）；經濟科學入門（問答體的經濟學初步）；關于各種問題的論文之小册子、單行本，著者尚未纂集的，例如無產階級的文化雜誌上的論文，組織科學綱要，第七到第十二號；關于無產階級的詩和其他問題的論文（所有這些著作的題名都是用的俄文——編者）。

我們確知我們尙沒有盡舉這個著述豐富的學者的作品，但是就我們的目的說，幸而不須盡舉。在寬觀上列的主要著作以後，我們確信我們在這裏考察我們在前面已知道是馬赫和阿芬納留斯的信從者、是馬克思和恩格斯的唯物論的批判者、之同一的唯心論者，這就行了。他的前後態度的惟一的相異點，就是：現在波格達諾夫在他的經驗一元論的著作發表後，已開始更公然批評馬克思，同時，他的哲學日益成爲死的反動的哲學。

這件事情，實是如此，人們將理解得，如果他們分析波格達諾夫的「死的反動之哲學」，即所謂「生的經驗之哲學」。

在馬克思和恩格斯的正統的弟子與他們的敵人，組織形態學的作者波格達諾夫間一九〇五年到一九一〇年的爭論中，問題怎樣提起呢？這恰如在牠的時候馬克思和恩格斯在他們與資產階級的、唯心論的、哲學家鬥爭中提起牠一樣。

恩格斯說，「一切哲學、尤其是新哲學、的根本的問題，是關涉着思惟與存在的關係之問題。……因爲對這個問題的答覆不同，哲學家分裂爲兩大營壘。這一黨派（營壘——譯者），把精神的根源性放在自然的根源性之前，以此最後容認在一種或他種的形態上面的「世界創造」的，——這個世界創造，在哲學家的場合，例如在黑格爾的場合，常是比基督教的世界創造還更爲奇特，還更爲不可能——構成唯心論的營壘。那一黨派認自然爲根源的，屬于唯物論的種種學派。」（費爾巴赫論，五六頁。）

「唯心論與唯物論這兩個字，原來沒有在任何其他意義上使用着，在這裏，也沒有在其他任何意義上使用着。」（同書，五八頁。）

在偉大的十一月革命前，波格達諾夫如何答覆這個問題？在他的經驗一元論第一部，他這樣解釋世界和物理體之客觀性：『物理的世界之客觀的性質，存在于這個事實裏面，即：牠不爲我個人地、只爲全人類、而存在着；據我的意見，牠對于每一個人有的意義與對于我有的意義是同一的。』（經驗一元論，第一部，二五頁。）並且他還說，『一般地說來，物理的世界是社會地一致的，社會地調和的，換一句話說來，是社會地組織的經驗。』（同書，三六頁。）

據恩格斯的意見，形成一切之根源的『自然、或物理世界、的客觀性的基礎』，包含在集合的經驗領域裏面。

我們的哲學家，在他的經驗一元論的體系正在成立中的時候，抱持着那樣的見解。現在他對那個問題的態度是怎樣呢？他放棄那樣的見解麼？他變更那樣的見解麼？決沒有，他依然如舊。他說：『我們視實在或經驗的世界爲在全體的生的內容上面、在構成這個內容的努力和抵抗之總計上面、人間集合的實踐。』（"Philosophy of Vital Experience"，二一四頁。）

並且恰如世界肖像從前被還元爲感覺的要素一樣，這些已充分被知的要素，現在被假定爲每種東西的根源。他在經驗一元論中描繪的圖式是這樣：即，要素，人類之心理的經驗，人類之物理的經驗，和意識。在他的生的經驗之哲學裏面，這個圖式，本質上還是一樣的。

在這部著作上，人們也發見經驗的要素，『客觀的』、『物理的』、之定義，與人間之社會地組織的經驗是相同的。他的證明是這樣：

『經驗的要素，是認識內具體化的社會勞動的一產物。』（生的經驗之哲學，二一七頁。）『如果我的同胞說：「是的，我們見聞你們所見聞的」，即，如果我的經驗與他們的經驗一致並是社會地被組織的，那麽，我們便攷察着實在的對象，客觀的或物理的現象。如果，在別一方面他們說在他們看來我所研究的沒有存在着，那麽，我的經驗顯然在這一點只是「主觀的」，只是心理的，只是幻想或錯誤。』（二二一頁，萊夫斯基的傍點。）

從這些引用文看來，波格達諾夫顯然固持着他的以前的立場，即純粹唯心論。因爲他現在如從前一樣頑強地主張，物理的世界是『社會地組織的經驗』，即，人間的經驗；所以，因沒有任何『社會地組織的經驗』，便沒有任何物理的世界。這是惟有經驗一元論者能夠得到的謬誤的結論。因爲經驗一元論者，主張物理的世界是人間的『社會地組織的經驗』時，應該回答這個問題，即，在人類發生以前世界能夠與誰何的社會的經驗發生關係。

下述的引用文，將明白地表示波格達諾夫的從前的『著作』中含有的混亂依然全無更變。

『一個天文學家發見一新彗星，明定牠在空間的位置、軌道、大小、形態、構成、等等。在他把這樣的論據公布前，除自己外，任何人沒有關于這個彗星的任何知識。以此，這個彗星屬于他的個人的經驗，不屬于社會的經驗。然而由人們為着組織他們的經驗集合地完成的科學的方法，這個彗星，曾被發見、解明、測量、研究。這是說：牠業已進入社會地組織的經驗裏面，牠在客觀的、物理的、現象之系列中，取得牠的地位。實際上，這將在這個事實內表現出來，即，任何其他觀察者將在第一人曾發見這個彗星的場所和形態上面發見牠。』（二二一頁，波格達諾夫的傍點。）

人們殆難相信波格達諾夫不知道，他自己因假定物理的、客觀的、世界所代表的要素和社會地組織的經驗，陷入唯心論的沼澤裏面。他知道這件事，因為在他的著作二二五頁上他引用蒲列哈諾夫最近對那個問題的抗議；但是他因覺察牠，陷入更大的唯心論的謬誤裏面。

波格達諾夫說道，『物理的經驗是或人的經驗，即，發展中全人類的經驗。這是嚴密的、確定的、完成的、合法則性之世界，是確定的、正確的、相互關係之世界；這是一個「秩序確立」的世界，在這個世界內，幾何學的一切定理，力學、天文學、物理學、的一切公式，等等，都是有效的、適用的。這個世界，這個經驗的體系，認牠獨立于人類外是可能的麼，說牠在人類前存在着是可能的麼？』（二二六頁）

物理的世界，是否在人類存在以前存在着，特別地說來，物體是否依據引力的法則相互吸引，這樣重要的問題，波格達諾夫怎樣回答？

『如果放棄計算之「社會的實踐」、計量標準的設立、等等，那麽，關于引力的法則便沒有任何東西存留着。所以，當我們說這個法則在人類存在以前是有效的時候，這與說獨立於人類外不是同一的。』（二二六到二二七頁，波格達諾夫的傍點。）

顯然，從這樣一種觀點看來，物質沒有存在着，這個世界也沒有存在着，這個世界是自然科學的對象，在這個世界中棲息着承認（對唯物論的另一批判者巴沙諾夫曾戲弄過的）『神聖物質』之唯物論的罪人，我們。顯然，從這樣一種觀點看來，『物質是對活動的抵抗』（五五頁）；或者，物質『不過是對集合的勞動的努力之抵抗』（八九頁）；『人間的勞動經驗之無限展開的全景是標名爲自然』（四四頁）；『宇宙對我們表現自己爲組織的活動之無限的流』（二四〇頁），『世界肖像是要素的組織的形態之不間斷的連續，即在過去無始和在未來無終由鬥爭和相互作用發展着的形態之不間斷的連續。』（二四一頁，萊夫斯基的傍點。）

所以，問題再被還元爲要素，即，爲『在認識內具體化的社會勞動的產物呀』！

這樣，波格達諾夫的唯心論的見解之全神髓，是在生的經驗之哲學的通俗的論文中被闡明着。古代的唯物論、十八世紀的唯物論、馬克思和恩格斯的辯證法唯物論，在這裏從經驗一元論的見地批評牠們。

據波格達諾夫的見解，『馬克思和恩格爾的辯證法之根本概念尚未充分地完成明瞭。因這個事情，辯證法的方法之適用，成爲不正確的，成爲有汚點的。在牠的方式中，含有任意的夾雜物。不特辯證法的限界依然未被決定，而且牠的眞正的意義，成爲歪曲的。』（一八九頁）

這是因科學的社會主義的創建者尚未得到『對活動的抵抗』的概念，尚未得到『組織的過程』的概念；因爲波格達諾夫說：

『我們在適用我們的方法時，已從起頭解釋辯證法如下：「由對立的傾向之鬥爭進行着的一組織的過程。」這與馬克思的見解一致呢？全不一致。在馬克思的場合，論爭的要點是發展，不是組織的過程』（一八九頁）

最後波格達諾夫發見了適當的言詞，坦直地承認：他越過馬克思，凌駕馬克思，發展馬克思的學說，並從一切誤謬和缺陷純化牠。

把馬克思的辯證法唯物論的學說從牠的謬誤這樣的純化，是藉波格達諾夫創造的組織形態學的體系（一般組織的科學）完成的。

不過，訂正馬克思的謬誤和缺陷的科學，是何種科學呢？是建設的科學，是『應當科學地體系化人類的組織的經驗之科學。』

在這個組織形態學的兩篇（迄至現時只出現兩篇）內，和或者在無產階級的文化（俄文）上組織形態學的見解之『通俗的』說明內，我們不幸看見關于波格達諾夫的哲學之我們的舊相識——綜合及要素。我們學知：（1）『人類在他的活動全體（勞動和思惟）上面，有由種種不同的要素構成的種種綜合物做他的對象』（組織形態學，第一篇，二九頁），（2）要素及綜合物的概念是相關的概念；綜合物是被分解爲要素的東西，要素是構成綜合物的東西；抵抗及活動的概念也是相關的概念；『抵抗是（從相異的觀點看見的）同一活動，與其他活動對立的』，宇宙既然不過是『要素的組織形態之不間斷的連續』，不過是『組織的活動之無限的流』（生的經驗之哲學，二四〇到二四一頁），所以組織形態學包括一切科學的材料。這是『惟一的科學，這個科學不僅應該直接完成牠的方法，並還應該研究牠們，把牠們總括一起。所以牠代表各科學之圈的完成』（組織形態學，第一篇，三八頁）。

這個完成一切科學之圈的奇特的科學的方法，存在于什麼裏面？

『爲着進入組織形態學本部的領域裏面，人們應該從要素之具體的‖生理學的性質把自己抽象，以無差別的象徵替代牠們（要素——譯者）並由抽象的圖式表現牠們的關聯。這個圖式，我們將把牠與以同樣的方法得到的其他圖式比較一下，以此作成使我們得到組織的形態和類型的概念之組織形態學的一般化。』（三九頁）

『再進而分析起來，人們看見那些組織形態學的圖式是抽象的；沒有內容的空虛的圖式，但牠們是普遍的，牠們可以應用到無限的多樣的場合上面。』（四八頁）

實際上，更進而分析起來，我們看見就波格達諾夫說那些圖式沒有任何不足，即使其他別的東西有不足。

既然淘汰的原理在人間的理論和實踐上面有無限的廣汎的適用，牠的組織形態學的性質那便是被牠顯明出來：即，淘汰的機構是普遍的。有保守的與進步的淘汰；『進步的淘汰變化綜合物的構造』（六四頁），『保守的淘汰傾向於恆常的均衡之類型的靜的成果』（一〇七頁）。『積極的淘汰變化「在要素之更大的不同性的方向和內的相互關係之更大複雜性的方向」之綜合物的構造；消極的淘汰變化「在要素之更大的同類性的方向和要素的關聯之更少的複雜性的方向」之綜合物的構造。』（一〇八頁）一句話說來，淘汰是基本的＝一般的機構，由這個機構世界上一切東西都能夠被說明——如，達爾文主義、馬爾薩斯主義、物質的進化、以及原形質之根原的反應運動、採金的方法、宗派和黨派的人類組織之方法。波格達諾夫從淘汰之基本的＝一般的機構出發，推論出『侵入』的法則。

他首先提出『價值關聯』的概念。這是『關于組織的結合之我們的思惟形態』（一一四頁）。但是，因為在各綜合物間的價值關聯不能常被確立，必須有中間的綜合物，即，必須有侵入自身。

侵入的法則，存在于什麽裏面，恐怕只有波格達諾夫纔知道牠。但從他的組織形態學的兩篇，讀者除空虛的、抽象的、無意義的圖式而外，不能抽取出任何東西。在這兩册書中，除這些圖式而外，說到其餘的東西，只有夥多的新術語，混亂已經十分隱晦的形而上學的體系之說明。

波格達諾夫，儘管常常好對資產階級的科學之不雅馴的術語抗議，却是他自己堆積着無數的新術語。人們將要發見一切各種樣的名稱，並奇怪他在這個世界內那處得到牠們。他的著作中有交尾及接合生殖（從生物學得到的）、侵入、侵出降下、不侵入、和體系的分化，以及一切那些象徵、綜合、要素、的組合。

我們不是從事於批判地論述波格達諾夫的著作的。我們只是因唯物論與經驗批判論這部書新出版，纔簡單地評述牠一下。所以我們不能詳細地敍述我們的哲學家的一切著作之內容，或他的哲學。

我們的目的是在以兩三處引用他的根本的命題來說明：這種哲學就牠的出發點說站立在同一的唯心論的基礎上，即在感覺〃要素和感覺〃綜合上；站立在物質外部世界的否定上；站立在每種唯物論和自然科學的理論之否定上，和在『物質是第一位的，精神不是第一位的』這個主張之否定上。

我們容易在一切波格達諾夫的新著作中指明：唯心論的教說如何有害地在他的哲學裏面被致察着；這些教說如何變化他的基理爲空虛的、抽象的、形態並使他到達這樣的主張，即，物理的世界是社會地組織的經驗，物質是對活動的抵抗，活動是抵抗，抵抗是活動，『不侵入是相反的向著的活動之互相的破壞』，以及其他等等（組織形態學，第二篇，一四頁）。

但在這裏，既無敍述牠的時間，也無敍述牠的空處。不過注目于波格達諾夫在比有接合生殖、侵入、不侵入和其他術語及侵入『法則』的組織形態學中的形式更為單純的一形式上面，對勞動者提示這個形而上學的囈言，這是有趣味的。

在科學與勞動階級這篇論文（俄文）上，他說及同一的一般的組織科學和科學一般的社會化。惟有神纔知道這個社會化的意義。但牠的主旨是：我們應即着手於那個組織形態學的創造或較切適地說來牠的組織，因為那個組織形態學久已存在着。

資產階級對無產階級給與知識的斷片，即偽造的科學；社會之階級的構造，反映自己在資產階級科學家的眞正科學的基礎內；資產階級科學家在資產階級的社會內創造科學；——這樣正確的命題，波格達諾夫從牠出發達到這個結論，即，勞動階級的任務是在創造牠自己的無產階級的科學，是在把牠社會化。

他說道，『在大衆中科學的傳播證明不僅是牠的民主主義化，並且還是牠的眞實的社會化。』（"Socialism of Science"，俄文，三一頁。）

那個科學的社會化指的是什麼，沒有精密地被陳述出來，牠顯然是同一的組織形態學；關於這個組織形態學曾寫下許多形而上學地難解的和空虛的胡說。

這樣的理想是『組織的活動常常是向着從有些部分和要素之若干體系的形成』（七九頁）。如我們所察見，沒有這些波格達諾夫的有名的要素，人們不能前進一步。

『一般說來，這些要素是什麼？入由他的努力組織什麼？一特徵在一切場合中都可被適用——即這些或其他活動或抵抗被組織着。我們攷究一下，確信（1）只有一特徵，沒有兩特徵，（2）牠是普遍的，沒有例外。』（同書，七九頁。）

這是對波格達諾夫的『科學的』見解之通俗的說明，他的科學的見解，否定物質的存在，並以勢力的概念替代馬克思和恩格斯的物質的概念。『物質被還元為「勢力」，即還元為活動的作用。』（八〇頁）

質問波格達諾夫物質被還元為什麼種類的作用，或這個活動是什麼，這是無益的。我們將要只能聽見他答道：科學業已分解原子，活動是抵抗，抵抗是活動；光波依據某某法則干涉；接合是一般的事實；全事件再被歸約為經驗的要素，為綜合，即歸約為形而上學的惡魔之幽靈，這個幽靈假託科學來破壞或企圖破壞讀者心中對這樣的事實的確信：即，物理的世界獨立於那些『要素』及綜合之外而存在着；根源的、基礎的、事實不是那些要素及綜合，只是波格達諾夫所最不喜歡的和以爲非存在的物質。

因活動被組織，因『組織之正確的定義是這個概念被證明爲不僅在生活的領域內、並且在存在之一切階段上、都普遍地可適用』，一個極有意義的結論從此發生出來：

『數量上、性質上、互相遠隔的和多種多樣的這些同一的宇宙要素，能夠從屬於同一的組織方法，同一的組織形態。』（九一頁）

科學的神祕，存在於種種不可計量的現象系列的關聯裏面。從此發生出豫想之可能性，並且因爲宇宙的一切要素能夠被從屬於同一的組織方法，謎就被解決了。『這個解決，是一般的組織科學之任務』（九二頁）。設使是這樣，那麼，必須由通俗的論文使勞動者熟知『組織形態學的』法則，例如上述的關於積極的和消極的淘汰之法則。波格達諾夫，在無產階級的文化這個雜誌上關於組織的科學他的論文中，所從事的就是這件事。

我們雖沒有攷慮一切這些『組織形態學的法則』，却將要注意在這些通俗的論文中的波格達諾夫對勞動者敎說辯證法唯物論是非科學的和陳腐的（一〇二頁）。

我們相信從波格達諾夫的著作引述的言論（關於『要素』、『綜合』、『活動』、『抵抗』、的言論）足以充分地證明波格達諾夫重複地陳說他的舊錯誤。

我們不須多多地引述他的別的著作。牠們的本質是同一的。讀者不能在牠們當中發見任何新的東西。

但是，我們須注意波格達諾夫企圖證明，蒲列哈諾夫、阿索脫克斯〔郎亞克塞耳洛〕以及承認物質存在的其他馬克思的信奉者，在他們把馬赫歸于自己的要素之本質歸于他的要素之範圍內，會誤解他（"The Philosophy of Vit l Experience",一四〇，二〇二，一二四頁）。

但是我們遺憾地說，現時波格達諾夫的議論是不足以使人信服。上述的馬克思的辯證法唯物論的信奉者述說什麼？

他們的表現方法，儘管各不相同，却是他們與波格達諾夫的論爭的核心，存在於這個實事裏面，即，他們都向經驗一元論者的波格達諾夫提出這樣的問題——世界的本源是什麼，是精神，抑是物質呢？你的要素由什麼構成？

波格達諾夫在（前引書）一四〇頁上說道，蒲列哈諾夫、列寧、阿索脫克斯，在他們以爲經驗的要素只是感覺時，是誤解了。

你們沒有理解這是一淺薄的見解。在馬赫和經驗批判論者的場合，要素眞正具有感官的性質，但他們的感官世界是被認爲存在的實在，不僅認爲是『物之體本』的作用在我們內惹起感覺和表象。物體是感官的物體，沒有其他物體存在着。所以要素具有同一的感官性質。一顆樹實際上具有這些性質，綠、褐色、灰色、硬、香、等等，獨立於我們是否感覺着牠們之外；並且只有在個人『感覺着』牠一切的時候，那些要素纔對於他成爲『感覺』（一四一頁）。

波格達諾夫辯說，經驗這個術語，迄至現時曾被給與以個人主義的意義的，迷誤了許多人。

但是，據波格達諾夫的意見，要點是：不問經驗如何被解釋着，物理的世界，這些『物體』，不過是人們之社會地組織的經驗。這是說在沒有社會地組織的經驗之場合，就沒有物體，沒有物理的，沒有外部的世界；關於別個的經驗和社會地組織的經驗，關於活動和抵抗，一切思辨都是淺薄的規避語，都是唯心論的荒謬話。

不用說，在波格達諾夫的其他著作中，有許多有趣的『組織形態學的法則』和見解，但是不幸這樣的攷察已遠超過概略的攷察之限界以外，我們應該與侵入和侵出、『要素』和綜合物、告別。我們將要只附加地說道，這個一般的組織形態學的印記，捺在波格達諾夫的社會意識的科學上面，在他的經濟學初步課程上面，甚至在他的經濟科學捷徑上面（都是俄文）。

我們不能省略下記的奇特的事情。在任何他的著作中，沒有一字述及無產階級的獨裁期中生產和生產管理的制度，恰如沒有一字述及獨裁似的。

然而這些物事不是波格達諾夫在無產階級的獨裁時期出現的他的著作中沉默不言的惟一物事。但是他關於生的經驗之哲學——或更正確地說來，死的反動之哲學——說了許多。

# 索 隱

## A

B

C

## D

## E

F

G

## H

I



J

K

## L

M

N

## O

# P

R

## T

## U



## V

## W



## Y



## Z

# 后记

“马克思主义经典文献传播通考”丛书经过三年多的立项、写作、编辑，终于呈现在广大读者面前。

“十月革命一声炮响，给我们送来了马克思列宁主义。”从此，以李大钊为代表的中国先进分子选择了这一思想并积极推动马克思主义政党的建立。中国共产党成立后，坚定地把马克思主义作为指导思想和理论基础，推动着中国革命、建设和改革事业不断胜利，推动着中华民族复兴伟业不断前行。2018年是马克思诞辰200周年，2020年是《共产党宣言》第一个完整中译本出版100周年，2021年是中国共产党成立100周年。在这样的背景下，我们推出了“马克思主义经典文献传播通考”，就是要探寻马克思主义经典文献是如何传入中国的；在传播过程中，无数前辈付出了怎样的努力和牺牲；这些经典思想又怎样与中国实际相结合、与中国文化相融合，从而成为指导中国革命和建设的强大思想力量。

辽宁出版集团和辽宁人民出版社秉承出版理想，担当出版使命，以强烈的主题出版意识，承担了这一重大出版工程的编辑出版工作；积极组建工作团队，配备优秀编辑力量，为此项出版工程的顺利推进提供了多维度保障。

在出版项目实施过程中，杨金海、李惠斌、艾四林三位主编以高度的责任意识、严谨的治学态度、扎实的学术功底和深厚的专业素养，为丛书的研究方向、学术内容、逻辑结构、作者选择、书稿质量把关等贡献了大量的智慧，是这套丛书得以顺利出版的根本保证。王宪明、李成旺、姜海波三位副主编全力配合丛书主编工作，为丛书的编写付出了大量心血。特别是常务副主编姜海波全身心投入丛书的编写工作，从丛书所附影印底本资料的搜集，到书稿编写的整体协调和联络，都精心负责，其认真的工作精神和勤奋的工作态度，令我们感动。原中央编译局的领导和研究人员为本丛书的出版作出了积极贡献。原副局长张卫峰在选题立项、主编人选的推荐和丛书的设计上给予热心指导；中央编译出版社原社长和龑先生和我们一起全力推动丛书的出版，贡献了智慧和力量。清华大学马克思主义学院作为项目的主持方，为项目的平台建设和未来学术发展提供了强有力的支持。每本书的作者都殚精竭虑、勤奋写作，奉献了自己的学术和研究成果，成就了如此大规模丛书的出版。我国理论界和翻译界的著名专家陈先达教授、赵家祥教授、宋书声译审等对丛书的出版给予鼎力支持，为丛书的出版立项积极推荐，给我们以巨大鼓舞。我们出版行业的老领导柳斌杰对丛书的出版给予大力支持，提出许多宝贵建议，提升了其出版价值。辽宁出版集团专家委员会的许多成员对该丛书的出版给予了智力和业务上的支持帮助。作为丛书的出版方，我们向他们表示深深的谢意！

一项浩大出版工程的背后，必定有一批人的智慧付出和竭诚奉献。今天，当出版成果摆在读者面前之时，我们由衷地向每一位对本丛书问世作出贡献的人致以崇高的敬意和诚挚的谢意。由于我们水平有限，在编辑出版过程中难免出现疏漏，还望广大读者批评指正。

**编 者**

2019年7月